통通하면 통通한다

❶ 열려라! 토의

존 K. 브릴하트, 글로리아 J. 갈렌스, 캐더린 애덤스 지음 | 강정민 옮김

한언 HANEON.COM

통하면 통한다 ❶ 열려라! 토의

펴 냄   2004년 10월 25일 1판 1쇄 박음 / 2004년 11월 1일 1판 1쇄 펴냄
지은이   존 K. 브릴하트, 글로리아 J. 갈렌스, 캐더린 애덤스
옮긴이   강정민
펴낸이   김철종
펴낸곳   (주)한언
          등록번호 제1-128호 / 등록일자 1983. 9. 30
주 소   서울시 마포구 신수동 63-14 구 프라자 6층(우 121-854)
          TEL. 02-701-6616(대) / FAX. 02-701-4449
책임편집   신선해 shshin@haneon.com
디자인   김희림, 이정아, 백주영, 원미정, 이지선
홈페이지   www.haneon.com
e-mail   haneon@haneon.com

이 책의 무단전재 및 복제를 금합니다.
잘못 만들어진 책은 구입하신 서점에서 바꾸어 드립니다.
ISBN 89-5596-204-5   03320

통하면 통한다

❶ 열려라! 토의

EFFECTIVE GROUP DISCUSSION
: THEORY AND PRACTICE
by John K. Brilhart, Gloria J. Galanes, Katherine Adams

Original edition copyright © 2001, 1998, 1995, 1992, 1989, 1986, 1982, 1978, 1974, 1967 by The McGraw-Hill Companies, Inc.

All rights reserved.

Korean translation copyright © 2004 by HanEon Community Co.
This Korean edition published by arrangement with The McGraw-Hill Companies, Inc. through KCC(Korean Copyright Center Inc.), Seoul.

이 책의 한국어판 저작권은 (주)한국저작권센터(KCC)를 통한 저작권자와의 독점계약으로 한언에 있습니다. 저작권법에 의해 한국 내에서 보호를 받는 저작물이므로 무단전재와 복제를 금합니다.

최선의 결과를 내는 최고의 팀,
의사소통과 문제해결의 길이
이 책을 통해 열릴 것입니다.

To ___________________________

____

____

____

____

____

From ___________________________

성공하는 팀 vs 실패하는 팀

　사람은 사회적인 존재로, 누구나 어떤 그룹에 속해 있다. 그룹은 한정된 자원을 활용하여 특정한 프로세스를 거쳐 공동의 목표를 달성해야 한다. 누구나 그룹 안에서 리더로 부상하여 리더십을 발휘할 기회를 가지게 된다. 현대에는 무엇보다도 리더의 네트워크와 의사소통 능력을 필요로 한다. 우리는 이러한 현대 사회의 리더십 요구에 부응하는 '토의형 리더' 라는 새로운 리더상을 제시한다.

　소그룹은 각각의 인간이 공동의 목표 달성에 기여할 수 있게 해 주는 최초의 매개체다. 인간은 누구나 참여욕구가 있고, 소그룹은 바로 그 욕구를 성취할 수 있게 도와준다. 그룹의 기능과 그 존재 이유를 이해하고 있는 사람은, 의사소통 행위를 적절하게 조정하여 소그룹 안에서 자신의 참여도를 극대화할 수 있다. 반대로, 그룹에 대한 이해가 부족한 사람은 좌절하게 된다. 설상가상으로, 그런 사람들은 자신이 속한 소그룹의 기능을 향상시키는 데 필요한 기술과 지식을 갖추지도 못한 채 방치될 수도 있다. 그들은 '왜 어떤 팀은 기쁨을 주는 반면 다른 팀은 좌절감을 안겨 주는지'에 대한 이유를 알지 못한다. 뿐만 아니라 팀의 성패에 자신이 어떤 몫을 담당했는지를 분명하게 평가할 수도 없다. 우리의 바람은 이러한 현실을 개선하는 것이다. 즉 이 책은 오랜 시간 동안 조사하고 연구한 결과를 바탕으로 한 정보를 제공해 줌으로써 사람들이 유능한 소그룹 구성원이 되고 토의형 리더로 성장하는 데 도움이 되는 것을 목적으로 한다.

사람들은 문제의 해결책을 모색하거나, 재화를 생산하고, 정책을 수립하기 위해서 그룹을 구성하여 토의를 한다. 이 책에서는 가장 효율적으로 토의를 이끌어갈 수 있도록 일반적인 이론과 실례를 다루어 토의형 리더가 실제 업무에 적용할 수 있게 하였다.

주제

이 책의 이론적 기반은 시스템 이론(system theory)이다. 이 이론은 소그룹에 대한 모든 정보를 통합하는 데 가장 유용하고 명쾌한 틀을 제공한다고 여겨진다. 이미 체계화 이론(structuration theory), 상징적 수렴 이론(symbolic convergence theory) 등의 소그룹 토의와 관련된 이론들이 소개됐지만, 시스템 이론이야말로 우리가 이 책의 내용을 체계화하는 데 주축이 된다. 이 이론은 소그룹 의사소통을 처음 접한 사람들이 여러 요소들을 조합할 때에도 유용할 것이다.

시스템 이론은 또 다른 이점을 가지고 있다. 독자들은 시스템 이론을 통해 소그룹의 전 구성 요소들이 상호의존 관계에 있음을 알 수 있다. 독자들은 '이 팀은 기대를 초과 달성하는데 왜 저 팀은 실패하는지' 의아해하곤 한다. 우리가 할 수 있는 일은, 소그룹 안에서의 복잡하고 다양한 인간 행동의 특성들을 사람들이 이해할 수 있게 하는 것이다. 시스템 이론을 통해 사람들에게 큰 부담을 주지 않으면서 복잡한 내용을 효과적으로 전달할 수 있다.

이 책이 담고 있는 내용은 아주 실용적이다. 각 장마다 시작 부분에 사례 연구를 싣고 그에 대한 토의와 질문을 내용과 자연스럽게 연결시켜서, 독자들이 각 장에서 학습한 정보를 실제 상황에 어떻게 적용할 것인지를 고민하도록 만들었다. 사례연구는 저자가 직접 경험하거나 다른 사람들이 실제 경험한 바를 기반으로 했으며, 이것은 소그룹의 작동방식을 이해하는 일의 실용적 가치를 실례로 증명해 준다.

각 장의 형식과 본문 구성

이 책은 각 장을 시작하기에 앞서 학습 목표를 간략하게 요약한 '핵심 메시지'를 보여 준다. 각 장은 주제와 관련된 흥미로운 사례연구로 시작되는데, 각 장에 수록된 정보의 유용성을 강조하기 위해 실제 일어난 사례들을 기반으로 한다. 전체 장에 걸쳐 계속 나오는 '생각해 봅시다'는 독자들이 개념을 깊이 생각해 보도록 하기 위한 것이다. 이것은 내용의 학습을 돕고 학습한 정보가 일상의 소그룹 상황에서 얼마나 유용할지를 생각해 볼 계기를 마련해 준다. 책 말미의 '용어 해설'에는 핵심 용어와 그에 따른 간략한 설명이 수록되어 있다.

'요약'은 간결하게 정리했고 독자가 쉽게 알아볼 수 있도록 번호를 매겼다. 이는 각 장의 내용에 관한 정보를 기억하게 하고, 다시 생각해 볼 수 있도록 주제를 부각시키기 위한 것이다.

각 장의 내용은 시스템 투입부터 처리 과정, 결과의 순서로 구성되어 있다. 1부에서는 소그룹 이론을 개괄적으로 설명하고 2부에서는 의사소통 과정의 이론적 설명과 함께 그룹의 토의 과정에서 의사소통이 가지는 중요성을 이해하도록 되어 있다. 3부는 집단이 실체(entity)로 발전하는 데 중점을 두어 개인이 그룹으로 발전하는 방식과 토의형 리더를 위한 지침을 제공한다. 4부는 효율적인 토의를 통한 문제해결 정보를 제공하면서, 처리 과정을 결과와 결부시킨다. 마지막으로 5부는 소그룹 토의의 평가와 개선을 위한 기법과 도구를 기술한다.

Contents

모든 일의 기본은 토의다

1부에서는 우리 일상에서 이루어지는 모든 업무를 추진하고 그 속에서 성과를 극대화하고자 하는 일의 기본이 되는 그룹의 의미와 유형을 살펴본다. 1장은 본문에 걸쳐 사용되는 중요한 용어와 개념을 소개하고 2장에서는 시스템 이론을 통해 그룹의 이해를 돕는다.

CHAPTER ONE

일상의 모든 것은 토의

오늘날처럼 체계적이고 사회적인 생활에서 성공하고 싶다면
한 그룹의 구성원으로서 효과적인 의사소통 방법을
터득해야 한다.

미국 미주리 주 스프링필드(이 책의 공동 저자인 글로리아 갈렌스가 살고 있는 도시)에 거주하는 사업가 데이빗 해리슨은 성공한 아동도서 작가이다. 데이빗은 아이의 글쓰기를 장려하는 일에 다년간 관심을 가져왔다. 최근에는 특히 아이들의 읽고 쓰는 능력을 증진시키는 데 관심을 기울이기 시작했다. 그가 요즘 생각하고 있는 프로젝트는 '책읽기장려운동 *Sky High on Reading*' 이라는 프로그램으로 그는 이 프로그램을 통해 스프링필드 학생들과 젊은이들이 2년간(1999~2000년) 읽은 책을 쌓으면 3,000m 높이는 족히 넘도록 책읽기운동을 전개하고자 하였다. 스프링필

드는 인구 15만 명이 넘는 중간 규모의 도시로 학령기 아동은 약 3만 명이다. 데이빗은 혼자서 이 계획을 추진할 수 없다는 사실을 깨닫고 운영위원회를 결성하기로 했다. 운영위원회는 스프링필드 공립학교 및 사립학교의 교사와 이사진, 스프링필드 공공 도서관 사서, 교생이나 보조교사와 상담한 경험이 있는 대학교수 등으로 구성되었다. 운영위원회는 이 계획을 추진하는 일을 맡게 되자, 우선 프로그램을 조직하고 활성화하는 일을 도왔고, 학생들이 읽은 책을 빠짐없이 기록할 방법을 생각해 냈으며, 스프링필드 곳곳에 이 프로그램을 홍보할 여러 가지 혁신적인 방안을 고안했다.

위 사례는 두 가지 중요한 사항을 시사한다. 첫째, 아무리 번득이는 아이디어를 갖고 있다 해도 다른 사람의 도움을 받아야 그 아이디어를 발전시킬 수 있다는 것이다. 둘째, 아이디어나 계획이 다소 복잡하다면 실행에 옮기기 위해 다른 사람의 도움이 필요하다는 것이다.

오늘날에는 대부분의 일을 일반 팀이나 프로젝트팀, 위원회 등 소그룹 형태로 처리하고 있다. 소그룹 방식은 교육, 경영과 산업, 의료, 사회봉사, 종교, 가정생활, 정치, 행정 등 어느 분야에서든 적용된다. 소그룹은 사회를 구성하는 기초단위이자 사회적 상호작용의 작은 모델로서 전체 사회의 상호작용 과정을 대표한다. 소그룹 의사소통의 선도적인 학자인 로렌스 프레이_Lawrence Frey_는 소그룹이 가장 중요한 사회적 구성이라 믿는다. 이 책은 로렌스 프레이가 한 다음과 같은 말에 동의한다.

가장 큰 규모의 다국적 단체에서 연방정부, 주, 시, 지방정부 등 정치행정

단위와 친구 그룹, 핵가족, 확대가족에 이르는 가장 작은 규모의 지역사회 활동 그룹까지 사회를 형성하는 모든 부분들은 그룹에 의존하여 중요한 의사결정을 내리고, 구성원을 사회화하며, 욕구를 충족시킨다.

우리는 공식적·비공식적 그룹에 참여하며 어마어마한 시간을 보낸다. 예를 들어, 콜*Cole*의 1989년 보고서에 따르면 기업체 중역들은 평균적으로 업무 시간 중 반 이상을 회의에 소비한다고 한다. 로렌*Lawren*은 미국에서 매일 약 2천만 건의 회의가 열린다고 추정했다. 여기에 일과 상관없는 그룹에 참여하며 보내는 시간까지 더한다면 현대사회에서 그룹이 얼마나 많은 부분을 차지하고 있는지 깨달을 수 있다. 더욱이, 팀원으로서 효과적으로 일할 수 있는 능력을 갖추려면 몇 가지 기술을 익혀야 한다. 최근 들어 미국의 정상급 기업 750개 사를 대상으로 한 조사에 따르면 응답자의 71.4%가 MBA를 졸업하는 데 필수적인 기술로 '팀으로 일하는 능력'이 수량적·통계적 기술보다 훨씬 중요하다고 꼽았다. 따라서 일에서든 그 밖의 어떤 분야에서든 무언가를 성취하고 싶다면 좋은 팀 구성원이 되는 법을 배워야 한다.

이를 위해 1장에서는 그룹에 대한 네 가지 중요한 개념을 소개한다. 첫째, 그룹은 인간의 중요한 욕구를 충족시키기 위해 존재하며, 인간은 그룹에 참여하기 위해 소중한 시간과 정력, 돈을 기꺼이 서로 주고받는다. 슈츠*Schutz*는 그룹이 소속감과 애정, 통제를 갈망하는 인간의 욕구를 충족시킨다고 설명했다. 즉, 그룹은 그 안에 소속되어 다른 사람들과 동일시되고자 하는 욕구, 다른 사람의 사랑과 존경을 받고 싶은 욕구, 다른 사람들과 주위 환경에 대해 자신의 능력을 마음껏 발휘하고 싶은 욕구를 충족시켜준다. 인간은 혼자서는 이런 욕구를 충족시킬 수 없으며 다른 사람과 함께 해야 한다. 이런 욕구들은 매우 중요해서, 사람들은 자신들의 자산, 특히 시간과 정력을 그룹 활동에 기꺼이 쏟아 붓는다. 예를 들어, 책읽기장려운동 운영위원회의 위원들은 그룹으로 오랫동안 열심히 일했다. 당면 과제가 그들에게 매우 중요했기 때문만이 아니라 개별적으로 일할 때보다는 함께 모여 일할 때 계획을 성공적으로 수행할 수 있다는 점을 알았기 때문이다. 하지만 그룹에 참여하려면 언제나 일종의 거래를 해야 한다. 말하자면 얻는 것이 있으면 포기하는 것도 있어야 한다는 뜻이다. 그룹에 속하여 재능을 발휘하고 자신에게 중요한 것을 성취하는 대가로 언제 어디서나 원하는 대로 행동하는 자유나 자율성을 포기해야 한다.

그룹에 대한 두번째 중요 개념은 그룹을 구성하는 것이 인간에게는 자연스러운 일이기 때문에 그룹은 어디에나 존재한다는 것이다. 지난주에 참가한 소그룹의 이름을 한번 적어보자. 아무리 짧은 시간 참석한 모임이라도 상관없다. 가족 모임도 절대 잊지 말자. 대학 재학생은 평균 약 8~10개의 그룹에 참가한다. 24개나 되는 그룹에 참여한다는 학생도 있다. 예를 들어, 한 학생은 가족, 성경공부 모임, 여학생 클럽, 여학생 클럽 집행위원회, 소그룹 강의시간의 스터디 그룹, 마케팅 강의시간의 프로젝트 그룹, 교내 배구팀, 카풀 모임, 의류매장 점원들의 업무 모임 등에 참여한다고 말했다. 실제로 골드하버 *Goldhaber*는 학과 교직원이 평균 여섯 개의 모임에 동시에 참가하며 1주일에 11시간을 모임활동으로 보낸다는 사실을 알아냈다.

이것이 많다고 느껴진다면 이 점을 생각해보라. 현대 사회에서는 그룹 의존도가 날로 증가하고 있으며 앞으로도 극적인 증가를 보일 것으로 예상된다. 관리자들은 참여적 의사결정의 중요성을 인식하여 직원들의 참여를 유도하고 의사결정을 향상시키기 위한 중요한 방편으로 소그룹을 형성하고 있다. 포드 사의 토러스와 제너럴 모터스 사의 새턴이 보여준 성공담은 성공적인 그룹 작업의 대표적 사례로 꼽힌다. 새턴 자동차는 생산 첫 해에 평균 공식기록을 훨씬 뛰어넘는 기록으로 〈소비자 보고서 *Customer Report* (미국 소비자연맹의 정기간행물 – 역주)〉의 찬사를 받았다. 이는 1980년대 제너럴 모터스의 다른 자동차들이 저조한 실적을 보였던 것과 사뭇 다른 평가이다.

그룹 작업이 성공을 거두는 이유는 무엇일까? 결국 개인이 혼자 문제에 맞서는 것보다 그룹이 문제를 더 잘 해결할 수 있기 때문이다. 그룹은 개인보다 더 많은 정보를 접할 수 있고, 서로의 생각에서 단점과 편견을 지적할 수 있으므로 개인이 미처 생각하지 못한 것들을 고려할 수 있다. 더구나 문제해결 방법을 모색하고 계획을 수립하는 일에 직접 참여한다면, 사람들이 더욱 열심히 일하여 해결책을 더욱 충실하게 이행할 것이다. 그러므로 문제해결이나 의사결정에 참여한다는 것 자체가 의사결정과 해결책에 지속적이며 헌신적으로 노력하겠다는 약속이 되는 셈이다.

그룹에 대한 세번째 핵심 사항은 그룹에 참여한다고 반드시 효과적이라고 단정할 수 없다는 것이다. 그저 하는 것과 잘 하는 것은 엄연히 다르지 않은가! 우리 그룹이 비생산적인 이유를 알지 못한다면 무엇을 할 수 있을지도 모를 것이고 그룹 발전에 기여할 수도 없을 것이다.

학생들은 팀 프로젝트에 많은 비중을 두어 성적을 매기겠다는 말을 들으면 불평을 늘어놓기도 한다. 소렌슨 *Sorensen* 이 그룹 혐오증(grouphate)이라고 부른 이 현상은, 많은 사람들이 팀 단위로 일하는 것에 대해 반감을 느낀다는 의미이다. 소렌슨은 그룹 혐오증이 부분적으로는 팀의 일원으로서 효과적인 의사소통 방법을 충분히 훈련받지 못한 탓에 생긴다는 사실을 발견했다. 우리는 그룹 의사소통의 진행과정에 대해 많은 정보를 제공하고 효과적인 토의 기법을 교육함으로써 그룹 혐오증을 조금이라도 줄일 수 있기를 바란다. 확실한 의사소통 기술이야말로 효과적인 토의와 생산적인 팀워크의 중심이다. 포드 자동차의 전직 최고경영자인 도널드 피터슨*Donald Peterson*은 포드사에서 입신출세하는 동안 이 사실을 깨달았다. 그는 이렇게 말했다. "의사소통 기술은 대단히 중요합니다. 분명하게 표현하는 능력과 적절한 방식으로 표현하는 능력, 이 두 가지가 모두 필요합니다."

마지막 핵심 사항은 그룹 활동을 매개로 개인이 단체나 사회 전체에 이바지할 수 있다는 것이다. 라킨*Larkin*은 인간에게 동기부여가 필요하다고 가정했다. 사회적 결속을 다지는 기본 요소는 욕구충족이라기보다는 사회에 기여할 수 있다는 가능성이다. 개인은 필요한 것을 얻으려는 욕구 때문만이 아니라, 그에 못지않게 이기적인 획득을 넘어서 무엇인가에 자신을 헌신할 수 있는 기회를 얻기 위해 그룹에 매이는 것 같다. 개인의 존엄은 자기 자신보다 더 위대한 것에 공헌하는 데서 나온다고 라킨은 말한다. 자신의 시간과 돈, 정력, 기타 여러 자원을 쏟아 붓는 사람들은 더욱 건강하고 행복하며 충만한 삶을 산다. 이들은 자신의 삶이 그렇지 못한 사람들보다 더 의미가 있다고 생각한다. 예를 들어, 전설적인 투수 놀란 라이언*Nolan Ryan*은 자신의 눈부신 27년 야구 인생을 돌아보며 뉴욕 메츠가 단결력과 팀 정신을 원동력으로 1969년 정규 리그에서 정상을 차지했던 순간을 전성기로 기억한다.

이 책은 그룹 구성원들의 의사소통 행동에 중점을 둔다. 다시 말해, 사람들이 그룹 단위로 말하고 행동하는 것을 주로 다룬다. 심리학에서는 그룹이 개인의 행동방식을 어떻게 바꾸어 놓는지 또는 어떤 치유적인 혜택을 제공하는지 연구하고, 사회학에서는 그룹이 어떻게 사회적 조직을 형성하고 유지하도록 도와주는지 연구하며, 커뮤니케이션학에서는 구성원들이 함께 이야기하고 일할 때 일어나는 일과 생산적으로 의사소통을 하기 위해 할 수 있는 일 등을 연구한다. 더불어 이 책에서는 다양한 환경에서 형성된 그룹을 예로 들 것이다. 주로 비즈니스나 산업 분야의 그룹들이 크게 주목을 받아왔지만 그룹은 현대 생활의 모든 분야에서 근본을 이룬다. 따라서 이 책의 사례들은 기업체나 산업체는 물론 교육, 정치, 스포츠와 연예, 의료, 종교, 사회봉사, 지역개발단체 등 각 분야에서 따온 것들이다.

그룹 토의는 단순한 규칙으로 설명할 수 없는 너무나 복잡한 것이다. 그룹 토의의 각 요소는 그룹 체계의 다른 요소에 서로 영향을 미친다. 누구나 직접 통제할 수 있는 것은 자기 자신뿐이므로 이 책은 소그룹에서 자신의 행동방식이 어떠한지, 그리고 그 행동이 다른 사람들에게 어떤 의미를 가지는지 인식하도록 유도하려 한다. 직접 적용해 볼 수 있도록 지침과 제안도 제시하였다. 하지만 지침을 따를 때는 각 그룹의 독특한 상황을 반드시 고려해야 한다는 점을 명심하기 바란다.

이제부터는 이 책에서 주로 사용하는 주요 용어들을 정의하여 오해의 소지를 줄일 것이다. 다양한 생활환경에서 마주치게 될 그룹의 유형에 대한 정보도 아울러 제공할 것이며 그룹이 효과적으로 기능하기 위해 중요한 윤리적 행동방식에 대해 간단히 토의하면서 결론을 맺도록 하겠다.

중요 개념과 용어

가장 먼저 생각해야 할 용어는 그룹(group)이다. 물론 다양한 정의가 있겠지만 마빈 쇼*Marvin Shaw*의 '개개인이 서로 영향을 주고받는 방식으로 상호작용하는 사람들'이라고 한 정의가 가장 적합하다고 생각한다. 쇼의 그룹 개념은 상호작용과 상호영향을 강조한다. 상호작용(interaction)은 그룹에 속한 사람들이 서로 말이나 몸짓 등 신호를 교환하는 의사소통을 내포한다. 또한 이러한 신호 중 적어도 일부는 각 구성원이 다른 구성원의 행동이나 신념, 의견, 가치 등에 잠재적으로 영향을 끼칠 수 있다는 의미도 지닌다. 이 정의에 따르면, 사람들이 한 장소에 모여 있다 해도 서로 알지 못하고 서로에게 영향을 미치지 않는다면 반드시 그룹을 형성한다고 볼 수 없다. 그러나 지리적으로 넓은 지역에 흩어져 있더라도 뉴스레터나 전화 통화, 컴퓨터 통신망, 폐쇄회로 TV, 라디오 등을 통해 상호작용하고 영향을 주고받는다면 그들은 그룹을 형성한다고 말할 수 있다.

그룹 연구는 규모가 큰 그룹(예를 들어, 전체 사회)이나 소그룹을 포괄할 수 있지만 이 책에서는 소그룹에 초점을 맞추기로 한다. '각 개인이 서로 영향을 주고받는다'라는 개념은 구성원들이 서로 알고 있다는 점을 내포하며 바로 이러한 상호 인식을 바탕으로 소그룹의 개념을 지각적 인식에 기초하는 것으로 정의 내린다. 그러므로 소그룹(small group)은 각 구성원이 그룹의 일원인 사람과 아닌 사람을 구분하고, 각자 맡은 역할을 인지할 수 있을 만큼 작은 그룹을 말한다. 적게는 세 명이 한 그룹을 이루는데 이런 그룹에서는 구성원 셋이 모두 서로를 확실히 알 수 있다. 두 사람이 한 단위가 되는 한 쌍은 소그룹에서 배제하기로 한다. 한 쌍은 셋 이상의 단위와는 사뭇 다른 방식으로 기능하기 때문이다. 많게는 한 그룹에 11명의 구성원까지 받아들일 수 있고 훈련이 되면 12~14명까지 수용하는 법을 배울 수 있다. 한편 한 학기가 끝날 무렵에는 25명이나 되는 학급도 선생님에게는 작아 보일 수도 있다.

그룹의 중요한 한 가지 특징은 상호의존적인 목표(interdependent goal)로서 이것은 모든 구성원이 그룹이 목적을 달성하는 데 있어서 함께 성공하거나 함께 실패한다는 것을 의미한다. 예를 들어, 소프트볼 팀의 한 선수가 같은 팀의 다른 선수가 지는 게임에서 이기는 법은 없다. 선수들의 운명은 서로 연결되어 있어서 모두가 그룹으로서 성공하거나 실패한다. 상호의존적인 목표가 없으면 사람들이 모여 있는 무리일 뿐 그룹은 아니다.

그룹 개념에 필수적인 또 하나의 용어는 토의(discussion)이다. 이것은 주로 구성원들 사이에 주고받는 말이며 그룹은 이를 통해 업무를 달성한다. 이 책에서 소그룹 토의(small group discussion)는 소그룹 구성원들이 이해 증진, 활동 조정 또는 공동의 문제해결 등과 같은 상호의존적 목표를 달성하기 위해 서로 대화를 나누는 것을 말한다.

소그룹 의사소통(small group communication)이라는 용어는 소그룹 구성원들 사이의 상호작용에 대한 연구이자 그러한 연구로 산출된 의사소통 이론의 본체를 말한다. 이 책 전체에 걸쳐 이 같은 이론과 원칙에 대해 상세히 검토할 것이다.

소그룹의 유형

소그룹은 크게 두 가지, 즉 1차 그룹과 2차 그룹으로 나눌 수 있다. 각 그룹 유형은 각기 인간의 다른 욕구를 충족시키는 데 중점을 두지만 그 구성요소는 우리가 속하게 될 그룹에서 대부분 모두 발견된다.

1차 그룹(primary group)은 구성원 사이의 대인 관계에 초점을 맞추고 이른바 1차적 욕구, 가령 소속(가입)욕구와 애정(사랑, 존중)욕구 등을 충족시키기 위해 존재한다. 1차 그룹은 대체로 오랜 기간 지속된다. 핵가족, 룸메이트, 학생회관 테이블에 매일 같이 둘러 앉아 이야기를 나누는 몇몇 친구, 매번 커피타임을 함께 하는 동료들, 그 밖에 우정을 돈독히 하고자 만들어진 그룹들이 1차 그룹의 예가 될 수 있다. 이런 그룹들은 주로 구성원들이 다양한 화제를 가지고 담소를 나누고 스트레스도 풀고 서로 즐거운 마음으로 동석하기 위해 존재한다. 이들이 수행하는 업무는 서로에게 애정을 베푼다는 1차적 목적에 비하면 별로 중요하지 않다. 그들의 대화는 형식에 구애받지 않고 체계적이지도 않는 것으로 보인다. 이들에게 대화란 목표를 이루기 위한 수단이라기보다는 그 자체로 목표이기 때문이다. 1차 그룹은 삶에 작용하는 어떤 다른 힘보다도 개인을 사회화하고 사람다운 모습으로 만들어 주기 때문에 실로 어마어마한 중요성을 지닌다. 1차 그룹의 핵심인 개인 사이의 관계는 소그룹을 이해하는 데 있어서 전반적으로 매우 중요하다.

2차 그룹(secondary group)은 과업 성취에 중점을 두며 프로젝트 완수, 문제해결, 의사결정과 같은 업무 수행을 목표로 한다. 대부분의 업무팀과 문제해결 그룹 등 2차 그룹은 주로 2차적 욕구, 가령 지배와 성취욕을 충

[그림 1.1] 그룹의 유형과 구성원의 욕구 충족도

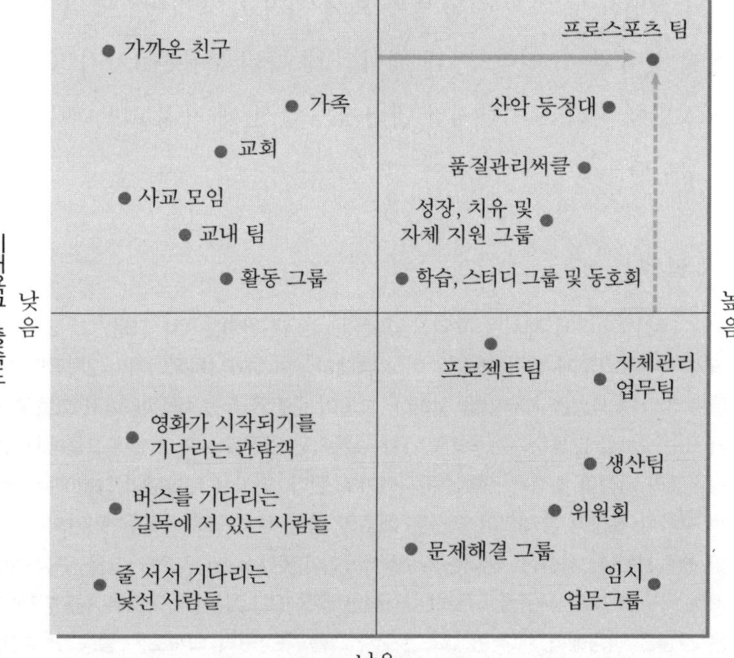

족시켜준다. 이런 그룹을 통해 구성원은 주위 환경과 타인에게 영향력을 행사할 수 있다. 예를 들어, 라슨*Larson*과 라파스토*LaFasto*가 효과적인 팀 워크를 정의하기 위해 연구한 팀들은 성격상 명백히 2차 그룹에 속한다. 그 그룹들은 '달성해야 할 구체적인 수행 목적이나 인지 가능한 목표가 있고, 팀의 목표나 목적을 달성하기 위해 팀 구성원 사이에서 활동을 조정' 하기 때문이다. 특정업무를 완수하기 위해 결성된 모든 그룹들은 1차 그룹이라기보다는 2차 그룹이라 할 수 있다. 비록 많은 업무그룹이 구성원의 사회화나 애정이라는 1차적 욕구를 충족시키기는 하지만 말이다.

위에서 설명한 두 가지 주된 범주 외에 여러 가지 방법으로 목적에 따라 그룹을 분류할 수 있다. 아래 제시된 네 가지 분류는 1차적 및 2차적 특징을 정도에 따라 표시하지만 네번째는 앞선 세 가지보다 더욱 2차적 성격이 강하다.

생각 해 봅시다

장 첫머리에 제시된 책읽기장려운동 운영위원회는 1차 그룹인가 2차 그룹인가? 왜 그렇게 생각하는가? 이 시점에서 순수하게 1차적이거나 2차적인 그룹은 없다는 사실을 깨달았을 것이다. 그룹이 중점을 두는 대상에 따라 그룹을 1차 또는 2차로 분류하기는 하지만 1차 그룹에서 업무를 보거나 2차 그룹에서 구성원들의 애정과 소속욕구를 충족시키기도 한다. 따라서 대부분의 그룹에는 1차적, 2차적 특징이 혼재되며 그룹은 애초의 형성 목적 외에 수많은 인간의 욕구를 충족시킨다. 사실상, 앤더슨 *Anderson* 과 마틴 *Martin* 은 2차 그룹 구성원이 쾌락 욕구와 도피 욕구를 비롯한, 1차적인 많은 요소에 의해 동기부여를 받는다는 사실을 입증했다. 그러한 요소는 2차 그룹 구성원의 의사소통 행동, 소속감, 그룹 만족감에 강력한 영향을 미치며 연구 대상으로 삼을만한 가치가 있다. 그림 1.1은 다양한 그룹에서 이와 같은 개인적(1차적) 및 과업 지향적(2차적) 특징이 혼재된 모습을 보여준다.

활동 그룹

활동 그룹(activity group)은 구성원들이 참여하여 함께 활동도 하고 그 과정에서 친분을 쌓는 것을 목적으로 한다. 활동 그룹에는 회원들이 정기적으로 다른 음식점에서 만나 함께 식사를 하는 미식가 모임, 브리지와 포커(카드놀이의 일종-역주) 클럽, 자동차 경주 클럽, 사냥과 새 관찰 모임, 기타 수많은 동호회가 있다. 그러한 모임의 회원들은 언제 어디서 만나며, 활동비는 어떻게 내고, 회원 자격은 어떻게 정할지 등에 관련한 문제해결과 의사결정을 한다. 그 외 여러 사람들의 활동을 조정해야 할 때 필요한 다른 사항들도 결정한다. 물론 회원들은 관심사가 같으므로 구성원 간에 동료애와 우정을 나눈다.

개인 성장 그룹

치료나 지원을 목적으로 한 모임을 통틀어 개인 성장 그룹(personal growth group)이라 부른다. 이 그룹은 개인적 식견을 높이려는 사람이나 성격 문제를 극복하기 위해 모인 사람들로 구성되며, 개개인이 다른 사람의 피드백과 지원을 받아 개인적인 배움과 성장의 기회로 삼는다. 이러한 그룹으로는 알코올 중독 방지회나 알코올 중독자 가족 친목 모임, 동성애자나 여권 옹호 단체와 같은 상호 지원 그룹, 유아돌연사증후군(SIDS)으로 아이를 잃은 부모를 지원하는 모임, 암 생존자 후원 모임, 배우자 학대를 치료하는 모임 등이 있다. 이러한 모임의 회원들은 으레 서로를 선택하지 않는다. 이들이 안고 있는 문제는 사회적이면서도 지극히 개인적이다. 순수한 의미에서 그룹 목표를 추구하는 것이 아니기 때문에 목표의 상호의존성도 낮다. 그보다 회원들은 그룹 환경에서 개인적으로 배우고, 깨닫고, 지원받으려는 욕구를 충족시킨다. 이러한 모임에는 대개 회원 간 상호 교류를 촉진하는 전문적인 촉진자(facilitator)가 있다. 또, 대부분 존속 기간이 제한되어 있고 일부 모임에서는 회원 구성이 점차 변하면서 모임이 지속되기도 한다.

학습(스터디) 그룹

학습 그룹(learning group)은 때때로 스터디 그룹(study group)이라 부르기도 한다. 학습 모임의 회원들은 자신의 지식, 견해, 신념을 공유하면서 한 가지 주제를 보다 철저하게 이해하게 된다. 이러한 그룹의 회원들은 특정 주제에 대해 연구 목적으로 수집한 자료 이상으로 많은 것을 배우기도 한다. 또 모임 참가자들은 효과적으로 말하고, 듣고, 비판적으로 사고하는 법과 효과적으로 서로 의사소통하는 법을 배운다.

문제해결 그룹

문제해결 그룹(problem-solving group)은 어떤 상황이나 문제를 다루기 위해 결성되며 그룹의 구성과 기능면에서 대단히 다양하다. 예를 들어 라슨과 라파스토가 연구 대상으로 삼은 팀은 주로 문제해결, 창조와 혁신, 명확하게 정의된 과업 수행 중 한 가지 기능을 수행한다. 라슨과 라파스토는 각각의 그룹에 맞는 결과 지향적 구조가 필요하다는 점에 주목했다. 이 말은 그룹의 목표 달성을 위해서는 그룹의 구조가 목적에 부합해야 한다는 의미이다.

문제해결 그룹의 주요 기능이 무엇이든 그러한 그룹은 문제해결을 명시적으로 표방하여 만들어진 만큼 명확하게 분류된다. 문제해결 그룹의 하위 유형에 대해서는 여러 가지로 설명할 수 있다. 이 책에서는 현대 조직 사회에서 가장 일반화되어 있다고 보이는 세 가지 범주를 다룬다. 위원회, 품질관리써클, 자체관리 업무그룹이 그것이다.

위원회

위원회(committee)는 상부에서 배정한 일을 처리하는 그룹이다. 위원회는 조사 결과를 보고하거나, 상부가 취해야 할 행동 방침을 추천하거나, 정책을 고안하거나, 필요한 조치를 계획하고 실행에 옮기는 일 등을 하기 위해 결성된다. 이 모든 일을 수행하기 위해서는 구성원들 사이의 토의가 필요하다.

위원회는 보통 임시기구와 상설기구로 분류된다. 임시 또는 특별위원회는 특수 임무를 수행하기 위해 조직되며 보통 과제를 달성하면 해체한다. 이 기구는 종종 프로젝트팀이라 불리며 구성원은 조직이나 정책 기구 내 여러 부서에서 차출된 부서원들로 구성된다. 특별위원회는 예를 들어, 입사 서류 검토, 정관 초안 작성, 고충 처리, 각종 행사 기획, 조사 실시, 업무 관련 문제점을 해결하기 위한 계획 수립, 주 전반에 걸친 문제에 대처할 활동에 대해 국회의원에게 자문 제공, 프로그램과 제도 평가 등의 일을 수행한다. 일단 프로젝트팀이 대책이나 권고안을 보고하면 그것으로 팀은 해체된다.

상설위원회(standing committee)는 재발하는 문제점을 다루거나 기구의 특별한 기능을 수행하기 위해 조직의 정관이나 사칙에 의거하여 만드는 조직이다. 보통 이 조직들은 기구를 종합적으로 관리하는 임무를 맡으며 기구의 전 구성원들을 소집할 수 없을 때 전체 기구를 대표한다. 이런 모임은 구성원이 변하더라도 무기한 지속된다. 종종 상설위원회의 일부 위원을 연례적으로 교체하는데 이것은 노련한 사람과 신선한 시각을 가진 사람을 위원회에 모두 포함시키기 위해서이다. 상설위원회는 대개 정기적으로 회의를 열며 보통 한 번의 회의에서 수많은 문제를 다룬다.

협의회(conference committee)는 두 개 이상의 그룹의 이해를 대표하는 위원들로 구성된다. 위원들은 각자 자신이 속한 조직의 대표로 참석한다. 조직은 대부분 여러 작업 그룹으로 구성되는데 각 작업 그룹은 서로 정보를 교환하고 활동을 조정한다. 예를 들어, 한 지역사회의 예술자문위원회는 해당 지역의 극장, 박물관, 발레단, 심포니, 재즈 앙상블의 대표로 구성된다. 이들은 협의회에서 일정이나 판촉·홍보 활동을 조정하여 행사가 서로 겹치지 않도록 한다. 협의회는 대개 회의중에 사안을 해결할 권한은 없지만 협의회에서 잠정적으로 의결한 사항은 위원들이 각자 소속한 조직에 제출하여 승인을 받는다.

품질관리써클

품질관리써클(quality control circle)은 작업 관련 문제를 토의하기 위해 근무중에 정기적으로 회합을 가지는 조직으로 각 부서의 지원자나 차출자로 구성한다(보통 5~7명). 이들은 능률, 완제품의 품질, 작업자 안전 등 작업의 특정한 측면을 개선하는 것을 목적으로 한다. 품질관리써클은 대개 개인보다는 그룹이 복잡한 문제에 대해 보다 나은 결정을 하며, 실제 업무를 수행하는 개인들이 업무 개선 방안을 추천할 적임자라는 사실을 활용한다.

자체관리 업무그룹

자체관리 업무그룹(self-managed work group)은 재량을 부여받아 자체적으로 업무를 관리하는 근로자 집단을 말한다. 예를 들어, 자동차 조립팀은 시작부터 완성에 이르기까지 자동차를 조립하는 일을 담당한다. 자동차 조립이 완료되어야 하는 시한이 주어질 수는 있지만 그러한 한도 내에서 팀원들은 자유롭게 리더를 정하고, 업무 절차를 수립하고, 팀원 개개인의 업무량을 배정할 수 있다. 자체관리 업무그룹의 구성원들은 종종 교차 훈련(cross-trained)이 되므로 각 구성원들이 여러 가지 일을 유능하게 수행할 수 있다. 이 때문에 인력과 기타 자원이 효율적으로 배분되어 근로자들은 다양한 기술을 익히고 단조로움에서 벗어날 기회를 얻는다.

생각 해 봅시다

> 책읽기장려운동 운영위원회는 앞서 말한 집단 유형 중 어디에 속한다고 생각하는가? 제시된 설명 가운데 어떤 부분이 이에 해당하는가?

그룹 구성원들의 윤리 원칙

그룹을 효과적으로 운영하기 위해서는 리더와 구성원들이 윤리적으로 행동해야 한다. 윤리(ethics)란 '올바른 행실이나 습관을 위한 규율이나 기준'을 뜻한다. 보편적인 문화의 적절한 행위 준거를 그룹 내 행위에도 적용할 수 있다. 그러나 각 문화마다 소그룹이 고유한 특성을 지니고 있기 때문에 언어, 사람, 정보를 대하는 것과 관련하여 특별한 윤리적 관심을 기울여야 한다.

소그룹 의사소통에 요구되는 첫번째 윤리 원칙은 그룹 구성원들이 각자 지닌 독특한 시각을 다른 성원들과 기꺼이 공유하는 동시에, 다른 성원이 자유롭게 말하지 못하도록 방해하는 말이나 행동을 삼가야 한다는 것이다. 성원들은 그룹에서 정한 적절한 토의 규칙에 따라 그룹 내에서 자유롭게 자신의 지식과 신념, 의견을 공유해야 한다.

두번째 윤리 원칙은 집단 성원들이 정직하고 성실하게 행동해야 한다는 것이다. 소그룹에서 이 원칙은 다른 구성원을 설득하여 자신의 주장에 동조하게 만들려고 의도적으로 서로 속이거나 정보나 증거를 조작해서는 안 된다는 점을 명시한다. 그룹이 효과적으로 제 기능을 다하려면 성원들이 다른 구성원이 모르는 동기를 가지고 행동하지 않도록 개인적인 의제를 공표해야 한다.

세번째 윤리 원칙은 성원들이 다른 구성원의 부당함을 들춰내거나 깔보고 조롱할 의도를 가지고 행동해서는 안 된다는 것이다. 다른 구성원의 의견에 동의나 이의를 제기하기 전에 먼저 그 사람의 입장을 이해해야 한다. 이런 분위기가 조성되면 아무리 서로 이견이 있더라도 서로의 자아상과 정체성을 인정하고 지지하게 된다.

효과적인 그룹 토의를 위한 네번째 윤리 원칙은, 구성원들이 그룹 업무와 관련된 모든 정보와 견해를 발견하여 그룹에 제시하고, 정보를 평가할 때 최대한 주관과 편견을 배제하고, 이 과정을 단축시키는 어떠한 행동도 해서는 안 된다는 것이다. 그룹 구성원들은 모든 관련 정보를 열린 마음과 공정한 자세로 바라볼 수 있어야 한다. 그렇지 않을 경우 치명적인 결정을 내려 챌린저호 폭발 같은 비극을 낳을 수도 있다.

'참여적 관찰자' 시각을 가져라

이 책의 주된 목적은 참여적 관찰자 시각을 기르도록 하는 것이다. 참여적 관찰자(participant-observer)란 그룹의 정회원으로 토의 과정에 활발히 참여하면서 동시에 그룹의 진행 절차와 필요한 사항들을 관찰하고 평가하고 채택하는 구성원을 말한다. 참여적 관찰자는 한편으로는 그룹에 참여하면서 다른 한편으로는 그룹이 어떻게 돌아가는지 평가한다. 이들은 매순간 그룹에 무엇이 필요한지 파악하려고 노력한다. 예를 들어, 그룹이 혼란에 빠진 것처럼 보이면 참여적 관찰자는 그러한 상황을 바로잡으려 노력한다. 그룹 구성원들이 과업 수행으로 지쳐 보이면 휴식을 제안할 수도 있다. 그러한 구성원은 그룹의 업무 과정과 토의 내용에 동시에 이중적인 관심을 기울이기 때문에 필요에 따라 필수 정보나 아이디어, 절차상의 제안, 성원 간 의사소통 기술을 그룹에 제공한다.

참여적 관찰자는 의사소통 능력이 뛰어난 사람들로 그룹에 대해 폭넓은 지식을 가지고 업무수행 과정과 그룹 결과물의 질적 수준 향상에 기여한다. 최근 들어 실생활 그룹을 대상으로 연구한 브룸*Broome*과 풀브라이트*Fulbright*는 그룹 구성원들이 의사소통 과정에 능숙할 뿐만 아니라 그룹 운영 방법, 절차, 기술을 명확하게 안내해 주는 동료를 원한다는 사실을 알아냈다. 그룹에 유익한 만능인이 되려면 참여적 관찰자의 시각과 그룹 과업을 완수하는 데 필수적인 정보 및 전문 기술을 모두 갖추어야 한다.

요약 SUMMARY

1. 소그룹은 일상생활에서 중요한 역할을 수행하며 곳곳에서 찾아볼 수 있다. 소그룹은 개인 정체성의 근원이자 복잡한 사회에서 문제해결의 수단을 제공하며 또 많은 기본적 욕구를 충족시켜주는 매개가 되기도 한다. 따라서 사람들은 소그룹에 소속하기 위해 자신의 시간, 정력, 자율성을 기꺼이 포기한다. 직장이나 사회에서 소그룹 차용은 계속 증가하고 있으므로 소그룹을 효율적으로 운영하는 법은 필수적인 기술로 배울 가치가 있다.

2. 그룹 내 각 구성원들이 서로 지각적으로 인식하고 있다면 그 집단은 소그룹이다. 소그룹 토의는 상호의존적인 목적을 달성하기 위해 상호작용하는 셋 이상의 사람들을 말한다.

3. 1차 집단은 대인 관계에 초점을 두며 가족과 가까운 친구가 이에 포함된다. 2차 집단은 과제 성취에 초점을 둔다. 주된 그룹 유형(1차 집단과 2차 집단의 성격이 혼재하기도 하는)으로는 위원회, 품질관리써클, 자체관리 업무그룹과 같은 활동 그룹, 개인성장 그룹, 학습 그룹, 문제해결 그룹을 들 수 있다.

4. 집단 내 윤리적인 구성원들은 말, 사람, 정보를 양심적이고 정직하고 신중하며 열린 마음으로 대한다.

5. 참여적 관찰자는 그룹 토의의 과정과 내용에 모두 주의를 기울일 수 있는 구성원으로 그룹에 보탬이 된다.

CHAPTER TWO

시스템적으로 움직이는 그룹의 특성

소그룹의 모든 구성요소는 상호의존적으로 작용하고, 그룹 역시 외부 환경과
상호의존적인 관계를 맺고 있다. 한 그룹을 충분히 이해하기 위해서 구성요소를
고립적인 상태가 아니라 서로 연관된 관계 속에서 테스트해야 한다.

지난 일주일 동안, 한 명의 목사와 세 명의 평신도로 구성된 유니티
Unity 파(건강과 번영을 지향하는 20세기 미국의 종교 운동 – 역주) 교회의 운
영위원회는 극복하기 힘든 도전에 직면해 있었다. 월요일에 위원회 회
장이 뇌졸중으로 쓰러지고, 수요일에는 목사가 세상을 떠난 것이었다.
충격에 휩싸인 끝에, 남은 위원들은 교회 일을 계속 추진할 수 있도록 세
명의 다른 구성원을 충원했다. 2년 전 불미스러운 교회 분열을 겪은 이
후 위원회는 미주리 주의 스프링필드에서 새로운 유니티 파 교회를 설립
하기 위해 노력해왔었다. 새 교회가 세워질 무렵에 이런 비극적인 사건

이 일어난 것이었다. 교회 건립사업을 추진해온 구성원들은 교회를 예정대로 만들기로 결정했다. 위원회는 변호사인 빌을 위원장으로 선출했다. 그리고 목사인 남편의 비서로 일했던 미망인 샐리를 비서로 임명했다. 대학교수인 마리나와 언어 및 청취치료센터의 센터장인 서니, 성공한 연주가이기도 한 마사지 치료사 스티븐 등이 위원회에서 한 식구로 일하였다. 교회에는 보수를 받는 직원이 없었고 모든 교회 업무는 위원회 위원을 포함하여 자원봉사자들로 이루어졌다.

위원회 위원들이 직면한 과제는 어떻게 목사 없이 일요일 예배를 진행하느냐와 최근에 계약을 체결한 빌딩 임대료를 어떻게 지불할 것인가, 그리고 종단과 기존의 교회 목사가 새로운 예배 모임을 반대하는 문제를 어떻게 극복할 것인가 등이었다. 위원회는 전문지식이 더 필요하다고 재빨리 판단하고 은퇴한 사업가인 조나단과 정비 기술자인 게리를 추가로 영입하기로 결정했다. 구성원들은 각자 다양한 경험과 전문지식을 갖고 있었지만, 모두 교회의 미래에 대한 비전과 업무 추진의 방향타가 되어줄 공동의 가치를 공유하고 있었다. 위원회는 2년 동안 매주 모임을 가졌고 이 기간 동안 몇 가지 중요한 성과를 거두었다. 일요일 예배를 매주 열었고 예배에 참석한 신도가 40여 명에서 90여 명으로 늘어났으며 교칙이 종단의 승인을 받았다. 또 목사의 6개월치 월급을 충당하고도 남을 만한 기금도 적립했다. 무엇보다도 중요한 성과는 종단으로부터 투표로 승인을 받은 것이었다. 한때 변절자의 집회로 받아들여졌던 교회가 종단으로부터 공식적인 승인을 받아 이제 '합법적인' 단체가 된 것이었다.

우리는 이미 일상생활에 소그룹이 얼마나 곳곳에 보급되어 있는지와 그것을 왜 학습해야 하는지 논의한 바 있다. 2장에서는 교회운영위원회를 통해 소그룹을 이해하는 기본 틀로서 일반 시스템 이론의 기본 원칙을 제시하고자 한다. 교회운영위원회의 대화 내용을 살펴봄으로써 시스템 이론의 다양한 원칙들이 의사소통을 통해 어떻게 나타나는지 보여줄 것이다. 시스템 원칙을 이해하기 위한 의사소통 기반 모델이 마련되면 어떤 그룹에서든지 작용하는 원칙을 이해할 수 있을 것이다.

개방형 시스템으로 변화하라

새로운 구성원이 들어오면, 어떤 식으로로든 그룹에 변화가 생긴다는 점은 익히 알고 있을 것이다. 예를 들어, 한 가정에 아이가 태어나면 다른 자녀들 사이, 부모와 자녀 사이를 포함한 모든 가족 관계가 변할 것이다. 또한 새로운 관계, 특히 새로 태어난 아기와 아기를 제외한 가족의 전 구성원 사이의 새로운 관계들이 조화를 이루어야 한다. 이 예에서 시스템의 개념이 드러난다. 즉, 시스템(system)이란 상호의존적으로 작용하는 구성요소 및 힘 사이에 존재하는 일련의 관계를 말한다. 일반 시스템 이론은 그룹과 조직을 포함한 실체에 대한 분석을 기초로 구축된다. 실체는 끊임없는 적응을 통해 환경과 동적인 균형 상태를 유지하려고 노력한다. 시스템 이론은 소그룹의 모든 개별요소들과 구성요소가 복합적인 전체로서 상호작용하는 움직임을 추적하는 데 유용한 기본 틀을 제공한다.

시스템 이론의 원칙

시스템 이론의 몇 가지 원칙은 소그룹 학습에 매우 유용하다. 가장 중요한 것 중 하나가 상호의존성 원칙이다. 상호의존성은 시스템의 부분들이 고립적으로 움직이는 것이 아니라 상호적으로, 또 전체로서의 시스템과 끊임없이 영향을 주는 받는다는 뜻이다.

〈뉴스위크 *Newsweek*〉 지의 조지 윌 *George Will*이 쓴 칼럼은 우리 모두가 서로 의존하고 있기 때문에 우리의 행동이 가끔 예기치 못한 결과를 낳는다는 사실을 상기시켜 준다. 링컨 기념관에 야간 조명을 비추자 불빛 때문에 벌레가 모여들었다. 벌레는 또 거미를 끌어 들였고 거미는 새의 먹이가 되었다. 방문객에게 아름다운 기념관을 보여주기 위해 작업자들이 켜켜이 쌓인 새의 분비물과 거미줄을 긁어냈다. 그런데 말끔하게 청소한 기념관의 대리석이 워싱턴의 교통체증에서 배출되는 배기가스에 그대로 노출되었다. 기념관에 조명을 비추는 일은 긍정적인 효과를 얻기 위한 것이었지만 일련의 연쇄 반응을 일으키며 기념관을 훼손시키는 결과를 낳고 말았다. 우리는 행동이 유발하는 모든 효과를 미리 알 수가 없다.

또 다른 핵심 원칙은 전체 시스템은 부분의 합이 아니라는 비합(非合) 특성을 갖는다는 것이다. 전체는 부분들의 총합보다 많을 수도 있고 적을 수도 있으며 이는 각각 긍정적이거나 부정적인 시너지의 결과이다. 상호작용을 시작하고 서로 유기적으로 움직여 경쟁력 있는 농구팀을 구성하는 선수들의 집합체를 상상해 보자. 스포츠팬들은 농구나 축구 경기를 앞두고 내기를 할 때, 각 선수의 통계 수치를 더해서 팀의 총점을 낸 다음 높은 점수를 가진 팀에 걸어도 질 수 있다는 사실을 잘 알고 있다. 예정된

날 이른바 약체팀이 표면적인 예상을 뛰어넘는 경기를 하거나(긍정적인 시너지), 강팀이 형편없는 경기를 할 수도 있다(부정적인 시너지). 왜일까? 그 이유는 각 팀 또는 그룹의 모든 내부요소가 상호의존적인 살아있는 시스템이고 어느 누구도 새로운 시스템이 특정 기간에 어떻게 기능할지 정확하게 예측할 수 없기 때문이다. 그 점이 그룹이 직면하게 될 장애물의 유형을 결정한다. 장애물에 대처하는 방식에 따라 절차상의 득(긍정적인 시너지)과 실(부정적인 시너지)이 판가름 난다. 어떠한 경우에서든 구성원의 의사소통 행위가 과정상의 득실을 결정하는 주된 요인이 될 것이다.

시스템의 관점은 그룹이 어떻게 기능하는지에 대한 이해를 단순화하여 중요한 요소를 빠뜨리는 일이 없도록 해 준다. 예를 들어, 시스템 이론은 다중적 인과관계(multiple causation)를 강조한다. 시스템 안에서 일어나는 모든 현상은 한 가지 단순한 원인에서 나오는 결과가 아니라 여러 원인 사이의 복합적인 상호 관계에 의해 발생하는 것이다. 교회운영위원회의 예를 들면 위원회의 리더십 공유, 빌의 민주적인 조정 능력, 위원들의 헌신과 전문성, 새로운 교회 설립이 지역사회의 요구를 충족시켰다는 점, 그리고 땅값이 저렴한 부지를 사들일 수 있었던 (어쩌면 우연한) 요인 등 몇 가지 요소가 어우러져 잘 운영될 수 있었다.

생각 해 봅시다

> 도입부에 소개된 교회운영위원회는 분명히 긍정적인 시너지를 보여준다. 이런 긍정적인 시너지를 유발한 요인이 무엇이라고 생각하는가? 그룹 성원들이 각자 소임에 대해 보여준 헌신이 그룹에 어떤 효과를 가져왔다고 생각하는가? 각자의 헌신이 다른 사람에게 어떤 영향을 끼쳤을까?

시스템의 변수

시스템의 변수(variables)는 시스템의 특징이나 차원을 말한다. 변수들은 그룹의 개인적 차원 또는 시스템 차원의 측면으로 분류할 수 있다. 개인적 차원의 변수(individual-level variables)는 개인의 특성, 기술, 능력, 전문성, 가치관, 태도 등과 같은 개인들의 속성이다. 시스템 차원의 변수(system-level variables)는 기존의 사회 문화적인 규칙과 결속력 정도, 그룹이 채택하는 절차와 같이 전체로서의 그룹이 갖는 특성이다. 개인적 차원과 시스템 차원의 변수는 각각의 범주 안에서, 또 변수 사이에서 상호의존적이다. 예를 들어, 그룹이 토의하고 있는 주제에 대해 식견이 풍부한 구성원이 새로 합류할 수 있다(개인 차원의 변수). 그러나 그룹이 신규 구성원은 '경험을 쌓을' 때까지 토의 석상에 참석은 해도 발언할 수 없다는 규칙을 세워 놓았다면(시스템 차원의 변수), 그룹은 신규 구성원의 정보를 활용하는 혜택을 얻지 못할 것이다. 교회운영위원회에서 남편이 목사였던 샐리는 교칙 작성에 대해 전문 지식을 갖고 있었다(개인 차원의 변수). 그러나 위원회에서 모든 사람이 각자의 전문성을 발휘하도록 민주적인 구조를 만들어 놓지 않았다면 그녀의 전문성은 공개 토의를 통해 위원회에 수용되지 못했을 것이다(시스템 차원의 변수). 그러므로 개인적인 특징과 그룹(시스템)의 성격은 서로 영향을 주고받으며 그룹의 최종 성과물에도 영향을 미친다.

시스템 변수는 투입과 처리, 결과의 세 가지 범주로 분류할 수 있다. 소그룹에서 투입 변수(input variables)는 소그룹을 형성하고 그룹이 업무를 수행하는 데 사용하는, 구성원을 포함하는 구성요소, 정보, 전문지식, 자금, 도구 등과 같은 자원, 그룹에 영향을 미치는 환경적 조건과 힘 등을 말한다. 교회운영위원회에서 다양한 영역의 전문성을 갖춘 위원들은 투입 변수들이다. 예를 들어, 서니와 샐리는 다른 교회의 교직 사례를 갖고 있었고 빌은 법인화하고 면세 지위를 획득하기 위해 해야 할 일을 알고 있었다. 이 모든 정보는 개인이 가지고 있는 것이지만 그룹에서 공유되었으므로 투입 변수 자원으로 작용하여 궁극적으로 그룹 토의와 성공에 영향을 주었다.

그룹의 처리 변수(throughput variables)는 그룹이 투입 변수를 최종 성과물로 변환시키는 방법에 관한 것이며 시스템의 기능 방식과 시스템이 실제로 수행하는 일을 나타내는 특징이다. 즉, 역할과 규칙, 규범, 그룹이 따르는 절차, 그룹의 리더십, 구성원들 간의 의사소통 등 그룹이 일을 완수하기까지 작용하는 모든 사항이 이에 속한다. 교회운영위원회에서 특정한 규칙과 절차가 어떻게 발전하는지 관찰해 보자. 먼저, 구성원들은 서로를 칭찬하고 각자가 그룹 과제에 헌신하고 있다는 사실을 확인시켜 주었다. 이에 따라 결속력과 상호 존중을 표현하는 양식이 자리 잡았고 나중에는 구성원 각자가 자유롭고 솔직한 자세로 수월하게 그룹 활동에 기여할 수 있었다.

그룹의 결과 변수(output variables)는 그룹 처리 과정의 결과 또는 성과물이다. 여기에는 구체적으로 완성된 일(서면 보고서, 건조물, 개발된 정책), 구성원의 변화(사명감과 자신감 고양), 그룹이 환경에 미치는 영향, 그룹의 절차에 생긴 변화 등이 해당된다. 교회운영위원회가 환경에 미친 가장 뚜렷한 결과는 미주리 주 남서부에서 많은 사람들에게 봉사하는 교회를 건립한 것이었다. 그룹 내부에서 생긴 강력한 유대감과 결속, 제대로 해냈다는 자부심은 눈에 보이지 않는 성과물이었다.

피드백(feedback)은 시스템의 결과에 대한 반응으로, 시스템이 목표를 달성하기 위해 조정을 해야 할 필요가 있는지 여부를 결정한다. 교회운영위원회의 목표는 자신들의 교칙이 종단 목사협회의 승인을 받는 것이었다. 이 목표를 이루기 위해 위원회는 목사협회 위원인 레이시에게 교칙에 대한 피드백을 구했다. 레이시는 교칙 수정을 위한 몇 가지 제안을 했다. 교칙(결과물)의 초안에 대한 그녀의 반응(피드백)이 교칙을 더욱 강화하고 승인 가능성을 높이는 몇 가지 수정안을 이끌어냈다.

위와 같이, 투입 변수와 처리 변수, 결과 변수들은 각각 분리되어 있는 것이 아니라 서로 영향을 주고받는다. 예를 들어, 사고방식이 상호작용에 영향을 미치고 또 결과에 영향을 주기도 한다.

생각 해 봅시다

> 교회운영위원회는 해야 할 일이 명확하게 규정된 2차 그룹이었다. 그러나 강하게 드러나는 1차적 특징을 지닌 덕에 고유한 성격을 띠게 되었다. 구성원들은 서로에 대한 헌신과 애정을 어떻게 서로 주고받았는가? 슈츠(17페이지를 참조)의 애정과 소속, 통제에 대한 인간의 욕구가 이 그룹에서 어떻게 충족되었는가? 모든 그룹이 결속력과 생산성을 높일 수 있는가? 그렇다면 그 이유는 무엇인가? 또 그렇지 않다면 왜 그런가?

소그룹과 환경

투입 변수와 처리 변수, 결과 변수가 상호의존적인 것처럼 그룹은 환경과 밀접한 상호의존성을 갖고 있다. 환경(environment)이란 그룹이 처해있는 상황을 말한다. 그룹은 대부분 더 큰 조직 구조의 일부이고 그 구조 안에서 개인 및 다른 그룹들과 상호작용을 해야 한다. 예를 들어, 한

가족의 환경은 이웃이나 그들이 거주하는 일반 사회일 수 있다. 앞서 제시한 교회운영위원회는 환경, 즉 종단의 영향을 크게 받았다. 이 그룹의 처리 절차는 매우 효율적이었지만 종단으로부터 재정적, 윤리적, 정보적 지원을 받지 못했다면 대단한 성과를 거둘 수 없었을 것이다.

환경이 그룹 시스템에 막대한 영향을 미친다는 점을 이해하는 것이 그룹 수행 과정을 이해하는 중요한 첫걸음이다. 그러나 푸트남*Putnam*과 스톨*Stohl*은 그룹의 환경이 내부적인 의사소통 역학에 영향을 끼치기도 하지만 환경이 그룹에 의해 형성되기도 한다고 지적했다. 그룹과 환경의 경계는 유동적이고 서로 영향을 미친다.

몇 가지 사회적 현실이 그룹과 환경의 상호관계에 대한 설명을 제공해준다. 첫째, 그룹 구성원은 다른 그룹에도 소속되어 있기 때문에 종종 두 그룹 사이에서 의사소통을 하는 상황이 생긴다. 교회운영위원회 소속 변호사인 빌은 사무실에서는 교회에 대한 이야기를 하고 위원회에서는 반대로 사무실 이야기를 했다. 이러한 상호작용이 교회운영위원회와 법률사무실 동료라는 두 그룹에 동시에 영향을 끼친다. 둘째, 그룹은 동일한 상위 조직 내에서 다른 그룹과 활동을 조정해야 하는 경우가 종종 있다. 교회운영위원회는 재정위원회와 예배위원회 등 다른 위원회와 조화를 이루어야 한다. 셋째, 그룹의 목표가 해석되는 방식 그리고 그룹의 권한 정도, 그룹 활동에 대한 지원(또는 지원 부족)을 놓고 내·외부적인 의사소통이 빈번하게 일어난다. 위원회 모임의 특정한 시점에서 스티븐은 제안된 교칙에 대한 레이시 목사의 피드백을 전달해왔고 이 피드백을 받은 결과 몇 가지 교칙이 수정되었다. 넷째, 사람들은 모두 나름대로의 의견과 그룹에 대한 느낌을 표출한다. 교회운영위원회는 창립 초기에 민주적인 토의 형식을 확립했다. 이 점은 다음과 같은 빌의 발언에서도 드러난다. "앞으로, 가령 6개월 동안 그리고 다음주에 달성해야 하는 중요한 것들을 생각해보고 어떻게 행동에 옮겨야할지 임시 일정을 잡고 할 일을 구성해 봅시다. 어떻게 생각하세요?"

그림 2.1의 모델은 주요한 각 시스템 범주에 포함되는 여러 가지 변수를 보여준다. 그림 상단에 있는 입구는 투입 변수가 시스템으로 유입되는 것을 나타낸다. 투입 변수들은 시스템 안에서 처리되고 변화한다. 밑바닥에 있는 출구는 시스템의 결과 변수를 의미한다. 오른쪽의 튜브는 시스템의 결과에 대한 반응을 제공하는 피드백 채널을 나타낸다. 전체 시스템의 주변은 환경 또는 상황을 의미하고 이 역시 시스템에 영향을 주는 자원을 제공한다. 이 독특한 모델은 그룹이 환경과 자유롭게 상호작용하는 개방형 시스템(open system)을 나타낸다. 시스템의 경계를 나타내는 점선은 자원이 환경과 그룹 사이를 자유롭게 흐르고 있음을 나타낸다. 교회운영위원회는 내부적으로 높은 수준의 상호작용이 이루어지고 환경의 주요한 부분인 종단과도 상호작용을 하고 있으므로 극히 개방된 시스템이 된다. 이를테면, 위원회 모임은 공개되어 있어서 교인이라면 누구라도 참석할 수 있었다. 또한 위원회는 '공청회'를 자주 열어서, 교인들을 초대하여 교회 운영에 대한 의견을 공유하기도 했다. 이와 반대로 폐쇄형 시스템(closed system)은 상대적으로 그룹과 환경 사이의 상호작용이 거의 없고 경계가 보다 굳건하게 닫혀 있다. 수도원에서 은둔생활을 하는 수도승들은 내부에서 서로 상호작용을 하지만 외부 세계와는 거의 접촉을 끊고 있어 폐쇄형 시스템의 전형이 된다. 그러나 사실상 인간 세계에서 완전한 폐쇄형 시스템은 없다.

[그림 2.1] 개방형 시스템으로서 그룹의 모형

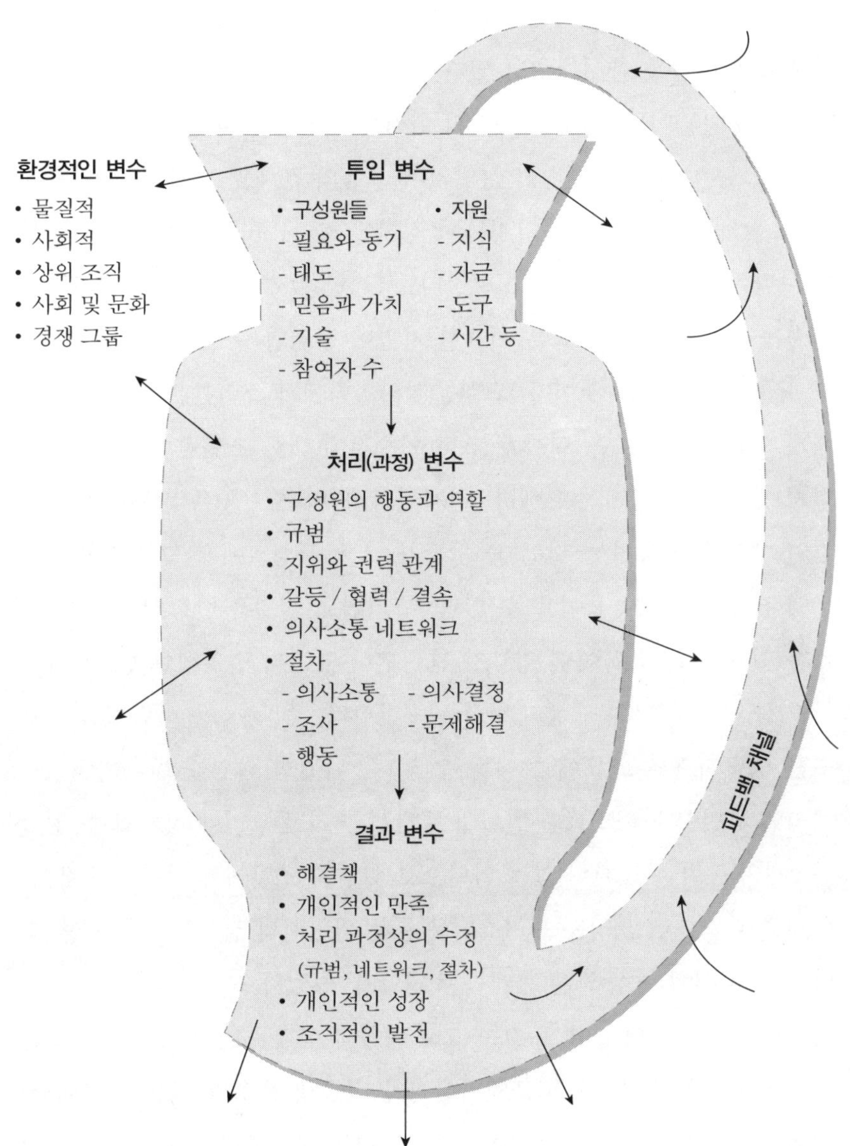

앞서 환경이 그룹의 성공적 운영에 중요하다는 것을 지적한 바 있다. 이 점은 그룹이 환경과의 관계를 얼마나 잘 운영하는지 역시 마찬가지로 중요하다는 점을 암시해주고 있다. 안코나*Ancona*와 칼드웰*Caldwell*은 그룹 연구자들이 그룹 운영 과정의 이러한 측면을 크게 간과했다고 지적한다. 그들은 그룹의 환경이 끊임없이 그룹의 성패와 연관된 정보를 유입, 유출하는 모습을 모니터링하여 경계인(boundary spanner) 역할을 하는 사람이 그룹에 필요하다고 말한다. 경계인의 세 가지 주요 기능 중 첫 번째는 정보나 지원과 같은 필요한 자원이 출입할 수 있도록 하는 쌍방향 작용을 촉발하는 것이다. 교회운영위원회에서 스티븐은 레이시 목사에게 연락해서 새로운 교회를 조직하는 것에 대한 조언을 요청했고, 협회의 승인을 얻는 데 일조했다. 경계인의 또 다른 기능은 외부인의 적극적인 제의에 반응하는 것이다. 누군가 그룹 구성원에게 그룹 모임에서 무엇을 토의하는지 물어올 수 있다. 그러면 구성원은 반드시 관련된 정보가 있는지 그리고 어떤 정보가 관련되어 있는지 결정해야 한다. 마지막 기능은 그룹 회원 구성의 변화를 수반한다. 즉, 새로운 사람이 임시로 또는 영구적으로 그룹에 들어올 수 있다. 위원회 위원들은 예외적으로 게리의 부인인 크리스티를 받아들여 남편 게리가 모임에 참가할 수 없었던 2개월 동안 투표권이 없는 위원으로 위원회 모임에 참석하도록 했다. 이러한 결정으로 게리는 크리스티를 통해 위원회의 정보를 계속 들을 수 있었고, 자신이 형성해 온 관계를 유지할 수 있었다.

그룹과 환경과의 관계 유지는 그룹 운영의 성패를 판가름할 수도 있을 만큼 매우 중요하다. 교회운영위원회가 비공개 운영 원칙을 정하여 위원회 모임에서 토의하고 결정한 것을 교인들과 공유하지 않았다면 교인들은 교회에 시간과 정력, 자원을 지원하려 하지 않았을 것이다.

교회운영위원회는 효과적으로 운영되었다. 구성원들이 서로 어떻게 상호작용하고 환경과 어떻게 상호작용했는지 살펴보면, 각자가 속한 소그룹의 주요한 투입 변수와 처리 변수, 결과 변수를 평가할 수 있는 기준을 밝힐 수 있을 것이다.

생각 해 봅시다

다음 열거된 개념에 따라 2장에서 토의된 교회운영위원회와 마피아를 비교해 보라.

- 개방형 시스템과 폐쇄형 시스템
- 비합
- 그룹 문화의 특징
- 시스템 각 부분의 상호의존성
- 여러 그룹에 소속된 구성원의 활동

효과적으로 문제를 해결하는 그룹의 특성

2차 그룹의 유효성은 정해진 성과물(결과)을 당초에 명시한 목표와 비교하고, 그룹이 환경에 미치는 영향을 평가하여 판단할 수 있다. 도표로 요약된 그림 2.2는 이상적인 투입 변수, 처리 변수, 결과 변수, 환경 변수를 나타내고 있다. 토의 그룹은 변수의 많은 부분이 이상적인 기준에 미치지 못하더라도 이러한 기준을 충족시키기 위해 노력해야 할 것이다.

[그림 2.2] 효율적인 토의 그룹의 특징

<table>
<tr><td rowspan="7">투입
변수</td><td>

① 구성원들이 그룹의 목표와 서로의 가치 및 신념을 공유한다.

② 인원수는 사람들이 서로를 잘 알면서 적극적으로 참여할 정도로 적으면서 지식과 능력을 제공할 정도로 많다.

③ 그룹의 목표를 모든 사람들이 이해하고 받아들인다.

④ 그룹이 목표를 달성하는 데 필요한 자원을 확보하고 있다.

⑤ 그룹이 다른 그룹이나 조직과 맺고 있는 관계가 명확하다.

⑥ 그룹이 업무를 수행하는 데 충분한 시간을 확보하고 있다.

⑦ 그룹이 구성원의 필요 사항을 충족시키고 주의가 산만해질 염려가 없는 모임 장소를 확보하고 있다.

</td></tr>
</table>

투입 변수

① 구성원들이 그룹의 목표와 서로의 가치 및 신념을 공유한다.

② 인원수는 사람들이 서로를 잘 알면서 적극적으로 참여할 정도로 적으면서 지식과 능력을 제공할 정도로 많다.

③ 그룹의 목표를 모든 사람들이 이해하고 받아들인다.

④ 그룹이 목표를 달성하는 데 필요한 자원을 확보하고 있다.

⑤ 그룹이 다른 그룹이나 조직과 맺고 있는 관계가 명확하다.

⑥ 그룹이 업무를 수행하는 데 충분한 시간을 확보하고 있다.

⑦ 그룹이 구성원의 필요 사항을 충족시키고 주의가 산만해질 염려가 없는 모임 장소를 확보하고 있다.

처리 변수

① 구성원들이 서로의 행동을 예측할 수 있다.

② 구성원의 역할이 안정적이고 그것을 서로 이해하며 인정하고 있다.

③ 구성원들이 비교적 평등한 지위를 갖고 있어서 지식과 아이디어, 기술을 근거로 하여 영향력을 행사한다.

④ 구성원들이 활동의 근간이 되는 규범(규칙)과 가치관을 이해하고 준수하며 공개적으로 토의하고 기대에 반하는 결과가 나올 경우 수정한다.

⑤ 의사소통이 네트워크의 전 경로를 통해 이루어진다.

⑥ 구성원이 자기 의견을 표현하는 데 능숙하고 신중하다.

⑦ 모든 구성원이 효율적이고 동시에 목표 달성으로 이끌어주는 절차를 이해하고 공유한다.

결과 변수

① 구성원이 그룹의 목적이 달성되었음을 인식한다.

② 구성원이 그룹에서 맡은 역할과 그룹 운영 과정, 다른 구성원과의 관계에 만족감을 느낀다.

③ 결속력이 높다.

④ 그룹의 역할과 리더십 구조에 대한 합의가 존재한다.

⑤ 상위 조직(있을 경우)이 그룹 활동에 의해 강화된다.

<table>
<tr><td rowspan="4">환
경

요
인</td><td>① 환경(대개 조직을 일컬음)은 그룹의 성과를 공개적으로 인정하고 그룹으로서 알맞은 보상을 주어야 한다.</td></tr>
<tr><td>② 환경은 그룹이 필요로 하는 모든 정보 자원을 제공해야 한다.</td></tr>
<tr><td>③ 환경은 그룹이 필요로 하는 모든 자원과 전문 지식을 제공해야 한다.</td></tr>
<tr><td>④ 환경은 그룹을 후원하는 분위기를 조성해야 한다.</td></tr>
</table>

요약 SUMMARY

1. 시스템 이론은 소그룹과 같은 복잡한 문제를 이해하는 기본 틀을 제공한다. 소그룹은 투입 변수와 처리(과정) 변수, 결과 변수를 갖춘 개방형 시스템이며 구성 요소 간의 상호의존성과 비합 특성, 환경과의 상호의존성을 지닌다.

2. 투입변수에는 구성원의 기술과 지식, 기타 자원과 같은 항목이 포함된다. 시스템으로서 그룹은 구성원 간의 의사소통을 통해 이러한 자원들을 처리함으로써 보고서나 권고안와 같은 구체적인 결과물과 결속력이나 구성원의 인식 변화와 같은 눈에 보이지 않는 결과물을 만들어 낸다.

3. 이상적인 투입 변수, 처리 변수, 결과 변수, 환경 요인은 2장 도입부에서 소개된 교회운영위원회 사례를 통해 설명하였다.

효과적 의사소통의 기초

2부의 목적은 업무 처리에 기본적으로 필요한 사항에 대한 이해의 기반을 확립하는 것이다. 업무 처리의 기본 사항은 토의로 결정되며, 토의의 기반은 의사소통에 있다. 2부에서는 효과적인 의사소통과 관련하여 그룹 구성원으로서 토의에 참가할 때 특히 말하기, 경청하기, 해석하기 능력을 향상시킬 수 있는 특별한 지침을 소개한다.

CHAPTER THREE

충돌을 줄이는 의사소통 과정

의사소통은 구성원들이 관찰하고 이해해야만 하는 복잡하고 상징적인 과정이다.
이 과정을 통해 그룹 구성원들은 자신의 노력을 그룹의 목표를
성취하는 데에 연결시킬 수 있다.

데니와 대학 동기들은 실리콘 밸리에서 소규모 소프트웨어 회사를 차렸다. 데니는 공공 서비스 기업의 요금 청구서 처리 소프트웨어를 개발한 경험이 있다. 데니는 친구들과 자신의 아이디어를 나누었고, 이들은 마침내 새로운 소프트웨어 회사를 설립하는 데 합류했다. 관련 프로그램 개발이 마지막 단계에 이르자 개발한 제품을 어떤 식으로 마케팅 할지 결정하는 일만 남았다. 그들은 마케팅 계획을 구상하기 위해 수차례 회의를 열었다. 첫번째 할 일은 회사의 재정 상태를 파악하는 일이었고, 관련 보고서를 만드는 임무가 회계 담당 케빈에게 돌아갔다. 그런데 케

빈은 회의 약속 시간을 넘기는 일이 비일비재했다. 한 회의에서 타미카가 말했다. "지금이 벌써 몇 시야? 10분이나 지났잖아! 제시간에만 왔어도 회의가 지금쯤 다 끝났을 텐데. 한두 번도 아니고 너무하네." 데니 역시 실망스러움을 감추지 못하며 소리쳤다. "그 자식 기다리기 정말 지긋지긋하지 않냐?" 메이가 답했다. "기다릴 시간이 별로 없는데." 마음이 급해진 데니는 화제를 돌렸다. "자, 이제 그만 시작하자. 무엇부터 확인해야 하나. 토니, 우리의 주요 경쟁사를 알아왔어?" 회의는 케빈 없이 진행되었다.

이 사례에서 나타나듯, 그룹의 구성원들이 무엇을 어떻게 의사소통하는지가 그들이 소속된 소그룹의 성격을 형성한다. 의사소통은 소그룹의 신경망과 같은 언어적 · 비언어적 과정으로 개인들은 그 과정을 통해 스스로 그룹을 형성하고, 유지하고, 그룹의 활동을 조정한다. 의사소통이 없으면 그룹도 없다. 이 장에서는 모든 그룹이 작업을 처리하는 과정의 토대인 의사소통이란 용어부터 이해하도록 한다.

의사소통이란?

의사소통(communication)은 사람들이 신호를 만들어서 다른 사람에게 보내고 전달 받은 사람은 그것을 해석, 반응하는 과정이다. 소그룹의 경우, 의사소통의 목적은 구성원들이 그룹 업무를 달성하기 위해서 충분히 공유할 만한 의미를 개발하는 일이다.

의사소통 원칙

연구자들마다 의사소통 원칙에 대해 서로 다른 견해를 가지고 있지만, 다음은 학자들이 일반적으로 수용하는 원칙들이다. 이는 또한 소그룹 내의 의사소통을 이해하는 데 매우 중요하다. 이들 중 몇 가지는 4장에서 더 자세하게 다룰 것이다.

1. 인간의 의사소통은 상징적이다.

생각을 다른 사람에게 전달하기 위해서는 언어적·비언어적 신호를 이용해야 한다. 이러한 기호화 과정(encoding process)에서 사람들은 사고, 느낌, 믿음, 경험 등을 말과 소리, 몸짓으로 변환하며 다른 사람이 이러한 신호를 자신의 의미대로 해석해 주기를 바란다. 그러면 수신자는 해독(decoding)이라는 역의 과정을 이용하여 수신한 것에 주의를 기울이고 그것을 해석하여 의미를 결정하려고 노력한다.

사람들이 교환하는 신호(signals)는 기호 또는 상징일 것이다. 기호(signs)는 이를테면 음성의 높낮이, 표정이나 제스처와 같은 비언어적 요소들로서 그러한 요소들이 나타내는 바와 본질적이고도 자연스러운 연관 관계를 갖는다. 예를 들어, 싫은 소리를 들어서 얼굴을 찡그리면 싫은 느낌과 찡그린 얼굴 사이에는 자연스런 관계가 형성된다. 같은 맥락에서 당황하여 얼굴이 달아오르는 것은 당혹감과 직접적으로 연관된 기호이다. 이와 반대로, 상징(symbols)은 경험, 목적 또는 개념을 나타내기 위해 인간이 창조한 자의적인 신호체계이다. 예를 들어, 필기도구를 펜이라고 부르는 데에 필연적인 이유는 없다. 또한 엄지와 검지로 만드는 동그라미인 OK 모양은 임의의 상징이다. 그러므로 문화가 다르면 상징이 지닌 의미도 달라진다. 남아메리카에서 그러한 동그라미는 외설적인 의미를 지닌다. 이처럼 상징에 대한 의존성이 인간 의사소통의 중요한 특징이며 그러한 의존성 때문에 의미가 정확하게 같은 것으로 공유될 수 없다.

2. 의사소통은 개인적이다.

의미 자체는 전달되지 않는다. 개인은 수신자에게 의미를 환기시키는 신호를 보낸다. 신호는 송신자 측보다 수신자 측에서 상이한 연상을 일으킬 것이다. 대부분의 의사소통은 상징적이기 때문에 똑같은 말이 다른 사람들에게는 다른 의미가 될 수 있다. 의미는 말 그 자체가 아니라 사람들 사이에서 형성되는 것이다. 이 원칙은 우리가 일상 대화에서 필연적으로 사용하는 공정, 우수, 효율 등과 같은 추상적인 개념을 고려할 때 더욱 중요하다. 예를 들어, 어떤 사람에게 '우수함'은 인쇄상의 오류가 전혀 없고 모든 정보가 완벽하여 프로젝트에서 A등급을 받기 위해 노력하는 모습을 의미한다. 같은 그룹의 다른 구성원에게 우수함은 설령 실수나 누락된 정보가 있더라도 프로젝트를 제시간에 완결함을 의미할 수도 있다. 두 경우 모두 같은 말을 사용하지만 그 의미는 전혀 다르다. 개인이 가진 출신 배경, 경험, 문화와 같은 모든 것이 말의 의미에 영향을 끼친다. 의사소통 과정에서 문화가 미치는 영향은 4장에서 자세히 다룬다.

3. 의사소통은 쌍방향 과정이다.

'쌍방향(transactional)' 이란 의사소통의 참가자들이 반드시 협동하여 공통의 의미와 이해를 이끌어내야 함을 뜻한다. 예를 들어 '우수함' 이라는 단어는 언어적 상징(즉, 말)을 안다고 해도 사람들에게 저마다 다른 함축적 의미를 가지기 때문에 의사소통을 통해 '우수함'의 의미를 공동으로 결정해야 한다. 또한, 쌍방향은 송신자와 수신자의 역할이 동시에 일어남을 뜻한다. 나에게 우수한 프로젝트가 어떤 의미를 가지는지를 설명하면서 동시에 상대방이 얼굴을 찡그리는 것을 보고 상대방이 내 설명에 동의하지 않는다고 짐작할 수 있다. 마지막으로 '과정(process)' 이란 의사소통이 시작과 끝이 분명하지 않은 진행중인 사건임을 뜻한다. 만일 우리 프로젝트가 얼마나 잘 될지 논의하고나면 다음번에 만날 때는 앞서 논의한 것을 기억하고 있을 것이다. 따라서 의사소통은 동적이고 끊임없이 변화하면서 계속 유입되는 특징이 있다.

4. **의사소통에 항상 의도가 있는 것은 아니다.**

이 원칙은 종종 '의사소통을 안 할 수 없다' 라는 말로 표현된다. 두 명 이상의 사람들이 서로 지각적으로 인식할 때 그들은 서로 비언어적인 신호를 끊임없이 전달하고 수신자는 그것을 받아 해석하고 반응한다. 그룹에서 케빈이 빠져있는 상태는 그룹에 다양한 의미를 전달한다. 그러므로 어떤 사회적 환경에서도 개인은 의사소통을 피할 수 없다. 신호가 해석되는 방법은 신호의 주체가 의도한 바와 다를 수 있다. 케빈은 동료들에게 자신이 제시간을 못 지킬 만큼 사업에 관심이 없다는 뜻을 전달할 의도는 전혀 없었을 것이다. 더구나 사람들이 항상 어떤 행동의 의도를 아는 것은 아니며 사람들의 말이나 행동에는 복합적인 의미가 있을 수 있다. 그렇지만, 그룹과 같은 사회적 환경에서는 의사소통을 하지 않기로 선택할 방도가 없다. 말을 하지 않을 때조차 동료들은 나름대로 침묵의 의미를 해석하고 있기 때문이다.

5. 의사소통은 내용적 수준, 관계적 수준, 감정적 수준으로 이루어진다.

메시지(message)는 한 사람에게서 다른 사람으로 전달되는 신호의 집합이며 모두 세 가지 수준이 있다. 내용 또는 외연적 수준은 메시지의 주제를 말한다. 관계적 수준은 화자가 자기 자신과 다른 참가자들의 관계를 어떻게 보고 있는지에 대해 메시지가 드러내는 바를 나타낸다. 감정적 단계는 화자가 자신이 말하는 내용을 어떻게 생각하는지를 말한다.

내용적 수준에서, 타미카는 처음 발언으로 케빈이 지정된 시간에 오지 않았다는 사실과 구성원들이 모두 시간에 맞게 도착했으면 회의가 벌써 끝났을 것이라는 의견도 제시한다. 하지만 여기서 가장 두드러진 의사소통 수준은 데니와 메이의 연이은 발언에서 나타난 감정적 수준이다. 분명 이들 동료들은 케빈이 또다시 회의에 참석하지 않은 탓에 화가 나고 실망도 컸다. 데니가 케빈을 '그 자식' 이라고 부른 것은 케빈의 행동이 다른 사람들의 호의를 저버리고 있음을 나타낸다. 데니의 마지막 말에 주목하자. 내용적 수준에서 데니는 절차상의 제안을 하고("자, 이제 주제로 들어가자.") 토니에게 정보를 요청하는 것으로 보인다. 하지만 관계적 수준에서 데니는 '이 그룹에서 회의를 진행하자고 제안할 권한은 나에게 있다. 내가 책임자다' 라고 말하고 있다. 나머지 구성원들은 데니의 결정을 수용하고 회의가 진행된다. 이유가 무엇인가? 데니는 그룹의 지정된 리더이며 자신의 지위에 맞게 적절하게 처신하고 있다. 다른 구성원들은 그러한 행동을 지지하며 데니는 권위를 유지한다.

지금까지 실시간에 얼굴을 맞대고 만나는 소그룹을 논의했다. 하지만, 최근 컴퓨터와 인터넷의 발달로 인해 그룹들은 실시간에 직접 만날 필요가 없어졌다. 그룹 구성원들은 컴퓨터를 이용하여 시간과 공간의 제약을 뛰어넘을 수 있다. 컴퓨터 매개 의사소통(Computer-mediated communication, CMC)은 다른 사람들과 교류하는 데 컴퓨터를 이용하는 경우를 말한다. CMC를 다른 종류의 의사소통으로 볼 수 있지만 의사소통 과정은 여전히 상징적, 개인적, 쌍방향적이며 반드시 의도가 있는 것이 아니다. 그 과정에는 내용적, 관계적, 감정적 차원이 수반된다.

의사소통에 관한 통념

의사소통에 대한 오해는 통념을 통해 굳어진다. 아래에 가장 대표적인 다섯 가지 통념을 소개한다.

1. 나는 의사소통을 이해한다. 나는 평생 의사소통을 수행해왔다.

만일 90세인 틸리 할머니가 다음과 같이 말한다고 생각하자. "나는 운전할 줄 알아. 내 평생 차를 몰았어!" 어떤 일을 자주 한다고 해서 그 일을 잘 하는 것은 아니다. 사람들은 대개 자신의 의사소통 행동에 대해 깊이 생각하지 않으므로, 하려고만 든다면 자신의 의사소통을 얼마든지 개선할 수 있다.

2. 모든 문제의 근원은 의사소통이다.

이 명제는 인간들을 서로 구분하는 진정한 가치의 차이를 단순화한다. 세계 제일의 풍부한 자원과 상업적 가치를 지닌 베링 해의 생태를 지키려는 환경보호주의자들도 생계를 걱정하는 어민들의 입장을 잘 이해할 것이다. 하지만 그들은 가치 기준과 적절한 행동에 대한 의견 합의를 이루지 못한다. 더 많이 더 나은 방식으로 의사소통이 이루어지더라도 의견 차이를 해소하지 못할 수 있다.

3. 의사소통 참여자가 훌륭한 의사소통 기술을 이용하면 자동적으로 바람직한 의사소통이 이루어질 것이다.

사실 의사소통을 잘 하려면 효과적인 암호화 및 암호 해독 기법을 연습해야 한다. 하지만 의사소통에는 그 이상의 것이 관련되어 있다. 의사소통 기술을 향상시키는 데 가장 중요한 '기술'은 의사소통을 제대로 할 줄 아는 사람이 되려는 마음가짐이다. 기술을 사용하면서 실수를 할 수도 있지만 사람들이 바탕에 깔린 선의를 인식하면 의사소통의 실수를 용서할 것이며, 사람들 사이에서 의미가 더욱 효과적으로 조정될 수 있다.

4. 나는 그 사람을 오해하지 않았다. 그 사람이 나를 오해한 것이다.

송신자와 수신자 양측은 반드시 상호이해 가능한 명확한 메시지를 생성하는 데 협력해야 한다. 의사소통이란 쌍방향임을 기억하라. 만일 메시지에 오해의 소지가 있다면, 책임의 몫을 인정하고(비난하지 않고!) 더 나은 의사소통을 목표로 노력해야 한다.

5. 의사소통이 바람직하게 이루어지면 참자가들 사이에 이해가 완벽해
   진다.

   완벽한 이해는 불가능하다. "내 헤어스타일 어때요?"라는 질문을 받
   고 애매하게 답한 적이 있는가? 이 경우, 청자는 분명하고 딱 부러진
   의사소통을 피함으로써 의도적으로 타인의 기분을 상하지 않게 할 수
   있다. 더구나 의사소통은 상징적이고 또한 개인적이므로 우리가 할
   수 있는 최선은 그룹의 업무를 완수할 수 있을 정도로 이해를 도모하
   는 일이다.

의사소통 과정에 대한 설명

   의사소통 과정이 시작되면, 먼저 그룹 구성원 한 명이 다른 사람과 공
유하고자 하는 무엇인가를 생각해 낸다. 그러면 그 구성원은 생각, 느낌
혹은 아이디어를 말이나 몸짓으로 암호화한다. 물론 이 과정에서 의식
적인 사고는 크게 필요하지 않다. 통상 불만족을 표현할 때 얼굴을 어떻
게 찡그릴지 생각하지 않는 것과 같다. 그냥 찡그리면 된다.

   소그룹 의사소통에서는 대개 의사소통 참여자들이 1대1로 대면한다
고 가정한다. 화자가 생각을 암호화하고 그것을 전송(즉 비언어적 신호를
수반하는 발언)하면 다른 사람이 그 의사소통을 수신해야 한다. 간단해
보이지만, 사실 청취(수신과정)는 까다로우며 잡음(noise), 즉 의사소통
과정에서 상호이해를 방해하는 또 다른 원인이 된다.

   우선, 수신자는 화자가 말한 것을 들어야 한다. 청자는 종종 화자가 말
한 바의 일부만 듣거나 잘못 듣는 경우가 있다. 일단 수신자가 물리적으
로 전달된 메시지를 들었으면, 다음 단계에서 반드시 그것을 해석해야

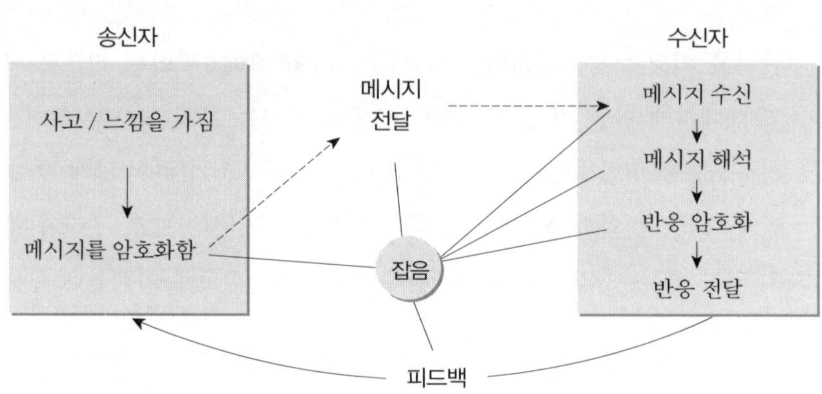

[그림 3.1] 대인관계 의사소통

하는데 이 단계에서도 잡음이 발생할 때가 종종 있다. 이 단계에서 생기는 주된 오해는 의사소통이 지닌 상징적이고 개인적인 특성으로 인해 발생한다. 동일한 말과 몸짓을 사용해도 아주 다른 의미를 지닐 수 있다. 메시지를 해석하는 핵심적인 결정인자는 바로 우리가 성장한 문화에서 비롯된다. 우리의 문화는 어떤 것이 적절한 의사소통 행동인지를 규정하는 규칙을 제시한다.

의사소통의 마지막 단계는 피드백이다. 시스템으로 전해지는 피드백과 쌍방향 의사소통에서의 피드백은 화자가 보낸 메시지에 대한 청자의 반응, 즉 출력이며 의사소통 과정에서 수많은 기능을 한다. 먼저, 피드백은 상호이해를 저해하는 잡음의 유해한 영향력을 줄인다. 예를 들어, 제대로 못 들은 구성원이 다음과 같이 말할 수 있다. "잘 못 알아들었는데, 다시 한 번 말씀해 주시겠습니까?" 또는 말은 들었지만 어떻게 해석해야 할지 모르는 사람은 이렇게 물어볼 수 있다. "당신이 저를 도와 그 과제를 수행하겠다는 말씀인가요, 아닌가요?" 다른 구성원들에게 주는 피드백에는, '나는 당신의 말을 경청하고 있고 당신은 이 그룹에서 소중한 사람이다' 라는 의미가 내포된다.

어떻게 듣고 어떻게 반응할 것인가

그룹 구성원들 간 이해의 수준은 말하는 방식보다 반응하는 방식에 더 좌우된다. 앞의 설명에서 의사소통에는 메시지 암호화, 전달, 듣기, 해석 그리고 반응이 수반되었다. 청취는 듣기와 해석 단계로 구성된다. 듣기는 귀로 음파가 전해지는 생리적 과정이다. 듣기는 청취의 첫 단계일 뿐이고 청취에는 그러한 음파(그리고 다른 신호)를 해석하는 일도 포함된다.

로치 *Roach*와 와트 *Wyatt*는 훌륭한 청취자가 염두에 두어야 할 네 가지 중요한 원칙을 제시한다. 첫째, 훌륭한 청취자는 듣는 말의 맥락에 주의를 기울인다. 둘째, 훌륭한 청취자는 화자의 기분에 주의를 기울인다. 셋째, 화자가 사용하는 조직적 패턴이 혼란스러울 때, 훌륭한 청취자는 분명하게 질문을 던짐으로써 그것을 분명하게 이해하려 노력한다. 마지막으로, 침묵을 면밀하게 해석해야 한다.

우리들은 대부분 스스로를 훌륭한 청취자라고 생각하지만 그것은 오해다. 때로는 그룹 구성원들이 현재 토의의 주제도 모를 때가 있다. 서투른 청취가 초래하는 비용은 막대하다. 본인 또는 다른 사람이 잘 듣지 않아서 직무가 제대로 완수되지 못하고 납품이 엉망이 되며 사람들이 죽거나 부상당할 수도 있다. 훌륭한 청취자는 그룹에서 대단히 소중하면서도 불행히도 극히 드물다. 베츨러*Bechler*와 존슨*Johnson*은 동료 구성원들에게 능숙한 청취자라고 인정받는 개인들(예를 들어, 토의에 집중하고, 화자와 계속 눈을 마주치는 등)은 리더로서도 인정받는다는 사실을 알아냈다. 훌륭한 청취는 사실상 리더가 갖추어야 할 중요한 기술이다.

청취 선호

청취와 소그룹 의사소통 전문가인 키티 왓슨*Kittie Watson*은 네 가지 일반적 청취 선호를 알아냈다. 어떤 선호가 다른 것들보다 특별히 낫다고는 할 수 없다. 각각 장점과 단점이 있기 때문이다. 자신의 청취 선호를 관리하는 요령은 그룹이 상호작용할 때 모든 구성원들의 청취 선호를 인식하고 자신의 선호를 그룹의 필요에 맞게 변경하는 것이다.

사람 지향적 청취자는 자신의 청취 행동이 인간관계에 어떤 영향을 미칠지에 관심을 갖는다. 이러한 사람들은 아마도 화를 내거나 당황하는 구성원에게 사적인 이야기를 하며 진정시키려 할 것이다. 사람 지향적 청취자들은 또한 다른 사람의 문제에도 신경을 쓰고 조화를 중시하기 때문에 갈등을 회피하고 회의중에 주제를 벗어난 대화를 지나치게 많이 하는 경향이 있다.

행위 지향적 청취자는 당면한 과제에 집중한다. 그들은 그룹에 세부사항을 주지시키고 그룹 목표에 대한 피드백을 제공하여 그룹이 업무에서 이탈하는 일을 막아준다. 그들은 조직화된 자료를 경청하는 것을 좋아한다. 반면, 이들은 지나치게 비판적으로 보일 수 있고 그룹이 궤도를 이탈한다고 생각하면 심할 정도로 간섭하며 토의가 방향을 잃으면 흥미를 상실한다.

내용 지향적 청취자는 들은 것을 분석하기 좋아하고 신뢰도가 매우 높은 자료에 매료되는 구성원들이다. 이들은 그래프를 이용하고 자료를 인용하고 연구 결과를 제시하며 정보와 다른 사람들의 의견을 분석하는 모습을 보인다. 이들은 또한 지나치게 비판적이고 다른 구성원들에게 위협적인 모습을 보일 때도 있다. 그들의 분석력은 가치가 있지만 그것이 도리어 그룹의 활동을 지체시키는 원인이 될 수 있으며 심지어 자신이 중요하게 여기지 않는 정보의 가치는 무시할 수도 있다.

시간 지향적 청취자는 성급함을 나타내는 비언어적 신호에 민감하며 그룹을 시간에 맞게 이끄는 일에 집중하는 모습을 특징으로 한다. 이들에게는 문제해결에 필수적인 창조적이고 즉흥적인 토의가 힘들게 느껴질 수 있다. 또한 예정된 종료 시간이 다가올수록 토의가 연장되지 못하도록 막는다.

청취 선호는 학습이 가능하므로 개인은 한 가지 선호만 고집할 필요가 없다. 각 그룹 구성원의 선호는 그룹 구성원들 사이의 관계나 시간제약과 같은 다양한 요인에 영향을 받는다. 자신이 속한 그룹의 성원들에게서 나타나는, 선호를 표시하는 행동 유형에 대해 관찰해 보라. 언제든지 기꺼이 그룹의 즉각적인 필요에 맞추어 선호를 바꾸고 모든 선호들이 생산적으로 이용될 수 있는 분위기를 조성하라.

생각 해 봅시다

> 이 장 앞부분에 나온 데니와 다른 동료들의 이야기를 기억해 보라. 제공된 정보를 바탕으로 볼 때 그 대화에서 어떤 청취 선호가 표현되었는가? 그 선호가 토의에 도움이 되었는가? 토의를 어떤 식으로 방해했는가?

소그룹 내에서 효과적인 청취

소그룹의 구성원들은 그룹 토의를 체계적이고 조직적으로 유지하는 동시에 서로를 이해하기 위해 계속 노력해야 한다. 화자가 아무리 훌륭한 사람이라도, 어떻게 누구에게 언제 들을지를 선택하는 장본인은 바로 청취자이다. 따라서 소그룹 상호작용에서 핵심 주체는 바로 청취자이며, 효과적인 청취 방법을 이해하고 사용하는 것이 매우 중요하다. 이를 위해 적극적 청취와 집중적 청취 등 두 가지 청취 기술이 유용하다.

적극적 청취

얼마나 잘 들었는지 테스트하는 한 가지 좋은 방법이 적극적 청취(active listening)라고 하는 기법이다. 이 기법에서 청취자는 사실상 토의에서 대답이나 부언을 하기 전에 화자가 한 말을 이해해야 한다. 주요 규칙은 앞서 화자가 말한 내용을 이해하고 그것을 자신의 말로 표현하는, 즉 바꾸어 말하기(paraphrase)를 하는 것이다. 그 다음, 바꾸어 말한 것에 대해 확인이나 수정을 요청한다. 앵무새는 사람의 말을 따라할 수 있지만 그렇다고 앵무새가 이해하고 있다고는 말할 수 없다! 그대로 반복하는 것이 아니라 자신의 말로 바꾸어 말함으로써, 청취자는 지적으로 정보를 가공하고 화자는 메시지가 의도한 대로 이해되었는지를 판단할 수 있다. 그 다음 화자는 청취자가 바꾸어 말한 내용을 인정 또는 수정하거나 청취자에게 다시 해 보라고 요청함으로써 피드백을 제공할 수 있다. 화자가 의도한 바를 청취자가 이해했다고 완전히 만족할 경우에만 적극적 청취자는 찬성, 반대, 부연, 주제 전환 등으로 진행한다.

적극적 청취는 상호작용의 속도를 떨어뜨린다. 만일 당신이 적극적 청취에 익숙하지 않다면 화자의 말이 끝난 직후 잠시 동안 할 말이 없을 것이다. 반복해서 연습하라. 그러면 곧 미리 의도한 반응도 부적절한 반응도 아닌 즉각적인 반응을 할 수 있을 것이다. 무엇보다도 '경청한 척' 하지 않는 일이 중요하다. 그런 행동으로 신뢰와 협동이 깨지는 경우가 종종 있다.

집중적 청취

그룹 구성원들은 종종 토의한 내용을 기억하는 데 어려움을 느낀다. 새로운 아이디어가 봇물처럼 쏟아질 때 각 구성원은 반드시 숙지해야 할 중요한 정보를 잊기 쉽다. 집중적 청취(focused listening)는 구성원들이 회의 동안 다룬 중요한 정보, 아이디어, 문제들을 기억해내는 데 도움을 준다.

인간의 기억에는 한계가 있다. 우리는 항목들 사이에 관련성이 없으면 기억을 잘 못하지만 관련 항목들을 그룹으로 묶으면 정보를 쉽게 기억한다. 4178365218라는 숫자를 기억해보라. 또, (417) 836-5218로 기억해보자. 숫자열을 지역번호, 국번, 숫자로 그룹을 지은 쪽이 더 기억하기 쉽다. 바로 이것이 집중적 청취의 기본이다.

효과적인 그룹 구성원은 토의의 주요 요점에 집중하여 전체적으로 토의에 관한 자신의 시각을 유지한다. 그들은 특정한 사실이나 의견과 같은 세부사항들을 쟁점별로 조직화한다. 역설적이게도, 주요 요점과 쟁점에 집중을 하면 세부사항을 더욱 쉽게 기억할 수 있다.

만일 생산적인 그룹 구성원이 되고자 한다면 중요한 정보를 기록할 메모장을 준비하고 주요 쟁점을 경청하여 완전한 문장이 아닌 핵심 용어로 기록하고 쟁점별로 필수적인 사실을 추적하라. 이러한 방식으로 집중적 청취를 하면 토의의 흐름을 숙지할 수 있고 어떤 사람이 결론에 이르기 전에 주제를 바꾸더라도 그룹이 나아가야 할 방향을 재정립할 수 있다. 집중적 청취자는 수월하게 토의 진행을 따라가는 참여적 관찰자 역할을 담당할 수 있다. 그들은 종종 토의에서 나온 이야기들에 대한 내부적 요약이나 간결한 개요를 제공하여 토의를 질서 있게 하고 다른 구성들이 쉽게 따라오도록 돕는다.

요약 SUMMARY

1. 인간의 의사소통은 복잡한 쌍방향 과정으로, 언어적·비언어적 신호를 생성, 전달, 수령 그리고 해석하는 과정을 수반한다. 효과적인 소그룹 의사소통은 그룹 구성원들이 그룹의 과업을 완수하기 위해 각자의 노력을 조정할 수 있을 정도로 충분하게 의미를 공유하는 것이 중요하다.

2. 의사소통은 복잡한 상징성, 개인성, 쌍방향성을 지니기 때문에 필연적으로 부정확한 과정이며 종종 무의식적인 과정일 수도 있다. 메시지에는 내용 수준, 관계 수준 그리고 감정 수준이 있다. 몇 가지 근거 없는 통념으로 인해 의사소통 과정에서 오해가 발생해 영속화된다.

3. 의사소통이 이루어지는 동안 송신자는 메시지를 말이나 비언어적 신호로 암호화한다. 그러면 수신자는 그것을 듣고 해석하고 반응하여 메시지를 해독한다. 잡음은 언제든지 일어날 수 있고 피드백을 통해 이해가 촉진된다.

4. 청취는 복잡한 과정으로, 듣기와 그보다 더욱 중요한 정확한 해석 등 두 가지가 모두 포함된다.

5. 사람들은 네 가지 일반적인 청취 선호를 가지는데 행동 지향, 내용 지향, 사람 지향 그리고 시간 지향이 그것이다.

6. 상호 이해는 적극적 청취로 가능하다. 청취자는 화자가 한 말을 바꾸어 말하고 확인을 요청한다. 집중적 청취를 하면 그룹 구성원들이 주요 요점이나 핵심 사안에 집중함으로써 세부사항을 기억해낼 수 있다.

CHAPTER FOUR

언어적 신호와 비언어적 신호, 그리고 문화

현대 사회는 다양한 하위 문화로 이루어진 다원적 사회이며, 오늘날 기업은
날로 다국적화되고 있다. 효과적인 의사소통을 원하는 사람이라면
의사소통에서 문화적 차이를 인식, 수용, 적응하여 언어적 신호와 비언어적 신호를
적절히 섞어 메시지를 전달하고 해석하며, 자신의 행동 하나 하나가
다른 이들에게 의미 있는 메시지로 전달될 수 있다는 사실을 알아야 한다.

캘리포니아 주의 한 작은 동네에서는 몇 달째 도난사건이 끊이지 않아
재산피해를 입고 있다. 주민들은 조용하던 동네에 불미스러운 일이 생
겼다며 걱정했다. 곧 전직 교사였던 한 사람이 먼저 나서서 옆 집 사는
농부와 연락을 취했다. 이 두 사람은 다른 세 가족에게도 범죄 퇴치 노력
에 동참해 줄 것을 요청했다. 어느 주말 저녁 회의가 소집되었다. 함께
행동 방안을 마련하자는 취지였다. 한 이웃은 집단속 하는 법에 대한 기
사를 한 뭉치 들고 방으로 들어 왔다. 그는 상석에 앉아, 회의를 언제 진
행할지 거만하게 물었다. 그는 "라틴계 깡패들이 얼씬도 못하게 해야 합

니다. 그러려면 총격을 가하는 수밖에 없습니다." 라고 열을 올렸다. 전직 교사는 '이 사람 꽤나 속 썩이겠군' 하고 생각하며, 모든 범죄자들을 '라틴계 깡패' 로 모는 일은 자제해 달라고 부탁했다. 그리고는 보안에 각별한 신경을 쓰는 것도 중요하지만, 우선 각자 생각하는 바를 말해 보자고 하였다. 조금 전 열을 올리던 그 주민은 의자에 구부정하게 앉아, 신문을 바닥에 내던지고는 의자를 뒤로 젖히며 그룹에서 빠지겠다는 태세였다. 몸집이 작은 농부는 이 회의에서는 결정을 내리기보다는 주민들의 우려 사항을 듣고, 회의에 초청한 경찰관에게 질문을 하자는 점을 분명히 했다.

소그룹에서 정보와 생각을 주고받는 주요 수단은 바로 성원들이 사용하는 말이다. 그러나 이런 언어적 신호는 비언어적 신호와 함께 의미를 만들어 내므로 이 둘은 따로 떼어놓고 생각할 수 없다. 이 둘을 인위적으로 구분하는 것은 토의 시 언어적 신호와 비언어적 신호가 제각기 의미에 어느 정도 기여하는지 평가하는 데 도움을 주고자 할 때뿐이다. 각기 다른 상황에서, 저마다 다른 이유로 때로는 말에, 때로는 비언어적 신호에 더 주의를 기울인다. 하지만 어떤 그룹도 의사소통을 함에 있어서 언어적인 면과 비언어적인 면, 어느 하나에만 전적으로 의존할 수는 없다.

언어의 특성

모든 언어는 언어의 신호체계(단어)와 언어 사용에 관한 규칙들로 이루어져 있다. 더욱이 한 언어를 사용하는 집단(하위 문화)은 자체의 고유한 하위 신호체계를 발전시킨다. 언어와 문화는 끊임없이 돌고 돌며 서로에게 영향을 주는 밀접한 관계에 있다. 어떤 면에서 언어 사용은 매일 접하는 복잡다단한 문화의 틀을 잡는 데 일조한다. 한편 그렇게 형성된 문화는 언어와 언어사용 방식에 의미를 부여한다. 언어는 우리 생활에 매우 깊이 스며들어 있어 어떤 식으로든 영향을 받게 된다. 또한, 언어적·비언어적 행동은 말 한마디 하지 않아도 어떤 문화적 집단에 소속되었는지 알게 해 준다. 돌려 말하면 한 사람의 행동은 문화적 맥락에서 놓고 볼 때 의미가 있는 것이다.

언어의 모든 특성 가운데 가장 중요한 것은 언어란 상징적인 것이라는 점이다. 3장에서 언급했듯이 단어에는 내재적 의미가 없다. 상징적인 차원에서 볼 때 단어를 사용하고 그 단어에 반응하는 사람들이 없다면 단어에는 의미도 현실성도 없다. 예를 들어 이 장 도입부에서 언급된 동네 집단에서는 한 사람이 생각하는 의미에서 그치지 않고, '조치를 취한다'는 의미에 대해 전체적으로 어떤 생각을 하는지 결정지어야 했다.

토의를 할 때 화자는 자신의 말을 이해시키기 위해 동일하거나 유사한 단어를 사용해야 한다. 언어가 같아도 토의하는 사람들이 같은 단어를 사용하여 다른 사물을 언급할 수도 있다. 그림 4.1에서 볼 수 있듯이 조가 '가서 뭐 먹자'라고 말할 때, 그가 생각하는 지시대상은 컵케이크와 근처 자판기에서 뽑은 탄산음료이다. 메리는 통밀 빵에 야채를 생각하고, 허비는 좋은 레스토랑에서 먹는 코스 요리를 생각한다. 당연히 조가 사용한 단어는 세 사람에게 각기 다른 의미를 가진다. 만약 이들이 점심 식사를 추천하는 상황이라면, 반드시 의미를 분명하게 전달해야 할 것이다!

[그림 4.1] 하나의 명제에 각기 다른 지시대상

　　분명, 상징에 대해 유사한 지시대상이 있을 때에만 효과적인 의사소통을 할 수 있다. 그룹의 리더가 당신에게 그룹 토의 내용을 '세부적으로' 기록해 달라고 요구한다고 치자. 리더가 의미한 것은 '전체 토론을 한 마디, 한 마디 소상하게 기록'하라는 것인데, 정작 당신은 '주요 결정에 대해 간략하게 기술'하면 충분할 것이라 생각한다. 이렇게 되면 리더나 당신, 어느 누구의 잘못도 아닌데 그룹 내에서 문제가 생길 수 있다. 당신은 '세부적으로'라는 동일한 상징을 다른 측면에서 이해하여 의사소통의 개인적인 특성을 강조한 것이다. 의미는 단어가 아니라 사람들이 생각하는 개념이다. 언어는 정적인 것이 아니라 동적인 것으로 세상이 변함에 따라 계속 변화한다.

생각 해 봅시다

언어는 변화를 거듭하여 컴퓨터 기술이 얼마나 많이 우리 생활에 침투했는가를 반영하고 의미를 부여한다. 최근에 인터넷에서 유행하는 컴퓨터 유머가 이러한 변화를 반영한다. '윈도우(window)'란 원래 사람들이 닦기 싫어했던 창문이라는 의미였고, '램(ram)'은 염소의 사촌이었다는 사실을 기억하는가? '메그(Meg)'는 여자 이름이었고, '기그(gig)'는 밤일을 뜻했다. '메모리(memory)'란 나이가 들면서 상실하는 기억이라는 의미였고, 'CD'는 은행 계좌였으며, '로그 온(log on)'이란 불에 기름을 붓는다는 뜻이었다. '하드 드라이브(hard drive)'는 긴 여행을 의미했고, '마우스 패드(mouse pad)'는 쥐가 사는 집이었으며, '백업(backup)'은 변기에 물이 고일 때 쓰는 말이었다. 그런데 지금 이 모든 단어의 뜻이 그야말로 '메가바이트(mega bytes)'급으로 변화하게 된 것이다!

언어 선택으로 인한 문제

같은 언어를 쓰는 사람들 사이에도 문제가 생기기 얼마나 쉬운지 알 것이다. 따라서 그룹 구성원들에게 중요한 윤리 원칙이란 서로 이해하려고 부단히 노력하는 것이다. 다행히, 상징(모든 단어 포함)에는 어떤 절대적이거나 확실한 지시대상이 없다는 점을 이해한다면 토의 과정에서 종종 발생하는 여러 문제를 예방할 수 있다. 그 중에서 가장 문제가 되는 세 가지 요소는 오해, 부정확성, 감정적인 단어 사용이다.

오해

두 사람이 토론을 할 때 같은 단어나 문구로 다른 지시대상을 언급하는 경우, 또는 같은 지시대상을 가리키는 데 다른 단어를 사용하는 경우가 있다. 이때, 사실은 그렇지 않은데도 서로 일치하지 않는다고 생각하고 서로를 오해(bypassing)하게 된다. 예를 들어, 이 책의 저자 중 한 명이 페미니즘이 좋은지 나쁜지에 관한 그룹 토의 과정을 관찰한 적이 있다. 페미니즘이란 남녀가 특히 직장에서 동등한 권리를 지녀야 한다는 의미라고 굳게 믿고 있는 한 여성은 그룹의 다른 구성원이 이에 반기를 들자 그 이유를 이해하지 못했다. 반면 그녀와 이견을 보인 한 남자는 페미니즘이란 과거에 여성이 성차별과 임금차별을 겪었기 때문에 오늘에 이르러 남성보다 여성을 더 선호해야 하고 여성에게 더 높은 임금을 보장해야 한다는 의미로 받아들이고 있었다. 이 그룹은 15분간 논쟁을 벌였고 결국 유심히 듣고 있던 한 사람이 "두 분의 의견이 일치하는 것 같군요."라고 말하며 두 사람에게 제각각 페미니즘의 의미를 설명해 보라고 요구했다. 같은 단어를 사용하여 각각 다른 현상을 가리켰다는 것을 깨닫고 나서야 그들은 사실상 서로 의견이 일치했었다는 사실을 알게 되었다. 즉 같은 일을 하는 남녀라면 모두 같은 임금을 받아야 한다는 것이었다.

자신의 생각만 옳고 상대방의 생각은 잘못되었다고 여길 때 오해 현상이 생긴다. '세부적으로'의 경우를 예로 들면, 당신과 리더가 상대방이 생각하는 말이 틀렸다고 생각한다면 서로 상처를 입게 되고 그룹의 생산성에도 영향을 미칠 수 있다. 사람들이 단어를 다르게 사용하는 일은 지극히 일상적인 것이며, 효과적인 의사소통은 토의하는 사람들이 같은 단어와 정의를 사용할 때에만 가능하다는 점을 기억하자. 오해의 소지가 있는 상징적인 말을 사용할 경우에는 정확하게 물어보는 것이 좋다. "어느 정도가 세부적인 것입니까? 어느 정도로 자세하게 하면 좋을까요?" 처음에 시간을 여유 있게 투자하는 것이 결국 시간을 절약하는 길이다.

명확성 부족

토의 내용이 명확하지 않은 데는 추상성과 애매모호함이란 두 가지 요인이 작용한다.

아이디어에 대해 토론할 때 고차원의 추상성을 지닌 말들이 많게 마련이다. 정의, 정당성, 민주주의, 고품질, 민권 등과 같은 용어를 생각해 보자. 구체적이고 고유한 사물을 가리키는 용어에서 멀어질수록, 추상 정도는 증가한다. 동시에 오해의 소지도 증폭된다. 그룹 토의에서 추상적인 명제가 논의되면 대부분의 참가자들은 혼란스러워 하고 바짝 긴장하며 더 이상 참여하기를 꺼리는 사람들도 생기게 된다.

명확성이 부족해지는 것은 애매모호함, 또는 논리적으로 여러 의미로 해석될 수 있는 말로 인해 발생한다. 모호성의 요인은 여러 가지다. 가끔 단어가 두 가지 이상의 의미로 해석될 수 있는 경우가 있다. 예를 들어 동료 중 한 명이 한 때 추천서에 이런 글을 써 넣었다. '그에게 일을 시킬 수 있다면 그야말로 운이 좋은 겁니다.' 그는 추천받은 사람이 게으른 직원이라 그가 어떤 일이라도 하도록 시킬 수만 있다면 천만 다행일 것이라는 의미였다. 하지만 편지를 받은 사람은 그토록 장래가 촉망되는 직원을 만나게 된 것이 행운이라고 여겼을 것이다.

그룹 구성원들은 정확하게 설명해 달라고 부탁함으로써 추상성과 모호성에서 비롯되는 혼란을 막아야 한다. 즉, 화자는 특정 그룹의 상황에 적합한 언어를 사용하고, 자신이 사용하는 추상적인 말은 구체적인 예를 들어 설명하며, 말과 행동을 일치시킴으로써 의사를 명확하게 전달해야 한다. 예를 들어 다음의 발언을 살펴보자. "우리는 훌륭한 보고서를 작성할 수 있을 것 같아. 주제에 대해서 세 가지 주요 측면을 다루고, 2년 이내의 최신 참고자료를 사용하며, 문법적으로 완벽한 보고서로 말이야." 이 발언에는 '훌륭한'이라는 추상적인 용어에 대한 정의가 나와 있다.

감정적인 단어

감정적인 단어는 타인에게 매우 유쾌하거나 불쾌한 이미지와 경험을 상기시킨다. 감정적인 단어는 강한 반응을 야기하는 단어로 싸움을 유발하는 자극성을 띠기도 한다. 이때 반응하는 사람은 실제 상황인 듯 즉각적으로 욱하게 된다. 매우 부정적인 함축성을 띤 단어에 대해 생리적으로 강한 거부 반응을 보이는 것이 당연하지만, 대부분의 사람들은 이때 생각 없이 반응하는 경향이 있다. 그룹 성원들은 서로의 주체성과 자아개념을 깎아내리지 않는 것이 도리라는 점을 명심해야 한다. 최악의 모욕은 욕설이다. 불결한 사람, 남성우월주의자, 여성우월주의자, 양키, 깜둥이와 같은 말을 들으면 생리적으로, 정신적으로 싸울 태세가 되면서 아드레날린이 분비된다. 욕설은 초점을 다른 데로 돌리게 하고, 신뢰를 깨며, 자기 방어를 하게 하고, 효과적인 그룹 토의에 아무 도움도 되지 않는다.

모욕적 언사가 가져오는 부정적 영향을 예방하거나 줄이기 위해 어떻게 할 수 있을까? 우선 사람들은 모든 것에 대해 나름대로의 감정이 있고, 이 감정을 존중해 줘야 한다는 점을 인식해야 한다. 사람들은 자신의 믿음에 타인이 도전장을 내밀면, 자아에 대한 도전으로 간주하여 자기 방어에 나선다. 자기 자신의 행동을 살피고, 감정과 평가는 자신만의 감정과 의견일 뿐 진리는 아니라는 점을 직시해야 한다.

마지막으로 타인에게서 자극적인 단어를 들을 때 감정적 발언은 중립적으로 조정해서 말하고, 반대되는 느낌이나 의견을 수용함으로써 나중에 생길 충돌을 사전에 줄일 수 있다. 감정적인 단어를 중립적인 단어로 바꾸고, 다양한 의견과 감정을 유도하면, 그룹은 객관적이고 비판적으로 그 아이디어를 검토할 수 있다. 이렇게 되면 더 완벽한 정보를 토대로 결론을 내릴 수 있다.

부정적인 함축	중립적이거나 긍정적인 함축
배운 놈	지적인 사람
가벼운 여자	여자
잔머리 굴리는	설득력 있는
딴따라	연예인

아이비 *Ivy*와 백런드 *Backlund*는 다음과 같이 제안한다. '사람들이 청자가 어떻게 최상으로 듣고, 수용하며, 이해하고, 메시지를 습득하는지 더 많이 고민하고, 자기만족을 위해 말하려는 마음을 삭일 때 타인과의 의사소통에 큰 진전이 있을 것이다.' 이것은 상처를 줄 수 있는 모든 형태의 단어를 피하기 위해 염두에 두어야 할 황금 법칙이다.

이 장 초반부에 나온 이야기를 검토해 보자. 회의를 하는 동안 한 구성원은 목소리가 큰 이웃에게 '라틴계 깡패'라는 말을 사용하지 말 것을 요청했다. 그런 말을 하면서 이웃들이 스스로 무장하기를 주장했던 사람은, 어떻게 하면 덜 위협적으로 의견을 피력하면서 자신의 진지한 태도를 보여줄 수 있었을까?

의사소통에서 사용하는 비언어적 신호

비언어적 신호에는 언어적 신호를 제외한 모든 신호가 포함된다. 비언어적 신호는 소그룹 의사소통에 매우 중요하다. 바디 랭귀지의 선구자 버드휘스텔 *Birdwhistell*은 사람들이 마주 대할 때 의미의 약 35%만 말로 전달되고, 나머지 65%는 비언어적 신호로 표현된다고 믿었다.

비언어적 신호는 말을 보충하고, 청자들이 말을 해석하는 방법을 알려준다. 우선 여기에서는 비언어적 의사소통에 대한 일반론을 살펴보고, 비언어적 신호로 나타나는 구체적인 기능에 대해 알아볼 것이다.

비언어적 의사소통의 원칙

비언어적 의사소통을 이해하는 데 필요한 주요 원칙이 세 가지 있다. 이러한 원칙은 비언어적 신호의 흐름, 비언어적 신호의 구체성 결여, 비언어적 신호와 언어적 신호가 서로 모순될 때 어떤 일이 일어나는지에 관한 내용을 다룬다.

1. 소그룹의 다른 구성원에게 보내는 비언어적 신호를 막을 수는 없다.

   이는 '의사소통을 안 할 수는 없다' 라는 말로 달리 표현될 수 있다. 다시 말해 다른 사람이 있을 때 신호를 보낼 수밖에 없으며 또한 상대는 그 신호를 받아들이고 해석할 수밖에 없다는 것이다(물론 해석은 완전히 틀릴 수도 있다). 말로 동참하지는 않더라도 그 자리에 있다는 그 자체가 기분, 분위기, 결집력, 대인 관계에 영향을 미칠 수 있다. 관건은 '내가 의사소통을 할 것인가?' 가 아니라 '무엇을 의사소통할 것인가?' 이다.

2. 비언어적 신호는 매우 모호하다.

   미소가 뜻할 수 있는 의미를 생각해 보자. 친하다는 느낌, 제안에 대한 동의, 기쁨, 타인에 대한 인정, 다른 사람의 불행에 대한 조소, 우월감, 또는 단순한 호감 등이 있다. 시계를 본다는 것은 지루함의 표현이기도 하지만, 동시에 정해진 시간에 약을 먹어야 하거나, 몇 분 후에 회의가 있다는 의미가 되기도 한다. 오해를 막으려면 말로 확실히 해 주는 것이 필요하다.

3. 비언어적 신호와 언어적 신호가 상치될 때, 사람들은 주로 비언어적 신호를 신뢰하는 경향이 있다.

   한 동료가 주먹을 꽉 쥐고, 이마에 주름을 지으며, "나 화난 거 아닙니다!"라고 소리 지른다고 생각해 보자. 그의 말을 믿을 것인가? 비언어적 신호는 무의식적으로 표현될 가능성이 높다. 땀 분비, 홍조, 혈압, 장기의 긴장 정도 등을 의식적으로 조절할 수 있는 사람은 거의 없다.

대부분의 경우 그룹 토의에서, 자신의 발, 손, 얼굴, 몸의 동작을 완전히 의식하는 사람은 없다. 어떤 사람들은 말의 속도, 어조, 강세를 조절하도록 교육을 받았고, 대부분의 경우 내뱉은 말을 조절할 줄 안다. 따라서 비언어적 의사소통은 쉽게 조작할 수 있는 말보다 비교적 즉흥적이고 신뢰하기 쉽다. 비언어적 신호와 언어적 신호가 상충할 때 특히 그러하며 두 신호가 거의 일치할 때는 오히려 언어적 신호에 더 관심을 기울이게 된다.

비언어적 신호가 언어적 신호와 일치하지 않을 수 있듯이 비언어적 신호도 가끔 서로 상충하기도 한다. 이러한 경우는 화자의 내적 혼란 또는 불확실성에서 기인하기도 한다. 예를 들어 한 사람은 어떤 제안의 다양한 요소에 대해 좋아하는 면, 싫어하는 면을 동시에 가질 수 있다. 이렇게 되면 머리는 동의하는 듯 끄덕이지만 얼굴은 찌푸리는 등 복합적인 신호를 보이며 혼란스러움을 표출하게 된다.

복합적인 메시지 전달을 하지 않으려면 솔직하고 분명해야 한다. 화자로서 당신이 혼란스럽다면 그러한 점을 솔직하게 표현함으로써 다른 구성원들이 당신의 말을 해석할 수 있도록 해야 한다. 타인의 복합적인 메시지로 혼란스럽고 당황스럽다면, 그렇다고 얘기하고 의도를 명확하게 해달라고 부탁한다.

비언어적 의사소통의 기능

비언어적 의사소통의 기능을 알면 다른 사람들에게 적절하게 반응할 수 있고, 자신만의 신호를 더 확실히 전달할 수 있다. 비언어적 신호는 그룹이 상호작용할 때 여섯 가지의 주요 기능을 담당한다.

1. 언어적 신호를 보충한다.

비언어적 신호는 언어적 메시지를 반복하고 강조할 수 있다. 예를 들어 차트에 나온 3번 항목을 가리키며 동시에 "아이디어 항목 세번째를 보세요."라고 말한다. 가끔 비언어적 신호는 말한 내용을 보충 설명할 수 있다. 예를 들어 토론 참가자는 "완성하면 여기쯤 될 것 같아."라고 하면서, 바닥에서 1m 떨어진 곳을 손으로 짚을 수 있다.

2. 말을 대신한다.

여러 가지 제스처는 말을 대신하기도 한다. 엄지와 검지로 O자를 그리고 다른 세 손가락을 뻗치면 엄지를 위로 하는 것과 똑같이 미국에서는 OK라는 뜻이다. 위원회 회장이 "투표할 준비가 되었습니까?"라고 물을 때 구성원들이 고개를 좌우로 흔들면 그룹이 투표를 하지 않을 것이라는 의미다.

3. 언어적 메시지와 상충한다.

앞에서 논의했듯이 가끔 비언어적 신호는 말과 상충하기도 한다. 예를 들어 "그 의견을 따르겠습니다."라고 말은 하지만, 속으로는 그렇지 않을 때가 있다. 그럴 경우 상충되는 부분을 지적하고 명확하게 해달라고 요청한다. "제안을 따르겠다고 말씀은 하셨지만, 말씀하시는 걸 들어 보면 그다지 마음에 내키지 않는 것처럼 들리는데, 어떻게 생각하세요?"

4. 감정을 표현한다.

앞의 예에서 설명했듯이 사람의 감정은 말보다는 비언어적인 신호로 더 강하게 전달되게 마련이다. "나는 당신에게 동의해요."라는 말을 다양하게 해 보고, 각각 다른 느낌을 어떻게 나타내는지 살펴본다. 미소를 짓거나 끄덕거리면 '난 당신의 제안이 마음에 듭니다.' 라는 의미이다. 부정적인 느낌 또한 비언어적으로 전달되기도 한다. 목소리, 자세, 얼굴 표정으로 감정을 전달할 수 있다.

5. 상호작용을 조절한다.

조절수단이라고 할 수 있는 비언어적 메시지로 그룹 구성원의 상호작용 방향을 잡아 나갈 수 있다. 분위기를 바꾸는 것은 의식적인 생각 없이 자동으로 일어나지만 토론 지도자들은 고개를 끄덕이거나, 눈을 마주치거나, 다음 발언자를 가리키는 손동작을 하는 등 의식적으로 비언어적 신호를 보내기도 한다. 긍정적으로 고개를 끄덕이는 것은 '계속 말하시오.' 라는 의미이지만, 반응이 없거나 고개를 돌리는 것은 '그만 말하시오.' 를 의미한다. 이런 조절작용을 하는 여러 신호는 가시적이다.

6. 지위관계를 표시한다.

상석에 앉는다는 건 그룹 내에서 리더십이나 큰 영향력에 대한 갈망이 있다는 것을 나타낸다. 테이블에서 평균 할당량 이상을 차지하는 구성원(서류 가방, 책, 커피 컵 등)은 그룹을 통솔하고자 하는 욕구나 우월감을 나타낸다. 다른 사람에게 갑자기 가까이 다가가거나, 뚫어질 정도로 쳐다보거나, 큰 소리를 내거나, 토닥거려 주거나 다른 식으로 접촉을 하는 경우도 마찬가지다. 몸의 균형, 참가자의 어깨와 다리가 다른 사람에게 향하는 방향 및 각도 등을 보면 개인이 그룹의 일원으로 느끼는 소속감이 어느 정도인지 알 수 있고, 이것은 대체로 전체 그룹보다는 하위 그룹에 더 많이 적용된다.

효과적인 그룹 구성원들은 방금 언급한 비언어적 의사소통의 원칙과 기능을 이해하고, 비언어적 행동에 민감해야 한다는 것을 실천한다. 예를 들어 저자 중 한명이 평상시 말이 없던 한 구성원이 의장의 발언에 대해 함구무언의 자세를 취하며 팔짱을 끼는 것을 관찰했다. 이러한 제스처가 여러 가지로 해석될 수 있다는 점을 알고 의장은 그 사람에게 생각을 솔직히 말해 달라고 요청했다. 알고 보니 그 구성원은 다른 사람들이 파악하지 못한 몇 가지 탁월한 이유를 대며 그룹 구성원들의 합일점에 동의를 표하지 않았다. 의장이 이 점을 파악하고 민감하게 반응했기 때문에 이 구성원이 갖고 있던 정보를 그룹 전체가 알 수 있게 된 것이다.

비언어적 신호의 형태

비언어적 신호를 해석하려면 단일 신호 대신 신호 양식을 봐야 한다. 동시에 다양한 비언어적 신호를 어느 하나도 간과해서는 안 된다. 다음의 요소는 구성원들 사이에 의사소통을 할 때 특히 도움이 된다.

외모

처음 결성된 그룹의 구성원들은 서로의 전문 기술과 능력을 판단하기 전에 상대의 외모에 먼저 반응한다. 보통 첫인상을 토대로 지적 수준과 상대에 대한 호감이 결정된다. 물론 나중에 판단을 바꿀 수도 있지만, 처음에는 다양한 비언어적 신호를 통해 판단하게 된다. 우리는 종종 이런 편견이 내재되어 있다는 사실을 의식하지 못하는 경우가 있다. 무엇보다 중요한 것은 그 사람의 외모보다는 그 사람의 행동에 반응하는 법을 배워야 한다는 것이다.

공간과 자리

사람들은 몸동작을 통해 그룹에 대한 소속감을 표출한다. 다른 구성원에 가까이 앉거나, 원의 정중앙에 앉거나, 원탁 테이블 근처 또는 정·직사각형 테이블의 정중앙에 앉는 사람은 소속감이 강하다는 것을 보여준다. 접촉이 가능한 거리에 앉으면 개인적으로 친밀한 사이임을 보여주는 반면, 손이 닿을 수 없는 먼 거리에 앉는 것은 비즈니스 관계임을 나타낸다.

그룹 내의 리더십은 공간과 관련이 있다. 지배력이 강한 사람들과 지명된 리더들은 대개 그룹 내 중앙에 앉는다. 대화의 흐름은 주로 원탁을 가로질러 오가며, 리더는 최대한 많은 그룹 구성원들과 시선 접촉을 할 수 있는 곳에 앉아야 한다. 이를 통해 리더의 입지가 커지고, 리더가 그룹을 통합하고 통제하는 것을 용이하게 한다. 구성원들 중에는 리더 옆에 앉는 것을 꺼리는 사람도 종종 있다. 따라서 원이 그림 4.2에 보이는 것처럼 끊어지기도 한다.

그룹 환경의 배석 및 공간적 특성에는 벽이나 문처럼 고정적인 것과 가구처럼 이동 가능한 것을 포함하는데, 이러한 것들은 그룹의 상호작용

[그림 4.2] 소규모 업무그룹에서 지명된 리더와 다른
구성원들 간의 전형적인 공간 간격

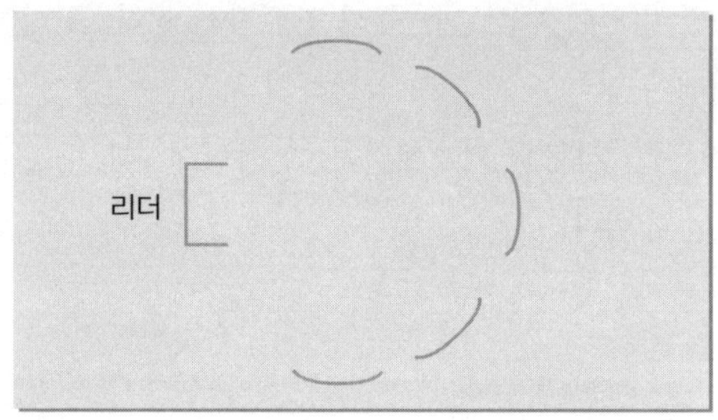

에 영향을 미친다. 큰 공간에서 그룹 구성원들은 평소보다 더 가깝게 앉
으려고 할 수도 있다. 그룹 회의 장소가 평소에 다른 활동을 위해 사용되
는 공간이라면, 그 공간을 사용하면서 그룹 상호작용에 변화를 가져올
수 있다. 예를 들어 공식적인 회의 테이블에서 회의를 할 경우 격식을 차
린 상호작용을 조장하지만, 편한 소파가 있는 거실에서는 그렇지 않다.
가끔은 그룹 회의 장소를 바꾸어 주는 것도 혼돈 상태의 그룹을 생산적
인 그룹으로 전환하는 데 도움이 된다.

눈짓

눈짓을 통해 호감뿐 아니라 혐오감, 거부감, 우월감 또는 열등감을 나
타낼 수 있다. 버군*Burgoon*은 작은 규모의 수업에서 좌석 배열을 마음
대로 할 수 있다고 학생들에게 얘기하면, 그들은 최대한 많은 사람과 시
선을 마주하기 위해 원 모양이나 U 모양으로 좌석을 배열했다고 보고한

다. 상대를 응시하게 되면 경쟁을 뜻하기도 하지만, 협동심이 있는 그룹에서는 친근감과 일체감을 보여준다. 시선 접촉은 중요하지만, 다른 언어적 신호와 비언어적 신호라는 맥락에서 신중하게 해석해야 한다.

얼굴 표정

얼굴 표정은 많은 감정과 기분을 나타낸다. 말을 하지 않고도 분노, 협조, 이의를 비롯한 수많은 감정을 알 수 있다. 에크만 *Eckman*, 엘스워스 *Ellsworth*, 프리센 *Friesen*은 적어도 여섯 가지의 감정을 얼굴 표정에서 정확히 감지할 수 있다고 한다. 얼굴 표정을 거의 바꾸지 않는 무표정한 사람들은 표정에 감정을 싣는 사람들에 비해 신뢰도가 낮다. 하지만 그런 무표정한 사람들도 땀을 흘리거나 얼굴을 붉히는 것과 같은 생리적 변화는 통제하기 어렵다. 그룹 구성원들이 얼굴에 표정을 거의 싣지 않는다면, 다른 생리적 신호를 살펴봐야 한다.

동작

동작을 통한 의사소통 연구를 동작학(Kinesics)이라고 한다. 사람들은 몸동작과 제스처를 통해 여러 감정을 드러낸다. 의자에서 자세를 계속 바꾸거나, 손가락을 두드리거나, 발을 흔들거나 눈을 찡긋하는 행동은 긴장을 나타낸다. 그런 행동을 하면 짜증이 나거나, 그룹 진척 상황에 대해 참을 수 없다거나, 귀찮다는 느낌을 준다. 민감한 그룹 구성원이라면 몸짓 신호를 지적하고, 어떤 의미가 있는지 물어봄으로써 긴장하는 근본 이유를 알아낼 것이다.

몸동작을 통해 토의의 흐름을 조절할 수도 있다. 예를 들어 화자는 종종 편안한 자세로 손동작을 멈추는 것으로 말이 끝났다는 것을 보여줄 수 있다. 세플렌*Scheflen*은 자신의 주장을 마무리할 때 화자가 눈에 띄게 자세를 바꾼다는 점을 언급했다. 청자는 몸을 앞으로 숙이고 손을 흔들며 동시에 입을 벌리면서 발언권을 요구할 수도 있다.

소리 신호

소리 신호 또는 준언어(paralanguage)는 단어 자체라기보다는 목소리나 표현되는 다른 모든 것의 특성을 말한다. 목소리 톤, 속도, 말주변, 발음, 목소리의 힘, 음질, 말하는 중간의 침묵과 같은 것들이 여기에 포함된다.

"동의합니다." 또는 "괜찮습니다."와 같은 말에 대해 어떻게 반응할지는 말 자체보다는 어조나 목소리 톤에 더 많이 좌우된다. 예를 들어 빈정거림과 아이러니의 반응은 주로 겉으로 드러나는 말과는 반대의 뜻을 나타내는 어조로 잘 나타난다. 그룹 내에서 빈정거리는 말투를 사용하면 오해를 불러일으키기 쉽다.

생기발랄한 동작과 목소리를 구사하면 그룹 내의 지위가 올라가는 경향이 있다. 반면에, 저음으로 조용히 말하는 사람들은 설득력이 부족한 편이다. 그런 사람들은 자신의 말에 개인적으로 큰 의미를 두지 않는 듯하다. 그러나 목소리 색깔이 너무 광범위하게 바뀌는 구성원들은 리더나 믿을만한 존재로서 신뢰가 가지 않는 비논리적인 사람들로 보일 수 있다. 하지만 테일러*Taylor*는 과도하게 목소리에 힘을 주는 사람이 일관된 목소리 톤을 가진 사람보다 더 신뢰감을 준다는 사실을 발견했다. 따라서 목소리 톤을 다양하게 하고, 자신이 한 말의 내용을 강조하기 위해 목소리 신호를 사용하도록 한다.

시간에 관한 신호

시간을 비언어적 의사소통의 차원에서 생각하는 사람은 거의 없다. 시간을 인지하는 것은 문화적인 것과 관련성이 크다. 서구 문화인들은 시간에 따라 활동을 조절하는 경향이 있지만, 여타 문화인들은 생리적 욕구나 자연스러운 현상에 근거하여 행동한다.

하퍼 *Harper*, 베인 *Weins*, 마타라조 *Matarazzo*는 보통사람보다 말을 많이 하는 사람들은 리더로서의 자질이 있다고 여겨진다는 것을 알았다. 말하는 분량이 평균 정도인 사람들이 가장 선호되었다. 극도로 말이 많은 구성원들은 무례하고 이기적이고 그룹에서 빠져도 무방하다고 여겼다. 더버 *Derber*는 말이 지나치게 많은 증세를 대화상 자기도취(conversational narcissism)라고 칭했다.

스킨십

스킨십은 의사소통에서 중요한 비언어적 차원에 속한다. 그룹 구성원 간의 스킨십을 통해 일체감과 팀워크를 강화할 수 있다. 가족 식사 전 손을 잡고 기도할 수 있고, 축구 선수들은 껴안은 채 손을 포개며, 배우들은 성공적인 공연이 끝나고 서로 껴안는다. 토닥거리는 것은 애정과 소속감의 신호로 간주되는 편이다. 그러나 쓰다듬는 것은 소규모 그룹 회의에서는 일반적으로 부적합한 것으로 간주된다. 팔이나 어깨 주변을 꽉 누르는 것은 통제력을 행사하는 제스처로서, 한 치 위에서 보는 행동으로 해석되므로 동일한 계급이나 신분의 사람들이 속한 그룹에서는 기분 나쁜 행동일 수도 있다. 가벼운 스킨십은 주장을 다시 한번 생각하고 한 발짝 물러서게 하는 수단이 될 수 있다. 열띤 토론 중에 팔을 한번 살짝 치면 적대감을 주는 발언을 삼가는 효과가 있다.

여타 비언어적 신호에서처럼 사람들의 수용도와 스킨십의 정도는 다양하다. 상대가 당신의 말과 스킨십을 받아들일 때만 상대에게 스킨십을 하는 것이 매우 중요하다. 물론 스킨십을 통해 팀의 유대감이 강화되기도 하지만, 거부감을 보이는 사람들의 기분이나 권리도 존중하여, 상대가 불편해 하면 절대로 스킨십을 해서는 안 된다. 강압적인 스킨십은 사기성이나 꿍꿍이속이 있는 듯 보인다.

생각 해 봅시다

> 연극 대본을 구해보자. 아무 장면이나 선택한 후 목소리의 특성을 다양하게 변화시켜 장면의 의미를 바꾸는 연습을 해본다. 예를 들어 목소리 높낮이, 속도, 표현, 어조 등을 바꿔본다. 그런 다음 그 장면을 몇 번 더 읽는다. 이번에는 목소리 톤은 그대로 하되 제스처, 인물 간의 거리, 얼굴 표정 등을 바꾸어본다. 어떤 점을 발견했는가?

의사소통에 문화가 미치는 영향

뉴욕에서 성장하고 대학을 다닌 마사는 항상 캘리포니아에서 일하기를 원했다. 4학년 봄 학기에 컴퓨터학과의 학사 학위를 거의 마친 상태에서 마사는 실리콘밸리의 한 소프트웨어 개발 회사로부터 면접 기회를 얻었다. 회사의 소프트웨어 개발팀은 자율 관리되는 업무 그룹으로서 자체적으로 면접 및 채용 권한을 보유했다.

마사는 세심하게 면접 준비를 했다. 그녀는 회사 자료를 모조리 읽고 그 회사가 좋은 평판을 받았던 소프트웨어 제품을 숙지했고 자신이 대학 생활 동안 참가했던 프로젝트의 포트폴리오를 새롭게 수정했으며 면접을 위해 매우 신중하게 복장을 선택했다. 새로 장만한 푸른색 정장과 그에 잘 어울리는 펌프스(끈이 없고 운두가 낮은 여자 구두 – 역주), 흰색 블라우스, 튀지 않는 액세서리 등, 그녀는 만반의 준비를 마쳤다!

마사는 팀 책임자인 조지와 호텔에서 처음 만난 순간 일이 잘 풀리지 않을지도 모른다는 암시를 받았다. 조지는 청바지에 샌프란시스코 포티나이너스 미식축구팀의 야구 모자를 쓰고 정면에 손으로 그린 돛대 모양이 찍힌 티셔츠를 입고 있었다. 회사 건물에 도착한 마사는 모든 직원들의 옷차림이 비슷하다는 점을 눈치 챘다. 모두들 조금은 단정치 못한 캐주얼 복장이었다. 팀원들은 회의를 시작하기 전에 그녀의 경력에 대해 조금씩 언급했고 그녀는 다소 긴장이 풀렸다. 어쨌든 그녀는 자신을 어떻게 팔 것인지를 준비해온 상태였다. 그녀가 5분가량 자기소개를 하고 있을 때 조지가 끼어들어 다음 회의 전에 건물을 한바퀴 돌며 안내해 주겠다고 제안했다. 두 사람은 자리에서 일어났고 나머지 팀원들은 이야기를 꺼내기 시작했다. "자기 생각만 많이 하는 것 같아요, 안 그래요?"라고 아키미가 말했다. "너무 말이 빨라서 무슨 말인지 반도 못 알아들었어요." 스코트가 불평했다. "복장이 너무 답답해요." 몬타나가 거들었다. 팀원들은 마사가 자신들만의 특정한 팀 문화에 어울리지 못할 것 같다고 결론을 내렸다. 부분적으로는 그녀가 팀 작업을 잘 해낼 사람으로 보이지 않았기 때문이었다. 그녀를 만난 지 30분 만에 그들은 그녀를 채용하지 않기로 결정했다.

이 사례는 다음에 다루게 될 세 가지 중요한 점을 강조한다. 첫번째는 문화적 다양성이 소그룹에 대단히 큰 과제를 안겨준다는 점이다. 문화적 다양성이 있는 그룹의 팀원들은 성공을 위해 스스로 의사소통 행동에 더 세심한 주의를 기울이고 미리 갖고 있는 고정 관념을 포기하게 되기 때문이다. 두번째는 동일한 언어를 말하고 유사한 교육을 받은 동일 국가의 개인들 사이에도 문화적 차이가 존재할 수 있다는 점이다. 마지막으로, 문화적 차이는 잠재적으로 귀중한 자산이 되며 무시해서는 안 될, 포용해야 할 대상이라는 점이다.

사람이 자라온 문화는 앞에서 논의한 해석 과정을 비롯한 의사소통 행동의 모든 측면에 심대한 영향을 끼친다. 배경이 다양한 사람들 사이에서 의사소통은 매우 어려운 과제이다. 불행하게도 사람들은 대부분 자민족중심적(ethnocentric)이어서 자신이 출생한 문화가 우월하다고 믿고 자기 문화의 규범에 의거하여 모든 사람의 행동을 해석한다. 그러나 문화적으로 다양한 개인들의 의사소통이 성공을 거두려면 각자 자신의 자민족중심성을 포기해야 한다. 마사를 면접 본 소프트웨어 개발 팀원들은 빠른 말투, 적극적인 언어 습관을 특징으로 하는 마사의 뉴욕 스타일을 그냥 지나칠 수 없었다. 느긋한 캘리포니아에서 그런 스타일은 '자기 본위'라고 인식된다. 반면 뉴욕에서 사람들은 기회가 주어졌을 때 자신의 업적과 재능을 강조하라고 배운다. 팀은 자기중심적으로 마사가 자신의 성과를 내세우고 다른 사람들이 따라올 수 있도록 말하는 중간에 잠깐씩 멈추지 않고 빨리 말했기 때문에 그녀가 팀 활동을 제대로 할 사람이 못 된다고 결론을 내렸다. 그들은 자신들의 문화적 필터를 통해 그녀의 행동을 해석한 것이다.

문화란?

문화(culture)는 개인들이 모인 식별 가능한 집단이 공유하는 가치, 믿음, 기호(언어 포함), 규범, 행동을 일컫는다. 누구나 문화의 일부가 되는 과정에서 세계를 인식하고 사고하고 의사소통하고 행동하는 법을 배운다. 교육은 가족과 지역사회의 생활양식을 학습하면서 공식적·비공식적으로 이루어진다. 가족에서부터 시작되는 소그룹은 이 과정에서 절대적으로 필요하며 개인이 문화화되는 1차적 방법이다. 이 과정은 서서히 그리고 자동적으로 일어나서 어떤 일을 계기로 자신의 행동에 의문을 품게 되지 않는 한 각자에게 문화가 어떤 영향을 미치는지 거의 인식하지 못한다. 자신이 속한 문화가 각자에게 미치는 효과는 그것을 찾으려 노력하기 전에는 보이지 않는다. 문화 정체성(culture identity)은 어떤 사람이 특정 집단의 행동 기호, 의미, 표준을 학습하고 수용하고 식별하는 정도를 가리킨다. 개인들은 언어와 같은 기호를 배우고 언제 어떻게 말해야 하는지, 세계를 어떻게 인식해야 하는지, 어떤 행동이 적절하고 적절하지 않은지 등을 배운다. 누구나 문화에 속하지만 대부분 자신이 수용한 문화적 가치와 규범을 숙고하지 않는다. 마사의 면접 팀은 그녀의 행동을 잘못 해석했지만 팀원들은 자신들의 문화 정체성이 의사소통 행동과 마사의 행동을 해석하는 방식에 어떤 영향을 미치는지 감지하지 못한 것 같다.

위와 같은 문화의 정의는 광범위한 의미를 지닌다. 여기서 정의한 문화는 정체성을 공유한 사람들의 집단 모두를 가리킨다. 예를 들어, 문화적 집단은 인종(흑인, 백인, 히스패닉, 그리스인), 전문가 집단(대학생, 의사소통 전공 교수, 간호사, 회계사), 이익 집단(사냥꾼, 스타크래프트 게임 플레이어)

또는 성별까지 일컫는다. 때때로 스스로를 별개 문화로 보지만 보다 큰 문화의 일부인 집단을 하위 문화(subculture)라고 한다. 우리는 각자 몇 개의 다른 하위 문화에 동시에 속한다. 하위 문화의 '하위'는 '덜 중요한'이나 '가치가 떨어지는'을 의미하지 않는다. 단지 하위 문화가 그것이 속한 상위 문화보다 '숫자상' 적다는(영향력이 클지라도) 뜻일 뿐이다.

어떤 문화에서 채택하는 행동과 태도는 타고난 게 아니라 학습되는 것이면서 지속성이 있다. 문화는 변화하지만 변화 속도는 느리다. 동일한 문화 또는 하위 문화에 속하는 개인들 사이에서 일어나는 문화 내적 의사소통(intracultural communication)중에는 의사소통 행동을 대부분 당연한 것으로 받아들일 수 있다. 그러나 다른 문화 또는 하위 문화에 속하는 개인들 사이의 문화 상호간 의사소통(intercultral communication)중에는 참가자들의 오해 가능성이 높아졌다는 점에 주의를 기울여야 한다.

여기서 문화 상호간 의사소통이 다른 국가에 속한 사람들 사이에 발생하는 것에 국한되지 않는다는 사실에 주의해야 한다. 영국계 미국인 관리자가 아랍계 상대에게 말할 경우는 분명히 문화 상호간 의사소통의 한 예이지만 캘리포니아 쿠페르티노*Cupertino* 토박이가 뉴욕 출신에게 말하는 것도 한 가지 예에 속한다. 사실, 다른 국가 출신 사람들 사이의 대화는 문화 상호간이라기보다 문화 내적일 수 있다(예를 들어, 영국계 미국인과 영국계 캐나다인 사이의 대화).

어떤 의미에서 의사소통의 모든 행동은 각 개인이 자신이 학습한 행동을 고유하게 혼합한 결과이기 때문에 상호 문화적인 요소를 가지고 있다. 문화 상호간 의사소통은 하나의 연속체로서 한 쪽 끝에는 문화 상호간 의사소통의 요소가 있고 다른 쪽 끝에는 문화 내적 의사소통의 요소가 있

[그림 4.3] 문화 상호간 의사소통 정도

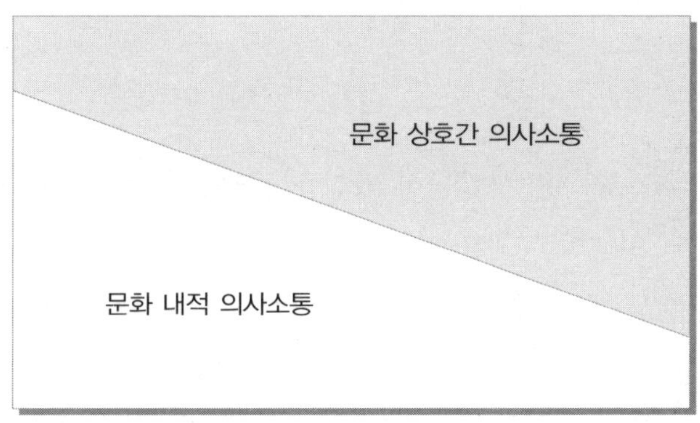

다. 그림 4.3에서 볼 수 있듯이 모든 만남은 어느 정도 상호 문화적인 성격이 있지만 순수하게 어느 한 쪽에만 속하는 경우는 없다. 따라서 알라스카 오지에 사는 이누이트족 가족 구성원 사이의 의사소통은 거의 순수하게 문화 내적이지만 반면 서로 상대편 언어를 모르는 일본인과 미국인 법률가들 사이의 회의는 극도로 상호 문화적이다. 상호 문화적 요소가 많으면 많을수록 의사소통이 제대로 이루어지지 않을 가능성이 커진다.

지금까지 중요한 용어에 대해 소개하였으므로 이제 문화마다 서로 차이를 보이며 집단 구성원의 의사소통 행동에 중대한 영향을 미치는 다섯 가지 광범위한 특징에 대해 살펴볼 차례이다.

의사소통에 영향을 미치는 문화적 특징

많은 연구자들이 문화에 따라 차이를 보이는 두드러진 특징에 대해 연구하였다. 이 책에서는 특히 소그룹 의사소통과 관련이 깊은 다섯 가지에 집중한다. 세계관, 개인주의 대 집단주의, 권력의 차이, 불확실성 기피, 고맥락 대 저맥락 의사소통이 그것이다.

세계관

세계관(worldview)은 사람들이 자신을 둘러싼 세계의 본질과 세계와 자신의 관계, 인생의 목적을 인식하는 방법을 포괄한다. 세계관은 사람의 행동 지향성, 가치, 관습 및 신념에 영향을 미친다. 각 문화는 삼라만상의 질서와 인간이 거대한 삶의 체계 속에 조화를 이루는 방식에 대해 설명하는 세계관을 가지고 있다. 이 문화적 특징은 변화에 대해 크게 저항하는 성질이 있다. 예를 들어, 운명이 모든 인간의 희로애락을 지배한다고 믿는 문화에 속한 사람들은 자신들의 운명이 미리 결정되어 있다고 믿기 때문에 '운명에 순응' 할 가능성이 더 높다. 반면, 사람이 사건을 지배한다고 믿는 문화에 속한 사람들은 사뭇 다르게 반응할 것이다. 아시아 문화와 대다수 토착 미국 문화는 인생을 흐르는 강으로 파악하여 개인이 강을 거스를 방도를 탐색하려 들기보다 그 흐름을 타는 것이 오히려 적절하다고 인식한다. 북미인과 일부 서유럽인들은 반대 개념을 가지고 있다. 그들은 이런 식으로 말한다. "처음에 성공하지 못할지라도 시도하고 시도하고 거듭 시도하라." 이것은 강의 흐름을 타지 않고 그에 맞서거나 부단히 노력하는 세계관을 나타낸다. 소그룹 내 의사소통의 관점에서 볼 때 인내심을 기르고 결론을 강요하지 않으면서 토의가 나름대로의 속도로 진행되도록 허용하는 자세는 '흐름에 순응하는' 문화에서 매우 자연스러운 일이지만 일을 완결지을 수 있도록 서둘러 요지를 파악하고 싶어하는 많은 미국인들에게는 어려운 일일 것이다.

개인주의 vs 집단주의

어떤 문화에서는 개인적 목표에 더 높은 가치를 두지만 다른 문화에서는 집단적 목표에 높은 가치를 부여한다. 구디쿤스트*Gudykunst*와 팅-투미*Ting-Toomey*는 개인주의(individualism) 문화에서는 개인의 발전이 집단에 손해를 끼치는 경우에도 가장 중요한 반면, 집단주의(collectivism) 문화에서는 집단의 요구가 가장 중요하고 개인에게 집단에 순응할 것을 요구한다고 지적한다.

미국 사람들은 '나' 라는 정체성이 우리에 우선하므로 자기 계발, 자기 실현, 개인 주도에 높은 우선순위를 둔다. 심지어 집단에 의해 자신의 개인적 가치, 신념, 선호도 등이 손상된다고 느낄 경우에는 집단을 떠나라고 독려하기까지 한다. 반면 아시아와 토착 미국 문화는 대부분 이와 정반대이다. 예를 들어, 중국 속담 중에 '튀어나온 못이 정 맞는다' 는 말이 있다. 이 말은 구성원이 집단에서 두드러지면 집단은 개인에게 순응을 강요할 권리(또는 의무)를 가진다는 의미이다. 집단주의 문화에서는 집단(지배적인 집단)의 내부 목표, 희망, 의견이 항상 우세한 지위를 획득한다. 그러한 문화에서는 집단 내 협력을 높이 평가하고 개인들은 각자의 의견을 가지고 논쟁을 벌이는 직접적인 대결보다 서서히 합의를 이루어나가는 방식을 선호한다.

이렇게 집단주의 문화와 개인주의 문화를 구별하는 일은 혼합 문화 소그룹에서 중요한데, 그 이유는 주로 의사소통 행동에 영향을 미치기 때문이다. 예를 들어, 구성원이 스스로를 상호의존적이라기보다 독립적이라고 보는 개인주의 문화는 집단주의 문화의 구성원보다 명확한 언어 사용에 더 큰 가치를 둔다.

권력의 차이

문화는 어떤 권력의 차이를 선호하느냐에 따라 구분된다. 권력의 차이(power distance)란 권력이나 지위 차이가 최소화되느냐 최대화되느냐 하는 정도를 말한다. 오스트리아, 이스라엘, 뉴질랜드 같이 권력의 차이가 적은 문화권에서는 일반적으로 권력이 동등하게 배분되어야 한다고 믿는다. 예를 들어, 권력의 차이가 비교적 적은 문화에 속하는 미국인들은 법 앞의 평등을 존중한다. 독립 선언문은 '모든 인간은 평등하게 태어난다' 고 역설했다. 미국인은 누군가 노력이나 공로가 아닌 출생만으로 특권을 얻는다면 그것은 부당하다고 생각한다. 이와 반대로, 필리핀, 멕시코, 이라크, 인도와 같이 권력의 차이가 큰 문화권에서는 엄격한 계층 질서가 있고 큰 폭의 권력 차이를 선호한다. 권력의 차이가 큰 문화권에서 사람들은 누구나 각자 있어야 할 자리가 있고 권력을 가진 지도자나 그 밖의 권력자들은 특권을 가져야 하며 권력자의 권위는 도전받을 수 없는 것이라고 믿는다.

홉스테드*Hofstede*는 대집단일수록 일반적으로 권력의 차이가 크다고 지적했다. 대집단은 스스로를 유지하기 위해 공식적인 지도력과 의사소통이 필요하다. 권력이 소수에게 집중되는 경향이 있고 그 외 사람들은 상당히 엄격한 위계질서를 정상적이고 바람직한 것으로 받아들인다.

권력의 차이는 구성원이 선호하는 토의 절차와도 관련이 있다. 구성원 개인의 의견을 지위에 관계없이 존중해야 한다고 믿는 사람들(즉, 권력의 차이가 적은 문화)은 집단 토의와 의사결정에 참여하는 것을 선호하지만, 권력의 차이가 큰 문화에서는 집단 참여를 최소화하고 지도자가 의사결정을 행사하는 일을 하나의 규범으로 삼는다. 권력의 차이가 큰 문화에 속하는 사람들은 지위가 낮은 집단 구성원이 지위가 높은 구성원의 욕구에 순응하는 것이 타당하다고 믿는다. 그러나 권력의 차이가 적은 문화에 속하는 구성원은 순응하기를 꺼린다.

불확실성 기피

불확실성 기피(uncertainty avoidance)는 특정 문화에 속하는 사람들이 모호함과 불확실성을 용인하는 정도를 가리킨다. 불확실성 기피도가 낮은 문화에서는 모호함을 용인하는 폭이 크고 기꺼이 위험을 감수하려 하며 규칙이 비교적 온건하고 일탈이나 의견차를 어느 정도 수용한다. 영국, 스웨덴, 홍콩 등이 그러한 나라이다. 반면 그리스, 일본, 벨기에 같은 나라는 사람들이 모호한 상황을 회피하려 한다. 이 같은 나라의 문화는 안전성과 뚜렷한 행동 규범을 확립할 수 있는 규칙을 채택한다. 이러한 문화에서는 구성원 모두에게 행동 표준에 부합하는 행동을 할 것을 기대하고 의견 차이를 높게 평가하지 않는다. 그러한 문화권에서 성장한 사람들은 대개 강한 노동 윤리를 내면화하고 있다.

불확실성 기피도는 지도자 스타일, 준거, 토의 과정에 대한 선호 관계에 영향을 미친다. 불확실성 기피도가 높은 문화는 명확한 규칙에 의존하고 일관되게 규칙을 집행하며 리더에게 집단의 과업을 조직하고 독재적으로 행동할 것을 기대한다. 불확실성 기피도가 높은 문화는 예측가능성과 안전성을 높이 평가한다. 비순응적 행동은 이러한 예측 가능성을 위협하는 요소가 된다. 기피도가 높은 문화에서는 지도자와 집단 의견에 순응하는 것이 규범인 반면 기피도가 낮은 문화에서는 이의와 의견차를 용인하고 장려하기까지 한다. 체계와 명확한 절차를 강하게 요구하는 태도가 기피도가 높은 문화의 특징이다. 러스티그*Lustig*와 카소타 *Casotta*는 불확실성 기피도가 높은 문화에서는 집단이 과제 지향적이 되고 불확실성 기피도가 낮은 문화에서는 관계 지향적이 된다고 주장한다.

저맥락 vs 고맥락 의사소통

이 책에서 다룰 마지막 문화적 특징이 홀*Hall*이 사용한 용어, 저맥락 대 고맥락 의사소통이다. 저맥락 의사소통(low-context communication) 문화에서는 말이나 명시적인 메시지로 메시지의 기본 의미를 전달하는 데 비해 고맥락 의사소통(high-context communication) 문화에서는 말로 표현되지 않는 상황의 특징적인 속성으로 기본 의미를 전달한다. 독일, 스위스, 스칸디나비아 국가, 미국 같은 저맥락 문화에서는 직접적이고 분명하게 의사를 표명하는 것이 높이 평가된다. 중국, 일본, 한국과 같은 고맥락 문화에서는 가능한 몇 가지 의미가 숨겨진 모호한 표현을 선호한다. 그것이 조화를 유지하고 사람들로 하여금 체면을 지키게 해주기 때문이다. 또한, 저맥락 문화는 개인주의적인 경향이 있고 고맥락 문화는 집단주의적인 경향이 있다.

중국에서는 "아니오, 나는 그 생각에 동의하지 않습니다."라는 말보다 "그런 쪽으로 생각해 볼 수도 있겠군요."라는 말을 더 많이 들을 것이다. 어떤 진술이 "아니오, 그것은 싫습니다."인지 "아주 마음에 듭니다만 천천히 의견을 모아야 합니다."인지 아니면 "좀더 심층적으로 살펴보기 전에는 좋은지 싫은지 알 수 없습니다."인지 알려면 중국식 의사소통 방식에 정통해야 한다. 더구나 상황이 주는 암시를 예리하게 파악해야 할 것이다.

고맥락 문화의 구성원이 저맥락 문화의 구성원과 상호작용하려 할 때 그룹 의사소통이 얼마나 어려워질 수 있는지 쉽게 상상할 수 있다. 이 책의 저자인 글로리아는 대만 출신의 킹유가 일원으로 참가한 학생 집단을 관찰한 적이 있다. 미국인 학생들은 활발하게 논쟁하는 것에 익숙했고 서로의 생각에 찬성하는지 반대하는지 터놓고 얘기하는 것에 익숙했다. 그러나 킹유가 자란 문화권에서는 다른 사람에게 이견이 있을 때 아주 조심스럽게 표현했다. 모임에서 말이 없고 소극적으로 행동하는 킹유의 태도로 인해 미국인 학생들은 화를 냈고 그녀를 자신들처럼 행동하게 만들려고 계속 노력했다. 미국인이 킹유에게 자기 입장을 분명히 정리하고 핵심을 말하고 솔직해지라고 요구하면 할수록 그녀는 자신에게 익숙한 모호함과 불분명한 태도로 한층 더 물러났고 이 때문에 빚어진 오해는 참으로 심각했다.

문화가 유발하는 의사소통 차이

지금까지 논의한 다섯 가지 특징이 특정 문화에서 언어적 비언어적 의사소통 행동을 적절한 것으로 또는 그렇지 못한 것으로 판단하는 기준이 된다. 이제 의사소통 행동이 문화에 따라 어떻게 달라지는지 살펴보겠다.

언어

문화마다 기호 체계와 어법이 다를 뿐만 아니라 선호하는 조직 방식도 다르다. 동일한 언어 체계를 사용(즉, 동일한 언어를 말)하지 못하면 이해를 높이는 데 심각한 장애가 발생한다. '예' 같은 간단한 단어도 문제를 일으킬 수 있다. 한국인은 미국인이라면 '아니오' 라고 말할 경우에도

‘예’라고 한다. “어제 학교 안 갔니?”라고 묻는다면 한국인은 “예, 안 갔어요.”라고 말할 것이다. ‘예’가 때로는 동의를 의미하기도 하지만 한국인 청자에게는 질문을 들었다는 사실 또는 화자가 말하는 바를 충분히 이해했고 계속 말하라고 격려한다는 사실을 인정하는 것일 수도 있다. 한국인은 조화를 유지하기 위해 ‘예’라고 말하며 부정적으로 보이지 않으려 함으로써 외견상 조화를 추구한다.

의사소통 어려움은 동일한 언어를 말하는 토박이 화자들 사이에도 발생할 수 있다. 예를 들어, 저자의 동료 중 한 명은 토박이 캐나다인으로 교수진에게 ‘point form’으로 연간 활동 보고서를 제출하라고 요청하는 메모를 돌렸다. 교수들은 캐나다인에게 point form은 미국인에게 ‘outline form(초안 형식)’을 의미한다는 사실을 알아차리기까지 무슨 말인지 이해하지 못했다. 모국어 화자들 사이의 오해는 유머가 되기도 하고 보통 금세 풀리게 마련이지만 비모국어 화자들 사이의 오해는 때때로 치명적일 수 있다. 전 세계 수많은 항공 교통 관재관은 영어로 지침을 말한다. 마다가스카르의 관재관이 “Clipper 1736 report clear of runway”라고 했을 때 미국인 비행사는 이 말을 이륙 허가로 해석했다. 그러나 관재관은 ‘활주로에서 이륙했다고 보고하라’는 뜻이었다. 이 언어적 착오의 결과 600명이 사망하는 대참사가 벌어졌다.

비언어적 신호

앞에서 설명했듯이 비언어적 신호는 말 자체를 제외한 모든 인식 가능한 신호를 포함한다. 다른 문화에 속하는 사람들이 보이는 비언어적 행동 유형은 문화마다 상당히 다르다.

준언어

피어스*Pierce*는 한 뉴욕 출신 여성이 파티에서 윗사람인 체 하는 태도로 많은 손님들의 감정을 상하게 한 사례를 언급했다. 그는 그녀가 주위 사람들 모두에게 지시하는 듯 행동한다는 인상을 주었지만 그녀의 말은 지극히 공손하고 상황에 적절한 것이었다는 점을 주목했다. 무례하게 보인 것은 그녀의 '억양' 이었다. 뉴욕 거주자들에게는 적절하고 관례적인 그녀의 특정한 억양이 다른 지역 사람들에게는 거만하게 보였다.

문화적 차이는 호응(backchannel) 사용에서도 관찰된다. 이 말은 음, 어허, 예예 같은 발성법을 가리킨다. 흥미가 있고 적극적으로 듣고 있음을 표시하기 위해 발화하는 것이다. 반면 어떤 사람은 직접 말로 표현하기도 한다. 백인 미국인은 흑인, 히스패닉, 남유럽계 사람보다 호응을 자주 하지 않는다. 호응을 자주 사용하는 사람은 그렇지 않은 사람에 대해 진정으로 마음을 기울여 경청하고 있지 않다고 생각하는 반면, 호응을 적극적으로 하지 않는 사람은 자신의 동료가 자주 끼어들어서 무례하다고 느끼기 때문에 마찰이 생길 수 있다.

방언 역시 오해를 일으킬 수 있다. 방언(dialect)은 언어의 발음, 어휘, 문법의 지역적·사회적 변형을 의미한다. 방언은 화자의 지성과 능력에 대한 인식에 영향을 미치기 때문에 신용은 물론 채용 가능성과 업무 성과에 심각한 영향을 미칠 수 있다. 미국, 캐나다, 영국, 일본을 비롯한 대다수 국가에는 방언에 대한 지역적 사회 계층적 언어 편차가 있다. These와 those가 아닌 dees와 does라고 말하는 사람은 신분이 낮은 것으로 인식되고 낮은 신용 등급이 부여된다. 일반적으로 표준어를 구사하는 사람은 방언을 구사하는 사람보다 사회적·지적 지위, 역동성, 기꺼이 경청하는 태도 등에서 높은 평가를 받는다. 그러한 인식이 결과적으로 판단 착오를 일으킨다는 점을 깨닫는 것이 중요하다.

동작학

동작은 문화에 따라 큰 차이를 보인다. 미소와 같은 얼굴 표정도 모든 문화에서 같은 의미를 지닌다고 가정할 수 없다. 예를 들어, 일본에서 미소는 만족감의 자발적인 표현일 수도 있지만 남에게 부담을 주고 싶지 않다는 바람의 표현일 수도 있다. 일본인은 미소를 지으면서 속으로는 이렇게 말할 수 있다. '방금 어머니 장례식을 치르고 왔어요.' 일본의 예의범절에 따르면 다른 사람에게 불쾌감을 주는 것은 극히 나쁜 행동이다. 따라서 아무리 기분이 나쁘더라도 겉으로는 명랑한 표정을 지어야 한다.

표준적인 미국식 인사법인 악수는 결코 보편적이지 않다. 거리낌 없이 손을 잡는 행위는 인간 평등을 믿는다는 사실을 암시한다. 이 전형적인 서구식 개념은 계급 사회를 신봉하는 힌두 개념과 반대된다. 힌두인은 손바닥을 가슴에 한데 모으고 서로에게 인사한다. 이슬람교도는 코란에 따라 모든 사람을 형제라고 여기고 서로 어깨를 껴안는다. 일본인은 인사할 때 절을 하지만 신체 접촉은 피한다.

거리 두기

거리를 두는 정도는 문화에 따라 큰 차이를 보인다. 남미, 남부 및 동부 유럽, 아랍 국가와 같이 신체 접촉을 많이 하는 문화에서는 사람들이 가깝게 서는 것을 좋아하는 반면, 북유럽, 북미, 일본과 같이 접촉을 잘 하지 않는 문화에서는 떨어져 있는 것을 좋아한다.

앉는 습관도 문화마다 다양하다. 이 분야의 개괄적 연구를 발표한 람지*Ramsey*는 미국인이 서로 가깝게 앉고 앞으로 몸을 기울이며 직접 상대를 향해 앉는 자세를 좋아한다고 설명한다. 리더는 상위 위치에 이끌려 지위가 높은 사람 가까이에 앉는 것 같다. 유사한 행동이 일본에서도 발견된다. 리더는 직사각형 테이블의 한 쪽 끝에 앉고 서열이 낮은 사람일수록 그로부터 먼 자리에 앉는다. 몇몇 문화권에서는 사람들 사이에 의견 차이가 있을 경우에는 서로 반대쪽에 앉고 식사하거나 서로 즐거운 마음으로 동석하는 경우에는 옆에 붙어 앉는다. 앉는 습관에 대해 알려진 대부분은 서구인의 연구에서 유래한 것이다. 다른 문화에 속하는 사람에게는 해당되지 않을 수도 있다.

시간

앞에서 시간의 개념이 문화마다 일관되지 않는다고 설명하였다. 홀*Hall*에 따르면 뉴멕시코의 스페인 문화는 시간 개념이 다차원적인(polichronic) 반면 영국 문화는 시간 개념이 단선적(monochronic)이다. 스페인인은 한 번에 여러 가지 일을 하고 영국인은 한 번에 한 가지 일을 하는 경향이 있다. 스페인인은 시간과 일정에 대해 느긋한 편이어서 약속이나 모임에 늦는 일이 잦다. 영국인은 그런 행동을 당하면 불쾌해 한다. 라틴 아메리카, 중동, 일본, 프랑스의 집단주의 문화는 시간 개념이 다차원적인 반면 북유럽, 북미, 독일의 개인주의 문화는 단선적이다. 개인주의 문화는 시간을 소비하고, 죽이고, 낭비할 수 있는 구체적인 사물로 취급한다. 집단주의 문화에서는 시간을 보다 관계적으로 인식하여 과제와 사회적 요구를 조화시키고 시간에 대해 좀더 유동적인 자세를 취한다.

개인주의 문화권 사람들은 시간을 통제할 수 있다고 믿지만 집단주의 문화권 사람들은 시간과 공간이 사람에 의해 통제되지 않고 스스로 되풀이된다고 보는 경향이 있다. 이렇듯 시간과 공간 양식에 차이가 있기 때문에 다른 문화 간에 만남이 이루어지는 동안 분노와 적의가 생길 수 있다.

앞서 논의한 무의식적인 비언어적 신호가 다른 사람에 대한 호의와 신뢰 정도를 결정하기도 한다. 우리는 모두 자신과 비슷해 보이는 사람을 좋아하는 경향이 있지만 우리가 느끼는 바가 비언어적 유사성에 근거를 두는 경우가 종종 있다는 사실은 인식하지 못한다. 이러한 일반적인 경향을 인식하고, 동일한 비언어적 행동이 다른 의미를 지닐 수 있는 상호 문화적 환경에서는 타인을 평가하는 일을 의식적으로 유보하는 것이 중요하다.

문화로서의 성과 인종

성과 인종 행동 역시 주로 문화적으로 전파되는 것이라고 볼 수 있다. 우리는 영업 사원이나 기독교인으로 학습되는 것과 같은 방식으로 별다른 의식적 노력 없이 여성이나 남성 또는 한국인이나 미국인으로 학습된다.

사회적 성

우리가 학습한 남성성 및 여성성의 특징과 심리적 속성을 사회적 성(gender)이라고 부르고, 각자 타고난 생물학적인 특징을 생물학적 성(sex)이라고 한다. 어떤 것이 생물학적 요소에서 비롯되고(즉, 생물학적

성 차이) 어떤 것이 문화적 요소에서 비롯되는지(즉, 사회적 성 차이) 학자들 사이에 정확하게 밝혀진 것은 아니지만, 이 분야의 연구는 대부분의 차이가 선천적인 것이 아니라 학습되는 것이라고 시사한다. 여성과 남성의 사회적 성 역할이 지난 30년에 걸쳐 빠른 속도로 변화했기 때문에 수년 전에 관찰된 차이가 반드시 현재에도 유효하다고 볼 수는 없다. 또한, 남성과 여성 역할이 끊임없이 변화하기 때문에 현재 연구 결과가 장래에는 시대에 뒤떨어질 것임이 거의 확실시된다.

소그룹 분야에서 사회적 성 차이는 다른 상호 문화적 현상보다 더 많이 연구되었다. 베르디*Verdi*와 윌런*Wheelan*은 기존의 연구에서는 성 차이가 과장되었다고 시사한다. 그들은 남성이나 여성만으로 이루어진 집단은 동일하게 행동하지만 양성이 혼합된 집단은 다르게 행동한다는 점을 발견했다. 즉, 그룹 행동 양식에는 성보다는 다른 요인이 중요하게 작용하는 것으로 보였다.

어떤 연구에서는 소그룹에서 남성 리더가 더욱 효과적이라고 했지만 최근 연구는 남성과 여성이 모두 그룹에서 비슷한 방식으로 행동하고 효과 면에서 우월한 성별은 없다고 제시한다. 쥬마*Jurma*와 라이트*Wright*는 리더가 그룹 토의 동안 보상으로 주어지는 권력을 잃었을 때 그에 대한 구성원의 인식은 리더의 성에 따라 별다른 차이를 보이지 않는다는 점을 관찰했다. 그들은 남성과 여성이 과제 지향적인 그룹을 이끌어 갈 수 있는 동일한 능력을 지닌다고 결론을 내렸다. 이 결론은 그룹의 고유한 특성과 더불어 리더 역할을 담당하는 사람의 성이 아닌 기술을 고려하는 것이 중요하다고 한 앤드류스*Andrews*의 지적으로 좀더 힘을 얻는다. 앤드류스는 여러 가지 요소들(리더가 보유한 권력 정도 포함)이 복잡하게 상호작용함으로써 효율성에 영향을 미친다는 점을 시사한다. 권력은 더스트-라티*Duerst-Lathi*가 수행한, 신분이 높은 성공한 여성 사업가와 남성 사업가에 대한 연구에서도 한 가지 요소로 등장했다. 여성은 종종, 짧은 시간 동안 말을 했고 언어적으로 동감 표시를 더 많이 했으며 남자들의 의견에 자유롭게 이의를 제기했다. 여성은 그룹에서 영향력이 있었고 여성의 아이디어와 제안은 최종 결과물에 반영되었다. 여성들은 남성과 같이 효과적으로 권력을 사용하는 법을 터득한 것 같다.

사회적 성 기대치와 행동은 빠르게 변화하고 있는 추세이며 그 차이는 주로 생물학적 성이 아닌 문화적 결과일 뿐이다. 어떤 것이든 학습된 것은 변할 수 있다는 점을 기억하라.

인종

커치마이어*Kirchmeyer*는 최근의 두 가지 연구에서 그룹에서 소수 구성원이 기여도가 가장 낮은 경우가 종종 있다는 점을 밝혔다. 이에 대한 개연성 있는 설명이 두 가지 제시되었는데, 하나는 바로 소수자들이 그룹에 대한 소속감이 부족하다는 것이고 또 하나는 소수자들이 자신들의 문화 내에서는 의사소통 기술이 뛰어난 데 비해 주로 백인으로 구성된 그룹에서는 효과적으로 의사소통하는 기술이 부족하다는 것이다.

커치마이어는 낮은 남성성, 높은 여성성, 소수 문화적 상태 등과 같은 사회적 특성이 기여도 수준에 영향을 미쳤다고 밝히고 다문화적 그룹이 최종 결과물 속에 모든 구성원의 다양한 시각을 반영하지 않을 수 있다고 경고한다. 이렇게 되면 모두에게 큰 손실이 아닐 수 없다. 흑인, 백인, 여성, 남성, 도시 사람, 시골 사람 또는 그 밖에 무엇이든 차이는 단지

‘차이’에 불과하다는 점을 인정해야 할 것이다. 차이가 있다고 해서 다른 문화 출신 사람이 그릇되거나 어리석거나 무식하다는 의미를 내포하는 것은 아니다. 가능한 한 다른 문화에 대해 많은 것을 배워서 심각한 오해가 생기지 않게 하고 모든 견해가 반영되도록 해야 한다.

생각 해 봅시다

당신이 남자들의 그룹에서 유일한 여성이거나 여자들의 그룹에서 유일한 남자라고 가정해 보라. 이러한 각 상황에서 어떤 느낌이 들 것 같은가? 머리 속에 어떤 생각이 스치는가? 당신의 행동이 조금이라도 변할 수 있다면 어떻게 변화할 것이라고 생각하는가?

문화 간 의사소통의 윤리 원칙

이제 신중한 표현과 적절한 의사소통을 가름하는 기준이 문화에 따라 다르다는 사실을 알게 되었다. 의사소통 규칙이 문화마다 다르다면, 각 문화의 본래 모습을 보존하면서도 그에 속하는 구성원이 서로 조화를 이룰 수 있게 해주는 보편적으로 중요한 원칙을 알아야 할 것이다.

케일*Kale*은 문화 간 상호작용을 좌우하는 두 가지 원칙을 제시했다. 하나는 모든 인간의 가치와 존엄성을 보호해야 한다는 것이고 다른 하나는 모든 사람들 사이의 평화를 증진하는 방식으로 행동해야 한다는 것이다. 이러한 윤리적 원칙을 각자의 소그룹에 효과적으로 적용할 수 있도록 하는 구체적인 제안이 그림 4.4에 요약되어 있다.

[그림 4.4] 윤리적인 문화 간 의사소통 지침

상호 문화적 소그룹 의사소통에서,

- 모든 토의가 어느 정도 상호 문화적이라는 점을 기억한다.
  각자는 고유한 배경을 지녔기 때문에 언어적 · 비언어적 신호를 사용하면서 완전히 동일한 것을 의미하지 않는다.

- 차이를 인정하고 수용한다. 그것이 그룹에 득이 된다고 생각한다.
  자신과 다른 방식으로 행동한다고 해서 타인을 잘못되었다고 판단하지 말고 그것이 각자가 몸담고 있는 문화의 산물이라는 점을 인정한다. 서로를 변화시키려 하지 말고 서로를 알아가겠다고 결심한다.

- 어리석거나 악의적인 의도가 있다고 판단하지 않는다. 다른 구성원이 한 행동의 근원이 문화적인 것은 아닌지 질문한다.
  다른 구성원의 행동이 무례하고 경솔하고 유별나 보일 때 그 구성원이 그룹에 있을 자격이 없다고 판단하기 전에 적절한 행동에 대한 기준이 문화마다 다른 사례를 보고 있는 것은 아닌지 자문한다.

- 문화적 차이에 대해 기꺼이 터놓고 토의하고 자신이 관찰한 차이에 대해 토의할 것을 제안한다.
  불편해 하거나 차이가 존재하지 않는 것처럼 가장하지 말고 자진해서 문화적 규범과 규칙에 대한 정보를 물어보고 공유한다. 차이점이 발견되면 그것을 지적하고 문화마다 어떻게 다른지 토의함으로써 모든 이의 이해 수준을 끌어올릴 수 있다.

- 기꺼이 차이에 적응한다.
  다른 사람이 자신의 문화 규칙에 따라야 한다고 고집하지 말고 적절하기만 하다면 다른 문화의 관습에 스스로 적응해 본다. 각 문화의 핵심적 가치와 요구를 그룹의 절차와 결과물에 구체적으로 반영한다.

요약 SUMMARY

1. 효과적인 토의를 하려면 언어를 적절하게 사용해야 한다. 그룹 내에서 토의를 조정하려면 사용하는 단어를 모두 같은 뜻으로 인지하고 있는지 확인해야 한다.

2. 언어에 관한 문제에는 오해, 불명확성, 타인을 모욕하는 감정적 발언이 있고, 이 모든 것을 인식하고 삼가야 한다.

3. 비언어적 신호는 계속 주고받을 수밖에 없으므로, 다른 그룹 구성원들이 존재하는 가운데 의사소통을 안 한다고 할 수 없다. 비언어적 신호는 특성상 애매모호하다. 언어적 신호와 비언어적 신호가 상극을 이룰 때, 대개 수용자들은 언어적 신호보다는 비언어적 신호의 해석을 신뢰한다.

4. 언어와 비언어적 신호는 서로 맞물려 기능한다. 비언어적 신호는 감정을 전달하고, 구성원간의 관계를 정립하며, 언어적 표현을 보완하고 명확히 하며, 말을 대신하고, 말의 흐름을 조절한다.

5. 비언어적 신호에 대한 해석은 문화적인 영향을 많이 받는다. 특히 소규모 그룹의 비언어적 신호에는 주로 외모, 공간 비율, 좌석 배열, 거리, 시선 접촉, 얼굴 표정, 몸동작, 제스처, 목소리 신호, 시간, 스킨십 등이 포함된다.

6. 상호 문화적 소그룹에서 효과적으로 일할 수 있는 능력이 앞으로의 시대에는 점점 더 필요한 덕목이 될 것이다. 모든 사람은 자민족중심주의를 포기하고 다양성을 훼손하기보다 존중하는 법을 배워야 한다.

7. 문화는 몇 가지 핵심적 차원에 의해 구별된다. 이러한 차원에는 세계관이나 가치를 결정하는 삶의 본질과 목표에 대한 신념, 관습, 믿음, 개인주의의 정도, 권력의 차이 정도, 사람들이 불확실성을 기피하는 정도, 사람들이 어떤 상황의 의미를 파악하기 위해 단어에 더 의존하는지 맥락에 더 의존하는지의 정도 등이 포함된다.

8. 성과 인종은 문화적 차이로 볼 수 있다. 그러나 성과 인종은 모두 빠른 속도로 변화하고 있고 종종 차이보다 유사성이 더 많이 발견된다.

9. 인간의 가치와 존엄성을 보호해야 한다는 것과 모든 이들 사이의 평화를 증진해야 한다는 윤리 원칙이 그룹 내 문화 상호간 의사소통을 위한 지침이 된다.

팀 혹은 그룹은 어떻게 형성되는가

다양한 배경과 개성을 가진 개인들이 모이기 때문에 팀 혹은 그룹 구성원은 역할, 규범, 의사소통 유형, 서열, 효과적인 토의 절차, 결속력, 안정적인 리더십 구조 등과 같은 그룹 변수를 개발해야 한다. 3부에서는 그룹을 구성하는 개인의 핵심적 특성을 검토하고 구성원이 토의 과정을 어떻게 개발하는지 설명할 것이다. 또한 리더로서 역할을 수행하는 데 유용한 이론적인 관점과 실질적인 정보도 제공한다.

CHAPTER FIVE

팀을 구성하는 개인에 대한 이해

구성원의 인원수와 개인적인 성격은
그룹의 의사소통과 생산성에 지대한 영향을
끼치는 투입 변수이다.

광고회사는 보통 팀별로 업무를 수행한다. 자동차 제조회사, 레스토랑, 화장품 회사 등 다양한 고객을 팀 구성원에게 할당한다. 한 광고회사에 놀라울 정도로 생산적이고 성공적인 실적을 올리고 있는 다섯 명으로 구성된 팀이 있다. 이 팀의 리더인 벤은 유통부의 부장으로 회의를 주재했다. 섭외부장인 캔디는 회사와 고객 간의 연락을 맡았다. 사람들은 캔디를 한 치의 오차도 허용하지 않는 사람이라고 평했다. 마리자는 매체광고 세일즈맨이고 비니는 아트디렉터이며 토니는 카피라이터였다. 팀원들은 요구가 많고 가장 까다로운 광고주를 자주 접했다는 점을 개인적으로 대단히 자랑스러워했다. 이 광고팀은 또한 다양한 시각과 업무 스타일을 보여주었다. 이 팀은 공동 작업을 매우 잘 해냈다. 벤과 캔디는 업무 집중도가 뛰어났고 모든 사람이 공동으로 차질 없이 일을 진행하도록 이끌고 가는 능력을 지니고 있었다. 두 사람은 예산 범위 내에서 프로젝트를 추진하기 위해 만전을 기했다. 그들 두 사람은 비니와 토니에게 매우 고마운 마음을 갖고 있었다. 이 두 사람은 가끔 그룹 토의에서 옆길로 새긴 하지만 매우 적절한 주제와 나무랄 데 없는 시각적인 이미지 또는 특정 광고 캠페인에 꼭 들어맞는 슬로건을 만들어내곤 했다. 마리자는 숫자에 대해 타의 추종을 불허하는 감각을 갖고 있어서 다양한 매체가 제공하는 달러 당 노출 범위를 정확하게 파악하고 있었다. 토니는 대개 창조적이고 창의적인 역할을 맡으면서도 항상 광고주와 타깃 시장, 제품, 그리고 광고주가 원하는 주요 이미지에 대한 질문을 끊임없이 던짐으로써 팀이 프로젝트에 집중하도록 기여했다. 다른 상황에서라면, 이러한 그룹은 팀원들의 업무 스타일 차이로 인해 자멸하는 모습을 쉽게 상상할 수 있지만 이들은 편견 없는 열린 마음과 헌신적이고 능력 있는 구성원들이 서로의 차이를 인정하고 함께 일하는 법을 터득하여 탁월한 성과를 거두었던 것이다.

구성원 개개인의 성격과 그것이 하나로 혼합된 모습은 소그룹이 어떻게 기능하고 얼마나 생산적으로 운영되는지에 영향을 끼친다. 라슨과 라파스토는 다양한 종류의 우수한 팀을 대상으로 한 연구에서 구성원의 두 가지 능력이 결정적이라는 사실을 발견했다. 과제에 필수적인 기술적 능력과 다른 구성원과 공동 작업을 잘 해내는 데 필수적인 개인적인 능력이 그것이다. 위에서 제시한 사례의 광고회사 팀원들은 두 가지 능력을 겸비했다. 구성원이 적절한 태도를 지니고 있으면 그룹 활동은 가치가 있고 즐겁기까지 한 일이 된다. 4장에서 문화적인 요인이 구성원의 행동 양식에 영향을 끼친다는 내용을 논의한 바 있다. 5장에서는 구성원의 인원수와 개개인의 성격이 팀의 성공을 어떤 방식으로 이끌어내는지 살펴볼 것이다.

팀의 적정 규모

이론적으로 각 구성원은 그룹의 목적과 관련하여 서로 다른 지식과 관점, 기술을 제공한다. 복잡하고 일상적이지 않은 문제의 경우, 다양한 기술과 정보, 시야를 가진 개인들로 구성된 그룹은 동질적인 그룹보다 훨씬 더 효과적이다. 그렇다고 해서 다다익선을 의미하는 것은 아니다. 어느 시점에서는 비용이 증가하고 더 많은 사람들의 업무를 조정하는 데 어려움이 따르기 때문이 득보다 실이 많다. 텔렌*Thelen*의 최소 규모 그룹(least-sized groups) 원칙에 의하면 그룹은 가능한 한 최소여야 하지만 과제를 제대로 완수하는 데 필요한 전문적이고 다양한 관점을 빠짐없이 갖추어야 한다.

그룹의 규모가 커질수록 구성원 간의 인간관계가 지닌 복잡성이 기하급수적으로 늘어난다. 3인 그룹에서는 일대일의 인간관계가 3가지만 존재하지만, 10인으로 구성된 그룹이라면 45가지의 인간관계가 생길 수 있다. 구성원의 인원수가 늘어나면서 각 구성원이 발언하는 총 횟수에 차이가 커지고 한 사람이 상대적으로 더 많이 발언하는 경향이 생긴다. 리더십이 집중되고 형식화되면서 지정된 지도자에게 바라는 통제와 질서 유지 요구가 높아진다. 규모가 커지면 구성원의 만족도와 결속력이 떨어지고 경쟁이 치열해지고 공격성이 높아진다. 또 유보적인 자세가 만연하고 업무 분할이 가속화된다. 한편, 4인 미만으로 구성된 그룹에서는 긴장이 생기고 위축감을 조장할 수도 있다.

다른 요인이 동일하다면, 5~7명의 구성원이 참가자의 만족도와 결속력에 있어서 적절한 규모이다. 이 정도의 규모라면 비공식적인 분위기를 허용할 수 있고 모든 사람이 발언할 기회를 가지면서도 최고의 결정을 내리는 데 필요한 다양한 정보와 시각을 제공할 수 있다. 실제로 많은 그룹이 효율성이나 효과와 아무런 상관없이 규모를 확대한다.

생각 해 봅시다

> 1장에서 소개한 책읽기장려운동 운영위원회는 19명의 구성원으로 이루어졌다. 이 운영위원회 조직위원이 이처럼 많은 구성원이 필요하다고 느낀 이유가 어디에 있다고 생각하는가? 그 이유가 타당하다고 생각하는가? 이유가 무엇인가? 또 타당하지 않다면 그 이유는 무엇인가? 각자 소속한 그룹이 필요 이상으로 크다고 생각한다면 어떤 조치를 취할 수 있을까?

개인의 특성과 태도, 능력

소그룹에서 가장 중요한 자원은 구성원이다. 구성원이 게으르고 비협조적이거나 무능하다면 그 그룹은 생산적일 수가 없다. 구성원의 개인적인 특징과 성격, 태도, 능력은 분명히 그 사람이 속한 그룹에 지대한 영향을 끼친다. 5장의 내용을 자가 평가 및 개인적인 목표 설정을 위한 도구로 삼을 수 있기를 바란다.

특성(trait)은 일관된 행동양식이나 기타 관찰 가능한 성격이다. 특성은 유전과 환경의 영향을 모두 받고 또한 각자의 행동은 각자가 지닌 태도에 따라 좌우된다. 태도(attitude)는 한 사람이 목표, 사람이나 사람의 유형 또는 개념을 향해 갖고 있는 가치 및 신념의 집합체이다. 우리는 사람들의 말과 행동에서 태도를 유추한다. 최근 연구에서 특정한 개인적인 특성과 태도가 무엇보다 그룹에 이로운 행동을 일으킨다는 점이 확인되었다.

개인적인 특성

수많은 개인적인 특성들이 그룹 내 행동에 영향을 미친다는 것이 관찰되었다. 심리적인 성격 유형과 언쟁하기 좋아하는 태도가 그러한 예가 될 것이다. 이제 그룹 구성원에게 나타날 수 있는 일반적인 행동 특성 세 가지를 살펴볼 것이다. 사고 양식(인지적 복잡성)과 자기 모니터, 절차적 순서 선호가 그것이다.

인지적 복잡성

복잡한 문제를 토의하는 자리에서, 특히 구성원의 시각과 기존 신념간의 차이가 매우 클 때 구성원이 어떻게 행동하는가는 심리학자들이 인지적 복잡성(cognitive complexity)이라 부르는 특성에 지대한 영향을 받는다. 일반적인 지성과는 약간 다른 개념의 인지적 복잡성은 다양한 신호를 동시에 해석해내는 개인의 능력을 가리킨다. 즉 사고가 복잡하거나 단순한 정도이다. 인지적 복잡성이 높은 사람은 발언에서 훨씬 차별화된 논쟁을 차용하고 이러한 논쟁에서 자신의 목표를 경청자의 목표와 통합해내는 능력이 뛰어나고 토의가 진행되는 동안 타인의 감정과 신념을 더욱 잘 수용하고 신뢰한다. 인지적으로 복잡한 토의자는 토의에서 많은 질문을 던지고 한결 객관적인 정보를 제공한다. 복잡한 사람들은 다른 사람의 의견을 안다고 가정하지 않는다. 그룹 의사결정 동안 복잡성이 높은 사람들은 마치 자기 자신이 동료 그룹 구성원의 경험과 의견을 이미 알고 있는 것처럼 말하는 복잡성이 낮은 사람보다 훨씬 수월하게 합의에 도달할 수 있다. 자신이 한 말에 대한 반응을 구하여 면밀하게 들어보라고 권하고자 한다. 만일 스스로 인지적 복잡성이 낮다고 느낀다면 사실인 양 가정하는 일을 삼가는 것부터 시작하여 질문을 더 많이 하고 다른 사람의 욕구, 감정, 생각에 대해 생각하는 바를 확인하며 합리적으로 평가하는 법을 배워서 좀더 분석적이고 비판적으로 사고하는 사람이 될 수 있을 것이다.

자기 모니터링

자기 모니터링(self-monitoring)은 사회적인 상황에서 자신의 행동을 모니터링하고 통제하는 정도를 가리킨다. 즉 자기 모니터링 수준이 높은 사람은 다른 참여자가 상황에 맞는 적절한 행위라고 암시하며 던져주는 신호에 면밀하게 주의를 기울이고 이 신호를 잣대로 삼아 자기 자신의 사회적 행위를 결정한다. 한편 자기 모니터링 수준이 낮은 사람은 사회적 행위가 나타내는 바를 판단함에 있어서 자기 자신의 사고방식에만 의존한다. 자기 모니터링 수준이 높은 사람은 자신의 행위에 대해 타인의 반응이 승인인지 부인인지 냉철하게 인식한다. 그들은 자신의 행동을 조정하여 그룹에 바람직한 행동이나 역할을 수행함으로써 원하는 반응을 얻어내는 경향이 있다. 타인이 주는 신호를 민감하게 느끼는 것만으로는 부족하다. 소그룹 구성원으로서 자신의 행위를 조정할 줄 아는 유연성과 능숙함 또한 필요하다.

절차적 순서 선호

문제해결 그룹의 구성원에게 바람직한 세번째 인지적 특성은 비판적이고 체계적으로 생각하는 능력이다. 이러한 사고 능력은 절차적 순서 선호(preference for procedural order, PPO)라고 하는 특성과 연결되어 있다. 이것은 문제해결 과정이 분명하고 선형적인 구조를 따를 필요성 또는 그러한 구조를 따르려는 욕구라고 설명할 수 있다. 푸트남 *Putnam*은 그러한 특성을 측정하기 위한 질문 개발, 문제해결자로서 그룹이 기능하는 바에 대해 해당 특성이 갖는 중요성의 이론적 근거 등을 기술했다. 그후 히로카와 *Hirokawa*와 동료들이 수행한 후속 연구에 의하면 그룹 내에서 고도로 체계화된 문제해결 절차를 밟고 있을 때, PPO 수준이 높은 사람이 대안을 선택하는 행위를 훨씬 더 능숙하게 할 것이라고 한다. PPO 수준이 높은 사람은 체계화 수준이 낮은 토의에서는 가능한 생각하지 않으려고 하는 것 같다. 그러나 체계화 수준이 낮은 토의를 선호하는 그룹은 절차의 체계화 수준이 높든 낮든 동등한 수행 능력을 보였다. 혼합형 PPO 그룹은 고려 대상이 아니었지만, 이 연구에 의하면 체계적인 절차가 의사결정 그룹 대부분의 최종 성과 수준을 향상시킨다고 시사한다(또는 최소한 떨어뜨리지 않는다).

대부분의 그룹은 순서와 구조에 대한 선호도에서 편차를 보이는 구성원으로 이루어진다. 구성원의 선호도가 유사한 그룹은 토의를 수월하게 진행할 것이다.

성격적 특성

저자의 경험에 비추어 볼 때, 성격적인 차이점과 구성원이 과제에 접근하는 방식의 차이점이 대부분 그룹의 난관을 야기했다. 차이점 자체는 문제가 되지 않지만 그룹 성원들이 자신과 매우 다른 사람과 더불어 일하는(또는 그러한 사람을 인정할 줄 아는) 요령을 모른다는 사실이 문제다. 이제 수많은 성격적 특성 중에서 널리 알려져 있고 연구 결과를 토대로 분류체계가 정립된 Myers-Briggs Type Indicator(MBTI 성격검사)에 대해 살펴보기로 한다. 이 분류체계에 의지하면 자기 자신을 인식하는 것도 상대적으로 쉬울 것이다.

MBTI 성격검사는 심리학자 칼 융*Carl Jung*의 연구 성과물을 근거로 하는 성격 측정법으로, 개개인이 주변 세계와 관련을 맺는 방식에 따라 인간을 네 가지 차원으로 범주화한다. 심리학자인 이사벨 브리그 마이어*Isabel Briggs Myers*와 캐서린 브리그*Katherine Briggs* 모녀는 융의 연구 성과를 확장하여 광범위하게 응용할 수 있도록 성격 측정법을 고안했다. MBTI의 각 차원은 사람들이 세계와 어떻게 상호작용하는지에 대해 특정한 측면을 평가한다. 개인의 선호도는 각 차원의 한쪽 끝이나 다른 한쪽 끝의 측면에서 때로는 강하지만 온건할 때도 있다. MBTI는 네 가지 차원 각각에 대한 사람들의 선호도를 측정하고 개인에게 나타나는 유형

[그림 5.1] MBTI 차원의 특징

외향성과 내향성(중점을 두는 방향)

외향성(E)	내향성(I)
• 외부세계에 중점을 둔다. • 사교적이다. • 자기 생각을 분명하게 말한다. • 그룹을 만들어 일하는 것을 즐긴다. • 다른 사람이 끼어드는 것에 개의치 않는다. • 공동으로 결정하는 것을 선호한다.	• 내면세계에 중점을 둔다. • 수줍어하고 내성적이다. • 충분히 생각하고 말한다. • 혼자 일하는 것을 즐긴다. • 다른 사람이 끼어드는 것을 싫어한다. • 독립적으로 결정하는 것을 선호한다.

감각과 직관(선호하는 정보의 유형)

감각(S)	직관(N)
• 사실과 수치, 감각을 통해 인지되는 것을 신뢰한다. • 구체적인 정보와 아이디어를 선호한다. • 세부 사항에 집중한다. • 현재 이곳에 집중한다. • 아이디어를 실증할 수 있는 구체적인 자료 / 증거를 찾을 수 있다. • 근거를 중시한다.	• 상상과 직관, 상상할 수 있는 것을 신뢰한다. • 가능성에 대한 꿈을 좋아한다. • 큰 그림을 지향한다. • 미래 지향적이다. • 가능성에 대한 꿈을 꾸고 서로 연관성이 없어 보이는 아이디어 사이에서 직관적인 도약을 한다. • 창의적이다.

사고와 감정(의사결정 방법)

사고(T)	감정(F)
• 객관적인 정보를 면밀히 분석하여 결정한다. • 체계적이고 비판적으로 사고하여	• 감정이입과 주관적인 감정을 통해 결정한다. • 다른 사람의 감정에 주의를 기울인다.

자료를 분석함으로써 결론을 도출하는 것을 선호한다. • 업무 지향적이다. • 모든 사람이 한 가지 기준을 지키도록 한다. • 개인적인 감정과 관계없이 증거를 통해 논리적인 결론에 이른다.	• 관계 지향적이다. • 개인적인 상황에 따라 기준을 조정한다. • 그룹 결정을 할 때 다른 사람의 감정을 고려한다.

인식과 판단(세상을 바라보는 방법)

인식(P)	판단(J)
• 결정하기 전에 가능한 많은 정보를 수집한다. • 자발적이고 융통성을 발휘하여 변화에 잘 적응한다. • 새로운 프로젝트를 시작할 때 자극을 받는다. • 이미 내린 결정에 대해 사후에 재차 검토하고 수정한다. • 그룹이 관련된 모든 정보를 고려하도록 한다.	• 과단성이 있고 신속하게 결론을 내릴 수 있다. • 일단 계획을 수립하면 그것을 고수하고 변경을 꺼린다. • 프로젝트를 완수할 때 희열을 느낀다. • 확고하며 사후 수정을 허용하지 않는다. • 그룹이 업무에 집중하도록 유지한다.

의 조합을 기준으로 한 사람의 성격 유형을 설명한다. 어느 누구도 순수하게 한 가지 차원으로 분류할 수 없다. 각자 모든 차원의 특징을 조금씩 드러낸다. 그러나 각 차원을 표시하는 기술어는 서로 분명하게 다른 의사소통 및 행동 선호도를 나타낸다. 그림 5.1에서 MBTI 유형을 정리하였다.

이러한 차원은 16가지 유형의 성격 조합을 만들어낸다. MBTI 분류법에서 기억해야 할 가장 중요한 점은 각 차원이 그룹에 잠재적으로 보탬이 된다는 사실이다. 그러나 구성원이 이 사실을 인식할 경우에만 득이 될 수 있다. 구성원이 이 점을 인식하지 못한다면 각기 다른 성격 유형들이 공동 작업을 시도할 때 불만이 고조되어 비생산적인 갈등으로 치닫는 상황이 벌어질 것은 지극히 자명한 일이다.

생각 해 봅시다

광고회사의 팀에 소속된 사람 중에 누가 가장 공동 작업을 힘들어할까? 어떤 사람은 성격과 스타일이 다른 사람과 일할 수 있는 능력이 있는 반면 또 어떤 사람은 그렇지 못한 이유가 무엇이라고 생각하는가? 자신의 MBTI 유형에 대해 어떻게 생각하는가? 주변에서 같이 일하기 힘든 사람은 어떤 유형인가?

의사소통 태도

구성원이 개인적인 책임과 타인, 생각을 표현하는 방법에 대해 갖는 태도는 그 사람이 그룹의 목표달성에 얼마나 많은 기여를 할 것인지 결정하는 핵심요인이다. 그룹과 그룹의 동료 구성원에 대한 태도에 특별한 주의를 기울이고 필요하다면 자기 자신의 태도를 고쳐야 할 것이다.

공동의 목표에 대한 책임감

건설적인 구성원은 그룹이 목표를 성취하는 데 이바지할 수 있다면 무엇이든 하겠다는 개인적인 책임감을 느낀다. 그런 사람이야말로 믿을만하다. 책임감 있는 구성원은 이기적인 욕구에 앞서 그룹의 목표 달성을 우선시한다. 그들의 행동은 다음과 같은 여러 가지 윤리 기준을 기반으로 한다.

1. 어떤 구성원도 모든 구성원이 같은 행동을 했을 때 불행한 결과를 초 래할 행동을 취할 권리가 없다.

2. 아무도 그룹을 위해 자기 자신보다 다른 사람이 더 많은 노력을 할 것 이라고 기대할 권리가 없다.

3. 모든 구성원은 성실한 자세로 그룹 과제 수행에 임해야 한다. 그리고 과제 수행에 방해를 받는다면 즉각 그룹에게 알리고 무엇이 잘못되었 는지 설명해야 한다.

4. 구성원은 그룹이 문제를 해결할 수 있도록 모든 관련 정보와 아이디 어를 공유해야 한다.

평등주의–권위주의

평등주의와 권위주의는 인간관계를 바라보는 상반된 방식이다. 평등 주의(egalitarianism)적인 사람은 모든 그룹 구성원이 전적으로 참여하도록 독려하는 한편 편협함과 고정관념의 굴레에서 자유로운 경향을 보인다. 그들은 위세를 부리고 오만하게 구는 행동을 몹시 혐오한다. 이와 반대로 권위주의(authoritarianism)적인 성향이 강한 구성원은 통제적인 리더를 선 호하고, 리더의 위치에 서게 되면 그룹을 장악하려 할 것이다. 권위주의 성향이 강한 사람은 권위적인 사람(예를 들어, 전문가)이 내놓았거나 그들 에게서 나왔다고 알려진 정보와 아이디어를 무비판적으로 받아들인다. 그들은 다른 사람에게 의견을 구하는 일이 드물고 우호적이지 않으며 평 등주의자보다 지시적인 발언을 많이 한다.

의사소통하고자 하는 의지

건설적인 구성원이 되기 위해서는 의사소통하고자 하는 의지가 있어야 한다. 관련 정보를 갖고 있거나 제안에 결함이 있는 것을 보고도 입을 다무는 사람이야말로 그룹에 실질적으로 해를 입힌다. 이러한 사람들은 의사소통 불안증(communication apprehension, CA, 수줍음 또는 과묵함이라고도 한다)이라는 특성을 보이는데, 이 증상은 자기 중심성, 자신감 상실, 두려움, 발언에 대한 불안감, 다른 사람들을 향한 방어적 자세 등 다양하게 나타난다.

만일 그룹 구성원으로서 의사소통 불안증이 상대적으로 높은 사람이라면 어떻게 할 수 있을까? 그룹 환경이 두렵다고 해도 의사소통 불안증이 심한 사람이 소그룹 활동에 적극적으로 참여하고자 한다면 불안을 완화하는 데 도움이 될 것이다. 맥크로스키*McCroskey*와 리치몬드*Richmond*는 의사소통 과정과 구체적인 기술에 대한 심층적인 이해가 도움이 된다고 덧붙였다.

자기 주장성(assertiveness)은 자기 자신과 다른 그룹 구성원 모두에 대한 존중을 반영하는 의사소통 행위이다. 자기 의견이 뚜렷한 사람은 다른 구성원과 동등하게 터놓고 대화한다. 자기 주장은 그림 5.2에서 볼 수 있듯이 의사소통 연속체에서 수동성(passiveness)과 공격성(aggressi-

[그림 5.2] 공격성과 수동성 사이에 놓인 자기 주장성

공격적	자기 주장이 뚜렷함	자기 의견이 없음(수동적)

[그림 5.3] 수동적인 '예스맨'은 진정한 논쟁을 할 수 없다.

veness) 사이에 놓여있다. 공격적인 사람은 매우 지배적이고 권위적인 경우도 종종 있다. 그래서 그들은 자신의 아이디어와 경험을 다른 사람에게 강요하려 들기도 한다. 그들은 험담을 하고 강요하고 모욕을 주거나 협박을 하기도 하고 명령하고 호통을 치고 책상을 내리치며 다른 사람의 말을 큰 목소리로 제압하는 경우가 많다. 감정적인 폭군과 같은 그런 사람의 좌우명은 아마도 '내가 하라는 대로 해! 아니면 덤벼!' 일 것이다. 공격적인 행위는 정신병리학이나 문화적인 관습, 욕구 불만을 처리하지 못하는 무능력에 원인이 있거나 아니면 단지 갈등을 바람직하게 해결하는 언어적인 기술을 갖추지 못한 탓일 수 있다. 이유야 어떻든 이러한 행위는 생산적인 토의와 결속, 팀 협력을 저해한다.

의사소통 불안증이 심한 사람과 같이 소극적인 토의자는 의견 차이가 있을 때조차 반대의견을 내놓지 않고 다수의 의견에 동조한다. 의심을 품은 채 동조하는 사람은 비윤리적이고 자기 자신에게 정직하지 않으며 따라서 그룹에 대해서도 정직하지 못하다. 수동적인 구성원은 눈을 마주치기를 꺼려하고 다른 사람이 알아듣기 어려울 정도로 작게 얘기하며 자신을 공격하는 사람에게 맞서는 법도 없다. 그림 5.3에 나타난 '예스맨' 이 수동적인 행위를 집약해서 보여주고 있다. 그들의 좌우명은 아마도 '당신 방식대로 따르겠습니다. 논쟁할 이유가 없어요' 일 것이다. 수동적인 구성원 중에 가장 해로운 유형은 소극적이면서 동시에 적극적으로 행동하는 것으로 이러한 행위는 팀 작업에 크나큰 해를 입힌다. 소극적이면서 적극적인 사람은 교묘하게 자기가 하고 싶은 대로 움직이려고 한다. 그들은 주관이 뚜렷한 사람과 같이 직접 맞서기보다는 태업을 한다. "그 정책은 좋지 않아요.", "반대합니다."와 같은 말을 하는 대신 약속한 보고서의 기한을 넘기거나 할당된 과제 이행을 "깜빡 잊고," 모임에 참석하지 않거나 그룹 과제 중에 맡은 몫을 소홀하게 처리하기도 한다.

공격적인 사람이나 소극적인 사람과 반대로 주관이 있는 구성원은 터놓고 반대 의견을 밝히고 그 이유를 설명한다. 그들은 가능한 한 명확하게 자신의 생각을 설명하여 말하고자 하는 바를 명확하게 진술한다. 그들은 다른 구성원이 가진 정보와 아이디어, 다양한 시각, 그들이 바라는 것을 이해하기 위해 최선을 다하고 서로 만족하는 결정을 도출하도록 협력한다.

새로운 정보와 아이디어에 대한 태도

지금까지 다른 사람과의 의사소통에 대한 인지적 특성과 태도에 대해 살펴보면서, 새로운 정보와 아이디어에 대해 생산적인 팀 구성원이 가진 이상적인 태도는, 열려있는 또는 호기심이 강하고 편견이 적은 것을 말한다는 점을 암시했다. 편견이 적은 사람일수록 새로운 아이디어를 이해하고 자신의 기존 신념과 상충하는 증거를 받아들이고 그룹에서 사용할 수 있는 총체적 정보에 근거하여 결론을 도출하려 한다. 증거와 건전한 추론에 입각한 논쟁은 편견이 없는 사람의 입장을 변화시킬 수 있지만 독단적인 사람에게는 아무런 영향을 끼칠 수 없다. 그런 사람들의 결정은 진실을 알고 논리적으로 일관성을 기하려는 열망보다는 기존의 신념과 자기 자신의 필요성, 기분에 따라 좌우된다.

누구도 독선적으로 행동하여 그룹의 협력과 단결에 방해가 되기는 원하지 않을 것이다. 자기 모니터링이 많은 도움을 줄 수 있다. 자신의 의견과 다른 의견을 구하고 적극적으로 경청하도록 하라. 활동 중인 그룹에서 문제가 되는 독선을 관찰한다면 정면으로 문제를 해결할 수 있을 것이다. 서로 존중하는 것이야말로 그룹의 협력에 가장 중요한 핵심이라는 것을 명심하라.

요약 SUMMARY

1. 그룹은 다양한 정보와 관점, 기술이 필요하지만, 구성원이 너무 많으면 토의 과정이 복잡해진다. 그룹은 과제를 수행하는 데 필수적인 다양성을 갖추면서도 가능한 작은 규모여야 한다.

2. 이론적으로 전형적인 토의 과제에 당면한 그룹 구성원은 인지적 복잡성이 뛰어나야만 복잡하게 얽혀있는 문제를 해결할 수 있다. 절차적 순서 선호도(PPO) 능력이 우수한 사람으로 구성된 그룹은 일반적으로 문제해결을 위해 체계적인 과정을 따를 때 과제를 훌륭하게 수행한다.

3. 구성원은 열린 마음을 가져야 하고 독선과 편견으로부터 자유로워야 한다. 그리고 자기 모니터링 능력이 강해야 하고 언어적으로 민감해야 한다. 이 모든 것은 말하기 전에 심사숙고해야 한다는 것을 의미한다.

4. MBTI 심리검사는 개개인이 세계를 인식하는 방법에 따라 형성되는 성격 차이를 이해하는 데 도움이 된다. 이상적으로 구성원은 다양성을 지님으로써 그룹에 다양한 장점이 존재하게 된다는 점을 바람직하게 여긴다.

5. 구성원은 그룹의 성공에 대한 책임감을 가져야 한다. 그것은 신뢰성, 그룹 목표에 대한 사명감, 그룹 과제에서 타당한 몫을 완수하는 모습으로 나타난다.

6. 의사소통 불안증이 심한 구성원은 수동적이거나 수동적이면서 공격적이거나 또는 공격적이어서 그룹에 문제를 일으킨다. 이상적인 구성원은 주관이 뚜렷하다.

7. 그룹 구성원은 그룹의 원활한 기능을 저해하는 권위적인 태도보다는 평등한 태도를 기르기 위해 노력해야 한다.

8. 성공적인 그룹 구성원은 그룹 안에서 자신의 의견에 대한 편견이나 독선 없이 공개적으로 기꺼이 의사소통을 하려 한다. 이 점이 소그룹 토의의 핵심이다.

CHAPTER SIX

개인에서 그룹으로

상호의존적인 목표를 위해 협력하는 개인들이 상호작용하기 시작할 때
그들은 의사소통을 통해 문화를 가진 그룹을 형성해 나간다.
발전해 가는 규범과 역할, 의사소통의 네트워크와 서열, 공상적 삶,
그룹의 응집 정도가 있고, 이 모든 것은 의사소통에 의해 만들어진다.

의학박사 세 명과 심리학자 한 명, 사회 활동가 두 명으로 구성된 의대 교수진이 학장의 발탁으로 심리 장애를 밝히기 위한 새로운 방법의 교육 프로그램을 가르치기로 했다. 교수진 구성원들은 모두가 각 분야에서 두각을 나타내고 있다. 그들은 외부 기금의 지원을 받을 수 있기만 하다면 독자적으로 프로그램을 개발할 수 있는 재량을 부여받았다.

첫번째 회의에서, 구성원들은 그룹의 모든 결정은 견실한 판단을 근거로 해야 한다고 결의했다. 줄리안이 팀장으로 선출된 것은 아마도 그가 책임감이 있기 때문일 것이다. 구성원들은 모든 사람이 의견을 제안할

수 있게 하고 평등한 지위를 보장해야 한다고 강력히 주장했다. 줄리안은 최선의 결정이란 모든 구성원의 제안에 근거를 두었을 때 가능하다는 점을 확신했기 때문에 구성원의 기대에 부응하기 위해 최선을 다했다. 그는 심지어 참여와 영향력을 평등하게 배분하기 위한 아이디어를 얻으려고 소그룹 의사소통에 대한 책을 구해 읽기도 했다.

그러나 시간이 갈수록 그룹은 여러 가지 문제에 부딪혔다. 먼저, 구성원들이 의료 문화에 둘러싸여 있어서 의학박사들이 좀더 강한 발언권을 갖게 되었다. 그 결과 의학박사 학위가 없는 사람들은 자신의 발언에 영향력이 없다는 사실을 알게 되었다. 그들은 갈수록 말수가 줄어들고, 아이디어를 강력하게 주장하지도 않으며, 회의가 끝나면 불만을 품게 되었다. 그리고, 그룹은 계속 프로젝트 완성을 위한 기금을 찾아야 하는 압력에 시달렸다. 이러한 압박이 컸기 때문에 줄리안이 주변 인맥을 통해 2년 치 안정적인 기금을 확보하자 그의 영향력은 더욱 커질 수밖에 없었다.

그룹은 곧 권위적인 지도자가 되어버린 줄리안과 작은 파벌을 형성하였다. 줄리안이 책임을 떠맡으려는 태도를 보였기에 발언을 가장 많이 하게 되었다. 그는 다른 구성원의 말을 바꾸어 말하면서 자신의 생각을 반영하기도 했다. 의학박사 학위가 없는 구성원들은 줄리안의 해석에 의지하게 되고 그룹 내에서 영향력을 잃게 되었다. 그 결과 구성원 간의 긴장이 고조되고 의견 대립도 원만하게 해결되지 못했으며 회의마다 긴장의 연속이었다. 모든 구성원들이 좋은 의도를 지니고 있음에도 불구하고 줄리안은 어느새 권위적인 리더가 되어버린 것이다. 처음에 가졌던 민주적인 정신은 어디로 가버렸을까?

소그룹 시스템은 구성원의 의사소통 행위에 의해 생겨나 결속력과 서열, 의사 결정과 같은 결과물을 만들어낸다. 이와 마찬가지로 소그룹은 상호작용을 수정함으로써 스스로 변할 수 있고 위의 의료전문가그룹에서 보았던 것처럼 애당초 가졌던 선의에서 이탈할 수 있다. 이런 그룹의 특징은 그룹 과정(처리)의 발달이 소그룹의 상호 과정에서 나온 성과물(결과) 중의 하나이기도 하기 때문에 처리 변수와 결과 변수를 모두 사용하여 토의할 수 있다. 의료전문가그룹의 '서열'은 상호작용(결과 변수)에서 출현했으며 동시에 그룹의 토의(처리 변수)를 인도하고 의미를 부여하는 방향으로 작용했다. 5장에서 본질적으로 개인적인 특성에 중점을 두었다면, 6장에서는 구성원의 행위가 전체로서의 시스템 차원의 변수에 미치는 영향에 대해 살펴볼 것이다.

그룹 문화의 형성

6장에서는 소그룹이 사회와 다른 대그룹이 그렇듯이 독특한 문화를 형성해 나가는 모습을 살펴볼 것이다. 그러므로 문화와 소그룹에 대해 논의할 때 세 가지 점을 염두에 둔다. 즉, 각자 고유한 문화적인 경험을 가지고 그룹에 들어오는 구성원(투입 변수)과 각 그룹이 고유한 소그룹 문화(결과)를 갖고 있다는 점(결과 변수), 그룹의 문화를 창조하고 유지하는 구성원의 의사소통 과정(처리 및 결과)이 그것이다.

그룹 문화(group culture)는 구성원이 공유하고 그룹의 개별적인 '성격(때로는 집단 행동 특성(syntality)이라고도 함)'을 형성하는 가치관, 신념, 규범, 행동 양식을 말한다. 많은 요소가 서로 얽히면서 상호작용의 내용과 양식, 구성원이 맡고 있는 역할과 구성원 간 상호작용, 그룹의 상호작용을 인도하는 규범과 규칙 등을 포괄하는 그룹 문화를 형성한다. 각 그룹은 다른 그룹이 똑같이 모방할 수 없을 만큼 고유하게 구성원, 목적, 규칙, 행동을 통합하고 있다. 예를 들어, 일부 그룹은 비공식적으로 운영되어 구성원들이 농담을 많이 하고 영향력 차이도 거의 없다. 한편 적대감과 공격적인 언동을 드러내며 분열적인 갈등을 일으키는 그룹도 있다. 하지만 정중하고 절제된 의사소통을 통해 엄격하고 공식적인 상호작용 규칙을 고수하는 그룹도 있다. 이러한 차이점은 왜 생기는 것일까? 그룹의 문화는 결코 정적이지 않고 변화하는 환경을 수용하면서 끊임없이 진화한다는 점을 명심해야 할 것이다. 어떤 의미에서 그룹의 문화는 항상 발전하고 있고 완결되는 법이 없다.

소그룹의 의사소통과 체계화

지금까지 소그룹을 만들고 유지하는 데 의사소통이 상당한 역할을 담당한다는 점을 계속해서 지적하였다. 이 점을 설명하기 위해 궁극적으로 구성원의 행동을 형성하는 규범과 규칙을 확립하는 언어적·비언어적인 신호를 교환함으로써 개인들이 어떻게 소그룹을 형성하는지 보여주는 체계화(structuration) 이론을 사용하였다. 체계화 이론은 시볼레 *Siebole*와 맥피 *Mcphee*가 개발한 세 가지 중요한 가설을 담고 있다.

첫번째 가설은 그룹 구성원의 행동은 구성원이 살고 있는 사회의 일반 규칙과 그들이 자각하고 있는 특정 그룹의 구조, 또 다른 구성원의 행위에 의해 구속받고 있다는 것이다. 공식적이고 정중한 분위기를 조성한 그룹의 구성원들은 구성원 중 한 명이 다가와 등을 치면서, "여보게, 요새 밤일은 어떤가?"라고 물어본다면 당황할 것이다. 도입부에 제시한 의료전문가그룹은 박사학위와 안정적인 기금조달이라는 필요성에 의해 제약을 받았다.

두번째 중요한 가설은 사람들이 자유의지를 가졌다는 것이다. 사람은 그룹의 규칙을 따를 것인지 말 것인지 선택할 수 있다. 그룹의 규칙을 따르지 않는 구성원이 유쾌하지 못한 결과를 당할 수는 있지만 순응을 강요하는 만유인력법칙과 같은 법칙은 없다. 의료전문가그룹에서 줄리안이 여러 가지 방법으로 노력하고 구성원들이 애초에 선의를 갖고 있었지만 구성원 대다수는 민주주의 '정신'을 따르지 않았다.

세번째 가설은 그룹의 형성이 과정이라는 것이다. 다시 말해, 그룹은 만들어진 후에도 지속적인 재창조 과정을 거쳐 점진적으로 변화하고 항상 생성하는 상태에 있으며 이때 의사소통은 이러한 창조와 끊임없는 재창조의 도구로 작용한다. 이러한 점진성 때문에 의료전문가그룹과 같은 그룹은 최초로 변화가 일어나기 시작한지 오랜 시간이 흐른 뒤에야 일이 어긋나버렸다는 사실을 깨닫는다. 잘못된 패턴이 서서히 잠식해 들어와서 굳어져버린 것이다.

체계화 이론은 매우 복잡하다. 그러나 핵심은, '구성원간의 의사소통'이 1차적으로 그룹의 규칙을 형성하고, 규칙과 구조가 확립되면 의사소통을 유지 또는 변화시키는 힘이라는 것이다.

구성원 간의 긴장

처음에는 상호의존적인 목적을 가진 개인들의 집합에 불과하다 해도 어떻게든 그 목적을 완수하기 위해 하나의 단위로 기능하는 그룹이 되어야 한다. 그룹이 해결해야 하는 우선적 문제 중의 하나는 그룹 발달 과정의 일부인 구성원 간의 긴장을 어떻게 관리하느냐 하는 것이다. 전체 그룹도 개인과 마찬가지로 다양한 차원의 긴장을 경험한다. 사실상 어느 정도의 긴장은 있는 것이 바람직하다. 시험 문제를 읽어볼 마음조차 들지 않을 정도로 긴장이 풀려있는 상태에서 시험을 보는 상황을 상상해보라! 일정한 긴장은 우리에게 최고의 능력을 발휘할 기회를 주지만, 긴장이 과도하거나 과소하면 오히려 일을 그르칠 수 있다. 그룹에서도 마찬가지이다. 그룹의 궁극적인 목적을 위해 긴장을 생산적으로 관리하는 법을 배워야 한다. 보르만*Borman*은 최초로 그룹의 긴장을 1차적 긴장과 2차적 긴장의 두 가지 범주로 나누었다. 1차적 긴장은 1차적 원인 또는 구성원간의 대인관계에서 비롯되는 데 반해 2차적 긴장은 과제와 직접적인 관련성이 있다.

1차적 긴장

보르만은 1차적 긴장(primary tension)을 '익숙해지는 것에 동반되는 거북스럽고 딱딱한 분위기'라고 표현했다. 그는 1차적 긴장의 징후를 극도의 공손함, 분명히 느껴지는 지루함, 하품과 한숨, 말이 끊기는 현상, 낮은 목소리로 모호한 발언을 하는 일 등과 같은 것이라고 설명했다. 이러한 1차적 긴장을 극복하지 못하면 그룹 구성원들은 지나친 예의와 격식, 반대 의견을 내는 데 주저하는 태도에서 벗어나지 못하여 비판적 사고 능력이 저하될 것이다.

1차적 긴장의 두번째 형태 역시 구성원간의 관계에서 생기며 그룹 내에 권력과 지위를 다투는 자기중심적인 경쟁이 있을 때 급작스럽게 불거질 수 있는 것이다. 겉으로는 그룹의 특정한 직무를 누가 맡을 것인지의 문제로 보일 수도 있지만 실제로는 개인적 행동으로 부각되는, 개인적인 권력욕이요 투쟁이다. 그러므로 2차적 긴장으로 보이는 것일지라도 실제로는 아이디어에 대한 의견대립으로 가장한 1차적 긴장일 경우가 많다.

그룹의 1차적 긴장을 완화할 수 있는 것으로 몇 가지 방안이 있다. 예를 들어, 익숙해지려고 시간을 할애하는 것도 좋다. 구성원이 자기 자신, 배경, 관심사, 취미, 그룹의 목표와 관련된 개인적인 경험, 그룹에 들어와서 느낀 점 등에 대해 이야기를 나눌 수 있다. 사실 자신을 드러냄으로써 서로 친밀해지려는 이러한 활동은 결속력이 높은 그룹의 특징이다. 만일 공식적인 의제가 없다면 친목을 나누는 시간을 가지는 것도 유익하다. 구성원들끼리 서로 농담하고 같이 웃으며 공통의 관심사를 찾아나가면 1차적 긴장이 누그러질 수 있다. 단 한 번 모이는 그룹일지라도 몇 분만 할애하여 자기 자신을 소개함으로써 그룹의 일부로 동화되어갈 수 있다. 사실 수차례 회의를 가지며 같이 일해 온 구성원들은 한담을 나누고 서로의 관계를 확인하며 몇 분을 소요한 후에야 본격적인 회의에 들어가기도 한다.

권력에 대한 1차적 긴장은 해소하기가 무척 어렵다. 의사결정을 하고 업무를 할당하기 위한 규칙과 절차가 이러한 긴장이 생기는 것을 방지하거나 완화해줄 수도 있다. 또한 직접적으로 맞닥뜨리는 일이 필요할 수도 있다.

2차적 긴장

2차적 긴장(secondary tension)은 업무와 관련된 것으로 목표 달성을 추구하면서 생기는 구성원 사이의 의견 차이에서 비롯된다. 구성원 사이에 문제 인식과 해결 방법에서 차이를 보이고 아이디어의 평가 기준이 다르기 때문에 2차적 긴장이 생길 수밖에 없다. 2차적 긴장은 그룹으로 의사결정을 해야 하기 때문에 나오는 직접적인 결과이다. 때로는 이러한 긴장이 매우 불편해지기도 한다.

2차적 긴장은 해소하기가 까다롭고 고통을 수반하기까지 하므로 무시하는 것이 더 쉽다고 느껴지겠지만 그룹 차원에서 이러한 긴장에 직접 대처하면 여러 가지 이득을 얻게 된다. 첫째, 긴장을 유발하는 문제를 회피하려는 시도는 주효하지 않는다. 2차적 긴장이 해결되지 않으면 그룹은 분열의 길로 치닫게 될 것이다. 둘째, 2차적 긴장을 해소하기 위해 통합적인 방법을 강구하는 그룹은 긴장을 해소한 결과 결속력이 높아짐을 경험하게 된다. 서로 반대 의견을 가질 수 있다는 점을 잘 알고 구성원들도 신뢰감과 사명감을 갖게 된다. 마지막으로, 긴장이 있기 때문에 업무와 관련된 문제를 좀더 신중하게 바라보는 계기를 갖게 되었음을 발견한 그룹은 좀더 바람직한 최종 성과물을 내놓을 것이다.

그룹 구성원은 2차적 긴장을 관리하기 위해 어떻게 할 수 있을까? 베일즈Bales는 구성원 간의 긴장을 완화하는 세 가지 행동 유형을 찾아냈다. 즉, 동의하고 연대감을 표하고 긴장을 완화하는 것이다. 동의를 표시하는 것은 동의를 전달받는 사람에게 사회적인 보상으로 작용한다. 마치 그 사람에게 "당신과 당신의 의견을 존중합니다."라고 말하는 것과 같다. 사람들이 공개적으로 동의를 밝힐수록 더욱 긴장을 풀고 긍정적으로 의사소통하고 방어적인 태도가 줄어든다.

다른 구성원에게 비아냥거리거나 의견 차이를 무시하는 것이 아니라면 유머 역시 2차적 긴장을 누그러뜨리는 데 도움이 된다. 함께 농담을 즐기면 서로의 의견을 경청하고 합의점을 찾는 것이 쉬워진다.

소그룹의 발달 단계

그룹의 형성은 각 단계를 분리하는 명확한 경계선 없이 점진적으로 일어나는 진화 과정이다. 각 단계는 구성원이 보이는 상호작용과 행동의 유형으로 밝혀낼 수 있다.

베일즈는 예측 가능한 단계를 통해 그룹의 형성 과정을 조사한 최초의 연구자 중 한 명이었다. 그는 그룹이 반드시 다루어야 하는 두 가지 관심사를 밝혀냈다. 첫째, 그룹은 구성원이 서로 협력하여 그룹을 운영하기 위해 안정과 조화를 제공하는 인간관계를 발달시켜야 한다. 이것을 사회감성적 관심사(socioemotional concerns)라고 한다. 둘째, 과제 관련 관심사(task concerns)는 업무와 과업 완수에 대한 그룹의 관심과 관련된다. 그룹은 이 두 가지 관심사를 하나씩 교대로 해결하며 순환하는 경향이 있다. 그룹의 형성 단계(formation phase) 초기에는 구성원들이 서로 맺게 될 다양한 관계를 모색하므로 사회감성적인 차원이 우세하다. 초기 사회감성적인 문제를 해결한 그룹은 점차 그룹 구성원 사이의 관계를 당연한 것으로 받아들일 수 있게 되고 따라서 관심과 역량을 과제에 집중시키게 된다. 그룹의 사회감성이 성숙기에 접어드는 생산 단계(production phase)

[그림 6.1] 과제 관심사와 사회감성적 관심사 사이의 균형

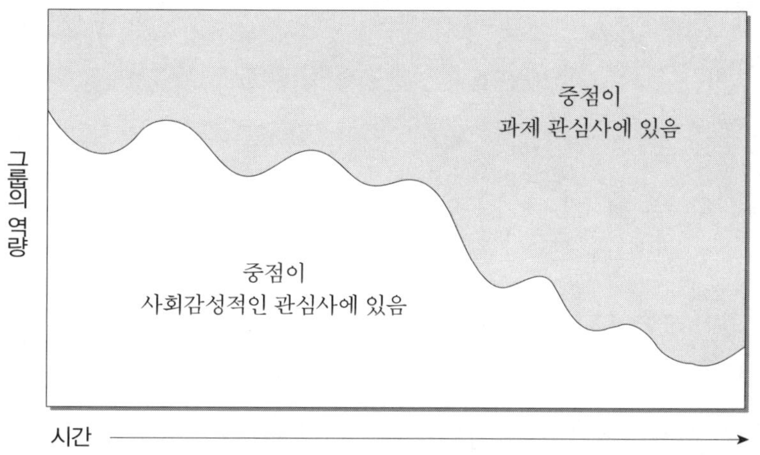

에는 업무 행동이 우세해진다. 그리고 업무 효율성 면에서 정점에 이르게 될 것이다. 이러한 과정은 효과적인 그룹의 존속 기간에 걸쳐 나타나며 단일 그룹 회의가 진행되는 동안에도 나타날 수 있다.

그룹이 과정(형성) 관심사와 생산(업무) 관심사를 동시에 처리해야 한다는 점을 인식하는 것이 중요하다. 최초의 회의에서부터 그룹이 효율적으로 운영될 수 있도록 구성원의 상호관계와 리더십 체계, 지위 서열을 확립함으로써 하나의 기능 단위로 형성되는 과정을 시작해야 한다. 이것이 형성 기능이다. 그룹은 또한 맡은 책임이 무엇인지, 어떻게 과제에 접근해야 하는지, 누가 무엇을 해야 하는지 등의 업무를 해결해야 한다. 따라서 그룹이 존속하는 동안 이 두 가지 기능을 모두 다루어야 한다. 저자는 그룹이 특히 두 가지 광범위한 발달 단계, 즉 규범이 수립되는 형성 단계와 그룹 구성원이 과제에 집중하는 생산 단계를 필연적으로 거친다고 본다. 이 과정을 그림 6.1에서 묘사했다. 두 단계가 명확하게 구분되는 것은 아니다. 그 대신 그룹의 관심사는 형성에서 생산으로 서서히 그러나 완전하지는 않게 옮겨간다.

그룹 규범의 발달 과정

개인이 그룹의 구성원으로서 상호작용하기 시작할 때는 전 범위의 인간 행동을 보이는 것이 가능하다. 구성원들은 서로 정중하게 경청할 수도 있고 서로 말을 가로막거나 모욕을 줄 수도 있다. 어쨌든 구성원들은 개인의 행동을 하나의 시스템으로 조정하는 규칙과 운영 절차를 개발해야 한다. 규칙(rules)은 행동을 규제하는 가이드라인으로 공식화되어 서면으로 작성될 수 있다.

그러나 그룹의 정상적인 운영절차 대부분은 그룹 구성원의 명시적인 동의보다 암묵을 통해 점진적으로 만들어진다. 비공식적인 규칙 또는 규범(norms)은 대부분 문서로 작성되지 않는 대신 '그룹 구성원의 마음속에 담긴 생각이고 구성원이 주어진 환경에서 해야 하는 것과 그들의 의무, 그들에게 기대되는 일을 구체적으로 밝히는 진술의 형태로 옮길 수 있는 생각' 이다. 규범은 그룹 외부의 권위에 의해 부여되는 것이 아니라 구성원들이 자체적으로 서로에게 부과하는 것이다. 그리고 얼굴 찌푸림에서 배척에 이르는 다양한 유형의 동료 간 압력에 의해 시행된다. 그룹 구성원 특히 신입 구성원이 이러한 규범을 아는 것이 중요하다. 그 이유는 규범 위반이 곧 처벌, 영향력 감소, 제명을 의미하기도 하기 때문이다.

새로운 소그룹의 형성 단계 동안 규범은 앞서 살펴본 체계화 과정을 통해 신속하게 발달되는데 이 때 구성원들이 그 과정을 미처 인식하지 못할 때가 많다. 그룹의 최초 회의가 그룹의 규범을 확립하는 데 매우 중요하다. 그 때 형성기의 1차 긴장을 보여주는 전형적인 행동, 가령 조용히 얘기하고, 의견 반대를 억누르고, 불확실하고 모호한 표현을 하는 등의 행동이 별다른 이의 제기를 받지 않으면 그 행동이 규범이 될 수 있다. 구성원이 최초 회의에서 규칙을 공개적으로 토의하고 진술한다 해도 규범은 서서히 발달하고 구성원 대부분의 무의식적 수준에 있는 것으로 보인다. 때때로 규범은 그룹 구성원이 그것을 어기거나 신입 구성원이 질문을 할 때 또는 관찰자가 지적했을 때에야 그룹에서 인식되는 경우가 많다.

생각 해 봅시다

> 의료전문가그룹의 사례를 살펴보자. 이성적인 의사결정과 관련된 규범 외에 이 그룹에서 어떤 다른 규범을 만들었는가?

일반 규범과 역할 특정적인 규범

일반 규범(general norms)은 그룹의 행동을 전체적으로 지시하는 반면 역할 특정적인 규범(role-specific norms)은 지정된 리더와 같이 특정한 역할을 맡은 개별 구성원을 대상으로 한다. 도입부에 소개된 의료전문가 그룹은 이성적인 의사결정과 관련된 일반 규범을 만들었다. 줄리안에 적용되는 역할 특정적인 규범은 다른 구성원의 아이디어를 바꾸어 말할

[그림 6.2] 일반 규범과 역할 특정적 규범

일반 규범(모든 구성원에게 적용)	역할 특정적 규범(특정 구성원에게 적용)
구성원은 회의 때마다 동일한 위치에 앉는다.	리더는 각 회의에 앞서 안건을 준비하고 배포해야 한다.
구성원들끼리 서로 이름을 부른다.	리더는 때때로 토의 내용을 요약하지만 다른 구성원도 필요하다면 내용을 요약할 수 있다.
다른 구성원은 의장의 아이디어에 반대할 수 없다.	비서는 최소한 차기 회의 3일 전에 이전 회의에 대한 회의록을 배포해야 한다.
회의 중에는 금연이다.	로빈은 증거를 요청하여 모든 아이디어에 대한 중요한 검증자 역할을 수행한다.
구성원은 음료수를 마시기 위해 회의 장소를 나갈 수 있지만, 즉시 자기 자리에 돌아와야 한다.	테럴은 논쟁중 분위기가 무거워지면 농담을 한다.
구성원은 회의시간에 맞춰 도착해야 한다.	줄리안은 다른 구성원의 언급을 자기 말로 바꾸어 말한다.

것, 그것을 재규정할 것을 포함하고 있다. 그는 다른 사람보다 말을 더 많이 하는 규범도 만들었다. 이러한 규범은 외부적인 권위나 상위 조직에 의해 그룹에 부과되는 것은 아닐지라도 규칙으로서 진술된다는 점을 주목하라. 그림 6.2는 각 유형의 규범에 대한 사례이다.

규범의 변화

규범은 그룹의 절차와 결과에 대해 막대한 영향력을 갖는다. 그룹 구성원은 규범을 알아야 할 뿐만 아니라 규범이 그룹에 해로워 보이면 변경할 자세를 취해야 한다. 예를 들어, 의료전문가그룹에서 본 것처럼 지위가 낮은 구성원이 지위가 높은 구성원의 의견에 반대할 수 없다고 규정하는 규범은 아이디어에 대한 비판적 평가를 방해한다. 또는 누군가 아이디어를 제안하자마자 그것을 비판할 수 있게 허용하는 그룹에서는 구성원이 혁신적인 제안을 내놓는 일을 주저하여 창의성이 억제된다. 그런 경우 개인들은 그러한 규칙을 바꾸도록 노력해야 한다. 작지만 지속적인 변화는 변화에 저항하는 사람들에게 잘 인식되지 않기 때문에 효과적일 수 있다. 의료전문가그룹에 속한 한 사회 복지사는 잠정적이지만 그룹을 좀더 민주적인 분위기로 변모시키는 데 성공했다. 그녀는 줄리안이 자신이 한 말을 바꾸어 말하지 못하게 했고 이렇게 함으로써 줄리안에게 다른 사람의 아이디어를 다시 진술하여 자신의 생각이 반영되도록 만드는 습관이 있다는 점을 인식하게 해주었다. 그룹은 잠시 동안 새로운 방식을 유지하다가 위기에 봉착하자 다시 예전 방식으로 돌아갔다. 사회 복지사가 인내심을 가지고 지속적으로 시도했다면 독재적인 규범을 고치는 데 성공을 거두었을지도 모른다. 규범을 뒷받침해주는 근거와 규칙이 있는 한 그러한 토의 규범은 계속 존재할 것이다.

정면 공격을 하는 것, 특히 인신공격으로 인식될 수도 있는 시도를 하는 것은 성공을 거두기 어렵고 변화를 요구하는 개인을 일탈자로 만들어 버린다. 그러나 몇 가지 단순한 지침을 따르면 불필요한 상처를 받지 않고 규범을 바꿀 수도 있다. 첫째, 변화를 희망하는 구성원은 그룹에 충성도가 높은 구성원이라는 정체성을 확고히 해야 하고 아웃사이더가 아닌 그룹의 발전을 위해 헌신하는 구성원의 자격으로 말해야 한다. 둘째, 규범 위반 행위를 주의 깊게 관찰하여 그러한 행동이 얼마나 자주 일어나고 그룹에 어떤 결과를 초래하는지 기록해야 한다. 구체적인 정보와 그룹의 밝은 미래를 바라는 마음으로 무장한 구성원은 다음 단계, 즉 건설적인 대립에 기꺼이 대응한다.

구성원은 적절한 시간을 선택하여 그룹에 문제를 일으킬 것 같아 보이는 대상에 대한 우려를 밝히고 구체적인 내용을 침착하고 명확하게 진술한 다음 다른 구성원에게 그러한 우려를 공유하는지 질문한다. 예를 들어, "좀처럼 정각에 시작하지 못하는군요. 이젠 정말 지쳤어요."라고 말하지 말고, "지난 네 번의 회의 모두 15분에서 30분 정도 늦게 시작한 것 같아요. 우리가 정해놓은 시작 시간은 관찰할 필요가 없다는 규칙을 가지고 있어서 회의가 늦게 시작되나 봐요. 우리 둘은 이 회의 끝나고 바로 다른 위원회 모임이 있는데, 이렇게 지체되면 다음 모임에 가느라 우리 그룹의 결론을 놓치게 됩니다. 그럼 다음 회의에서 모든 이들에게 최신 정보를 숙지시키기 위해 별도의 시간을 할애해야 한다는 뜻이 됩니다. 제가 우려하는 것에 동의하는 분 안 계신지요?" 규범이 무의식적으로 존재했다면 이제는 그룹의 의식으로 끌어올려져서 토의가 이뤄질 수 있는 공개적인 안건의 일부로 부상하게 되었다. 구성원이 규범에 대해 잘못 알고 있다면 그룹은 그러한 우려를 비난하지 않고 그러한 인식을 수정할 수 있게 한다. 그러나 그 사람의 의견이 옳으면 그룹은 그러한 우려를 고마워할 것이고 아마도 기존의 규범을 바꾸기로 할 것이다. 다른 구성원들이 새로운 규범에 동의한다 해도 새로운 행동에 익숙해지고 '일을 추진하는 우리의 방식' 이 될 때까지 친절하게 상기시켜주는 사람이 필요할 것이다.

규범이 일반적으로 의식적인 의도 없이 만들어진다고 해도, 바위처럼 고정된 것이 아니므로 그룹의 상황에 따라 변화할 수 있다. 그러나 체계화 이론에서 얻은 귀중한 교훈, 즉 그룹 상호작용의 변화는 예측할 수 없는 결과를 낳을 수 있다는 사실을 항상 염두에 두어야 한다.

역할 구조의 형성

역할(role)이라는 용어를 들으면, 대부분의 사람은 연극이나 영화의 배역을 연상하게 된다. 연극대본은 수많은 역할들의 관계를 연결하고 있으며 역할은 배역 중 한 명의 등장인물에 해당한다. 할리우드 여배우인 데미 무어가 어퓨굿맨*A Few Good Men*에서 해군 변호사 역을 맡았고, 주홍글씨*The Scarlet Letter*에서는 청교도 여신도를, 스트립티즈*Strip-tease*에서는 직업이 스트립걸인 엄마 역할을 맡은 것처럼, 배우는 대본마다 다른 역할을 연기한다. 이와 같이 개인도 자신이 속한 수많은 그룹에서 다양한 역할을 맡고 있다. 어떤 개인이 한 그룹에서는 리더 역할을 맡고 다른 그룹에서는 조력자 역할을 맡을 수가 있다. 한 사람이 특정한 그룹에서 수행하는 역할은 그의 성격과 능력, 의사소통 기술, 다른 구성원의 재능, 그룹이 가진 요구가 맞물려 나오는 기능이다.

특정한 역할은 그룹을 위해 특정한 기능을 수행하는 행동들의 집합을 포함한다. 행동과 행동의 기능은 분명히 다르다. 개인적인 차원에서 그룹 구성원이 행하는 언어적·비언어적 행위는 행동(behavior)이지만, 그룹 시스템에서 행동이 수행하는 기능은 행동 기능(behavioral function)이라고 불린다. 예를 들어, 어느 그룹에서 유키코가 하는 농담은 행동이다. 그러나 유키코의 농담은 그녀가 어떤 식으로 농담을 말했는지, 같은 시간에 그룹에서 다른 어떤 일이 일어나고 있었는지에 따라 다양한 기능을 수행한다. 어쩌면 그녀의 농담이 논쟁중에 발생한 긴장을 완화해줄 수도 있지만(긍정적인 행동 기능) 어쩌면 그룹이 주제에서 이탈하게 하거나 다른 구성원을 조소하는 것일 수도 있다(부정적인 행동 기능). 그렇다면 행동 기능은 구성원의 행동이 그룹에서 사회적 구조에 미치는 효과이자 업무 달성에 미치는 효과라고 볼 수 있다. 구성원의 역할은 그 구성원이 그룹을 위해 수행하는 행동의 집합과 그러한 행동이 그룹을 위해 수행하는 기능을 나타낸다. 이것은 마치 한 배우의 역할이 연극에서 한 인물이 연기하는 모든 대사와 움직임으로 구성되는 것과 마찬가지다. 어떤 기능은 그룹 구성원들에게 광범위하게 공유되기도 하지만(정보 제공 또는 의견 제시), 어떤 기능은 한 구성원의 독점적인 영역이 되기도 한다(그룹의 의사록을 작성하거나 농담을 해서 긴장을 누그러뜨리는 것).

역할 부상

대부분의 소그룹은 대개 임명되거나 선출되는 특정한 공식적 역할을 가지고 있다. 위원장은 회의를 소집하고 안건을 계획하며 다른 구성원과 업무를 조정할 책임을 맡는다. 비서는 회의 내용을 기록하고 회의록을 배포하는 책임을 진다. 이러한 경우, 특정한 역할과 연관되는 의무는 사전에 구체적으로 정해지고 때로는 서면으로 작성되기도 한다. 그러나 대부분의 소그룹에서 구성원들은 그룹이 발달하면서 자신만의 비공식적인 역할을 만들고 수정한다. 비공식적인 역할은 행동 역할이라고도 하며 특정 그룹의 구성원이 보여주는 개성과 행동, 습관을 반영한다. 비공식적인 역할은 사전에 명시되지 않지만 구성원간의 상호작용을 통해 발전해 간다.

특정한 개인이 소그룹에서 수행하는 비공식적인 역할은 다른 구성원과 조화를 이루면서 수행되고 전반적으로 나머지 구성원의 상대적인 수행 능력에 의해 결정된다. 이것은 주로 시행착오를 통해 달성된다. 예를 들어, 타이샤는 그룹이 어떻게 하면 업무를 달성할 수 있는지에 대한 분명한 아이디어를 가지고 있기 때문에 그룹의 업무를 체계화하기 위해 시도한다. "나는 우리가 먼저 프로젝트를 완수하기 위해 해야 할 일을 목록으로 정리할 것을 제안합니다." 그러한 체계화 기능을 제공하는 데 대해 아무도 반대하지 않는다면, 그리고 다른 구성원들이 체계를 부여하는 행동이 그룹에 이롭다고 생각한다면 타이샤의 말과 행동에 힘을 실어주고 다음과 같은 말로 보상을 해 줄 것이다. "좋아요. 타이샤 생각이 좋은 것 같아요." 이렇게 그녀의 생각에 힘을 실어주고 나면 이제 타이샤에게서 그러한 체계화 행동의 많은 부분을 이끌어내려 할 것이다. 모든 구성원은 그룹에 의미 있는 기여를 하는 역할이 필요하다. 그룹에서 한 개인이 담당하는 역할은 그룹에 속한 사람들이 독특하게 혼합되는 양상에 달려 있기 때문에 그 사람의 역할은 그룹마다 다양하게 나타날 것이다.

각 그룹 구성원의 역할은 구성원 간의 상호작용을 통해 이루어지고 그룹이 발전함에 따라 지속적으로 변화한다. 그러므로 조직력이 뛰어난 사람은 모든 구성원의 상대적인 성격과 능력에 따라 어떤 그룹에서는 최종적으로 리더가 되고 다른 그룹에서는 지원자 역할을 맡게 된다.

그룹의 역할 분류

그룹 연구자들은 그룹의 역할을 분류하기 위해 다양한 이론 체계를 개발했다. 그러한 이론 중 하나가 베네*Benne*와 시츠*Sheats*가 설명한, 기능적 역할에 대한 분류 시스템이다. 이 연구자들은 구성원의 역할을 그 역할이 그룹을 위해 수행하는 기능에 기초하여 분류했다. 그들은 행동 과제와 유지(사회감성적인), 개인이라는 세 가지 주요한 행동 범주를 정의했다. 유지 또는 사회감성적인 행동은 구성원 간의 관계에 영향을 끼친다. 개인적 행동은 업무에도 도움이 안되고 구성원의 관계에도 악영향을 끼치는 자기중심적인 행동으로 그룹을 희생시키면서 개인적 만족감을 추구하는 기능을 한다.

모든 분류 시스템은 그룹에서 언어적·비언어적 행동이 단지 한 가지 기능만 수행한다고 시사하여 상황을 지나치게 단순화하는 측면이 있다. 시스템은 유동적인 것이고 두 가지 차원 모두에 영향을 끼친다. 예를 들면 테레사가 모나와 멜빈에게 "당신들 두 사람이 서로 피하고 있는 것 같아요. 좀더 관심을 갖고 경청하세요."라고 말했다고 가정하자. 이 말은 구성원이 서로 관련을 맺는 방식(사회감성적인 관심사)에 초점을 두고 있지만 그룹의 과제 달성에도 관련이 있다. 멜빈과 모나가 서로에게 좀더 관심을 기울이기 시작할 경우에 특히 그러할 것이다. 게다가, 테레사의 말은 그녀가 그룹의 과정에 대한 숙련된 정보를 가지고 개입할 권리가 있음을 암시하며 이것은 곧 그녀가 그룹과 맺고 있는 관계를 시사하고 있다. 그러므로 많은 연구자들이 행동을 과제 지향적이거나 관계 지

[그림 6.3] 구성원 행동의 과제 및 사회 · 관계적인 영향

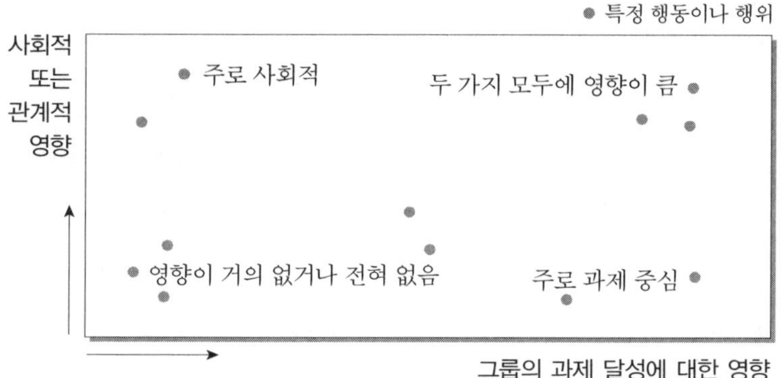

향적인 것 가운데 하나라고 여기기는 해도 어느 한 행동이 두 가지 차원 모두에 커다란 영향을 줄 수도 있다고 말하는 것이 더욱 정확할 것이다. 그림 6.3은 이러한 두 가지 주요한 차원을 묘사하고 개인의 행동이 어떻게 각 차원에 얼마나 영향을 끼칠 수 있는지 보여주고 있다.

소그룹 구성원의 기능

과제 기능(task functions)은 주로 그룹의 업무 성과에 영향을 끼친다. 다음에서 가장 유용한 기능의 일부와 그러한 기능을 예시하는 발언을 제시한다.

- **시작과 방향 설정** : 목표와 행동 계획 또는 행동을 제안한다. 그룹이 좀더 활동적으로 움직이도록 촉구한다. 외부적인 구조나 목적과 관련된 그룹의 위상을 정의한다. – "다음 회의 전에 끝마칠 과제를 서로 나누어 맡읍시다."

- **정보 제공** : 사실과 정보, 증거 또는 그룹의 과제와 관련된 개인적인 경험을 제공한다. - "작년에 도서관은 분실 자료를 구비하는 데 12,000달러를 썼습니다."

- **정보 습득** : 사실과 정보, 증거, 또는 관련 있는 개인적 경험을 사람들에게 구한다. - "줄리안, 작년에 보고된 학교 도둑이 몇 명이나 됩니까?"

- **의견 제공** : 신념, 가치관, 해석, 판단 등을 진술한다. 증거에서 결론을 도출한다. - "나는 자료 도난이 도서관이 직면한 최악의 문제라고는 생각하지 않습니다."

- **명확화** : 분명하게 말한다. 문제를 해석한다. - "그러면 당신에게 '매우 훌륭하다' 는 것은 보고서가 문법적으로 완벽해야 한다는 의미입니까?"

- **정교화** : 사례와 예시, 설명을 제공하여 사전에 나온 아이디어를 발전시킨다. - "토비의 제안으로 우리가 할 수 있는 또 다른 것은…"

- **평가** : 정보나 아이디어의 상대적 가치에 대한 판단을 한다. 기준을 제안하거나 적용한다. - "그 아이디어에는 세 가지 문제가 있는 것으로 보입니다."

- **요약** : 사전에 발언된 내용을 점검한다. 사전에 언급되거나 논의된 수많은 내용들을 그룹에 상기시킨다. - "그러면 다음주까지 앤지가 조사를 완성하고 버펫은 컴퓨터로 표를 작성할 것입니다."

- **조정** : 그룹의 일을 조직한다. 팀워크와 단결을 증진한다. - "미건이 월요일에 시장을 만나 인터뷰하면, 조이스와 나는 토요일 회의까지 대답을 준비할 수 있습니다."

- **합의 테스트** : 그룹이 모든 구성원이 받아들일 수 있는 결론에 도달했는지 묻는다. 합의에 도달했다고 암시한다. – "대안을 받아들이기로 동의한 것으로 보입니다."
- **기록** : 그룹 의사록을 작성하고 보고서와 회의록을 준비한다. 그룹의 비서 역할이나 기억을 상기시키는 역할을 한다. – "2주일 전에 그것을 결정했다고 생각합니다. 확실히 하기 위해 제가 회의록을 검토하겠습니다."
- **절차 제안** : 문제의 협의 사항이나 특별한 기술을 제안한다. 그룹이 밟을 절차 또는 순서를 제안한다. – "새롭고 색다른 것을 고안하기 위해서 브레인스토밍을 하는 것이 어때요!"

유지 기능(maintenance functions)은 주로 구성원의 상호관계에 영향을 끼친다. 다음에서 사례 진술과 더불어 제시하는 일곱 가지 기능이 특별 업무그룹에 특히 중요하리라 생각한다.

- **규범 확립** : 구성원의 행동 규칙을 제안한다. 구성원의 비생산적인 행동 방식에 이의를 제기한다. 다른 구성원이 규칙이나 규범을 어겼을 때 부정적인 반응을 한다. – "나는 서로 험담하는 것이 비생산적이라고 생각합니다. 본론에 충실합시다."
- **정보제공 통제 기능** : 열부 구성원이 발언권을 갖도록 협조한다. 발언하는 순서를 제안하거나 통제한다. 누군가 다른 의견이 있는지 물어본다. – "루벤, 하실 말씀이 있는 것 같군요. 이 제안에 대해 의견이 있습니까?"
- **지지** : 다른 사람의 신념이나 제안에 동의하거나 다른 방법으로 지지

한다는 의사를 표시한다. - "제 생각에 조이가 옳은 것 같습니다. 이 점에 대해 좀더 자세히 조사해야 합니다."

- **조화** : 의견 차이를 조정하여 2차적 긴장을 완화한다. 모든 구성원이 받아들일 수 있는 타협안이나 다른 대안을 제시한다. 화가 난 구성원을 회유하거나 진정시킨다. - "자레드와 샐리, 제 생각에는 여러분이 동의하는 점이 있는 것 같습니다. 제가 두 분 모두 동의할 수 있는 타협안을 제안하고 싶습니다."

- **긴장 완화** : 낯선 사람을 편안하게 해준다. 지위상의 격차를 줄이고 격의 없는 분위기를 조성한다. 농담을 하거나 긴장을 누그러뜨리는 말을 한다. 공통의 관심사와 경험을 강조한다. - "점점 피곤하고 힘들어지는군요. 10분간 쉽시다."

- **극화** : 다른 그룹에 대한 생생한 이야기나 공상을 사용하여 분위기를 환기시킨다. 환상이나 허구를 통해 잠정적인 가치와 규범을 테스트한다. - "그 말을 들으니 작년 위원회와 관련된 이야기가 생각납니다."

- **연대 표시** : 그룹 구성원에 대해 긍정적인 감정을 표현한다. 그룹의 단합과 결속력을 강화한다. - "와, 우리가 정말 대단한 일을 해냈군요!" 또는 "우리가 모두 단합해서 이 일을 해냈어요!"

위의 기능들은 소그룹이 효과적으로 기능하는 데 필요한 것이지만 그룹에 해로운 또 다른 범주가 있다. 그것은 개별 구성원이 감추고 있는 개인적 의제이다. 자기중심적인 기능(self-centered functions)은 구성원이 그룹을 희생시키는 대가로 자신의 욕구를 만족시키는 행동을 가리킨다. 다음 세 가지에 특히 유의하도록 한다.

- **회피** : 중요한 차이점을 회피한다. 갈등 해결을 거부한다. 분명한 입장을 갖지 않으려 한다. 자기 감정을 숨긴다. 다른 사람의 말에 대응하지 않는다. – "당신이 무엇을 원하든 저는 상관없습니다." 또는 아무 말도 하지 않는다.

- **차단** : 끊임없이 이의를 제기함으로써 그룹의 목적을 향해 진전하는 것을 차단하고, 그룹이 이미 고려해서 거부한 똑같은 주제나 문제를 자꾸 제기한다. – "이미 투표했다는 것을 알지만 다시 토의하고 싶습니다!" 그룹이 실제로 경청하지 않고 고려하지 않은 문제를 계속 제기하는 것은 차단이 아니다.

- **지위와 지명도 추구** : 다른 사람의 관심을 독차지하려 하고, 허풍을 떨고, 신뢰를 구축하는 데도 필요 없고 그룹 과제와 관련이 없는데도 자기 전문성이나 경험을 알아달라고 한다. 속임수를 써서 동정심을 유발한다. 개인적으로 잘 아는 분야로 주제를 돌린다. – "내가 '올해의 위원회상'을 탔을 때 했던 방식으로 해야 한다고 생각합니다."

소그룹에 필요한 역할의 유형 그리고 그룹의 구성원으로서 그룹을 위해 적절한 역할을 수행할 수 있는 방법을 이해하는 것이 얼마나 중요한지는 아무리 강조해도 지나치지 않다. 그룹 안에서 우수한 능력을 발휘하기 위한 핵심은 각 역할들을 구분하는 방법을 배우는 것이다. 성공적인 그룹은 어디에서나 찾아볼 수 있지만 성공의 열쇠는 구성원들이 자기 자신의 역할을 정의하는 방법과 다른 구성원이 맡은 역할과 더불어 일하는 방법을 잘 알고 있다는 데 있다.

의사소통 네트워크

그룹의 의사소통 네트워크(communication network)는 메시지의 흐름 또는 토의 시간 동안 누가 누구에게 말하느냐에 관한 패턴이다. 미구엘이 사람들을 하나씩 부른다면, 사람들은 미구엘이 부를 때까지 말을 하지 않는 버릇이 생길 것이다. 안드레아가 자주 말한다면, 그녀는 새로운 문제가 생길 때마다 사람들이 (문자 그대로) 자신을 쳐다본다는 사실을 알게 될 것이다. 상호작용을 별로 하지 않는 사람들은 자신이 점차 무시된다는 사실을 깨닫게 될 것이다. 의사소통 네트워크는 개인 행동의 기능으로 출현한다.

모든 소그룹은 대개 앞으로 논의할 네트워크 유형 중 하나로 유형화된다. 네트워크의 모든 유형에는 각각 장단점이 있다. 어느 하나가 다른 것보다 낮다고 볼 수 없다. 네트워크가 문제해결을 촉진하는지 여부는 그룹 과제에 달려 있다. 예를 들어, 일반적으로 동료들로 이루어진 그룹은 모든 참여자가 다른 구성원과 또는 그룹 전체와 자유롭게 일대일로 대화를 나누는, 전방위 채널로 이루어진 네트워크를 만든다(그림 6.4 참조). 바퀴형 네트워크는 모든 사람이 가운데 한사람에게 말을 하고 가운데 사람은(대개 지정된 리더) 혼자서 다른 구성원에게 말할 권한을 가진다. Y형(계층형) 네트워크가 생기면 독재적인 리더가 중간자에게 말하고 중간자는 자신의 아래 사람에게 의사를 전달한다. Y형에서 말단에 있는 사람은 리더에게 직접 말하는 경우가 거의 없다. Y형과 바퀴형 네트워크 모두 단순한 업무에 훨씬 효과적이지만 각 유형에서 중앙에 있는 사람이 대개 주변에 있는 사람보다 그룹의 의사소통과 참여에 훨씬 만족감을 느낀

[그림 6.4] 의사소통 네트워크

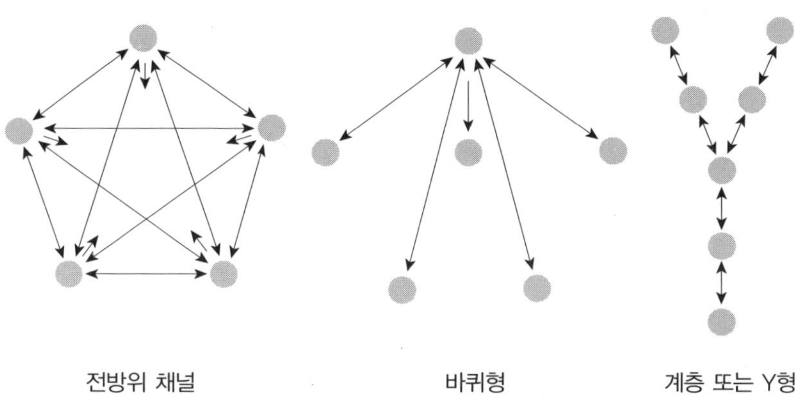

다. 이러한 유형의 네트워크가 갖는 또 다른 위험성은 중앙에 있는 구성원에게 과도하게 정보가 집중될 수 있고 정보의 흐름이 제한되는 병목 현상이 조성되는 데에 있다.

한편 전방위 채널 네트워크는 모든 구성원 사이에서 신속하게 의사소통이 이루어질 수 있다. 구성원들은 자유롭게 하고 싶은 말을 하고, 아이디어는 신선하고 타당하다. 의사소통은 자유롭게 흐른다. 최소한 언급의 절반을 전체로서의 그룹 구성원에게 하고 모든 구성원이 1대1 또는 1대소수 관계에서 상대편 말을 듣고 서로 조화를 이룬다. 전방위 채널 네트워크는 여러 가지로 유익하다. 전방위 채널 그룹에서도 구두 메시지의 흐름이 긴급한 시기 또는 극도의 시간 압박을 받으면 때때로 바퀴나 계층형 네트워크를 닮기도 한다.

지위 계층

지위(status)는 소그룹 구성원이 가진 상대적 중요성과 특권, 힘을 의미한다. 역할이 정해지면서 의료전문가그룹의 사례에서 본 것처럼 각자 서열이나 지위 위계에서 자리가 정해진다.

지위의 효과는 수없이 많지만, 수많은 심리적 또는 물질적인 지원 외에도 고위층의 구성원들은 특정한 책임에 부응하라는 기대를 받는다. 그들은 그룹의 목적을 달성하고 그룹의 규범을 세우기 위해 특히 열심히 일하라는 요구를 받는다. 그들은 특정 규칙을 수정할 수 있는 권리, 즉 개인적 신용(idiosyncrasy credit)을 얻을 수 있지만, 그룹의 기대를 저버릴 경우에는 그 지위를 상실하게 된다.

소그룹 내에서 지위는 귀속 지위(ascribed status)이거나 성취 지위(earned status)이다. 처음에 구성원들이 서로 잘 알거나 각자가 그룹에 커다란 기여를 할 것이라고 확신하기 전에 지위는 각자 소그룹 외부에서 갖고 있는 위치를 근거로 한 귀속적인 것이다. 부와 교육 수준, 직업, 개인적인 명성, 그룹의 상위 조직에서 맡은 지위와 같은 것을 기초로 한다. 그러나 지위는 구성원이 그룹에 개인적으로 기여하는 바에 따라 성취될 수도 있다. 인턴사원은 그룹을 대신해서 상당한 조사를 실시하고 핵심적인 기여자가 됨으로써 자기 몫을 아무 것도 완수하지 않은 선임 회계사보다 더 높은 지위를 얻을 수 있다.

가장 이상적인 그룹의 분위기는 구성원들이 가진 지식과 기술이 특정 시점에서 그룹이 직면한 쟁점이나 문제와 관련이 있을 경우, 그 영향력이 높아질 수 있을 정도로 유연할 때 조성된다. 우드 *Wood*는 귀속 지위

차이에 과도한 관심을 기울이는 것이 그룹의 과제 달성 능력에 부정적인
영향을 끼친다는 것을 발견했다. 낮은 지위가 가치 없음과 동일하지 않
다는 점을 인식하는 것이 중요하다. 지위가 낮은 구성원이 그룹에서 반
드시 불행한 것은 아니다. 결속력이 높은 그룹은 구성원 각자의 기여를
소중하게 여기고 구성원들도 그 점을 잘 알고 있다.

공상 잇기

이미 예전에 그룹의 문화가 그룹 구성원간의 상호작용에 의해 형성된
다고 말한 적이 있다. 우리는 역할과 규범이 어떻게 그룹의 문화적 요소
로 떠올랐는지 논의했지만 그룹 문화가 형성되는 방식 중 가장 강력한
것은 바로 공상(fantasy)이다. 풀어보면, 공상은 '그룹의 경험에 의미를
부여하고 미래에 올 수 있는 그룹의 심리적이고 수사적인 필요성을 예측
하여 충족시키는, 사건에 대해 공유된 창조적이고 상상적인 해석이다.'
이런 점에서 공상은 허구나 비현실과는 의미가 다르다. 그룹 구성원들
이 공상을 의식적으로 이용하여 그룹 문화를 구축하는 경우는 드물고,
그냥 이야기를 나누며 그룹이 겪고 있는 과정에 대한 무의식적인 차원과
관계가 있는 신화를 공유한다. 그러한 대화의 일부가 그룹의 실제 업무
와 관련이 있을 수도 있지만 사실은 구성원들의 심리적이고 수사적인 욕
구를 만족시켜줄 뿐이다.

토의 시간 동안 그룹 구성원이 그룹의 현 과제와 직접적인 관련이 없
는 것, 즉 공상을 얘기하는 경우는 비일비재하지만 대부분 한 마디 농담

으로 끝나고 만다. 그러나 때로는 그러한 발언이 베일즈가 최초로 설명한 공상 잇기(fantasy chain)로 이어지기도 한다. 먼저, 모호성이나 불확실성이 그룹에서 어느 정도 형성된다. 그러면 한 구성원이 불확실성과 어떤 식으로든 관련된 핵심 이미지를 도입함으로써 공상을 만들기 시작한다. 다른 구성원은 공상에 자기 자신의 이야기를 덧붙이고 개인적인 차원이 아닌 그룹 차원의 은유를 만듦으로로써 그러한 핵심 이미지를 확산시킨다. 공상 잇기를 하는 동안 상호작용하는 속도가 빨라지고, 목소리가 격양되며, 흥분을 감지할 수 있다. 공상 잇기는 30초에서 30분 정도밖에 지속되지 못하며, 공상 잇기가 끝나면 그룹 구성원은 과제로 화제를 돌린다. 공상 잇기는 그룹과 환경에 대해 공유된 이미지를 만들기 위한 수사적인 수단이다. 3장에서 우리는 의사소통이 쌍방향임을 지적했다. 공상 잇기를 하는 동안 그룹 구성원은 의도하지 않게 상호작용하여 그룹의 의미를 창조한다. 이러한 이야기 만들기 활동은 그룹 문화의 체계화에 매우 중요한 작용을 한다.

공상은 무엇인가 의미 있는 것에 관한 것이다. 공상의 내용을 공상의 주제(fantasy themes)라고 한다. 공상 잇기에는 분명한 또는 명백한 주제가 있고 잠재적인, 표면 아래 주제로 자세히 검토하면 그룹의 문화와 가치, 규범을 드러낼 수도 있다. 대개 공상에는 그룹에 도덕적 또는 심리적인 지침을 제공하는 영웅과 악한, 줄거리, 충분히 발달된 윤리적 구조가 포함되어 있다. 공상의 잠재적인 의미를 해석하기 위해 베일즈는 공상에 대해 체계적으로 분석하려 들지 말고, 즉흥적인 통찰을 해볼 것을 제안한다.

그림 6.5는 짧고 간단한 공상 잇기 사례이다. 사례에서 학생 그룹의

구성원들은 연례 진로의 날 세미나에 대한 홍보를 계획하고 있다. 크리스가 캐빈에게 지난해 그룹이 홍보를 어떻게 했는지 질문한다.

[그림 6.5] 공상 잇기 사례

토의	평가
크리스 : 캐빈, 작년에 어떻게 했는지 아니?	크리스가 직접적으로 일과 관련된 질문을 한다.
캐빈 : 그래, 어디선가 목록을 찾았어. 작년에 한 것이라곤 학교 신문에 광고를 내고, 1주일 전에 선생님들께 수업 시간에 공고해 달라고 간단한 메모를 돌린 게 전부야.	캐빈은 크리스의 물음에 답했지만 작년 그룹의 '창피한' 성과에 대한 공상을 도입한다.
데더더 : 그게 전부라니 믿기지 않아!	데더더, 캐빈이 이전 그룹에 대해 내놓은 비판을 포착하면서 고무된다.
로리 : 존의 잘못이었어. 그는 아무것도 하고 싶어하지 않았고, 그룹도 마찬가지였어!	로리가 자기가 알고 있는 부분을 덧붙인다.
토니 : 정말 게으른 사람들이군!	토니가 거든다.
크리스 : 우리는 이제 막 시작했는데도 이미 그들보다 많은 것을 했네.	크리스도 거들면서 올해 그룹은 작년보다 이미 잘 해내고 있다는 생각을 덧붙인다.
캐빈 : 맞아! 우리가 훨씬 더 잘해낼거야!	캐빈은 크리스의 생각에 동의한다.
로리 : 그래. 이제 그런 녀석들의 이야기는 그만하고 우리 일을 시작하자.	로리가 공상을 중단시키고 그룹이 다시 본론으로 돌아가도록 한다.

이러한 공상은 어떤 기능을 했는가? 공상의 명확한 주제는 '작년 그룹은 홍보를 엉망으로 했다' 이다. 그렇지만 그러한 공상이 바로 현재 그룹에게 공유된 의미를 만들어준다는 것을 기억하자. 그림 6.5를 보면 구성원들은 이전 그룹을 비난함으로써 비교를 통해 현재 그룹의 성과를 칭찬한다. 그룹은 우수성의 기준을 세우고 이전 그룹에는 없었던 프로 정신을 확립하여 구성원들에게 더욱 분발하도록 동기를 부여하고 있다.

공상은 소그룹에 몇 가지 기능을 한다. 첫째, 공상은 구성원이 그룹 고유의 정체성을 만들어내는 데 도움을 준다. 둘째, 공상은 구성원이 직접적으로 말하기를 꺼려할 수도 있는 위협적이거나 까다로운 정보에 대처할 수 있도록 해준다. 셋째, 공상은 특정한 행동 양식을 미묘하게 지지하거나 비판함으로써 그룹의 행동을 이끌고 간다. 마지막으로 공상은 그룹에 즐거움과 재미를 선사한다. 공상은 그룹으로 하여금 상상력과 창의성을 훈련할 수 있게 한다. 공상은 그룹 문화를 창조하는 원동력이다.

생각 해 봅시다

공상은 그룹이 공통의 비전을 만드는 방법이다. 그룹이 공통의 비전을 만드는 다른 방법에는 어떤 것이 있다고 생각하는가? 공상에 의해 만들어진 비전과 다른 방식으로 만들어진 비전 사이에는 어떤 차이가 있을까?

결속력

1999년 미국 축구팀이 여자월드컵에서 우승할 당시, 스타 선수인 미아 햄 *Mia Hamm*은 이렇게 말했다. "모든 영광을 팀에게 돌립니다." 모든 객관적인 방법으로 측정해볼 때 이 팀은 조화와 신뢰, 팀 협력이 무엇인지 보여준 대표적 사례였다. 주전 선수인 미셸 아커 *Michelle Akers*는 오랫동안 만성 피로와 무릎 부상에 시달려왔지만 팀의 버팀목으로 활약했다. 1995년 여자축구팀의 주전이었던 샤논 맥밀란 *Shannon Macmillan*은 북한과의 경기에서 벤치를 지키다 교체되어 1득점을 얻어냈다. 그러나 그녀는 선발이 되기 위해 지난 성적을 빌미로 압력을 행사하지는 않았다. 그 대신 그녀는 이렇게 말했다. "팀에서 원한다면 무슨 일이든 할 것입니다. 내 가슴과 영혼이 팀과 함께 할 것입니다." 연장전에서 브리아나 스커리 *Briana Scurry*의 선방과 중국팀의 골망을 흔든 브랜디 채스태인 *Brandi Chastain*의 마지막 킥으로 미국은 연장전에서 승리를 거두었다. 채스태인은 결승골에 대해 이렇게 말했다. "나는 자신 있었습니다. 우리 팀이 저를 믿었기 때문이죠." 부코치인 로랜 그레그 *Lauren Gregg*에 의하면, 1995년 1:0으로 노르웨이에게 패배한 이후 굴욕감을 느낀 여자 축구팀은 다시는 그런 일이 일어나지 않도록 맹세했고 개인적으로 집단적으로 다시 승리하기 위해 할 수 있는 일이 무엇인지 끊임없이 이야기를 나눴다. 이 여자축구팀은 분명 결속력 있고 생산적인 팀이다. 많은 이들을 열광시킨 스포츠 스타인 미아 햄으로 하여금 자신이 발휘한 성과를 팀의 공로로 돌리게 만든 결속력과 팀워크는 어디에서 나왔을까?

여자 축구팀의 감독인 토니 디씨코 *Tony DiCicco*는 각양각색의 선수들을 결속력 있고 뛰어난 성적을 내는 팀으로 만들어 내야 하는 책임을 맡았다. 디씨코는 남자축구팀 감독 출신으로 1994년 여자팀을 맡게 되었다. 그는 여성이 도전에 잘 대응하지만 징벌에는 약하다는 것을 빨리 깨달았기 때문에 긍정적인 방식을 도입하기로 결정했다. 시합을 녹화한 비디오를 통해서는 실수를 다시 보여주는 것이 아니라 오직 '최고의 움직임과 결정적인 플레이' 만을 보여주었다. 이러한 전략을 두고 디씨코는 '좋은 면을 포착하게 하는' 것이라고 말했다. 대부분의 여자 선수는 오랫동안 함께 있었고 일부는 1991년 월드컵 이전부터 합숙했기 때문에 서로를 잘 알고 있었다. 신뢰를 증진시키기 위해 디씨코가 고용한 동기부여 심리학자는 팀을 '신뢰의 행군' 에 참여하도록 했다. 이것은 팀 성원들이 눈을 가리고 팀 동료의 인도를 받으며 위험한 절벽 아래로 걸어가는 것이었다. 심리학자는 또한 각 선수들의 최고의 움직임과 최고의 플레이를 담은 개인별 비디오를 만들고 선수들에게 스스로 음악을 선택하도록 했다. 테이프는 개별적으로 시청하도록 되어 있지만 나중에는 팀 구성원들이 내용을 함께 공유하고 함께 시청하였다. 선수들은 서로의 몸 사이에 풍선을 끼우고 한 줄로 서서 균형을 잡고 움직이는 훈련을 했다. 디씨코는 또한 파벌이 형성되는 것을 막기 위해 훈련지마다 룸메이트를 바꾸도록 했다. 그는 선수들이 외출 휴가를 받고 모두가 저녁식사를 함께 하기로 정하는 것을 보고 몹시 기뻐했다.

재능과 능력, 개인의 주도적인 활동이 팀의 성공에 일정 부분 기여한다는 점에는 의심의 여지가 없다. 그러나 개인의 재능이 항상 팀의 성공으로 이어지는 것은 아니다. 디씨코의 훈련을 받은 여자 선수들은 신뢰와 결속, 협력의 문화를 만들어 냈고 팀 차원에서 선수들의 재능을 팀의 승리로 일구어낼 수 있는 분위기를 조성했다.

결속력(cohesiveness)은 그룹을 결집시키는 공통의 끈이자 정서이다. 그룹의 결속력이 높으면 구성원간의 관계가 대체적으로 서로에게 이점으로 작용한다. 즉 구성원들은 '끈끈한 연대감' 과 통일성을 갖는다. 결속력이 높은 그룹은 결속력이 낮은 그룹에 비해 1차 집단의 특성을 더 많이 보여주며 구성원들의 상호작용 비율이 더욱 높다.

최근에 나온 결속력에 대한 두 가지 메타 분석 연구는 일반적으로 결속력이 높은 그룹이 그렇지 못한 그룹보다 생산적임을 밝혀냈다. 과제의 성격이 결속력－생산성 관계에 영향을 끼친다. 과제가 고도의 결속력과 구성원간의 상호의존을 필요로 하고 그룹의 업무 완수에서 의사소통이 필수적인 요소라면, 여자 축구팀이 보여준 것과 같이 결속력이 생산성을 향상시킨다.

결속력도 최적의 수준이 있어서 그 수준을 넘어서면 업무 수행의 효율을 떨어뜨린다. 결속력 있는 그룹이 생산적인지 아닌지는 또한 구성원이 과제를 수용하는 정도에 의존한다. 결속력 있는 그룹은 구성원이 그룹 과제에 내재하는 유기적인 목표에 대한 수용도가 높고 더불어 그 과제를 완수하겠다는 강한 추진력(동기와 열정)을 가질 때만 생산적이다. 이 사실은 라슨과 라파스토가 연구한 우수 팀의 사례에서 분명하게 드러났다. 그러나 결속력이 높은 그룹이라도 과제 지향적이라기보다 사회관계 지향적이면 결국에는 아무런 성과도 이루지 못할 수 있다.

결속력과 집단사고

결속력은 그룹에 실질적인 혜택을 주지만 결속력이 지나치면 문제를 야기할 수도 있다. 그룹의 균형 감각이 비판적 사고보다는 결속력과 조화를 유지하는 방향으로 기운다면 결국 집단사고(groupthink)가 나타날 수 있다. 어빙 제니스*Irving Janis*가 만든 용어인 집단사고는 결속력이 강한 그룹이 합의를 유지하려는 욕망으로 인해 대립과 반대 의견을 억누름으로써 신중하고 철저하게 생각하지 않고 결정하게 만든다.

집단사고를 어떻게 인식할 수 있을까? 제니스와 다른 학자들에 의해 밝혀진 집단사고의 증후군을 다음의 세 가지 주요 범주로 구분할 수 있다.

1. 그룹이 자신의 힘과 도덕성을 과대평가한다.
2. 그룹이 폐쇄적으로 변한다.
3. 그룹 구성원들이 순응에 대한 압력을 경험한다.

집단사고와 같은 함정에 빠지기도 하지만, 높은 결속력은 대단한 결과를 낳을 수도 있다. 목표를 달성하고 구성원들에게 참여에 대한 만족감을 제공하고 소속감을 심어주며 다른 그룹과의 경쟁에서 성공하는 그룹은 구성원들을 흡인하는 힘이 강하다. 이에 따라 문제가 발생할 때에도 궤도를 벗어나지 않고 세계에서 제일가는 매우 헌신적이고 열정적인 구성원을 배출할 수 있다.

재미있는 것은 공개적인 의견 차이가 결속력이 높은 그룹에서 훨씬 자주 나타난다는 점이다. 아마도 신뢰의 분위기가 조성되어 각 구성원이 쟁점과 사실, 아이디어에 대해 공개적으로 반대할 만큼 안심할 수 있기

[그림 6.5] 집단사고 행위

때문일 것이다. 반면 지위가 높은 구성원이 의견 차이를 개인적인 공격이라고 인식하고 순응을 요구하면 결속력이 바로 집단사고화하여 결속력을 유지하기 위해 최선의 의사결정을 포기하고 만다.

　결속력을 강화하기 위해 보르만은 그룹이 일곱 가지 항목에 주목해야 한다고 제안한다. 이 책에서는 한 가지 항목을 더 추가한다.

1. 그룹의 정체성을 발달시킨다.
2. 그룹의 전통을 세운다.
3. 팀워크를 강조한다.
4. 그룹에서 성과가 뛰어난 구성원을 인정하고 칭찬하도록 한다.
5. 분명하고 가시적인 목표를 세운다.
6. 그룹에 보상을 준다.
7. 구성원을 기계적으로 대하지 않고 사람으로 대한다.
8. 이견과 동의를 모두 지원한다.

팀빌딩

그룹이 결속력을 증진하기 위해 평소와 다른 무엇인가가 필요한 경우가 있다. 팀빌딩(teambuilding)은 팀워크를 강화하거나 그룹의 성과를 향상시키기 위해 고안된 활동 프로그램을 말한다.

최고의 팀빌딩 프로그램은 각각의 특정한 그룹이 지닌 고유한 필요에 부응하도록 조정된다. 예를 들어, 여자축구팀을 위해 고안된 신뢰 구축 활동과 개별 선수를 위해 찍어둔 비디오테이프는 팀빌딩을 개별 팀에 맞게 적절하게 특수화한 좋은 사례이다.

언젠가 당신은 자신이 속한 그룹을 위해 팀빌딩 활동을 계획하도록 요청받을 수도 있다. 다음은 팀빌딩 활동 계획자를 위한 제안 사항이다.

1. 팀빌딩 활동의 목적을 정의하라.
2. 그룹의 일상적인 조건에서 벗어나 보라.
3. 계획을 수립하지만 때로는 융통성을 기하라.
4. 구성원이 자신의 다양성 속에 숨겨진 힘을 인정하도록 하라.
5. 팀빌딩 활동에서 의미 있는 의식과 축제를 구체화할 방법을 찾아라.

생각 해 봅시다

> 당신은 미국 여자축구팀의 디씨코 감독이고 당신의 팀이 1995년 월드컵에서 패배했다고 가정해보자. 당신은 팀을 다시 일으켜 세우기 위해 무엇을 했겠는가? 디씨코 감독의 방법이 효과가 있었던 이유는 무엇이라고 생각하는가? 당신이 속한 그룹이나 알고 있는 그룹을 생각해 보라. 이들 그룹에서 팀빌딩 활동을 통해 달성하고자 하는 바는 무엇이고 그 이유는 무엇인가?

SYMLOG : 결속력 측정

이제까지 우리가 토의해온 몇 가지의 과정, 특히 그룹 결속력은 집단에 대한 다층적인 관찰체계인 SYMLOG(System of Multiple Level Observation of Groups)를 사용하여 설명할 수 있다. 베일즈가 개발한 SYMLOG는 하나의 이론이자 방법론으로서 이 방법에 따라 그룹의 3차원 다이어그램이 구성된다. 그림 6.5와 6.6이 각 다이어그램의 예이다. SYMLOG 이론에 대한 상세한 정보가 없어도 첫번째 그룹(그림 6.5)은 분열되고 분극화되어 있지만 두번째 그룹(그림 6.6)은 통일되고 결속력이 있음을 알 수 있다.

SYMLOG 이론은 그룹 구성원 개개인의 행동을 지배와 복종, 우호와 적대, 과제 지향과 감정 표현 등 세 가지 독립적인 차원에 따라 분류할 수 있다는 가설에 의거한다. SYMLOG는 두 가지 중 한 방법으로 이용할 수 있다. 계량적인 방법을 사용하면 외부 관찰자가 실시간으로 상호작용하는 구성원의 언어적·비언어적 행위에 대해 점수를 매긴다. 평점 방법은 매우 쉽고 특별한 훈련이 필요 없다. 외부 관찰자 또는 그룹 구성원들이 자체적으로 구성원 개개인의 행동을 평가하는, 26개 질문으로 이루어진 평점 설문을 작성한다. 결과가 개별적으로 계산되기 때문에 구성원 각자가 SYMLOG 다이어그램에 적용될 수 있다. SYMLOG는 결속력의 정도를 선명하게 보여주기 때문에 팀빌딩 활동기간 동안에 사용할 만한 매우 유용한 도구이다.

세 가지 유형 각각은 양극단에 위치한 문자 쌍에 의해 표시된다. 예를 들면 P(positive)는 우호적이고 N(negative)은 적대적인 행동을 나타낸다. 다이어그램에서 구성원이 다른 구성원에게 우호적일수록, 원은 오른쪽

[그림 6.5] 결속력이 없는 그룹의 SYMLOG 다이어그램

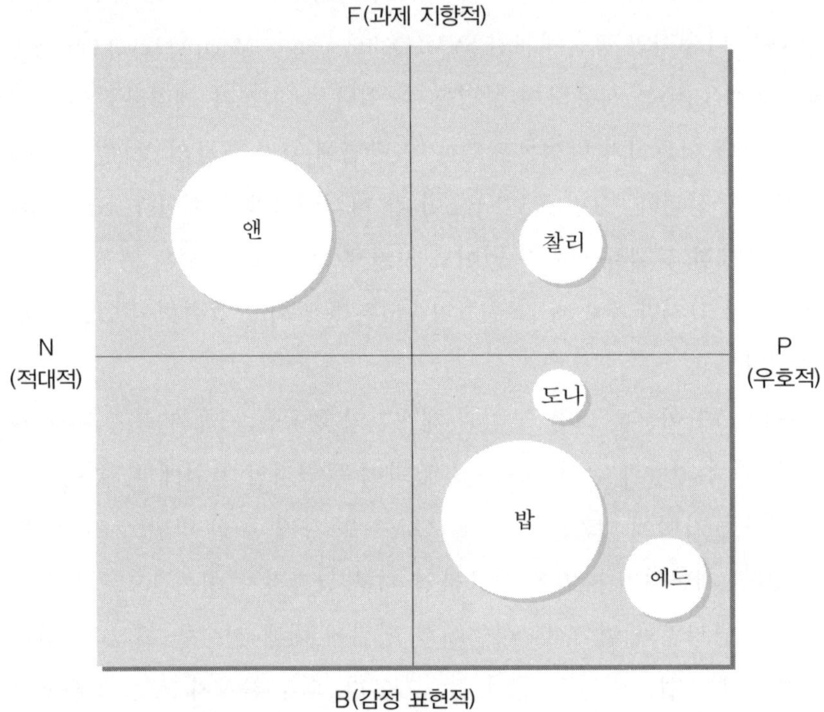

으로 치우친다. 구성원이 적대적일수록 원은 왼쪽으로 치우친다(그림 6.5
에서 에드가 가장 우호적이고 앤이 가장 적대적이다). 과제 지향은 F(forward)
로 표시되고 구성원이 과제 지향적일수록 다이어그램의 위쪽으로 치우
친다. 감정 표현은 B(backward)로 표시되고 이러한 구성원은 다이어그램
의 아래쪽으로 치우친다(그림 6.5에서 앤이 가장 과제 지향적이고 에드가 감
정 표현이 가장 많다). 세번째 차원은 구성원의 동그라미 크기로 나타난다.
지배적인 구성원은 복종적인 구성원보다 동그라미가 더 크다(그림 6.5에

[그림 6.6] 결속력 있고 생산적인 그룹의 SYMLOG 다이어그램

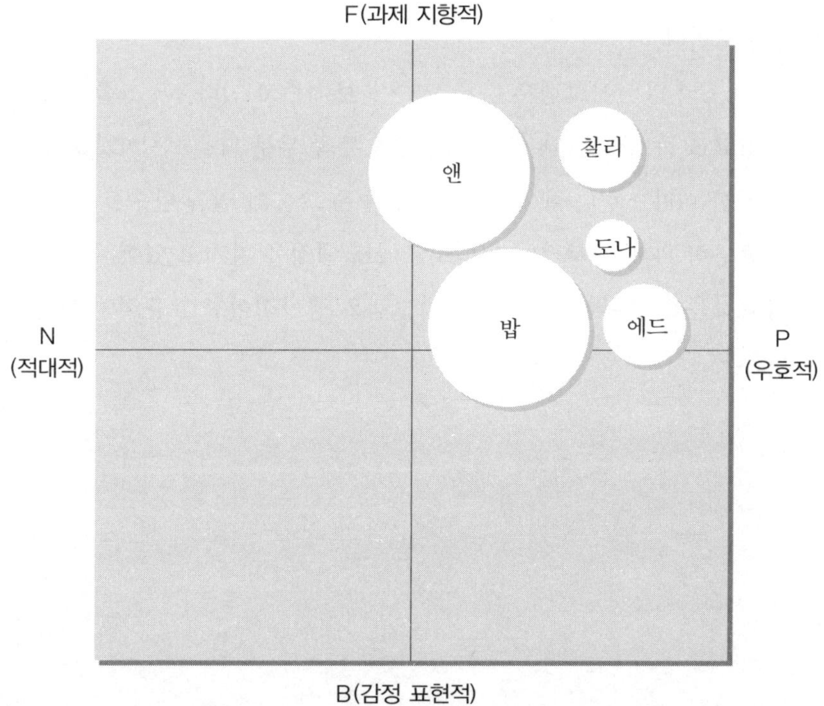

서 앤과 밥이 가장 지배적이고 도나가 가장 복종적이다).

그림 6.5의 그룹은 결속력이 없다는 것을 쉽게 알 수 있다. 앤은 지배적이고 과제 지향적이며 다른 동료들에게 부정적이다. 그녀는 그룹에서 일어나는 상황을 지시하려 한다. 밥은 지배적이지만 우호적이고 감정 표현을 많이 하며 그로 인해 그룹에서 일탈하는 경우가 많다. 밥의 행동은 과제에 치중하려는 앤의 욕구와 충돌할 것이 거의 확실하다. 적당히 지배적이고 과제 지향적이며 우호적인 찰리는 민주적이고 그룹 중심적

인 리더로서는 적임자이지만 주변에 사람이 없다. 구성원들은 다른 점이 많고 충돌하고 결속력이 거의 없어 보이고 구성원의 참여도에서 큰 편차를 보인다.

그림 6.6의 다이어그램은 다른 모습을 보여주고 있다. 이 그룹은 결속력이 높고 모든 구성원의 성향이 상단 오른쪽 부분(베일즈는 이것을 '의사 결정 4분할'이라고 한다)에 있다. 구성원들은 그룹의 일을 완수할 수 있을 만큼 충분히 과제 지향적이지만 서로에게 애정을 가지고 있어서 조화로운 상호작용을 영위한다. 이 다이어그램은 생산적이고 효율적인 그룹을 보여준다.

요약 SUMMARY

1. 규범과 행동 양식을 포함한 그룹의 문화는 체계화 과정 또는 구성원간에 언어적 · 비언어적인 상호작용이 그룹을 형성하고 유지하는 방식을 통해 형성되며, 모든 그룹은 대인 관계에 따른 1차적 긴장과 업무와 관련된 2차적 긴장에 대처하는 방법을 찾아야 한다.

2. 그룹은 일련의 단계를 거치며 발달하며 전형적으로는 형성 단계에서 생산 단계로 이행한다. 그러나 구성원들은 모든 단계에서 항상 사회감성적 관심사와 과제 관련 관심사를 동시에 처리해야 한다.

3. 공식적인 규칙이 그룹의 상호작용을 통제하는 반면 구성원 행동에 지침이 되는 비공식적인 규칙(규범)과 역할이 구성원들의 암묵적인 동의 아래(때로는 무의식적으로) 발달한다.

4. 모든 그룹은 과제 기능과 유지 지능을 모두 수행해야 한다. 자기중심적인 기능은 그룹의 목표 달성을 방해한다.

5. 의사소통은 그룹의 의사소통 네트워크를 형성한다. 이 네트워크는 바퀴형, Y형이나 전방위 채널 네트워크 중 하나가 될 수 있다. 이 가운데 전방위 네트워크가 소그룹의 토의에 적절하다.

6. 의사소통 네트워크 내부에서 한 구성원이 차지하는 위치와 역할이 그룹 안에서 그 사람의 지위를 결정한다. 이상적으로는 구성원이 그룹 내에서 귀속 지위보다 성취 지위에 의존한다.

7. 공상은 그룹이 어떻게 문화를 형성하느냐에 매우 중요하다. 공상 잇기는 인간이 대화를 하면서 의미를 창조한다는 상징적 수렴 원칙에 근거하며 구성원이 현실을 공유하고 거북한 정보를 처리하며 취해야 할 행동을 결정하도록 한다.

8. 구성원을 묶는 결속력은 그룹 문화를 창조하는 데 기여하는 또 하나의 요소이고 일반적으로 그룹의 생산성을 증진시켜준다. 집단은 집단사고 방지 및 팀빌딩 행위로 결속력의 긍정적인 효과를 극대화시켜야 한다.

9. SYMLOG는 이론이면서 방법론으로 구성원들이 그룹의 기능 방식에 대한 통찰을 얻고 결속력 수준을 평가하는 데 사용할 수 있는 도구이다.

CHAPTER SEVEN

리더는 어떤 존재인가

소그룹의 리더십은 쌍방향 현상이다. 즉 소그룹의 리더십은 그룹의 과제와
관계상의 목표에 부합하는 의사소통 행위의 결과물이며
다른 구성원의 행동과 맥락, 그 밖의 부대 상황들의 산물이다.
지정된 리더는 그룹을 대표하여 다양한 경영 관리 활동, 체계화 활동
그리고 발전을 지향하는 활동을 수행한다. 민주적인 지정된 리더는
구성원들이 다양한 리더십 기능을 수행하도록 독려하는 동시에
다른 구성원들이 제공하지 않는 기능들을 완수하는 역할을 담당한다.

제니퍼, 로빈, 쟝, 안드리스는 캘리포니아에 본부를 둔 중소기업 방송
광고 전담팀을 이루고 있다. 제니퍼는 지정된 리더로 광고에 적합한 전
파 매체를 찾는 바이어이다. 쟝은 홍보 담당 코디네이터로 텔레비전과
라디오 선전과 동일한 효과를 낼 수 있는 모교지원 행사와 같은 홍보 이
벤트를 기획하고 감독한다. 쟝은 또한 제니퍼의 영업 실적을 최신 자료
로 유지하도록 늘 신경을 쓴다. 안드리스는 총 프로덕션 코디네이터로,
제니퍼가 모든 텔레비전 라디오 광고 방송 문안을 작성하고, 방송을 제
작하고 감독하는 일을 지원한다. 로빈은 방송 선전 코디네이터이자 제

니퍼의 행정 담당 비서이다. 로빈은 일차적으로 텔레비전 라디오 판매 담당자와의 업무 관계를 조성하고 유지하는 책임을 맡고 있다. 회사의 분기별 수익은 미디어 캠페인의 성공과 직결되며, 캠페인 자체는 네 사람으로 이루어진 팀이 얼마나 잘 협력하여 일하는지에 달려있다.

20년이 넘게 이 회사에 근무한 제니퍼는 광고업계에서 중추적 인물로 인정받고 있다. 하지만 이 광고팀에서 모든 일이 항상 순조롭게 진행되는 것은 아니다. 신입 직원들은 정기 연수를 받지만 충분한 교육을 받지 못하는 경우가 종종 있다. 제니퍼가 정보 흐름을 강력하게 통제하고 있고 일이 너무 바쁠 때가 많아서 직원들을 위한 시간을 내기가 힘들기 때문에, 신입 직원들은 자신의 업무에 대한 정보를 충분히 얻지 못한다. 직원들은 제니퍼에게 실수에 대한 질책을 들으면서 업무 처리 방법과 업무의 실체에 대해 파악하는 일이 많았다. 이로 인해 팀원들 사이에 좋지 않은 감정이 생기고 시간을 낭비하여 회사 입장에서는 비용이 증가했다. 또 제니퍼는 사회감성적인 환경을 통제하려 하기 때문에 직원들은 더욱 불만이 쌓였다. 예를 들어, 안드리스의 광고 문안이 서투르면 제니퍼는 당사자에게 그 이야기를 직접 전달하지 않고 안드리스의 동료들이 그 사실을 전해주리라고 기대한다. 하지만 회사 차원에서는 방송 광고팀이 효과적으로 광고를 제작하기 때문에 부분적으로 성공을 거두고 있다. 그렇다면 비효율적인 리더십이 문제로 인식되는 때는 언제인가? 변화가 발생했을 때 누가 책임을 지는가? 한 그룹의 성격이 전적으로 한 사람의 행동으로 결정되는가? 만일 외부 컨설턴트가 이 부서를 보면 어떤 말을 할까?

라슨과 라파스토에 따르면, 효과적인 팀 성과에 최종적으로 필요한 요소는 적임자가 리더가 되어 팀 리더십을 발휘하는 것이다. 소그룹은 어디서나 존재하기 때문에 독자들도 스스로 소그룹 리더로 역할이 변화되는 경험을 할 수 있을 것이다. 리더란 직책은 개인에게 자긍심을 갖고 타인에게 인정을 얻는 원천이 될 수 있지만 동시에 타인에게 악몽 같은 존재가 될 수도 있다.

무엇이 훌륭한 리더를 만드는 요소인지에 대한 통념에는 잘못된 부분이 많다. 많은 사람들이 효과적인 리더십에 대해 지나치게 단순하게 생각하고 있다. 그래서 소그룹 리더로서 역할을 수행하는 일을 학습하는 데 방해가 된다. 이 장을 통해 그러한 잘못된 믿음을 일소하기 바라며 리더로서 반드시 갖추어야 할 의사소통 능력을 개발하기 바란다.

리더십과 리더

리더십과 리더라는 용어는 서로 관련성이 있지만 각각 다른 의미를 지닌다. 하나는 과정을 의미하고 다른 하나는 사람을 뜻한다.

리더십

사회과학자들은 대부분 리더십(leadership)을 대인관계적 영향력이라고 정의한다. 핵크만 *Hackman*과 존슨 *Johnson*은 '리더십은 인간의 (상징적) 의사소통으로 그룹의 목적과 필요 충족을 위해 태도와 행동을 수정하는 과정이다' 라고 정의하여 리더십 과정에서 의사소통의 중요성을 밝혔다. 이 정의는 두 가지 중요한 의미를 담는다. 먼저, '수정' 이란 용어를 사용하는 것은 물리적 강요나 다른 형태의 힘에 반대되는 것으로 의사소통을 통한 영향력이 리더십 과정에서 가장 중요한 부분임을 암시한다. 여기서 말하는 조정이란 권력을 통한 것이 아니라 상호작용, 설득, 인간의 상징적 활동을 통해 이루어지는 것이다. 다음으로, 이 정의는 그룹 목적을 성취하기 위해 의사소통을 통해 영향력을 발휘하는 것만이 진정한 소그룹 리더십의 정의가 될 수 있음을 암시한다.

리더십은 특별한 원천 또는 기반에서 유래하는 권력에서 비롯된다. 리더와 추종자들은 일을 처리하며 인정된 권력을 기반으로 관계를 형성한다. 리더는 추종자들이 인정하는 만큼의 권력을 가지고 다른 사람들의 행동에 영향력을 행사할 수 있다. 프랜치 *French*와 라벤 *Raven*이 밝힌 권력의 원천에는 보상, 처벌, 정당한 인정, 지시대상, 숙련도가 있다.

리더

리더(leader)란 용어는 한 개인 또는 한 개인이 차지한 특별한 지위를 일컫는다. 소그룹의 리더는 의사소통을 통해 다른 사람들의 행동에 영향을 미치는 사람이다. 우리는 리더란 용어를 세 가지로 구분한다. 즉, 그룹의 목적 달성을 위해 영향력을 행사하는 사람, 다른 사람들이 리더라고 인정하는 사람(영향력 행사자), 그리고 임명 또는 선출로 리더십 지위를 획득한 사람(예, 의장, 팀장, 코디네이터 또는 협상 진행자)이다.

리더십 부상

리더의 세 가지 분류 중 마지막 범주에 속하는 사람을 지정된 리더(designated leader)라고 한다. 그룹의 모든 리더들이 지정된 자격으로 존재하는 것은 아니다. 많은 리더들이 오랜 기간에 걸쳐 부상한다. 이제 리더십 부상으로 관심을 돌려보자.

리더십 부상 과정

리더십 부상(leadership emergence) 과정, 즉 한 개인이 다른 구성원들과 동일한 입지에서 출발하여 그룹의 리더로 인정받는 단계에 이르는 과정은 일찍이 오브리 피셔*Aubrey Fisher*가 정리했다. 그는 소그룹 의사 결정의 커뮤니케이션 역학에 연구의 초점을 맞추었다. 그의 모델(그림 7.1)은 상당한 기간 동안 소그룹 상호작용을 테이프로 녹음한 후 독자적으로 결론을 낸 것이다. 이 모델은 한 명 또는 그 이상의 그룹 구성원이 리더십을 목표로 삼은 후, 리더십을 놓고 구성원이 벌이는 경쟁을 묘사한다.

3단계로 이루어진 이 모델에서는 구성원 전원이 잠재적으로 리더십을

[그림 7.1] 리더십 부상 모델

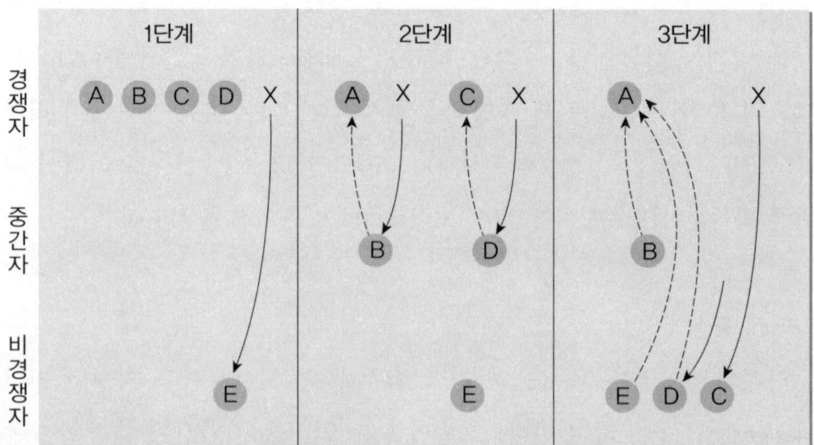

획득할 수 있는 후보자라고 가정한다. 1단계에서 한 명 이상(예, 구성원 E)의 구성원이 즉시 고려 대상에서 제외된다. 그러한 구성원은 여러 가지 이유에서(예를 들어, 너무 바쁘다는 이유) 리더가 될 자격이 없거나 스스로 리더에 관심이 없다고 인정한다. 또한 다른 사람들이 보기에 리더답지 못한 행동을 보이는(예를 들어, 과묵하거나 정보가 부족하거나 독선적인 경우) 구성원은 바로 제외될 것이다.

2단계에서는 남은 구성원들이 다른 구성원의 지지를 받아 리더십 획득을 위해 경합을 벌인다. A와 C는 여전히 경쟁하면서, B와 D에게 도움을 청한다. B와 D는 경쟁에서는 제외되었지만 A와 C를 보조하는 중간자들이다. A와 C 주위로 두 개의 연합이 형성된 점을 주목하라. 피셔는 2단계가 장기화되면서 특히 언쟁이 오갈 수 있음을 주목했다. 결국 한 명의 경쟁자가 경쟁에서 낙오된다. 경쟁에서 탈락하는 후보는 대체로 지나치게 지배적이고 의사를 전달할 때 다른 사람들에게 불쾌감을 조장한다(예를 들어 너무 말이 많고 속임수를 쓰는 경우).

3단계에서 A는 리더로 남고 C는 완전히 탈락한다. E의 지원이 중요할 수도 있고 중요하지 않을 수도 있다. 만일 E의 활동이 저조하면 E의 지원은 그다지 중요하지 않다. 하지만 E가 활동적이면 E와의 연합이 자신에게 너무나 중요할 수 있기 때문에 A와 C는 E의 지원을 얻으려고 서로 경쟁할 것이다. C가 리더로 부상하는 데 실패하는 동안 D는 지원 대상을 A로 변경할 수 있다.

그림 7.1이 묘사하는 피셔의 모델에는 기본적으로 몇 가지 변수가 있다. 예를 들어, 리더십 부상은 2단계만으로도 충분할 수 있다. 구성원 1인만이 중간자 자리에 서고 나머지 구성원들은 그를 따를 경우 리더십

부상에 따르는 부담이 적고 진행도 빠르다. 때로는 초기에 리더로 부상한 인물이 이후에 지위를 잃고 이에 따라 리더십 부상 과정이 2단계를 재순환한다. 마지막으로 두 경쟁자가 공동 리더로 협력하는 경우 리더십 부상 과정에서 3단계가 생략되기도 한다.

피셔의 모델이 의사소통의 양과 질에 기초한 일반적인 과정을 설명하지만 개인의 성격(예를 들어 언변)이 리더로 부상할 사람을 결정하는 중요한 요인이라는 견해도 있다. 사실, 부상하는 리더의 인성을 탐구하여 리더십 부상을 설명하는 연구가 활발히 진행되고 있다.

리더십에 대한 이론적 접근

다른 사회과학적인 현상과 마찬가지로, 리더십 연구는 단순하게 출발해서 복잡하게 변모해왔다. 다음 단락에서는 리더십 연구에 대한 몇 가지 중요한 접근법을 제시한다. 현재 가장 유명한 이론은 커뮤니케이션 모델에 기초한 것이다. 모든 이론은 유용한 통찰을 담고 있으므로 어느 한 이론에 집착하지 않기를 바란다. 더구나 새롭게 발견되는 사실로 인해 현재 존재하는 복잡성이 단순해질 수도 있다.

특성 접근법

특성 접근법(traits approach)은 특성과 리더십의 관계를 고찰하고 리더가 다른 구성원보다 특정한 특성을 가졌을 확률이 높다고 가정한다. 과거의 특성 접근론자들은 리더란 만들어지는 것이 아니라 타고나는 것이라고 믿었다.

현대의 특성 접근법은 관심, 언변, 창의성, 비판적인 사고 능력, 자신감과 같은 복합적인 개인적 특성을 다양하게 고찰한다. 이들을 특성이라고 부를 수 있을지 모르지만 그것들은 불변의 성격이라기보다는 리더가 실행할 수 있는 행동들을 나타낸다고 생각된다. 간단히 말해서 이러한 접근법은 직관적으로는 그럴듯 하지만 복잡한 리더십 과정을 이해하는 데는 별 도움이 되지 못했다. 개인적 특성은 쉽게 측정할 수 없고 더구나 이 접근법은 선한 리더와 악한 리더를 구별하지 못하고 그룹 내에서 리더십이 왜 변하는지를 설명하지도 못한다. 스토그딜*Stogdill*은 '리더십은 어떤 사회적 상황에 처한 개인들 사이에 존재하는 관계로서 특정 그룹의 리더라 해도 다른 상황에서는 리더가 되지 않을 수 있다' 는 점을 지적했다.

유형 접근법

유형 접근법(styles approach)은 한 그룹에서 리더가 보이는 행동의 유형에 초점을 맞춘다. 초기의 유형 이론가들은 소그룹 리더들에게 이상적인 행동 양식이 있는지 없는지를 규명하려고 노력했다. 최근의 유형 이론가들은 행동 양식을 구성원과 과제의 특성과 관련하여 주시하였다.

'민주적, 독재적, 자유방임적' 으로 분류된 지정된 리더들의 행동에 대해 많은 연구가 수행되었다. 민주적 리더들은 구성원들이 그룹 의사결정을 포함한 그룹 토의에 참여하도록 독려한다("우리의 과제를 조직화하는데 무슨 좋은 생각이 있습니까?"). 자유방임적 리더들은 그룹을 체계화하는데 주도권은 거의 없지만 구성원들의 질문에는 대답한다("상관없습니다. 원하는 대로 하십시오.”). 독재적 리더는 그룹을 강력하게 통제하고 과제를 부여하고 모든 언어적 상호작용을 통제하고 명령을 내린다(“당신의 과제를 정했습니다. 먼저 당신이 할 일은…”). 독재적 리더는 질문은 적지만 민주적 리더보다 더 많이 대답하고 더 크게 강압을 행사하려 하지만 다른 사람들의 참여를 유도하지는 않는다.

상황 접근법

상황 접근법(contingency approach)은 상황이 다르면 다른 리더십 유형이 필요하고 그룹의 상황은 저마다 다르다고 가정한다. 이 접근법은 구성원의 기술, 경험, 문화적 가치, 과제의 유형, 가용 시간과 같은 요인들이 효과적인 리더십 유형에 영향을 준다고 분명하게 인정한다. 상황 접근법은 소그룹 시스템의 복잡성을 인정하며, 환경, 구성원, 과제와 같은 요인들이 모두 상호의존적으로 영향을 주고받는 점을 인정한다.

현대 연구자들은 대개 상황 접근법의 가정을 인정하며 그룹의 구성원들도 마찬가지이다. 상황 접근법을 지지하는 사람들 중 스카렛*Skaret*과 버닝*Bruning*은 만족도가 리더 행동 및 업무그룹 태도와 복잡한 상호관계가 있다는 점에 주목했다. 독재 정도와 독선적인 행동 정도, 성취 욕구, 통제력의 중심(스스로 삶을 제어한다고 느끼는지, 운명에 의해 지배받는다고 느끼는지) 등 추종자들이 가진 특성은 각자 선호하는 리더십 유형에 영향을 준다. 연구 결과와 이론을 바탕으로 토의 리더는 유연할 필요가 있고 상황에 적응할 필요가 있지만 민주적인 체계 접근은 거의 모든 상황에서 생산적인 결과를 내거나 적어도 반생산적이지는 않을 것이라는 결론을 내려도 좋을 것이다.

피들러의 상황 모델

리더의 적응 능력에는 한계가 있다고 가정하는 상황 접근법도 있다. 즉, 사람들은 비교적 고정되어 있다는 것이다. 리더십 행동은 리더가 선호하고 보다 효과적으로 이용하는 행동 양식이 있다는 점에서 특성 접근법과 비슷하다. 피들러의 리더십 상황 모델(Fiedler's Contingency Model)은 이 같은 관점을 말한다. 피들러는 리더 행동의 적절성을 좌우하는 요인은 세 가지라고 결론지었다. 리더-구성원 관계, 과업 체계, 리더의 지위에서 나오는(또는 정당한) 권력이 그것이다. 피들러 연구의 중심 주제는 개인마다 고유한 욕구와 특성을 지니기 때문에 특정한 유형의 상황에서만 그 사람의 리더십이 적합한 것으로 인식된다는 것이다. 따라서 리더가 될 사람의 개인적 스타일을 바꾸려 하기보다는 상황에 맞게 리더가 될 만한 사람을 육성하는 것이 더 생산적임을 의미한다. 또한 이는 그룹의 리더십 상황은 비교적 안정적으로 유지될 수 있다는 점을 의미한다. 이 이론은 관리 감독 인원을 배치하는 데 광범위하게 적용되었다. 피들러에 따르면 일반적으로 독재적이거나 비체계적인 리더보다는 사려 깊고 민주적으로 체계화된 리더가 문제해결 그룹에서 리더 역할을 더욱 잘 수행한다. 하지만 다른 유형의 상황(예를 들어, 비상시나 1차 그룹을 이끄는 상황)에서는 독재적, 관계 지향적 스타일이 더 생산적일 것이다.

허시와 브랜차드의 상황 모델

다른 상황 접근법들은 사람들이 많은 그룹의 필요를 충족시키기 위해 자신의 행동을 충분히 적응시킬 만큼 유연하다고 가정한다. 허시와 브랜차드가 주장한 리더십 적응과 스타일 모형(Hersey and Blanchard's Situ-

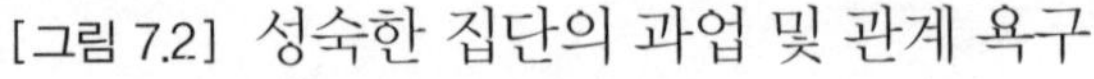

[그림 7.2] 성숙한 집단의 과업 및 관계 욕구

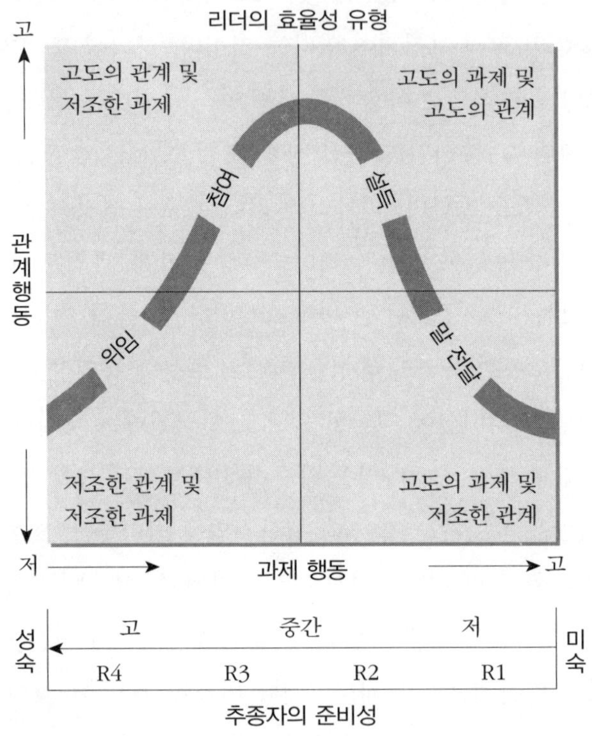

ational Model)이 이 접근법의 대표격이다. 두 사람은 리더십 행동은 관계 지향(사회감성적 지원을 제공)과 과제 지향(조정 노력, 지시, 조언 등)이라는 두 가지 차원으로 밝혀진다고 주장했다. 리더는 한 가지 또는 두 가지 차원을 모두 잘하거나 어느 쪽도 해내지 못할 수 있다(그림 7.2 참조). 하지만 리더가 능력이 있는지 없는지는 집단이 생존하는 동안 구성원들의 욕구를 어떤 식으로든 조정하는 능력에 달려있다. 예를 들어, 미숙한 구성원들로 그룹이 새로이 구성되면 책무와 목표를 이해할 때까지 리더에게 관계 지향 행동보다는 과제 지향 행동을 더 많이 요구한다. 구성원들이 업무에 익숙해짐에 따라 리더는 관계 지향 행동을 증가시키기 시작한다. 구성원 전원이 완전히 준비를 갖추면 그룹이 리더에 의존하는 정도가 줄기 때문에 결국 업무 행동과 사회감성적인 지지가 줄어든다. 이 모델은 집단의 욕구에 적응하는 리더의 행동 유연성을 강조한다. 즉, 업무 지시와 사회감성적인 지지를 적정하게 제공하기 위해 리더가 집단의 상황과 구성원의 준비 수준을 분석해야 한다는 것을 의미한다. 또한 그룹이 지속되는 한 그룹의 상황은 끊임없이 변한다는 의미도 함축한다.

체머스의 통합 시스템 / 프로세스 모델

또 다른 상황 모델인 이 모델(Chemers's Integrative Systems / Process Model)은 리더들이 자신의 행동을 변경할 수 있다고 가정한다. 이는 시스템으로서 소그룹이 복잡성을 지닌다는 사실을 반영한다. 체머스는 소그룹에서 가능한 모든 입력, 처리 과정, 출력 변수들 사이에 상호 의존 관계가 있다고 가정한다. 개방된 소그룹 체계의 리더십에서는 리더의 성격과 능력, 문화 규범, 우발적 상황, 추종자들의 기대, 의도, 업무 변수 그리고 업무 자체를 비롯한 입력들 사이에 상호작용이 일어난다. 프로세스 또는 처리 과정 변수에는 리더 / 추종자 행동이 있다. 출력 변수에는 만족, 피드백, 그룹의 업무 능력이 있다. 이러한 포괄적 성격 때문에 피셔는 체머스 모델에서 한 가지 문제점을 제기했다. '잠재적으로 리더십에 수반되는 변수의 수와 상황, 리더, 추종자에 따르는 변수의 가능한 조합을 모두 파악하기는 사실상 불가능하다.' 따라서 이론적으로는 타당하지만 실질적인 적용 가치는 제한된다.

의사소통 능력 모델

복잡성으로 인한 부담을 최소화하면서 상황의존성을 인정하는 새로운 모형으로, 최근 바지*Barge*와 히로카와*Hirokawa*가 제시한 의사소통 능력 모델(communicative competencies model)이 있다. 이 모델은 리더십이 그룹이 목적 달성에 대한 장애를 극복하도록 돕는 행동과 관련이 있고, 의사소통 과정을 통해 발생하며, 의사소통 기술(능력)이 개인들이 소그룹을 이끌기 위해 사용하는 수단이라는 가정에 기초한다. 이 모델은 많은 연구가들이 주목한 바와 같이 과제와 관계를 구별한다. 하지만 리더십과 관련하여 놀라울 정도로 많은 사실과 추측들을 정리할 수 있는 체계를 제공한다. 우리는 그것을 상황 접근법이라고 부른다. 왜냐하면 리더나 그룹이 직면한 실제 상황은 끊임없이 변하므로 필요한 과제와 관계 관련 의사소통 능력은 때에 따라 변한다고 간주하기 때문이다. 그룹의 리더는 반드시 그러한 개인적 능력을 상황에 맞게 유연하게 발휘해야 한다. 이제 리더십에 가장 중요하다고 믿는 능력에 대해 살펴볼 차례이다. 당신도 개인적으로 그러한 기술을 개발하기 바란다.

기능 위주 접근법

기능 위주 접근법(functions approach)은 리더가 특정한 기능을 수행할 때 생산성이 가장 높다고 보는 상황 이론의 하위 유형이다. 기능의 범주는 크게 둘로 나누어지며 대인관계에 중점을 두는 기능(대부분이 이를 유지 기능, 사회감성적 기능, 사회적 리더십 기능 또는 초기 고려 기능이라고 부른다)과 그룹의 과제와 관련된 기능(초기 구조 기능이라고도 부른다)이 있다.

리더십의 다른 주요 기능은 '매개자로서의 리더(leader as medium)' 라는 웨익 *Weick*의 은유로 요약된다. 웨익은 문제해결을 위한 규칙과 절차의 체계를 생성하고 조직하는 일에 있어서 그룹에 기여하는 것이 리더십의 기본 기능이라고 말한다. 리더는 이러한 과업을 수행하는 매개자 혹은 메커니즘이다. 방송 광고팀 사례에서 보았듯이 리더인 제니퍼는 직원들이 맡은 업무 과업의 수효에 관계없이, 특히 직원들의 업무 책임에 대해 가능한 해석의 폭을 줄여주는 일을 제대로 수행하지 못한다. 제니퍼는 서투른 매개자이다.

토의를 유능하게 이끄는 리더의 의사소통 능력

유능한 리더를 구별하는 행동과 능력을 알고 있으면 그룹의 리더를 현명하게 선출할 수 있고 스스로 더 나은 토의형 리더가 되는 방법을 배울 수 있다. 다음은 토의형 리더들이 보이는 특정한 의사소통 능력들이다.

1. 사고를 분명하고 간결하게 기호화하며 의사소통 능력을 적극적으로 행사한다.
2. 그룹의 과제를 잘 파악하고 있다는 의사를 전달한다.
3. 모든 구성원들이 제공한 정보와 아이디어를 조정하는 데 능하다.
4. 잠정적으로 의견을 표명한다.
5. 그룹 중심의 관심을 표명한다.
6. 다른 사람들이 말할 때 그들을 존중한다.
7. 보상과 인정을 집단과 공유한다.

방송 광고팀의 리더인 제니퍼는 이상의 지침들을 지키지 않았는가? 제니퍼에게 특히 어떤 조언을 하고 싶은가?

리더와 추종자 사이의 관계

모든 상황 이론은 리더의 의사소통 행동과 구성원들의 행동, 기술, 선호, 그리고 기대 사이에 상호의존적 관계가 있다고 가정한다. 사실, 우리는 리더와 추종자를 나누어 별도로 논의하지만 편의상 그렇게 하는 것에 불과하다. 리더와 구성원의 행동은 하나의 단위로서 상호의존적인 체계를 형성한다. 리더의 행동이 효과적일지 여부는 대부분 다른 구성원들의 인식과 행동에 달려있다.

리더-구성원 교환(LMX) 모델

리더-구성원의 행동 및 인식의 상호의존적 관계의 본질을 체계적으로 바라보는 모형이 리더-구성원 교환(Leader-Member Exchange, LMX) 모델이다. 이는 상위 리더들이 리더와 구성원의 특성에 따라 다른 구성원들과의 리더십 관계를 다르게 개발한다고 제안한다. 구성원들이 리더로부터 받는 협상 재량의 양은 각각 다르다. 일반적으로 협상 재량이 높은 구성원들은 조직이나 그룹에서 만족도와 헌신도가 크다. 리더는 대체적으로 구성원의 능력에 대해 자신이 갖고 있는 인상을 근거로 어느 정도로 협상 재량을 허용할지 결정할 것이다.

앞으로 살펴볼 논의는 리더나 구성원 중 어느 쪽도 진공 상태에서 활동하지 않는다는 점을 환기시키기 위한 것이다. 그들의 상호작용은 상대편에 의해 서로 구체화된다. 학습 목표에 맞추기 위해 리더십을 분리해서 그것을 개인의 변수로 다루지만 LMX와 같은 모형을 통해 사실상 리더십은 시스템 수준의 변수로 집단 전체적인 속성이지 집단의 리더라고 불리는 개인의 속성은 아니라는 점을 알 수 있다.

분산된 리더십

그룹의 지정된 리더가 그룹의 활동을 조정하고 체계화하는 데 많은 책임을 맡는 것은 사실이지만, 구성원 전원이 그룹의 리더십에 대해 동일한 책임을 져야 한다. 분산된 리더십의 개념은 그룹의 리더십이 구성원들 사이에 확산되므로 각 구성원이 그룹의 목적을 위해 필요한 의사소통 행동을 수행할 것을 기대한다.

수많은 연구 결과는 우리가 이상적으로 생각하는 그룹의 개념을 더욱 확실하게 한다. 당신이 속한 그룹에는 대부분 지정된 리더가 있을 것이고 지정된 리더의 지위를 폐지하려 들지 않을 것이다. 각자 이상적이고 책임감이 투철하며 성숙한 그룹이 어떤 모습일지 생각해 보길 바란다. 그룹에 지정된 리더가 없다 하더라도 이상적인 그룹의 모든 구성원들은 리더십에 대해 책임이 있음을 인정한다. 구성원들은 어느 시점에 어떤 기능이 필요한지 알 수 있을 만큼 그룹 과정을 충분히 이해하고 그러한 기능을 기술적으로 제공할 수 있다. 각 구성원은 그룹에 대한 개인적인 충성심을 가지고 그것을 발휘한다. 또, 구성원 각각은 다른 구성원들의 지지와 도움을 받아 리더십 지위와 기능으로 효과적으로 관여할 수 있다. 여기서 제시하는 분산된 리더십의 개념은 몇 가지 상황 접근법의 요소, 특히 기능 중심 접근법과 의사소통 능력 접근법을 혼합한다. 그것은 구성원들이 효과적인 리더십에 필요한 다양한 과제 및 대인관계 의사소통 능력에 능하다고 가정한다. 또한 지정된 리더와 더불어 다른 구성원들은 그룹의 요구를 진단하고 적절하게 충족시킬 수 있다. 다시 한 번 말하자면, 리더십은 그룹의 속성이고 효과적인 그룹 리더십에 대한 책임은 전 구성원이 진다.

지정된 리더의 역할 수행

대개 지정된 리더가 있으면 그룹에 안정감이 생긴다. 수많은 연구 결과를 볼 때 안정된 리더십을 가진 소그룹은 누구에게 어떤 책임이 있는지에 대한 문제를 해결하지 못한 소그룹들보다 더욱 효과적으로 목표를 달성한다. 리더십 쟁취 투쟁으로 에너지가 소진된 그룹은 신통치 못한 결과를 내고 구성원들이 만족하지 못하며 결속력도 낮다. 대조적으로 구성원들이 인정한 지정된 리더가 있는 그룹은 대인관계와 관련된 문제에 있어 지정된 리더가 없는 그룹보다 더 나은 결과를 낸다. 분명한 것은 영향력(즉 리더십)이 폭넓게 공유되는 그룹에서조차 누군가는 반드시 의사소통의 흐름을 조정하고 구성원들의 업무를 조정해야 한다는 점이다.

지정된 리더라는 직책은 개인에게 정당한 권력을 부여하지만 다른 구성원들에게서 존경과 지원을 얻어야 한다. 지정된 리더의 행동은 다른 구성원의 평가를 받고 종종 이의 제기를 받을 것이다. 만일 지정된 리더의 권력이 전적으로 지위에서만 나올 경우 더욱 광범위한 기반을 가진 다른 누군가가 더욱 영향력 있는 비공식적인 리더로 부상할 것이다.

소그룹 구성원들이 모두 그룹의 성패에 책임이 있다고 하지만 지정된 리더는 그룹의 업무에 특별한 책임을 맡는다. 스텍 *Stech*과 라틀리페 *Ratliffe*의 말대로, '그룹 구성원과 외부인 모두 그룹의 신조, 제안, 조치 그리고 생산물에 대해 지정된 리더에게 책임을 지우는 경향이 있다.' 이에 따라 지정된 리더에게 그룹이 시스템으로서 작동되도록 노력하고 필요한 리더십을 확보해야 하는 막대한 의무가 부여된다. 다음의 사례를 보자.

지역 가정보건 담당기관의 행정위원회는 중대한 과제에 직면했다. 기관은 합동심사위원회 인증을 따기로 결정을 내렸다. 응시 과정 자체가 길었고 심층적인 자체 연구를 시행해야 했으며 기한은 1년가량이었다. 하지만 문제는 행정위원회가 6개월 동안 주간 회의를 소집하였으면서도 자체 연구에는 아무런 진척이 없다는 것이었다. 기관 운영 책임자이자 행정위원회의 지정된 의장을 맡고 있는 셀린다는 난처해졌다. 그녀는 모두 공인 간호사들로 구성된 위원회가 프로젝트에서 주도권을 가지고, 보고서의 다양한 부분에 수록될 내용을 결정하고, 서로 협력하여 자료와 필요한 정보를 취합하고, 보고서 작성에 책임감을 갖게 하려 했다. 간호사들도 보고서 작성에 협력하겠다고 말은 했지만, 회의에 임하는 데 의욕이 없고 셀린다가 특별히 지시한 일만 할 뿐이었다. 그들 사이에는 자유로운 대화가 오가지 않는 것 같았다. 또한 그런 막중한 일을 완수하는 데 필요한 정보를 서로 터놓고 교환하는 모습도 보이지 않았다.

이 보건기관의 행정위원회는 난관에 봉착했다. 상황이 호전되지 않는 다면 그들은 인증 응시 신청 제출 기한을 지키지 못할 것이다. 셀린다에게 닥친 몇 가지 장애 중 특히 큰 문제는 구성원들을 과제에 집중시키고 헌신하게 할 유인이 전혀 없다는 것이었다. 문제가 있음을 인식하고, 문제를 진단하고, 어떤 조치를 취할지 발견하고, 변화된 상황을 실현시키는 일 등이 지정된 리더에게 가장 힘들다고 느껴지는 것들이다.

그룹 중심적인 민주형 리더십

리더십은 그룹이 직면한 특수한 상황에 맞게 조정되어야 한다. 토의형 리더에 알맞는 리더십의 이상적인 형태는 구성원들의 평등성을 인정하는 민주적 리더십으로서, 이러한 리더십은 모든 그룹의 결정에 대한 구성원의 참여를 장려함으로써 모든 구성원의 평등성을 인정한다. 민주적 리더십을 촉구하지 않는 것으로 보이는 그룹 상황에서는 리더가 그룹의 목표 달성을 위해 최소한의 통제를 행사해야 한다고 믿는다. 더구나, 리더에게는 구성원들이 경험, 확신, 필요한 기술을 획득하여 민주적인 그룹에서 효과적으로 기능을 수행할 수 있도록 지원하기 위해 노력할 의무가 있다.

완결자로서의 리더

만일 그룹의 구성원들이 리더가 될 만큼 능력이 있다면 지정된 리더에게 남겨진 일은 무엇일까? 그림 7.3에서 보는 바와 같이 구성원들은 벽돌이고 리더는 벽돌들을 붙이는 회반죽이다. 벽돌인 구성원들은 한 그룹에 실체를 제공하고 그룹을 지속시키지만 회반죽은 전체 그룹이 형태를 유지하도록 한다. 즉 그룹의 체계를 완성하는 것이다. 완결자로서의 리더(leader as completer) 개념은 '리더가 할 수 있는 최선의 일은 그룹에서 기능이 수행되지 않는 부분이 무엇인지 관찰하여 그 부분에 필요한 기능을 완수하도록 하고' 또는 필요할 경우 그것들을 수행하는 것이다.

리더는 그룹의 진행 과정을 모니터하거나 매개하는 주체이며 그룹의 방향에 관한 장기적인 관점을 유지하는 일차적인 책임을 진다. 앞서 소

[그림 7.3] 그룹의 '완결자'로서의 리더

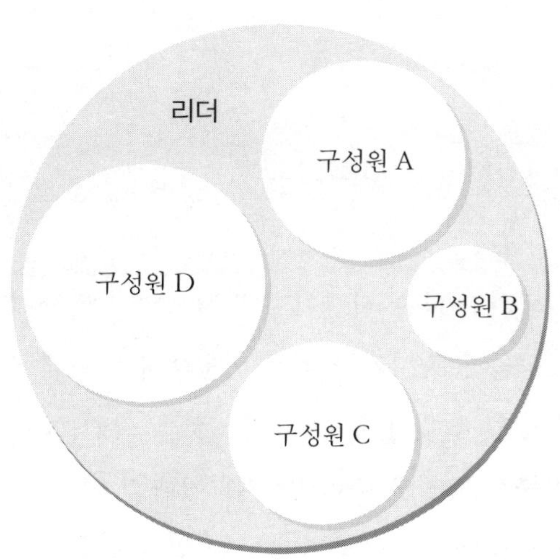

개한 행정위원회의 이야기를 계속해 보자. 셀린다는 자신과 그룹에 도움이 필요하다고 결론을 내린 데 그치지 않고 문제에 상응하는 조치를 취했다. 셀린다의 경우, 그녀는 자신의 상사(가정보건 기관장)에게 사정을 말했고 그들은 함께 컨설턴트 두 명(대학 교수와 심리학자)을 영입하여 그룹의 난관에 대한 도움을 구했다. 이 책에서 제시하는 모형에서는 누구나 궁극적으로 그룹에 책임을 지는 분산된 리더십을 장려한다.

생각 해 봅시다

> 자신이 속했던 소그룹의 리더들을 생각해 보고 다음 사항을 동료들과 토의해 보자.
>
> - 최악의 리더는 누구인가? 이런 판단의 계기가 된 구체적인 성격과 행동을 나열한다.
> - 최상의 리더는 누구인가? 이런 판단의 계기가 된 구체적인 성격과 행동을 나열한다.
> - 위의 행동들 중에서 최악과 최상을 구별하는 가장 중요한 행동은 무엇인가?

토의형 리더의 책임과 기술

그룹 리더가 되려면 많은 시간이 소요될 수 있다. 하지만 지정된 리더가 그룹의 필요성을 충족시키는 의무를 수행하기 위해 소요하는 시간과 노력이 다른 구성원 전원에게 기대되는 것을 훨씬 상회하지는 않는다. 특히 그룹이 민주적 방침을 따라 발전해 왔다면 더욱 그러하다. 구성원들이 그룹의 과제를 조직화하고 수행하는 일을 전원이 공유하는 활동이라고 생각한다면 리더는 더 많은 시간을 소비할 필요가 없을 것이다. 이러한 책임 의식이 결여됐기 때문에 셀린다의 행정위원회가 난관에 봉착한 것이었다. 그러므로 상황을 호전시키려면 셀린다와 그룹 구성원들이 공동으로 실패의 이유를 찾아야 했다. 리더는 그룹 구성원이 그룹의 절차를 주기적, 명시적으로 검토함으로써 리더를 지원할 수 있다는 점을 믿어야 한다.

문제해결 그룹에서 지정된 리더는 보통 1차적으로는 과제와 절차상의 문제에, 2차적으로는 대인관계 문제에 초점을 맞춘다. 그러한 그룹의 지정된 리더에게 기대하는 일은 세 가지 범주로 구분된다. 즉 경영 관리 의무, 토의 주도, 그룹 발전이 그것이다. 이제 이 책에서 지지하는 연구 결과와 민주적 철학을 기초로 하여 이러한 일들을 지정된 리더가 어떻게 수행해야 하는지 조언을 제시할 것이다.

경영 관리 의무

리더가 처리해야 할 경영 관리상의 의무들은 수없이 많다. 그 중 가장 중요한 의무가 회의 계획, 후속 조치, 다른 그룹과의 연락, 그룹의 서면 의사소통 관리 등이다.

회의 계획

소그룹 회의의 경우, '계획 수립 실패는 곧 실패를 위한 계획을 세우는 일이다' 라는 격언이 있다. 계획 수립에 실패하면 결과적으로 모든 사람이 시간을 허비하고 보잘 것 없는 결과물을 내게 된다. 다음 점검표가 생산적인 회의를 계획하는 일에 참고가 될 것이다.

1. 회의의 목적을 정의한다.

먼저 회의가 필요한지, 적절한지를 결정한다. 만일 다른 의사소통 수단(전화, 팩스, 이메일, 메모 등)으로 메시지를 효과적으로 전달할 수 있다면, 참가자들이 충분히 준비할 시간이 없을 때, 한 명 이상의 중요한 사람이 참석할 수 없을 때, 또는 쟁점이 개인적이어서 사적으로 처리하는 것이 더 바람직할 때는 회의를 소집하지 마라.

회의의 목적을 분명하게 정의하라. 만일 분명한 목적이 없다면 회의를 열지 마라. '내년의 위원회 모습에 대해 이야기를 나누자'는 것은 회의 목적으로 적절하지 않다. 하지만 '향후 6개월 동안 위원회가 벌일 활동에 대한 문제를 협의 사항으로 만들자'는 명확하다. 반드시 서면 보고서, 권고 사항 등 회의에서 내놓을 결과물을 구체적으로 명시하도록 하라.

2. 회의의 시작 시간과 종료 시간을 정한다.

위원회와 스터디 그룹은 동시다발적 회의, 수업 및 업무 일정, 기타 요인 등 그룹이 통제할 수 없는 일들 때문에 엄격한 시간제약을 받는다. 그러한 외부의 시간제한이 없더라도 종료 시간은 반드시 정해야 한다. 시간이 지연되면 구성원의 참여도와 출석률이 떨어지고 회의가 민주적으로 진행될 수 없다. 종료시간을 설정하면 그룹은 시간을 잘 활용하게 된다. 만일 회의가 제시간에 끝나지 않으면 추가 회의를 계획하라.

3. 만일 특별한 인적 자원이 회의에 필요하면 그 사람에게 내용을 알리고 회의에 참석시킨다.

   소그룹들은 종종 고유의 지식과 기술 혹은 경험을 가진 전문가에게 자문을 구해야할 때가 있다. 예를 들어, 2장에서 설명한 교회운영위원회는 교회발전 전문가를 초빙하여 위원회 구성원들이 교회의 성장을 도모할 활동을 조직화하는 데 도움을 제공받았다. 초빙된 전문가는 미리 관련 정보를 숙지하고 사람들이 기대하는 바가 무엇인지 알아야 한다. 셀린다와 그녀의 상사는 그룹의 이력과 현재 그룹의 문제라고 생각되는 것에 대해 두 사람의 컨설턴트에게 브리핑을 해야 했다. 이 사례에서 컨설턴트들은 회의에 단 한번 참석한 것이 아니고 6주 동안 위원회와 함께 일했다.

4. 필요한 물리적 준비를 모두 갖춘다.

   회의 장소는 예약이 되었는가? 유인물, 메모장, 도표, 음료수 등은 준비되었는가? 리더는 반드시 회의 공간 선정과 이용에 대해 생각해야 한다. 무엇보다도, 구성원들은 시각적·청각적으로 서로 대면하고 시청각 자료를 볼 수 있어야 하며 회의실은 그룹 규모에 맞아야 한다. 회의실이 너무 크면 참가자들 간에 심리적으로 거리감이 생기므로 주의해야 한다.

5. 필요하다면, 그룹의 진행 과정을 평가할 수 있는 절차를 준비한다.

   그룹은 주기적으로 업무 처리 과정을 평가해야한다. 9장에서 설명하는 회의 후 반응 양식을 준비하면 도움이 될 것이다.

6. 구성원들에게 목적과 안건, 필요한 준비물, 그리고 회의 시간과 장소
를 통지한다.

의장은 구성원들이 회의를 준비할 수 있도록 충분한 기회가 주어졌는
지 점검할 책임이 있다. 대규모 기관에서 이 의무는 전문 비서와 같은
사무직원들에게 위임될 수 있다. 하지만 책임은 여전히 리더에게 있다.

후속 조치

두 가지 후속 조치가 필요하다. 그것은 그룹 구성원들에게 반드시 완
수해야 할 과제를 상기시키는 일과 다른 그룹이나 개인들에게 필요한 보
고서를 얻는 일이다. 적절한 의사록을 충분히 기록하고 보관하면 구성
원들은 일상 과제를 기억하기 쉽다. 때때로 구성원들이 특별한 과제를
떠맡는 데 동의하기도 한다. 단, 모두 차기 회의 이전에 완수해야 한다.
리더는 다음 회의 전에 구성원에게 전화를 걸어 짧은 통화를 나누며 과제
를 수행하는 데 어려움이 없는지 질문할 수 있다. 이렇게 하면 구성원들
에게 친절한 인상을 남기고 그룹이 궤도에서 이탈하지 않도록 한다.

의장은 종종 편지, 기록, 정식 보고서, 그룹 의사 결정 통지문, 위원회
가 준비한 조언, 기타 여러 가지를 준비하여 적합한 사람들에게 송부해
야 한다. 이 업무에는 의사록을 준비하고 배포하는 일이 포함되지만, 경
우에 따라 정식 의결안 작성, 행정직 직원에게 정책 권고안 전달, 기자
회견 소집 및 개최 또는 그룹이 결정한 활동 수행 등이 포함된다. 그룹은
누가 무엇을 할지 결정해야 하지만, 이때의 '누가' 는 그룹의 지정된 리
더일 경우가 많다.

다른 그룹과의 연락

연락 담당자는 다른 그룹 또는 상위 기관에 대해 그룹의 대변인 역할을 한다. 통상 이는 지정된 리더가 맡는 일이다. 대부분의 기관에서, 상임 위원회의 의장은 조직을 구성하는 소그룹 간에 필요한 조정을 관리한다. 많은 기관들은 분과장들로 구성되는 정규 회의를 소집한다. 연락 담당자로 행동할 경우 항상 자기 자신이 아닌 자신의 그룹을 대표함을 기억하라.

그룹의 서면 의사소통 관리

토의는 대부분 구두 의사소통으로 수행되지만 서면 메시지와 기록도 필요하다. 대부분의 위원회는 모든 회의의 의사록을 보존하고 특정인에게 서면 보고서를 제출한다. 한 번 열리는 회의라도 서면 보고서는 필요하다. 예를 들어, 저자 중 한 명이 지역 극장에 소속되었는데 이 극장의 임시 인사재심위원회가 작성한 서면 기록이 극장에서는 직원을 임의로 파면하지 않는다는 주장을 입증하는 법적 증거가 된 일이 있었다. 이 보고서가 없었으면 극장은 분명히 소송에서 졌을 것이다.

소그룹 리더십에 기여하는 서면 메시지의 네 가지 범주로는 개인 메모, 회의 기록, 회의 통지문과 안건, 보고서와 결의문이 있다.

개인 메모

자리마다 필기장과 필기구가 놓여진 모습이 회의장의 전형적인 모습이다. 짧게 메모를 하면 집중해서 경청할 수 있고, 그룹의 목표를 잃어버리거나 주제를 놓치지 않을 확률이 높다. 필기를 할 때, 토의하는 전체 내용을 다 기록하려고 하지 마라. 대신 흐름을 유지하는 데 중점을 두고,

[그림 7.4] 토의형 리더 개인의 필기

1991. 10. 4 전원 출석

· 토의 주제
그룹 블록타에 대한 학습 프레젠테이션에 어떤 주제를 포함시킬자?
· 주요 가준
쥬디, 빌 : '1급' 정보 수집을 반드시 정확히 할 것.
바트 : 실질적 적룡을 할 것.
베브 : 박사님도 혁신적인 프레젠테이션을 원한다.
　　　주제를 전달하는 데 모두 부분적으로 제 역할을 해야 한다.
· 주제
- 그룹 블록타의 정의 (전원 동의)
　위험한 방향 전환 (함은 켄이 신중한 구성원와 함께 신중한 방향
　전환을 할 수 있다고 말함 : '신중한 구성원'이란 용어는 잘 안 쓰임)
- 언제 그룹이 위험을 감수하는거 + 그룹이 언제 신중하게 접근하는거
　연습 : 쥬디는 자기가 가진 책에 이런 내용이 상당히 많이 있다고 말함.
- 어떻게 이것이 실생활에 적룡되는지 보여줄 필요가 있을.
· 합의된 결정
과제 : 나(적룡), 쥬디+빌(도서안 연구), 함 + 베브 (연습, 쥬디 책으로)
· 다음 회의 → 10. 11. 수.

중요 단어 한두 개를 써서 토의의 핵심을 표시하라. 노트에는 의사록을 준비하거나 비서의 일을 점검할 수 있을 만큼 상세한 내용을 담아야 한다. 메모 기록을 통해 리더인 사람이 필요할 때에 요약할 수 있고, 중요하지 않은 개념이나 제안은 제외할 수 있으며, 계속 회의를 추적하여 과제가 완수되도록 챙길 수 있다. 개인 메모의 예는 그림 7.4를 참조한다.

그룹의 기록

진행중인 모든 위원회는 중요한 회의 내용, 특히 의사 결정을 담은 공식 기록인 의사록을 정확하고 종합적으로 관리해야 한다.

의사록은 내용에 중점을 두고 토의 과정에 중점을 두지 않는다. 의사록은 회의 동안 공유된 모든 과업의 중심 정보들을 요약하고 해법으로 제안된 아이디어, 결정 사항, 결정 방법(다수결, 의론 조사, 동의), 과제, 향후 조치에 대한 계획이나 절차 등을 담는다.

의사록의 작성 형식은 그룹의 기원과 성격, 규범, 상위 기관의 이력과 관련 법규에 따라 다르다. 프로젝트팀이나 다른 임시위원회의 서면 보고서는 요약 보고서 형식일 수 있고, 상임위원회(통상 회의마다 하나 이상의 주제나 문제를 고려함)는 토의된 순서대로 사안에 번호를 매긴다. 의사록은 작성자가 서명하고, 사본은 다음 회의 전에 가능한 한 빨리 모든 구성원들에게 전달돼야 한다. 그리하여 구성원들은 다음 회의가 시작될 때 의사록이 정확하고 올바른지 점검할 기회를 가질 수 있다.

그림 7.5의 예는 2장의 교회운영위원회의 의사록이다. 비서인 샐리가 제안한 작성 형식이 구성원으로 하여금 어떤 사항이 고려되었는지, 어떤 조치가 취해졌는지에 대해 많은 양의 발언 내용을 찾아보지 않고도 즉각 파악할 수 있도록 되어 있다는 점을 주목하라.

회의 통지문과 안건

각 회의 통지문은 모든 구성원들이 회의 준비를 위해 참조할 수 있도록 시간에 맞춰 전달해야 한다. 통상 회의 통지문은 다음 사항을 포함한다.

[그림 7.5] 유니티 파 교회운영위원회의 의사록

이사회 회의 의사록

- 참석 : 이사진—빌 프라이어, 스티븐 케리스, 게리 슬로앤, 조나단 바울스, 샐리 슐츠 : 초청 손님—서니 프라이어, 마리나 케리스; 제인 시몬스, 교회 서기 담당.
- 개회기도 : 개회기도는 샐리가 담당. 4월 9일 회의 의사록은 제출된 그대로 승인을 받았음.

주제	토의	조치 / 추천
출석 / 봉헌	120명 / 4.13(일)	
재단 설립	총계 – $1,552.52 건물 신축 기금 – $5,858.00	
5.18(일) 예배	마리나는 30분 프로그램을 위해 SMSU 가스펠 합창단에게 성가를 부탁해 볼 것이다. 예배 후 각자 부담하여 음식을 가져와서 회식을 한다. 조디(접대 위원회 소속)가 준비를 맡는다.	
성인 일요 학교	로이 핵크만이 4월 29일부터 '성령 경제학(Spiritual Economics)'을 가르친다.	
시설 임대료	스티븐 케리스는 모임 장소 임대료가 얼마인지 물었다. 토의는 시설 / 마모 비용에 중점을 두었다.	12시간에 $30 임대료 부과 정책. 스티븐 케리스가 찬성, 조나단 바울스가 재청.
저녁 모임	빌 프라이어는 '저녁 모임' 프로그램에 대한 정보를 우리와 공유했다. 그 프로그램은 콜롬비아 교회에서 매우 성공적이었다고 한다. 다음 토의가 이어졌고, 토의 명칭에 관한 몇 가지 제안이 나왔다.	매달 2번째 토요일에 회의를 열 것을 요청. 샐리 찬성, 게리 재청으로 통과.
연구 위원회	마리나는 우리에게 10개의 연구할 부문이 있다고 보고했다. 연구 위원회는 전화로 3명에게 정식 인터뷰를 요청할 계획이다.	

1. 통지를 받는 사람의 이름
2. 통지를 보내고 회의를 소집하는 사람의 이름과 직위
3. 회의 시작과 종료 시각
4. 회의 장소
5. 회의의 목적과 달성해야 할 구체적인 결과
6. (하나 이상의 의사일정을 토의할 경우) 토의할 모든 문제와 주제를 열거
7. 관련 사실, 참고 자료, 기타 회의 시작 전에 준비할 사항들
8. 일회성 회의 또는 새로 구성된 팀의 첫 회의이면 참가자 전원을 열거

안건은 의사일정, 주제, 기타 문제들을 회의에서 다룰 순서대로 열거한 것이다. 상임위원회나 프로젝트팀처럼 지속적인 그룹의 경우에는 대개 이전 회의에 관한 보고를 의사일정의 첫 내용으로 한다. 상임위원회나 위원회의 경우, 안건에는 그룹이 다루고 있는 수많은 문제가 포함될 수 있다. 특별전담반의 안건은 사실에 대한 두서너 가지 질문과 팀에 할당된 문제에 대한 조사 결과가 될 수 있다. 그림 7.6은 회의 통지문과 안건이 혼합된 형태이다.

그룹의 구성원이나 소위원회가 그룹에 대한 연구를 실시할 때, 주요 연구 결과 사본을 전 구성원에게 배포해야 한다. 가능하다면, 그러한 보고서에 회의 통지서와 안건을 포함시킨다. 보고서에는 표, 그래프, 본문 사본, 목록과 그림 등을 수록한다. 이와 유사하게, 보고서 작성자는 회의 전에 차트, 도표, 그래프와 같은 시각적인 보충 자료를 준비해야 한다. 그런 보고서는 '부록 참조'라고 표시하여 의사록에 첨부하고 공식 의사록은 복사하여 철해둔다.

정식 보고서와 결의문

많은 소그룹이 반드시 상위 기관이나 관리자에게 서면 업무 보고서를 제출해야 한다. 그러한 보고서에는 결과, 판단 기준, 제안 사항 등이 포함된다. 대학의 특별 조사단이 작성한 보고서는 정기적으로 학생 신문에 게재된다. 기업은 신제품 개발을 위해 과학자와 공학기술자 팀을 두는 경우가 많다. 서면 보고서는 수백 시간 공들인 노력의 최종 결과물로서 그룹의 지정된 리더가 구두로 발표한다.

보고서를 작성할 책임은 지정된 리더에게 있지만, 실제로는 대개 구성

[그림 7.6] 회의 통지문과 안건이 복합된 양식

일　시 : 1997. 2. 17
수신자 : 교육과정위원회
　　　　(버퀴스트, 보리스, 갈라네스, 스니가스, 스토발, 시스코)
발신자 : 의장 크리스티 드레일
내　용 : 교육과정위원회 차기 회의

교육과정위원회 차기 회의는 크레이그 320번지에서 2월 21일 금요일 오후 1시에서 오후 3시 사이에 열릴 예정이다.

- 안건(회의를 마칠 즈음, 반드시 다음 질문에 답할 수 있어야 한다)
  ① 우리 학과를 평가하면서 어디에 중점을 두는가(학생들의 결과물, 학생들의 인식, 동창생의 인식 아니면 그 밖에 다른 것)?
  ② 학과의 어떤 영역을 반드시 평가해야 하는가?
  ③ 2번에서 결정된 각 학과에 대한 평가 절차를 계획하기 위해서 소위원회의 구성원들로 누구를 추천할 것인가?

원 한두 명이 작성한다. 보고서 초안은 전원에게 전달되고 개정할 내용과 첨부할 사항에 대한 의견을 받는다. 그 다음 그룹이 만나서 토의하고 수정한 뒤 최종적으로 초안 보고서를 승인한다. 최종 보고서는 전원이 서명하고 복사하여 제출한다. 이런 유형의 보고서에는 대개 문제, 결과 요약, 가능한 해법, 해법의 판단 기준, 그룹 차원의 권고가 나열된 부분이 포함된다.

토의 주도하기

지정된 리더의 경영 관리 의무는 소그룹 회의 전후에 수행된다. 이제 실제 회의 동안 리더가 해야 할 일을 살펴보자. 일반적으로, 리더는 창의적이고 비판적인 사고를 기르고 동시에 구성원들의 시간을 최대로 활용해야 한다. 다음 지침이 그러한 광범위한 목적의 균형을 잡는 데 도움이 될 것이다.

개회 발언

개회 발언은 긍정적인 분위기를 만들고 그룹을 과제에 집중시키는 발단이 되어야 한다. 발언은 길지 않아야 한다. 여기 몇 가지 지침을 소개한다.

1. 구성원과 초청객들이 소개되었는지 확인하고 편안한 분위기를 만든다.
2. 각 구성원들에게 어떤 역할이 설정되었는지 살펴본다.
3. 회의의 특별한 목적, 반드시 달성해야 하는 구체적인 결과 그리고 그룹의 재량 범위를 간략하게 검토하거나 설명한다.
4. 유인물을 배포한다.

5. 준수해야 할 절차를 제시한다.

6. 초기 토의를 안건 중 실질적인 첫번째 문제에 집중시키는 명확한 질
   문을 던진다.

생각 해 봅시다

> 그룹 내에서 다룬 문제에 대해 생각해 보라. 문제 토의를 개시하는 개회 발언을 할 책임을 맡았다고 가정하고 도입부를 작성해 보라.

참여 기회를 균등하게 부여

상호작용을 조직화하고 목표를 설정함과 동시에, 토의를 독점하는 사람이나 뒤처진 사람이 없이 전원에게 동등한 발언 기회를 보장해야 한다. 지정된 리더는 각 구성원이 발언을 마친 후 논평을 자제하여 논쟁에서는 중립을 유지하도록 하고, 누군가 실질적인 문제에 관한 의견을 요청해오면 그 요청을 다시 그룹에게 돌리도록 한다.

당신은 모두 공정하고 동등한 기회를 갖도록 다음에 말할 차례를 조정하는 게이트키퍼(gatekeeper) 역할을 맡을지도 모른다. 분 단위로 그룹 전체에 시선을 주라고 권고하는 바이다. 만일 말없는 구성원이 무엇인가 할 말이 있음을 비언어적인 신호로 전달하면, 그 사람이 발언하도록 도울 수 있다. 강제적이고 주도적이며 말이 많은 구성원들을 통제하는 일은 말없는 구성원의 발언을 유도하는 일보다 어렵다. 발언을 독점하는 행동은 그룹을 위해서 반드시 통제해야 한다.

창의적 사고 자극하기

잠재적으로 그룹은 개인보다 더 창의적이지만 그룹의 산출물이 평범하거나 질이 떨어질 때도 있다. 그러므로 때로는 창의성을 의도적으로 자극해야 한다. 다음은 리더가 창의성을 촉진하기 위해 할 수 있는 일이다.

1. 평가를 유보하고 그룹 구성원에게도 평가를 미루라고 부탁한다.
2. 브레인스토밍 등의 창의성 향상 기법을 시도한다.
3. 그룹이 다른 대안을 모색하도록 촉구한다.
4. 해결책이나 항목의 각 요소가 어떻게 개선될지 한 번에 한 가지씩 질문한다.
5. 완전히 새로운 사고를 할 수 있는 제안이 있는지 살펴본 후 새로운 사고에 대한 일반적인 질문을 던진다.

비판적 사고 자극

그룹은 창의적 사고를 수행한 다음 반드시 다양한 선택 사항들을 엄격하게 평가하고 나서 최종 결론에 도달해야 한다. 모든 정보와 선택 사항들은 반드시 비판을 거쳐야 하는데, 때로 지나치게 공손을 강조하거나 지위가 높은 구성원의 의견에 순응할 것을 요구하는 태도를 그룹 규범으로 정할 때가 있다. 그러한 경우, 집단사고에서와 마찬가지로, 구성원들은 굳이 다른 사람들의 사고에 비판을 가하거나 결함을 찾으려 들지 않을 것이다. 다음에 소개하는 내용은 통제 불가능한 2차 갈등을 일으키지 않고, 바람직한 비판적 평가를 조성하는 방법이다.

1. 그룹이 너무 빨리 해결책에 집착하게 되면, 문제에 대한 분석을 더 많이 제시한다.
2. 구성원들이 정보를 평가하도록 독려한다.
3. 판단에 동원된 모든 표준, 기준 또는 가정을 모든 그룹 구성원들이 이해하고 수용하는지 알아본다.
4. 제안된 모든 해법을 최종 그룹 결정사항으로 인정하기 전에 철저한 테스트 과정을 거쳤는지 유의한다.

집단사고 방지

집단사고는 그룹에 역기능을 일으키는 과정으로 리더가 이중 책임을 균형 있게 수행하지 못할 때 발생한다. 우리는 이미 그룹에서 집단사고의 조짐을 인지하는 방법을 설명했다. 여기서 집단사고로 치우치는 경향을 막고 균형 유지라는 어려운 작업을 하는 리더에게 도움이 될 수 있는 제안을 몇 가지 제시한다.

1. 각 구성원에게 비판적인 평가자의 역할을 할당하거나 하위 그룹을 만들어 그 일을 담당하도록 한다.
2. 의사결정이나 문제해결을 위한 회의를 시작할 때 자신이 선호하는 것을 말하지 않도록 자제해야 한다.
3. 동일한 문제를 탐구하는 두 개 이상의 소그룹을 구성할 수 있다.
4. 그룹의 고립화를 방지하기 위해 모든 조치를 취해야 한다.
5. 컴퓨터 그룹 지원 시스템 기술을 이용하여 문제를 보다 완벽하게 해결할 수 있다.

회의 개선을 위한 노력

지정된 리더는 회의를 마칠 때마다 반드시 향후의 개선 방향과 특히 회의 목표가 달성된 정도를 평가해야 한다.

우선, 어떻게 했으면 회의가 더 나아질 수 있었는지 살펴본다. 리더는 그룹이 추구하는 목적이 분명히 전달되었는지, 구성원들이 그 목표에 동의했는지 평가해야 한다. 전체 안건이 시의적절하게 다루어졌는가? 회의가 체계적으로 진행되었는가? 주제 이탈을 너무 빈번하게 허용하지는 않았는가? 리더가 토의 수행에 너무 많은 책임을 떠맡아 구성원들이 소중한 경험을 할 기회를 빼앗지는 않았는가? 너무 많은 발언을 한 구성원이 있었는가? 리더는 이상의 질문에 대답한 다음 차기 회의의 전략을 계획해야 한다.

개선할 수 있는 모든 영역을 살펴본 후 리더는 잠재적으로 가장 해로운 영역을 두세 가지 선택하고 그것들을 개선하는 데 집중한다. 그 이후 리더는 구성원들과 계획을 공유한다. "지난주, 우리는 안건을 반 밖에 처리하지 못했습니다. 이번 주에는 시간에 더 주의를 기울일 것입니다. 또한 주제에서 이탈하지 않도록 제가 더 자주 개입할 것입니다. 여러분도 도와주시면 감사하겠습니다."

그룹 발전

그룹 발전을 위한 지정된 리더의 역할은 두 가지 근본적인 과정을 수반한다. 그룹이 효과적인 팀으로 진화하도록 하는 과정과 각 구성원들이 잠재력을 충분히 발현하여 분산된 리더십이 효과적으로 작동하도록 하는 과정이 그것이다.

개인의 성장 지원

리더가 해야 하는 중요한 일 중 하나가 그룹의 작업 처리과정을 평가하고 적절한 변화를 제안하는 능력을 비롯한 구성원의 리더십 기술을 개발하도록 하는 일이다. 다음에서 몇 가지 제안을 제시한다.

1. 구성원들이 그룹의 과정을 주기적으로 직접 평가하고 적절한 변화를 제안하도록 촉구한다.
2. 다른 사람들이 본받길 원하는 행동의 모범을 보이고 비판에 대해 열린 태도를 견지한다.
3. 구성원들이 필요한 그룹 임무를 수행하는 연습을 할 수 있는 기회를 준다.

신뢰 구축과 유지

진정한 협력은 구성원들이 서로 신뢰할 때만 가능하다. 라슨과 라파스토는 뛰어난 팀의 구성원으로 인터뷰에 응한 사람들이 그룹의 환경에 대한 질문을 받았을 때 거의 항상 '신뢰'라는 단어를 언급했다는 점을 발견했다. '신뢰는 인간의 사회 생활을 지탱하는 가장 중요한 미덕 중 하나이다. 신뢰는 사람들 사이에 존재하는 중요한 관계를 이어주는 접착제이다. 하지만 한 번 깨어지면 쉽게 회복되지 않는다.' 그들의 자료를 분석하면 신뢰에는 네 가지 요소가 있다. 정직(거짓과 과장이 없음), 개방성(열린 마음과 공유하려는 의지), 일관성(예측 가능성, 신뢰 가능성), 존중(타인을 공정하게 예의를 갖춰 대우함)이 그것이다. 컨설턴트들은 행정위원회 위원들을 6주간 관찰하고 인터뷰한 다음 셀린다와 각 구성원들 사이에 신뢰가 부족한 것이 주된 문제라는 결론을 내렸다. 자기 관찰을 꺼리는 이유는 그 과정에서 문제가 노출될까봐 두려워하기 때문이었다. 독자들은 그들의 문제를 제대로 추측했는가?

셸린다는 위원회 구성원들이 서로를 불신했을 뿐만 아니라 자신을 믿지 않는다는 사실을 알고 마음이 상했지만 방어적으로 대응하지 않았고 대신 위원회에서 위원들이 품고 있는 두려움을 알아내고, 시한을 정하고, 각 구성원에게 책임을 할당하는 일을 하도록 지원을 아끼지 않았다.

팀워크와 협력 촉진

신뢰할 수 있는 환경을 만드는 일은 단순히 구성원들 간의 협력과 팀워크를 개발하는 데 그치지 않는다. 목적을 분명히 하고 동기를 고취시키며 신뢰를 갖는 것 외에도 지정된 리더가 팀워크를 증진시키기 위해 사용할 수 있는 구체적인 방법이 있다.

1. '나' 와 '너' 가 아닌 '우리' 를 말한다.
2. 그룹을 식별할 수 있는 상징을 만든다.
3. 그룹의 목표에 상충하는 것처럼 보이는 숨겨진 안건을 감시하고 이의를 제기한다.
4. 모든 보상을 그룹과 공유한다.
5. 개인의 인격이 아닌 사실과 현재의 문제에 논쟁을 집중시킨다.
6. 토의가 너무 진지하게 진행되어 구성원들이 재미를 잃게 되면 안 된다.
7. 그룹이 교착 상태에 빠진 것처럼 보일 때 상황을 절충할 기반을 모색한다.

그룹 리더의 윤리 원칙

지금까지 제안했듯이 리더의 행동은 구성원들의 모범이 되어야 한다. 핵크만 *Hackman*과 존슨 *Johnson*은 '책임 있는 리더는 가능한 최고의 윤리 기준을 유지한다'고 했다. 두 사람은 리더가 지킬 몇 가지 원칙을 아래와 같이 제시했다.

1. 의도적으로 기만적이거나 해로운 메시지를 전달해서는 안 된다.
2. 개인적인 이익보다 다른 사람에 대한 배려를 우선시해야 한다.
3. 구성원들의 의견과 태도를 존중해야 하고 구성원들에게 그들의 행동이 낳을 결과를 고려할 기회를 주어야 한다.
4. 자신과 그룹이 승인한 정책과 행동들을 수행할 때 구성원의 편에 서야 한다.
5. 성별, 인종 또는 사회적 배경과 관계없이 구성원들을 일관성 있게 대한다.
6. 모든 그룹 구성원들이 따를 것으로 예상되는 정책을 분명하게 수립한다.

다른 바람직한 행동들과 마찬가지로 리더는 구성원들이 보고 배우는 윤리적 행동의 본보기가 되어야 한다. 그걸 통해서 리더는 신뢰도와 결속력이 높은 환경을 조성할 수 있다.

당신은 분산된 리더십을 촉진하는 그룹 문화를 조성하기 위해 노력해 왔다. 하지만 늘 자신의 책임 이행을 거부하는 구성원이 한 명 있다. 그는 항상 핑계를 대며 어떤 일도 못하겠다고 한다. 당신은 심지어 이 구성원에게 일을 제시간에 완수하지 않을 때 무슨 일이 일어나는지 보여주기 위해 의도적으로 일을 안 하기까지 했다. 문제는 프로젝트 보고서 제출 시한이 얼마 남지 않았다는 사실이다. 어떻게 할 것인가? 언제까지 그 구성원의 행동을 용인할 수 있을까? 어느 선까지 허용해야 하는가?

요약 SUMMARY

1. 리더십은 의사소통 기술을 이용하여 그룹의 목표 달성에 기여하는 과정으로 정의된다. 리더십은 한 구성원이 다른 구성원에게 미치는 그룹 목표 지향적인 영향력이다. 반면 리더는 임명 또는 선출되었거나 그룹 리더의 지위(역할)로 부상한 사람이다.

2. 리더십 부상은 리더십 경쟁에서 탈락하거나 지지를 획득하는 방법을 묘사한 3단계 모형으로 요약된다.

3. 리더십 연구에 대한 여러 가지 접근법들을 고찰했다. 리더는 만들어지는 것이 아니라 타고난다고 가정한 초기의 특성 접근법은 이제 신뢰를 얻지 못한다. 유형 접근법은 민주적, 독재적, 자유방임적 리더가 생산성과 만족감 등의 결과물에 미치는 영향을 조사한다. 현대의 상황 접근법은 모든 그룹 상황에 맞는 이상적인 스타일이 한 가지로 정해져 있는 것은 아니라고 말한다.

4. 대부분 현대 연구자들은 리더십의 상황론적 관점을 수용한다. 이 책에서 고찰한 중요한 상황 이론으로는 피들러의 모델, 허시와 브랜챠드의 모델, 체머스의 모델, 의사소통 능력 모델 및 기능 중심 접근법 등이 있다.

5. 리더십은 리더의 속성이 아니고 그룹의 속성이다. 각각의 행동은 다른 사람의 행동을 구속하고 구체화한다. 리더–구성원 교환 모형은 리더와 구성원들이 서로 어떻게 영향을 주고받는지 설명했다.

6. 분산된 리더십 모형은, 이상적이고 성숙한 그룹 구성원들에게는 지정된 리더와 마찬가지로 그룹의 생산성과 효율성에 책임이 있다고 주장한다.

7. 지정된 리더들은 그룹 상황에 맞게 적절한 체계와 조정을 제공해야 한다. 그룹의 목표를 분명하게 말로 표현하고, 높은 수준의 업무 수행 표준을 고수하고, 그룹 구성원들 간에 평등한 분위기를 조성하도록 하며, 다른 구성원들에게 윤리적 원칙의 본보기가 되어 서로 신뢰하는 환경을 조성해야 한다.

효과적인 문제해결을 위해

문제해결은 대부분의 2차 그룹이 존재하는 이유이다. 그룹이 해결하는 문제는 모든 구성원에게 영향을 미치기 때문에, 그룹 내 문제해결 과정의 유효성을 극대화하는 방법을 이해하는 것이 필요하다. 4부에서는 문제해결의 본질을 설명하고 그룹 문제해결 과정을 향상시키는 중요한 정보를 제공하며, 그룹 문제해결과 의사결정을 강화하기 위해 갈등을 관리하는 방법에 대해 설명한다.

CHAPTER EIGHT

문제해결을 위한 토의 방법

문제해결은 그룹이 문제를 철저하게 탐색하고, 가능한 다양한 해결책을 제안하고,
나타날 수 있는 결과를 기준으로 구성원이 그것을 평가할 때 가장 효과적이다.
그룹은 일반적 문제해결 절차 모델을 적절하게 채택함으로써
이와 같은 성과를 달성할 수 있다.

24세의 흑인인 티렐은 신혼여행에서 비극적인 사고를 당하였다. 수영장에서 다이빙을 하다 경추가 부러진 것이다. 목뼈가 내려앉으면서 불구가 된 그는 오른손만 약간 움직일 수 있을 뿐이었다. 수술 후 티렐은 집에서 두 시간 거리에 위치한 재활 병동으로 옮겨졌고 그곳에서 전문가 몇 명에게 공동 관리를 받았다. 담당자들은 1주일에 한 번씩 '치료 계획' 회의를 열어 티렐의 치료에 대해 협의하였다. 회의는 척추 상해 전공의와 병동에 배치된 간호사 두 명, 심리학자 한 명, 의료 부문 사회 복지사 한 명, 재활 치료사 한 명, 물리 치료사 한 명이 모여 진행되었다.

각자는 환자에 대해 저마다 고유한 시각을 제공하였다.

티렐이 재활 병동에 입원한 지 5개월이 되었을 무렵, 회의에서 수간호사가 그가 지난 주에 체중이 1kg 줄었다고 지적했다. 이 체중 감소가 즉각적인 경고 신호로는 보이지 않았지만 수간호사는 티렐에게 평소와 다른 점이 관찰되지 않았느냐고 다른 참석자들에게 물었다. 심리학자는 그녀의 편을 들어 환자가 우울 증세를 보였고 "내가 물에 빠져 죽었다면 모두에게 더 좋았을 텐데…."라는 말을 했다고 했다. 사회 복지사는 티렐의 가족이 돈 걱정을 한다고 덧붙였다. 티렐의 장애 보험으로는 그와 아내가 결혼 전에 구입한 집을 그의 달라진 신체 조건에 맞게 변경하는 데 필요한 모든 비용을 충당할 수 없었고 그의 어머니는 그가 퇴원 후 할 수 있는 일에 대해 특히 염려했다. 티렐은 지방 트럭 회사에 근무했었고 복직을 하기 위해서는 신체적 능력과 힘이 필요했다. 그는 다른 일을 할 수 있는 훈련은 받은 적이 없었다.

가족이 2시간 거리에서 살고 있었기 때문에 사고가 일어난 이후 그의 아내를 포함한 가족 구성원들은 주말에만 병문안을 왔고 그래서 그는 거의 매일 혼자였다. 재활 치료사는 티렐이 사지 마비 환자들을 위해 고안된 보조 장치를 사용하려 들지 않는다고 말했다. 티렐의 신체적·감정적 상태에 대해 좀더 토의한 후 의사는 그에게 가벼운 항우울제 투약을 처방하기로 했고 심리학자와 사회 복지사는 공동으로 티렐이 현재 처한 상황과 장래 문제에 대처할 수 있도록 지원할 방안을 찾아보기로 했다.

공공 기관에서는 머리 좋고 지식이 풍부한 개인들을 모아 그룹을 만들면, 문제가 저절로 해결될 것이라 맹신하는 경향이 있다. 불행하게도 그렇지 않다. 문제해결 그룹 구성원은 문제에 대한 지식뿐만 아니라 문제의 모든 측면을 검토하기 위해서 그룹으로서 일을 진행하는 방법에 대해 알고 있어야 한다. 수준 높은 해결책에 도달하려면 그룹은 정보와 문제해결 과정 모두에 유의해야 한다. 티렐이 입원한 병동의 의사가 다른 의료 전문가가 관련 정보를 제공하는 일을 허용하지 않았다면, 또 그러한 정보에 귀 기울이지 않았다면 티렐의 문제를 쉽게 해결할 수 없었을 것이다.

문제해결 방법에 대해 질문을 던지면 사람들은 대부분 이런 식으로 말한다. "정보를 수집하고, 대안을 비교 검토하고, 결정을 내린다." 나쁜 절차는 아니지만 광범위하게 관찰해 보면 개인이나 그룹 문제해결은 일반적으로 계획성이 없다. 버그 Berg 가 관찰한 문제해결 그룹은 평균적으로 58초가 지날 때마다 이미 제기된 문제나 주제에 대한 토의를 완결하지도 않은 채 다른 주제로 넘어갔다. 일반적인 문제해결 토의에서 누군가 문제를 언급하면 다른 사람이 해결 방법을 제안하고 그룹에서 잠시 동안 그 아이디어에 대해 토의한 다음 그것을 채택하거나 다른 것을 제안하는데, 문제 자체에 대한 토의 과정은 그리 길지 않다. 그룹은 종종 여러 아이디어를 넘나들다 결국 시간이 촉박해져서 구체적인 실행 계획도 없이 어떤 결정을 내리고 만다.

짐작하듯이 이런 무계획한 절차가 복잡한 문제에 대해 적절한 해결책을 내놓을 가능성은 적다. 문제의 가장 중요한 요소를 간과할 수 있고 혁신적인 사고를 기대하기 어려우며 평가가 불완전해진다. 문제해결 토의를 조직화하면 그룹은 전 구성원이 골고루 참여하도록 유도하고 숙고하는 자세를 증진하며 그룹 구성원들의 생각을 통합하고 토의 절차를 위한 중요한 기반 규칙을 수립할 수 있다. 복잡한 문제를 효과적으로 해결하려면 체계적인 절차가 필요하다.

8장에서는 문제해결에서 절차의 중요성을 이해하도록 한다. 즉, 문제해결과 의사결정을 구별하고, 문제의 주요한 차원을 분석하고 그룹이 효율적이고 효과적으로 토의하여 문제를 해결할 수 있도록 하기 위한 일반적이면서도 유연한 모델을 제시한다.

생각 해 봅시다

> 티렐의 치료를 담당한 그룹이 다양한 의료 분야의 전문가를 대표하는가? 각자는 전체에 어떤 기여를 했는가? 모든 관련 당사자의 입장이 회의에서 반영되었는가? 그 밖에 회의에 참여해야 했을 사람이 있다고 생각하는가?

문제해결과 의사결정

많은 저자들이 문제해결과 의사결정이라는 용어를 혼용한다. 그러나 이 두 가지는 두드러진 차이가 있으므로 이 책에서는 이 두 가지를 명확하게 구분하려 한다. 의사결정(decision making)은 이미 존재하는 의견 가운데 하나를 선택하는 행위를 가리킨다. 문제해결(problem solving)은 보다 포괄적이어서 여러 단계의 절차를 거쳐 그룹이 불만족스러운 상태에서 원하는 목표로 이행하기 위해 계획을 만들어가는 과정이다. 문제해결을 위해서 일반적으로 그룹은 수많은 결정을 해야 한다. 또, 대안 사이에서 선택하는 데 그치는 것이 아니라 대안을 창출하거나 발견하는 일까지 포함한다. 따라서 의사결정은 문제해결의 일부이다.

효과적인 문제해결

8장에서는 그룹 문제해결을 효과적으로 하기 위한 방법을 제시한다. 먼저, 문제의 개념과 모든 문제에 공통되는 구성요소를 정의한다. 그 다음 그룹 문제해결을 효과적으로 전개하는 데 반드시 필요한 조건에 대해 설명한다.

문제

문제는 실제 상태와 당위적으로 요구되는 상태 사이의 괴리이다. 모든 문제는 세 가지 주요한 구성 요소로 이루어진다. 즉, 그림 8.1에서 볼 수 있듯이, 바람직하지 못한 기존 상황과 목표 또는 원하는 상태, 그리고 목표에 도달하는 것을 방해하는 장애물 등이다. 이 세 가지 구성요소의 일반적 특징을 이해하는 것이 문제해결 절차를 계획하는 데 필수적이다.

1. 바람직하지 않은 현재 상황

누군가 현재 상태를 불만족스럽게 생각하지 않는다면 문제는 존재하지 않는다. 따라서 문제는 부분적으로 사람의 인식과 감정의 일부이다. 예를 들어, 어떤 사람이 소속된 클럽에서 점차 회원이 줄어들고 있는데 아무도 상황이 잘못되었다고 느끼지 못한다고 가정하자. 그러나 다음 번 정례 모임에서 비서가 사업을 시행하는 데 필요한 정족수가 미달된다고 지적한다. 다른 사람은 클럽의 존속 여부가 위협받고 있다고 말한다. 이제 당신은 상황이 불만족스럽다는 사실에 우려를 느낀다. 이 바람직하지 못한 현재 상황을 인식하는 것이 문제해결의 시작이다.

[그림 8.1] 문제의 구성요소

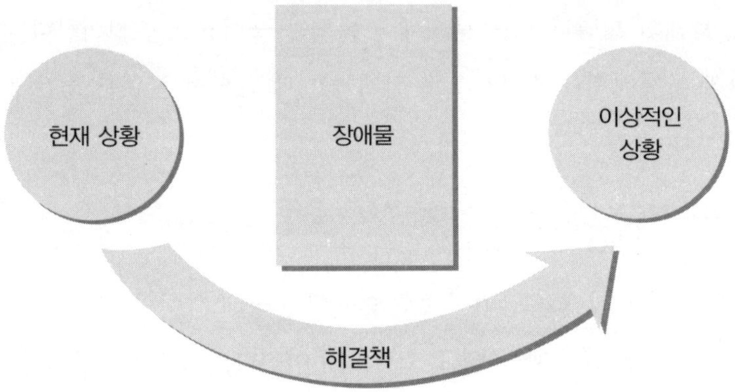

2. 목표

불만족스러운 상황의 인식은 일반적으로 목표(원하는 상황)를 암시한다. 물론 처음에는 목표가 모호하다. 위에 제시된 사실만 놓고도 회원수와 회의 참석수를 늘려서 조직을 존속시킬 수 있기를 바란다는 점을 지적할 수 있다. 그러나 곧이어 다음과 같은 정확한 목표를 진술할 수 있을 것이다. '회원수를 50% 늘리고 회의 참석수를 두 배로 만든다.'

3. 장애물

장애물(obstacles)은 목표에 도달하지 못하도록 방해하는 요소이다. 정보 부족, 불충분한 자금이나 설비, 필요한 기술 결여 등 변경, 제거 또는 극복해야 할 것들 모두가 장애물이 될 수 있다. 위 사례에서 즉각 드러나는 장애물은 회원수와 참석률이 떨어진 이유에 대한 정보 부족이다.

문제해결은 해결책에 도달하기 위해 취하는 절차로서 목표에 도달하기 위한 계획과 실제적 계획 실행을 모두 포함한다. 그러므로 해결책으로 목표를 달성하지 못하면 문제해결 과정을 한 번 더 거쳐야 한다.

문제의 특징

문제해결 계획은 실제 문제가 가진 구체적 특징에 적합해야 한다. 그러한 특징이란 무엇인가? 쇼*Shaw*는 그룹 역학을 종합한 연구에서 소그룹이 부딪히는 문제의 다섯 가지 특징을 설명하였다. 이 책에서는 이 다섯 가지에 세 가지를 추가한다. 문제해결 절차에서 가장 일반적인 단계만이 모든 문제에 동일하게 적용될 것이다.

1. 업무 난이도(task difficulty)는 문제의 복잡도, 즉 목표를 달성하기 위해 필요한 노력, 지식, 기술을 말한다. 그룹은 일반적으로 복잡한 문제를 처리해야 한다. 다시 말해 여러 대안 가운데 하나를 선택하는 데 그치는 것이 아니라 수많은 다양한 관점을 고려해야 하는 문제를 말한다. 이를테면, 최근 들어 미국 보건 체계 개선, 예산 적자 감축 또는 고등학교 졸업생의 학업수준 향상 방안을 권고하는 임무를 맡은 정부 내 특별위원회를 생각해 보자. 이 모두는 개개인이 지닌 역량을 뛰어넘는 문제가 아닐 수 없다. 이러한 문제를 해결하는 일은 고등학교 졸업 파티에 알맞는 테마를 추천하는 것보다 훨씬 복잡하다.

2. 해결책 다양성(solution multiplicity)은 문제해결을 위한, 생각할 수 있고 실행 가능한 대안의 수를 가리킨다. 예를 들어, 집에서 교실까지

갈 수 있는 편리한 길은 몇 개밖에 없지만 거실을 장식하는 방법은 수 없이 많다. 브레인스토밍 같은 체계화된 절차는 해결책 다양성이 비교적 높을 경우에 보다 가능성 있는 대안의 도출을 위해 오랫동안 사용되어 왔다.

3. 내재적 관심(intrinsic interest)은 쇼에 의해 '과제에 대해 그룹 구성원들이 관심이 있고 의욕을 느끼며 흥미를 갖는 정도' 라고 정의되었다. 관심도가 높으면 구성원은 처음에는 의견과 느낌을 표현하고 싶어 하고 엄격한 절차 통제에 저항한다. 각자 느낌을 표현한 후에는 그러한 통제권을 수용할 가능성이 높아진다. 실제로 사람들은 내재적으로 관심이 없는 문제까지 포함된 다양한 문제를 다루는 그룹에 소속된다. 그 경우 구성원들은 그 사실을 터놓고 토의하여 자신의 태도를 바꾸거나 아니면 다른 그룹에서 그 문제를 처리하도록 요청해야 한다.

4. 협력 요구사항(cooperative requirements)이라는 용어는 통합 조정된 노력이 만족스러운 과업 완수에 필수적인 정도를 의미한다. 복잡도가 높을수록 구성원들은 서로 의견을 나누고 정보를 공유하며 협력해야 한다. 즉, 우수한 의사소통 능력을 발휘해야 한다는 것이다.

5. 구성원 숙련도(population familiarity)는 구성원들이 과업에 대해 지닌 지식과 경험의 수준이다. 경험 있는 구성원을 가진 그룹이 경험 없는 구성원으로 이루어진 그룹보다 성과가 우수한 경향이 있다는 사실은 놀라운 일이 아니다. 구성원 숙련도가 낮을 경우 문제해결 절차는 문

제의 분석에 집중해야 한다. 그러나 때때로 식견이 높은 사람들은 독선적이고 새로운 접근 방법을 고려하려 들지 않는다. 그렇다면 혁신성을 높이는 절차가 필수적일 것이다.

6. 수용도 요구사항(acceptance requirements)은 제안된 해결책이 그에 영향을 받는 사람들에게 수용되어야 하는 정도를 말한다. 공공 문제를 해결하기 위한 법안을 제정하면서 수용도 요구사항을 간과하여 원하는 결과를 얻지 못하는 경우가 종종 있다. 최근 들어 특별위원회가 결성되어 저자 중 한 명인 잭의 거주지에서 가까운 카운티에 대한 도시계획 및 구획 정비 조례를 제정하였다. 그런데 시민 단체에서는 그러한 법의 필요성을 인정하면서도 해당 법안의 수용을 거부했다. 미국은 알코올, 마리화나, 자동차 운행 규제 법률에 대해 대규모 반발을 수없이 경험해 왔다.

7. 해결책의 기술적 요구사항(technical requirements)은 기술적으로 실행 가능하거나 기술 우수성의 측면에서 어떤 표준에 부합해야 하는지를 가리킨다. 예를 들어, 미국 자동차 제조업체는 과거에 생산품의 품질 관리 절차를 재고해야 했고 일부는 이 과제에 있어서 대단한 성공을 거두었다. 식품 및 의약청*Food and Drug Administration*은 신약이 제출되었을 때 승인 여부를 결정하기 위해 안전성과 효능 모두에 대한 기술적 표준을 보유하고 있다.

8. 그룹 재량 범위(area of freedom)는 그룹에 주어진 권한의 정도를 가리

[그림 8.2] 문제의 특성이 그룹 문제해결 절차에 영향을 미치는 방식

문제의 특성	문제해결 절차 조정
① 내재적 관심도가 높다.	체계적인 문제해결 전에 자유 토의 시간
② 업무 난이도가 높다.	상세한 문제 파악, 다수의 하위 질문
③ 해결책 다양성이 높다.	브레인스토밍
④ 협력 요구사항이 높다.	기준 단계, 명시적인 기준 작성 및 우선순위 설정
⑤ 높은 수준의 수용도가 필요하다.	선택 사항을 평가할 경우 영향을 받는 사람들의 이해관계에 집중
⑥ 높은 수준의 기술이 필요하다.	아이디어 평가, 비판적인 사고에 집중, 필요할 경우 그룹에 외부 전문가 초빙
⑦ 구성원 숙련도가 높다.	여러 가지 선택 사항의 기준과 작성에 집중
⑧ 단 하나 또는 몇 단계의 문제해결 과정이 필요하다.	필요한 단계로 절차 압축

키며 권한은 그룹의 책임으로 암시되거나 명시된다. 책임(charge)은 권한 있는 상위 조직이나 개인이 하위 그룹에게 부여하는 과제를 말한다. 책임은 그룹의 권한 정도를 정의하는 재량 범위를 포함하여 그룹이 해야 할 바를 명시한다. 그룹 구성원은 책임과 재량 범위 모두를 명확하게 알고 받아들여야 한다. 예를 들어, 스포츠카의 광고 캠페인을 제작하고 광고를 내보낼 방송국을 추천할 책임을 맡은 광고 팀이

허락 없이 스폿(방송에서 프로그램과 프로그램 사이 또는 프로그램 중간에 내보내는 짧은 광고 – 역주)을 방송국으로부터 구입한다면 재량 범위를 넘어서는 일이다.

지금까지 설명한 문제의 특성을 하나하나 이해하면 문제해결에 적합한 절차를 결정할 수 있을 것이다. 여러 차례 회의가 필요한 복잡한 문제일수록 초기에 구성원들이 이 모든 변수에 대해 토의하여 문제의 모든 측면을 고려하는 적절한 계획이나 개요를 수립할 수 있도록 해야 한다. 그런 다음 그림 8.2에서 볼 수 있듯이 필요한 모든 연구 자료, 그룹을 위한 토의 순서, 최종 결과 구현을 계획에 포함시킨다.

문제해결을 위한 토의 절차

그룹 문제해결의 절차 및 의사소통은 다양한 분야의 사회학자들에 의해, 특히 20세기 후반부에 연구되었다. 이들의 연구 결과 가운데 소그룹이 수행하는 복잡한 문제 토의에 대한 일련의 길잡이 원칙, 거의 모든 문제에 적용할 수 있는 일반적인 절차 형식, 그리고 느슨한 체계를 선호하는 그룹이 비판적 사고를 심각하게 훼손할 위험 없이 자체적으로 고유한 절차를 도출할 수 있도록 하는 대안적 절차를 제시한다.

경계성 상호작용 이론

경계성 상호작용 이론(Vigilant Interaction Theory, 기능 이론이라고도 함)

은 그룹 성과의 우수성은 그룹 상호작용의 우수성에 직접적으로 좌우된다고 말한다. 구성원들이 철저하고 신중하게(즉, 경계적으로) 사고하고 문제에 대해 의견을 표명한다면 그렇지 않은 경우보다 우수한 결과가 나올 확률이 높다. 비판적인 사고와 의사소통을 높은 수준의 추론과 연관 지은 구런*Gouran*의 초기 연구를 근거로, 경계성 상호작용 이론은 문제해결 방법에 대해 최종 결정을 내리기 전에 그룹에서 네 가지 일반적인 문제를 검토해야 한다고 제안한다. 이 네 가지 문제가 경계성 상호작용 이론의 핵심이다.

1. 현재 상황에서 개선이나 변화가 필요한 부분이 있는가?
2. 문제에 대해 해야 할 바를 결정하는 과정에서 어떤 것을 성취하거나 달성하고자 하는가?
3. 우리에게 가능한 선택 사항은 무엇인가?
4. 그러한 선택 사항의 긍정적 · 부정적 측면은 무엇인가?

이 네 가지 문제는 다음에 제시할 일반적 절차 모델(P-MOPS)의 핵심이기도 하다. 생산적인 그룹은 일반적으로 어느 정도 조직화된 순서로 이러한 문제를 처리한다. 단, 그 순서는 토의에 따라 다를 수 있다. 잘못된 해결책에 도달하는 원인이 되는, 그룹이 범하는 한 가지 최대 오류는 이러한 단계 중 하나 이상을 생략하거나 해당 단계를 철저하게 토의하는 데 실패하는 것이다. 경계성 상호작용 이론은 뛰어난 의사소통이 그룹 결정 및 해결책의 우수성과 어떤 관련을 갖는지에 초점을 맞추기 때문에 앞으로도 계속 연구가 필요한 유익한 분야이다.

체계의 필요성

문제해결을 위한 체계적 절차를 사용하는 일은 앞서 논의했듯이 일반적으로 좋은 생각이다. 어떤 사람들은 직관적 문제해결자(intuitive problem solvers)로서 상황을 판단한 다음 뒤따르는 어떤 인지 가능한 절차를 의식적으로 따르지 않고도 해결책에 도달하기도 한다. 그들은 직감적으로, 종종 "아하!"하는 반응을 보이며 해결책으로 비약한다. 직감적인 번득임을 경험한 사람은 그러한 통찰을 테스트하고 비판적으로 평가하여 그것이 유효할 것인지 아니면 실제 사용하기 전에 수정해야 하는지 결정해야 한다. 따라서 그룹의 경우, 직관적 해결책을 사용하는 것도 좋으나 그것은 그룹 구성원이 실제로 채택하기 전에 그러한 해결책을 철저하게 평가한다는 전제 하에서만 가능한 일이다.

반면, 체계적 문제해결자(systematic problem solvers)는 일련의 논리적 단계를 밟아가며 사고하는, 이른바 경계성 상호작용 이론과 같은 문제해결 구조를 갖는다. 그룹이 사용할 수 있는 체계적 절차의 유형은 여러 가지이며 대다수가 철학자 존 듀이*John Dewey*가 내놓은, 개인이 결정을 내리는 방법에 대한 반성적 사고(reflective thinking) 모델에 기반을 둔다. 이 모델의 변형 중에 표준 의사 일정(standard agendas)이라고 불리는 것이 있다.

논리적인 우선순위가 절차(예를 들어, 해결책 제안 전에 문제 분석)에 통합되는 한 어떤 구조도 다른 구조를 모든 면에서 능가하는 것 같지 않다. 브릴하트*Brillhart*와 조켐*Jochem*의 연구에서 그룹이 세 가지 다른 문제해결 체계를 따랐을 때 각 그룹이 도달한 최종 결정의 우수성은 현격한 차이를 보이지 않았다(참가자 중 상당수가 이러한 구조 중 하나를 선호한 경우에도). 어떤 체계도 월등한 최종 결정을 내놓지 않았다는 사실은 베이리스*Bayless*와 라슨*Larson*이 보고한 실험에서도 확인되지만 라슨은 체계화된 양식을 사용하지 않았을 경우에는 확실히 열등한 해결책에 도달했다는 점을 발견했다.

히로카와의 최근 연구는 우수성을 결정하는 요소는 그룹이 채택한 특정한 절차라기보다 특정한 주요 기능을 성공적으로 수행했는지의 여부라고 밝혔다. 즉, 효과적인 그룹 문제해결을 위해서 그룹은 문제를 철저하고 정확하게 이해해야 하며, 특히 각 대안에서 비롯될 수 있는 부정적인 결과에 중점을 두고 각각의 대안을 신중하게 평가해야 한다. 이러한 과정을 수행한 그룹은 어떤 특정한 의사결정 기술을 채택했는지에 관계없이 그렇지 않은 그룹보다 좋은 성과를 내었다.

비판적 사고 테스트에서 낮은 평가를 받은 개인과 절차적 순서 선호도가 낮다고 평가 받은 개인에게 그러한 체계적 문제해결 절차를 유리하게 수용하고 따르도록 가르칠 수 있느냐 하는 문제가 남는다. 그러나 그것이 가능하다는 점이 경험적 증거로 뒷받침된다. 나아가, 그 누구도 순전히 직관적이거나 순전히 체계적인 문제해결자로 보이지는 않는다. 현재 주목을 끄는 이론의 관점에서 보면 좌뇌와 우뇌가 모두 문제해결 기능을 할 수 있다. 다만 문제해결 접근법이 어느 정도까지 유전적으로 결정되고 어느 정도까지 부모, 교사, 동료에게 배울 수 있는지에 대해서는 아직까지 정답이 없다. 니스베트*Nisbett*와 로스*Ross*는 피험자들에게 극히 단순하고 직관적인 전략(문제해결에서 많은 오류를 일으키는)을 과학자들이 사용하는 형식적이고 구조적이며 통계적인 절차로 교체하도록 가르치는 데 성공했다. 스턴버그*Sternberg*는 IQ 테스트에서 문제해결 능력이 낮은 것으로 평가된 충동적인 사람도 체계적이고 성공적으로 절차를 밟도록 교육시킬 수 있다는 점을 입증했다.

토의 기준

체계적 문제해결 절차를 통해 그룹은 효과적인 해결책에 대한 기준을 명확하게 밝힐 수 있다. 기준은 선택 가능 사항을 평가하는 잣대로서, 그룹 구성원은 해결책을 채택하기 전에 기준에 합의해야 한다. 이론가들은 그룹이 명시적인 기준에 대해 의견을 나누고 기준을 제시하고 그것을 결정하는 단계를 문제해결 토의에 포함시켜야 하는지, 포함시킨다면 언제 해야 하는지에 대해 오랫동안 논란을 거듭해왔다. 이 문제를 제기한 첫번째 연구에서 브릴하트와 조켐은 최종 결정의 수준은 기준을 토의한 시기 또는 기준 토론을 그룹이 채택한 문제해결 절차에서 별도의 단계로 포함시켰는지 여부에 영향을 받지 않았다고 밝혔다. 그러나 상당히 많은 수의 참가자들이 브레인스토밍 전에 기준을 토의하거나 아예 토의하지 않는 쪽보다 브레인스토밍 이후에 토의하는 쪽을 선호했다.

이전 연구에서 그룹 문제해결 토의에 앞서 기준이 충분히 알려져 있고 공유되었을 경우에는 그 기준을 토의할 필요가 없다고 시사한다. 그러나 효과적인 해결책에 대한 기준을 놓고 구성원들 간에 사전 의견 수렴이 없는(즉, 평가 투명도가 낮은) 경우에는 명시적으로 기준을 토의해야 한다. 이 책에서는 구성원들이 기준을 명시적으로 이해하고 그에 동의하는지 판단하고, 그렇지 않을 경우 그룹이 대안을 집중적으로 평가하기 전에 가능한 한 명확하게 기준을 진술하도록 유도하는 일은, 실질적으로 리더의 몫이라고 생각한다. 나아가, 문제에 대해 제시된 해결책이 다양하다면 가능한 해결책을 경청한 다음까지 기준 토의를 지연할 것을 권고한다. 선택 사항이 적거나 기술 요구사항이 높으면, 기준이 책임 또는 문제 진술의 일부로 그룹에 명확하게 제시되었을 경우에 한해 문제 분석의 일부로 기준을 토의하는 것이 현명하다.

생각 해 봅시다

> 티렐의 치료(8장 첫머리에 제시된 사례) 기준을 치료를 공동 담당한 의료 전문가들이 모두 명확하게 인식했다고 생각하는가? 각 전문가가 문제를 다르게 인식했을 가능성이 있는가? 당신이 회의를 주재하는 의사라면 기준을 명확하게 밝히고 의료 전문가들이 동일한 기준을 취하도록 하기 위해 어떤 일을 할 수 있겠는가? 티렐의 아내나 목사도 동일한 기준을 취할 가능성이 있는가?

P-MOPS : 문제해결 토의를 구조화하기 위한 일반적인 문제해결 절차 모델

지금까지 거듭해서 지적했듯이 특정한 문제해결 절차의 유효성은 문제 특성, 구성원 경험, 구성원 자질 및 선호 사항, 기업 문화 등의 상황 요인에 영향을 받는다. 효과적인 문제해결을 도모하려면 그러한 핵심 문제를 철저하게 다루어야 한다. 문제해결 토의에서 타인의 말과 행동보다 자신의 내재적 상태를 중시하는 경향을 상쇄할 방도를 찾으려는 과정에서 일반적인 문제해결 절차 모델(Procedural Model of Problem Solving, P-MOPS)이 개발되었다. P-MOPS라는 용어는 이중적 의도로 만들어졌다. 우선 이 용어는 그 방법의 전체 이름을 상기시킨다. 또 한 가지, 동음이

의어 언어유희처럼 이 모델이 그룹에서 높은 수준의 문제해결을 위해 모든 세부 사항과 논리적 필요성을 '남김없이 처리(mop up)' 하도록 하는 데 있다는 점을 나타낸다. 여기서 일반적인 절차 모델이라고 한 까닭은, 이 모델이 과학적 방법과 경계성 상호작용 이론 모두를 기준으로 체계적인 구조를 제공해주기는 하지만, 다양한 문제를 해결하는 과정에서 그룹이 직면하는 여러 가지 상황 요인에 따라 조정할 수 있기 때문이다.

이 모델은 리더가 모든 구성원의 도움을 받아 그룹에 중요한 상황 요인을 하나도 빠짐없이 반영하기 위해 고려해야 하는 모든 쟁점에 대해 구체적인 질문을 담은 개요를 서면으로 작성했다고 가정한다. 그렇다면 P-MOPS는 엄밀한 비책이나 수학적 공식이 아니라 복잡한 문제해결에 관여되는 극히 중요한 쟁점을 논리적으로 고려하도록 조정할 수 있는 길잡이이다. 다음은 P-MOPS의 각 단계에 대한 설명과 P-MOPS 절차의 두 가지 적응 예, 그리고 이 모델의 사용 요령이다.

1. 문제 기술 및 분석 : 우리가 직면한 문제의 본질이 무엇인가?

토의 초기에 그룹은 불만족스러운 상황, 바람직하지 못한 상황을 유발하는 원인, 최종적으로 원하는 상태, 그리고 그러한 목표에 방해가 되는 장애물의 상세 정보에 대해 거의 모든 논의를 집중해야 한다. 먼저, 그룹이 책임을 부여받았으면 구성원들은 반드시 그 책임을 이해하고 그에 동의해야 한다. 두번째로, 어떤 형식으로 토의를 진행할지 분명하게 제시한다. 공개 토의를 진행할 것인가? 비디오나 필름 프레젠테이션을 할 것인가? 서면 권고안을 작성하여 활용할 것인가? 각 구성원은 자신의 그룹을 분석하는 사례 연구를 작성해야 하는가? 그렇다면 과제물은 어떤 형식에 따라야 하는가? 그룹 활동 일지 또는 어떤 다른 기록을 해야 하는가?

문제 / 목표의 본질을 조사하고 토의하는 데 지침이 되는 중요한 원칙은 다음과 같다.

a. 문제해결 방법에 대해 생각하기 전에 문제 자체에 집중한다. 당신이 덜컹거리는 차를 몰고 정비 공장에 갔는데 정비 기사가 자동차 보닛을 열어보지도 않고 곧바로 "엔진 밸브를 교체해야 합니다."라고 말한다면 어떤 생각이 들 것인가? 사람들은 대부분 되도록 빨리 차를 몰고 정비소를 빠져나올 것이다. 능력 있는 기술자라면 자동차의 작동 상태에 대해 질문을 하고 엔진 분석기를 연결해 보고 난 다음에야 가정적 진단을 내릴 것이다. 이와 같이 그룹 문제해결 과정에서 가장 일반적으로 범하는 오류 중 하나는 문제를 철저하게 진단하기 전에 해결 중심적인 자세를 취한다는 것이다. 이 단계에 시간을 들이면 대개 나중에 생길 두통거리를 미연에 방지할 수 있지만, 문제 분석을 게을리 하면 불필요한 마찰, 시간 허비, 유효성 없는 해결책 등 좋지 않은 결과가 생긴다.

b. 단일하고 모호하지 않은, 해결책 중심 질문이 아닌 문제 중심 질문 형식으로 문제를 진술한다. 문제 중심 질문(problem questions)은 바람직하지 않은 상황과 목표에 초점을 맞추는 반면 해결책 중심 질문(solution questions)은 해결책, 다시 말해 목표에 도달하는 수단을 제시하고 따라서 한 가지 해결책으로 토의자의 사고를 좁히는 경향이 있다. 두 가지 유형의 질문 예를 그림 8.3에서 제시하였다.

c. 철저하게 문제 지도를 그린다. 문제를 경계가 모호하며 도표가 그려

지지 않은 지역이라고 생각한다. 문제 지도를 그리려면 그룹은 누가, 무엇을, 왜, 언제, 얼마 동안, 어디서, 어떻게, 얼마나 심각하게, 어떤 제한을 가지고, 어떤 느낌으로 등과 같은 문제의 핵심 정보를 수집해야 한다. 참가자들은 사실, 불만, 상태, 환경, 요인, 사건, 관계, 효과 등 상황에 대해 알고 있는 모든 것을 공유해야 한다. 참가자들은 행동 계획에 착수하기 전에 많은 것을 알아야 한다는 사실을 발견하게 되므로 그 다음에는 '필요한 정보를 어떻게 수집할 것인가' 와 '누가 무엇을 찾아볼 것인가' 와 같은 질문에 답해야 한다.

그림 8.4는 정보를 수집, 공유 및 해석하기 전후의 문제 지도를 보여준다. 큰 원은 문제에 대해 알 수 있고 이해할 수 있는 모든 것을 나타낸다. 각 구성원, 즉 A와 B, C, D는 문제에 대한 몇 가지 정보와 의견을 가지고 첫 회의에 참석한다. 따라서 큰 원 안의 네 개 원이 각자 고유한 개인별 지도를 나타낸다. 어떤 정보는 구성원 두 명이, 어떤 것은 세 명이 공유하며 네 명이 모두 공유하는 정보는 적다. 또 어떤 유용한 정보는 아직 아는 사람이 없다. 구성원들이 문제를 자유롭게 토의하고 각자 가지고 있는 모든 정보를 공유하면 그룹 지도는 두 번째 큰 원과 비슷한 모양이 되어 '실제' 문제에 훨씬 가까워진다.

이러한 문제 중심 사고에 대한 최대의 장애물 중 하나가 각자 마음 속으로 이미 문제를 해결한 상태에서 그룹에 참석하는 구성원(특히, 지정된 리더인 경우)이다. 문제 제시자는 미리 생각해둔 해결책을 보류해 두어야 한다.

[그림 8.3] 해결책 중심 vs 문제 중심 질문

해결책 중심 질문	문제 중심 질문
업무그룹에서 인기는 좋지만 다른 직원의 업무를 지연시키는 사람을 전근시킬 방법은 무엇인가?	그룹의 업무 성과를 높일 수 있는 방법은 무엇인가?
참여자 수를 늘려서 우리 클럽 활동의 인지도를 높일 수 있는 방법은 무엇인가?	우리 클럽 활동의 참여자 수를 늘리기 위해 할 수 있는 일이 무엇인가?

[그림 8.4] 토의 전후의 문제 지도

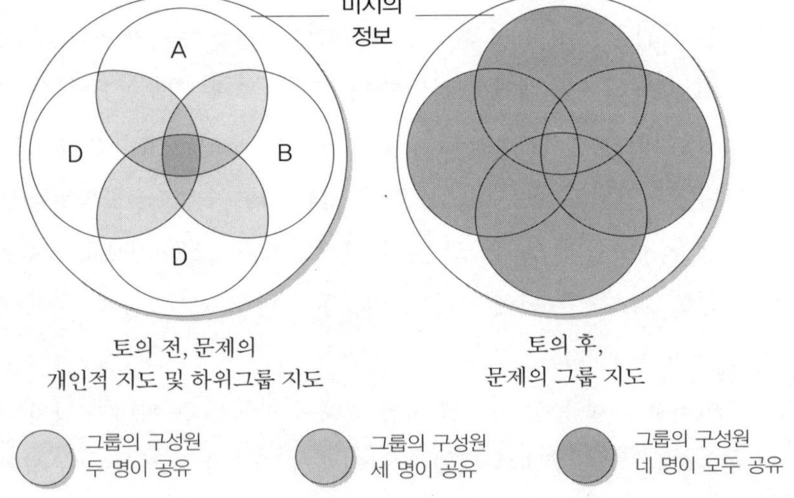

d. 앞서 논의했듯이 그룹 구성원은 반드시 기준에 동의해야 한다. 기준은 그룹 구성원이 공유하는 가치를 표현하기도 한다. 가치가 다른 두 사람은 의견을 평가하는 기준이 서로 다르며 따라서 아주 다른 해결책에 도달할 수 있다. 어머니, 배우자, 자녀와 한 배를 타고 가다가 배가 뒤집혔을 때 누구를 구하겠냐고 아랍인과 미국인 학생들에게 물어본 루벤스타인*Rubenstein*의 연구에서, 아랍인은 모두 어머니를 선택했지만 미국인은 아무도 그렇게 하지 않았다. 이 사례에서 아랍인과 미국인의 가치는 현저하게 다른 결정(즉, 구할 사람) 평가 기준을 지지했다. 기준에 대한 동의가 있지 않고서는 해결책에 대해 합의를 도출하기 어려울 것이다. 기준은 평가를 하거나 우선순위를 설정해야 한다. 반드시 충족되어야 하는 기준에 가장 높은 우선순위를 부여하도록 한다. 절대적 기준에 미치지 못하는 아이디어는 제외하고 나머지 아이디어는 상대적 기준을 충족시키는 정도에 따라 분류할 수 있다(그림 8.5 참조). 또한, 기준은 가능한 한 양적으로 진술해야 한다. '효율적인' 같은 기준은 너무 추상적이어서 측정하기 어렵다. 그러나 그룹이 측정 가능한 '효율성'의 표준에 도달하도록 해줄 수는 있다.

e. 반드시 모든 구성원이 그룹의 재량 범위를 동등하게 이해하도록 한다. 모든 정책 결정은 책임의 견지에서 평가해야 한다.

P-MOPS 모델의 첫번째 단계에서 개괄적인 일련의 질문을 통해, 그룹은 복잡한 문제를 기술하고 분석하는 지침을 얻을 수 있다. 그러한 질문은 구체적인 문제에 맞게 작성하고 해당 문제에 대해 명시적인 언어로

[그림 8.5] 클럽의 연례 야유회 계획에 지침이 되는 절대적 vs 상대적 기준

절대적(반드시 충족돼야 함)	상대적(충족돼야 함)
유흥비는 400달러를 초과하지 말아야 한다.	장소는 편리해야 한다. 즉, 모든 구성원이 차를 타고 30분 이내에 도착할 수 있는 거리여야 한다.
구성원과 가족들이 즐거워할 수 있어야 한다('즐거워할 수 있다'는 것은 연령대에 관계없이 사람들의 흥미를 끌 수 있는 다양한 활동을 제공한다는 의미이다).	시설이 편리해야 한다. 예를 들어, 우천 시 대피할 곳, 전기 콘센트, 냉온수 구비, 화장실 등

질문해야 한다. 그룹과 목표 사이를 가로막는 모든 장애물을 극복하기 위한 전략을 수립하기 전에 해답이 필요한 모든 질문을 던지도록 구성원들을 격려해야 한다.

2. **가능한 해결책 마련 및 수정** : 문제를 해결하기 위해 할 일이 무엇인가? 오하이오 냇물에서 사금 채굴 계획을 세운다면 아마도 돈을 벌지 못할 것이다. 아리조나, 콜로라도 또는 캘리포니아의 냇물에서 사금을 찾으면 성공할지도 모른다. 이 비유에서 알 수 있는 것은 그룹이 고려하고 있는 사항 중에 좋은 아이디어가 없다면 그룹이 추천하거나 채택한 해결책이 목표 달성에 실패하거나 상황을 오히려 악화시킬 수 있다는 점이다. 2단계에서는 그룹이 발견할 수 있고 생각해낼 수 있는 한 많은 아이디어를 찾아내어 최선의 것을 선택하거나 필요하다면 목표와 문제를 재정의하는 것이 핵심이다. 해결책으로 제안된 각각의 아이디

어를 기록하면(되도록 모든 이가 확인하고 잊어버리지 않을만한 장소에) 아이디어를 잃지 않도록 예방할 수 있다. 다음과 같은 몇 가지 원칙을 가지면 그룹이 해결책을 찾고 도출하는 데 성공할 확률이 높아진다.

a. 제안을 수집하고 생각해내면서 토의중에는 판단을 유보한다. 판단은 창조적 사고를 억제하고 아이디어에 대해 다른 사람이 보일 반응에 대한 우려를 증대시킨다. 해결책 다양성이 낮거나 또는 문제를 철저하게 탐색한 결과 갑작스럽게 해결책에 대한 통찰을 얻은 경우에도 그룹 구성원은 다른 가능한 해결책에 대해 생각하는 데 노력을 다해야 한다. 아무 것도 발견되지 않는다 해도 해결책을 모든 가능한 기준에 대비해서 철저하게 평가해야 한다. 특히 나타날 수 있는 부정적 결과에 대해서는 더욱 그렇다. 제안된 해결책은 그러한 비판적인 사고 / 토의를 거쳐 상당히 정교해지거나 개선될 수 있다.

b. 문제해결 절차의 이 부분에서 참가자가 문제의 어떤 부분을 좀더 충분하게 모색해야 할 것 같다고 생각하는 경우가 많다. 이를테면, "이 암석을 다시 조사해 봅시다. 이 안에 금이 있을지도 몰라요." 라고 말하는 것이다. 그러면 그룹은 문제 지도의 작성 단계를 다시 한 번 밟으면서 새로운 사항을 추가할 수 있고 또 그렇게 해야 한다. 절차를 따른다는 목적에만 충실한 나머지 매순간 해결책에만 고집스럽게 매달릴 일이 아니다. 앞 단계로 다시 돌아가 문제를 추가로 조사하여 명확하게 만들고 나면, 어느 시점에서 미비했는지 파악할 수 있으며 더 나은 정보를 발판으로 해결책 중에서 현명한 선택을 할 수 있다. 이러한 보조 추론이 효과적인 문제해결 그룹의 특징이다.

생각 해 봅시다

> P-MOPS 절차의 처음 두 단계를 통해 이 장 첫머리에 제시된 티렐의 문제를 어떻게 분석하겠는가? 문제를 처리하기 위해 팀에서 고려할 수 있는 선택 사항은 무엇인가? 문제를 정의하는 방식과 문제 처리에 대한 생각 사이에 연관성을 확인할 수 있는가?

3. **가능한 해결책의 평가** : 제안된 각 해결책의 장단점은 무엇인가?

문제를 철저하게 분석하고 나면 대안이 축적되고 모든 구성원이 기준을 분명하게 이해한 상태에서 그룹이 대안을 평가할 준비를 갖춘다. 그룹 문제해결이 최적의 효과를 발휘하려면 각 해결책의 찬반 의견을 조사해야 한다. 평가 투명도가 아직 결정되지 않았다면 그 전에 명시적 기준에 대한 모든 구성원의 의견 수렴을 끝마쳐야 한다. 구성원들 사이에서 쟁점의 비판적 조사가 활발하게 일어나도록 다음과 같은 규범을 갖는 것이 바람직하다.

a. 평가를 협력이 필요한 모험적 과제, 오류를 방지해주는 팀 활동으로 보아야 한다.

b. 느낌, 아이디어, 의견, 또는 육감까지도 그것을 표현하는 사람에 대한 선입견 없이 터놓고 공유하고 평가해야 한다. 그룹에서 권력 다툼이 벌어질 경우 익명성 컴퓨터 메시지가 이 규범을 지킬 수 있게 하는 하나의 방법이 될 수 있다.

c. 구성원은 모든 아이디어, 특히 잠재적인 부정적 결과의 가정과 함축성을 철저하게 조사해야 한다. 이상적으로는 아이디어를 제안한 사람이 그러한 비판적 평가를 요청하는 것이 바람직하다.

d. 개인적 공격과 편견에 사로잡힌 언급을 증거나 주장인 듯이 펼치는 것은 용인할 수 없다. 다른 사람의 감정에는 민감해지고 자신의 아이디어에 대한 비판에는 무감각해지는 자세가 필요하다.

e. 구성원은 의견이 다른 사람의 입장, 느낌, 가치에 대해 자신이 생각한 바를 다른 말로 바꾸어 표현해야 한다. 예를 들어, "방금 하신 말씀을 제가 옳게 이해했습니까?"

f. 새로운 쟁점이나 아이디어에 대한 이의가 생각나면 정회하기 직전이 아닌, 그 질문을 토의할 시간이 충분히 있을 경우에 한해 제기해야 한다. 이런 경우가 생기면 또 한번 회의 일정을 세워 최종 결정을 유보한다.

g. 동시 다발적인 사기, 거래, 조작, 속임수, 압력 행사와 기타 의사소통 윤리의 위반 행위는 용인되지 않는다. 어떤 구성원이 이러한 사실을 눈치 채면 그 비윤리적인 행동을 즉시 지적하고 성토해야 한다.

4. **합의 결정** : 우리 모두가 지지하는 가능한 최선의 해결책은 무엇인가? 대안 평가 동안 결정이 표면화되는 것 같으면 토의 리더는 합의 가능성을 테스트해야 한다. 모든 이들이 마침내 하나의 해결책에 동의하면 그룹은 문제해결 주기를 완성하는 최종 단계에 접어들 수 있다. 둘 이상의 대안을 놓고 아직 고려중이면 그룹은 다음과 같은 합의 도출 질문에 대해 토의해야 한다.

a. 영향을 받는 모든 사람이 받아들이고 지지할 가능성이 가장 높은 해결책이 무엇인가?

b. 새로운 문제를 일으키지 않고 당면 목표를 달성할 가능성이 있다

고 우리 모두가 받아들일 수 있는 절충안이 있는가?

c. 나머지 아이디어의 단편들을 조합하여 우리 모두가 받아들일 수 있는 해결책을 도출할 수 있는가?

그룹이 추천하거나 채택할 해결책을 결정하면 이 문제해결 토의의 최종 국면, 즉 실행 단계가 전개된다.

5. **선택한 해결책의 실행** : 해결책을 실현하기 위해 무엇을 할 것인가?

능력 있는 리더는 그룹이 실현에 필요한 모든 세부 사항을 빠짐없이 계획에 포함시켰는지 또는 그렇게 하는 일을 다른 사람이 맡았는지를 판단한다. 이 시점에서 그룹은 다음과 같은 질문에 대답할 수 있어야 한다.

a. 누가 무엇을, 언제, 어떻게 할 것인가?

b. 해결책이 제대로 이루어지고 있는지 확인하는 후속 평가가 필요한가? 필요하다면 어떻게 할 것인가?

P-MOPS는 근본적으로 융통성이 있으며 거의 모든 문제에 적합하도록 수정이 가능하다. 많은 경우에 그룹이 지닌 책임은 전체 문제해결 절차 중 일부 단계만을 포함한다. 어떤 그룹은 몇 가지 선택 사항을 추천할 임무가 있지만 그 중 하나를 선택할 책임까지는 없다. 어떤 그룹은 문제의 광범위한 조사와 분석을 준비해야 하지만 추천을 하지는 않는다. 어떤 그룹은 다른 그룹이 이전에 결정한 정책을 실현해야 한다. 그러한 상황에서는 P-MOPS의 관련 단계만 채택한다.

그러나 P-MOPS를 각 문제에 맞게 조정하고 모든 구성원이 명료하게 알아볼 수 있도록 P-MOPS 개요를 작성하여(시각적 표현이나 인쇄물을 통해) 그룹 진행 방향을 도표화함으로써 그룹 구성원이 P-MOPS 관련 문제를 기억할 수 있도록 한다. 예를 들어, 구성원이 문제의 설명과 분석을 끝마치면 조사 결과를 기록 용지, 게시판 또는 컴퓨터 모니터에 게시한다. 이렇게 하면 구성원들이 계속해서 그룹 목표에 집중할 수 있다.

의사결정에 체계를 도입하면 의사결정 수준이 향상된다는 점을 여러 차례 지적한 바 있다. 그러나 특정한 시스템이나 구조에 지나치게 집착하면 부작용이 발생할 수 있으므로 어떤 구조나 절차를 사용하더라도 틀에 박힌 방식을 고집하여 의사결정 과정에 해를 끼치는 일이 없도록 주의를 기울인다. 그룹이 해결책을 도출하는 시점에 이르렀을 때 누군가 문제가 잘못 정의되었음을 깨닫고 문제해결 과정의 초기 단계를 다시 밟을 것을 제안할 수 있다. 어떤 절차를 사용하든 관계없이 이러한 번복을 허용할 만큼 충분히 융통성을 기해야 한다. 복잡한 문제일 때는 특히 더 주의를 기울여야 한다.

다음 그림은 복잡하거나 단순한 문제를 처리하기 위해 P-MOPS를 적합하게 조정할 수 있는 방법을 예시한다. P-MOPS를 수정한 리더의 개요를 그림 8.7에서 제시하였다. 그림 8.7에서는 개요를 통해 도시 캠퍼스의 주차와 관련된 모든 복잡한 문제를 처리한다.

단일 질문 형식 : 덜 구조화된 형식

그룹이 P-MOPS의 변형된 형태를 사용하지 않기로 결정한 경우 그 이유는 아마도 구성원들이 절차적 순서에 대한 선호도가 낮기 때문일 것이다. 그렇더라도 가능한 최선의 해결책에 도달할 수 있도록 비판적 경계심

[그림 8.7] 도시 캠퍼스 주차난 해소를 위한 리더의 절차 개요

문제 질문 : 사우스웨스트 미주리 주립 대학의 학생 주차 문제를 향상시키기 위해 무엇을 해야 하는가?

1. 학생들이 주차장에서 마주치는 문제의 본질이 무엇인가?

   a. 학생 주차 행위와 관련하여 우리가 가진 관심의 범위는 어느 정도인가?

      • 문제와 관련하여 명확히 정의해야 하는 용어가 있는가?

      • 우리에게 어떤 권한이 있는가?

      • 캠퍼스 주차 관련 부서의 권한과 임무를 정립해야 하는가?

   b. 학생 주차와 관련하여 현재 무엇이 불만족스러운가?

      • 조사에 따르면 어떤 점이 불만족스러운가?

         − 수행된 연구가 있는가?

         − 학생들이 어떤 불만을 토로해왔는가?

      • 학생 주차와 관련하여 고려해야 할 기타 정보가 있는가?

   c. 위원회는 주차 실정에 변화를 줌으로써 어떤 목표를 달성하기를 희망하는가?

   d. 학생 주차 문제를 향상시키는 데 방해가 되는 장애물은 무엇인가?

      • 우리가 기술한 문제를 일으키는 원인에 대해 무엇을 알고 있는가?

      • 관련 당사자가 이 문제에 대해 얼마나 큰 관심을 갖고 있는가?

      • 필요할 것으로 예상되는 자원에 어떤 제한이 있는가?

         − 자금 :

         − 공간 :

         − 인원 :

         − 기타 :

      • 학생 주차 실정을 변화시키는 데 대해 그 밖의 장애물이 있는가?

e. 학생 주차와 관련하여 어떻게 문제를 요약할 것인가?
- 우리 모두 문제를 동일하게 인식하는가?
- 문제를 세분해야 하는가?
  - 그렇다면 주요한 하위 문제는 무엇인가?
  - 그 문제들을 어떤 순서로 처리해야 하는가?

2. 우리가 기술한 학생 주차 문제에 대해 어떤 해결책이 가능한가?

3. 제안된 각 해결책의 상대적 장점 및 단점은 무엇인가?

a. 기준을 더욱 명확하게 정립할 필요가 있는가?
b. 각 제안의 장점 및 단점은 무엇인가?
- 받아들일 수 없는 부정적 결과를 가져올 제안이 있는가?
- 각 제안이 얼마나 유효할 것인가?
- 각 제안이 우리가 가진 다른 기준을 얼마나 잘 충족하는가?

4. 해당 정부 기관에 학생 주차 문제에 대한 해결책으로 무엇을 제시할 것인가?

5. 학생 주차 문제 향상을 위한 우리의 권고안을 어떻게 작성할 것인가?

a. 누구에게 우리의 권고안을 전달할 것인가?
b. 어떤 형식으로 할 것인가?
- 서면
- 직접
- 기타 또는 여러 가지를 조합
c. 후속 조치를 계획할 필요가 있는가?
d. 누가, 무엇을, 언제, 어떻게 할 것인가?

을 지니는 것은 여전히 필수적이다. 리더로 지정된 사람은 그룹에게 라슨이 창안한 절차를 적용할 것을 제안한다. 이 절차는 성공적인 문제해결자의 추론 방식을 주제로 한 다른 연구자의 연구를 기초로 한다. 이 단일 질문 형식*Single Question format*을 사용할 경우 토의 초기에 그룹은 처리해야 하는 문제와 이러한 문제에 대답할 방법을 결정한 다음 정해진 대로 진행한다. 토의에 구조를 부여하는 질문 목록은 경계성 상호작용 이론의 주요한 관심사를 충족시켜야 한다. 다음은 라슨이 개발한 형식이다.

1. 그룹이 질문에 대한 해답을 구했을 때 비로소 그룹의 목적을 달성할 방법이 무엇인지 알 수 있는 단일 질문이 무엇인가?
2. 우리가 공식화한 단일 질문에 대답하기 전에 답해야 하는 하위 질문은 무엇인가?
3. 자신감을 가지고 하위 질문에 답할 수 있는 충분한 정보를 가지고 있는가?
   a. 누가 '예' 라고 하면 우리의 대답은 무엇인가(5번으로 진행)?
   b. 누가 '아니오' 라고 하면 그룹은 4번으로 계속하거나 대답 모색을 연기한다.
4. 하위 질문에 대한 가장 합리적인 답은 무엇인가?
5. 하위 질문에 대한 답이 적절하다면 문제에 대한 최선의 해결책은 무엇인가?

2장에서 소개한 교회운영위원회는 단일 질문 형식을 채택하여 교회의 최초 연간 예산을 작성했다. 신흥 교회이기 때문에 예산안 정보를 참조

[그림 8.8] 단일 질문 문제해결 절차의 예

1. 단일 질문

   스프링필드와 인근 카운티의 고형 폐기물을 처리하는, 환경적으로 안전하고 정치적으로 수용 가능하며 경제적으로 실행 가능한 최선의 방법이 무엇인가?

2. 하위 질문

   - 스프링필드 지역의 고형 폐기물을 어떤 방법으로 처리할 수 있는가?
   - 각 실행 가능한 폐기물 처리 방법은 스프링필드와 인근 카운티 주민에게 어느 정도의 비용 부담을 부과하는가?
   - 설비 및 시동 비용은 얼마인가?
   - 지속적 운영 비용은 얼마인가?
   - 각 방법은 비용을 부담할 만한 수익을 창출하는가?
   - 각 처리 방법이 일으킬 수 있는 유해한 효과는 무엇인가?
   - 각 방법이 물, 공기, 토양 및 환경 구성요소에 어떠한 영향을 끼치는가?
   - 각 방법이 어떤 건강상의 위험을 일으킬 수 있는가?
   - 투표자들이 각 방법을 수용하도록 하는 데 어떤 문제가 있는가?
   - 어떤 그룹이 각 방법에 반대할 가능성이 있는가?
   - 특정한 방법이 다른 지역에서는 어떻게 수용되었는가?
   - 방법의 실행 가능성은 어떠한가?
   - 어떤 인원이나 교육이 필요한가?
   - 다른 지역에서는 방법의 신뢰성이 어떠했는가?
   - 특정한 방법이 스프링필드 지역에 얼마나 적합할 것인가?

3. 특별조사단은 컨설턴트 경비를 지불하고 엔지니어링 컨설팅 회사를 고용하고 다른 도시에서 사용하는 설비를 탐방하는 출장을 가는 등 광범위한 연구 활동에 착수했다.

4. 특별조사단은 퇴비 처리와 제한된 매립을 포함하는 MERF(Material Recovery Facility, 폐기물 복구 설비)를 투표자에게 권고할 것을 제안했다. 신문, 공청회, 방송 매체 등 광범위한 홍보 활동을 벌인 끝에 투표자들이 MERF 방안을 승인했다. 시의회는 MERF 가동 비용을 충당할 만한 수익을 확보하기 위해 주민들이 민영 설비에 폐기물을 제공하는 것을 금지하는 조례를 통과시켰다. 프로젝트 책임자를 고용하고 MERF를 건설 및 운영할 회사를 선정해 계약을 맺었다.

할 수 있는 과거의 재무 기록이 없었다. 단일 질문은 '2000 회계연도의 연간 예산은 어떠한가?' 였다. 위원회 위원들은 고정 지출 비용과 각 위원회에 필요한 자금을 산정할 수 있다면 연간 예산안의 윤곽을 파악할 수 있다는 점을 알고 있었다. 따라서 다음과 같은 하위 질문을 던졌다. '모든 하위 위원회의 개별 예산은 어떠한가?' 와 '고정 지출은 얼마인가?' 위원들은 1차 예산안 회의에서 사용할 수 있는 정보가 없었기 때문에 회계원이 위원회 회장과 만나 필요한 정보를 전해줄 수 있을 때까지 휴회했다. 모든 개별 하위 질문의 답을 구한 다음에는 당연히 위원회 단일 질문의 답도 나왔다.

이 형식이 문제를 철저하게 분석하고, 빠진 정보를 구하고, 그 다음 그룹의 조사 결과와 해석을 바탕으로 해결책을 구성하도록 유도한다는 점을 알 수 있을 것이다. 라슨이 자신의 논문에서는 언급하지 않았지만 이 절차의 마지막 단계는 당연히 다음과 같을 것이다.

6. 우리의 결정을 어떻게 실행에 옮길 것인가?

단일 질문 형식에 따라 그룹이 작성하였을 초기 개요의 예를 그림 8.8에서 제시하였다. 그러한 개요는 토의 초반부에 작성되며 그룹 조사 및 토의가 목표를 향해 나아감에 따라 계속해서 세부화되고 새로운 사항이 추가된다. 모든 구성원은 절차에 따르는 질문이 나올 때는 질문을, 답이 나올 때는 답을, 각 회의에서는 안건을 복사해서 지녀야 한다. 이 형식을 사용하면 팀워크가 긴밀해지고 합의에 의해 의사결정을 유도하게 된다.

요약 SUMMARY

1. 의사결정은 대안 중 하나 이상을 선택하는 행위를 말한다. 문제해결은 대안 창출 또는 발견을 의미한다. 각 문제는 불만족스러운 상황, 원하는 목표, 목표에 도달하기 위해 극복해야 하는 장애물을 포함한다.

2. 문제해결 과정은 문제의 특성에 맞게 조정해야 한다. 즉, 과업 복잡성, 해결책의 다양성 정도, 내재적 관심도, 협력 요구사항, 구성원 숙련도, 기술 요구사항 수준, 수용도 요구사항, 재량 범위 등을 고려해야 한다.

3. 그룹은 문제해결 과정에서 어떤 중요한 단계도 간과하지 않도록 하는 체계를 필요로 한다. 단 한 가지 최선의 진행 순서는 없으며 어떤 체계도 다른 체계를 모든 면에서 능가하지 않는다. 모든 순서는 경계성 상호작용 이론에 따라야 한다.

4. 그룹이 제안된 해결책 평가를 위한 기준을 명시적으로 토의해야 하는지, 또 한다면 언제 해야 하는지의 문제는 평가 투명도가 높고 낮은 정도에 따라 달라진다.

5. 문제해결 절차 모델(P-MOPS)은 문제 기술, 분석, 대안 모색 및 평가, 결정, 실행 계획을 포함하는 일반 절차이다. 단순한 문제에서 복잡한 문제에 이르기까지 각 상황에 맞게 수정할 수 있다.

6. 단일 질문 형식은 구성원들에게 종합적인 해결책에 도달하기 전에 핵심 쟁점에 동의할 것을 요청하는 덜 구조화된 대안이다.

CHAPTER NINE

그룹 내 의사결정

그룹이 비판적 사고를 채택하는 정도가 의사결정 과정과
최종 결정 수준에 주요한 영향을 미치는 요소이다.

바이런 *Biron* 과 라두서 *Ladouceur* 는 25명의 젊은 남자 강도들을 인터뷰
했다. 그들은 강도들이 집을 털기 전에 몇 가지 기준을 고려하는 이성적
의사결정 과정을 거친다는 점을 발견했다. 일반적으로, 그들이 인터뷰한
강도는 현장, 훔친 물건의 잠재적 가치, 그러한 물건의 처분 용이성을 고
려했다. 그들은 '이웃이 그 집을 바라보다 강도 행위가 일어날 가능성을
목격할 수 있는가?', '강도들이 보이지 않게 숨을만한 곳이 있는가?',
'사유지를 지키는 개가 있는가?', '그 집에 사람이 없어 보이는가?' 와 같
은 일련의 질문을 스스로에게 던졌다. 이 질문이야말로 침입할 집을 결

정할 때 사용할 만한 적절한 기준이다. 또한, 의사결정 과정에서 의사결정자는 일반적으로 결정을 내리기 전에 자신의 특정한 선택에 대한 정보를 발견하고 평가해야 한다. 연구 대상인 강도들은 잠재적 목표물에 대한 정보를 구하는 데 있어서 높은 수준의 창조력을 발휘했다. 예를 들어, 그들은 강도짓을 벌일 집이 비어 있을 가능성을 극대화하기 위해 의사와 변호사 같은 전문직 사무실에 전화를 걸어 휴가 계획을 알아냈다.

문제해결 과정에서 그룹은 사소하지만 중요한 수많은 결정을 해야 한다. 모든 그룹 과제를 수행하려면 최소한 한 가지 이상의 결정을 해야 한다. 다른 사람과 협력하여 의사결정을 해야 하므로 그룹 의사결정 과정을 최적화하는 방법을 이해해야 한다.

이전 장에서 포괄적인 그룹 문제해결 과정에 대해 설명했다. 이 장에서는 논의의 폭을 의사결정 과정으로 좁히고 그룹 의사결정 향상에 대해 집중적으로 살펴보겠다.

그룹 vs 개인의 의사결정

그룹이 토의를 거쳐 내린 결정은 보통 개인적 결정이나 개인들이 내린 결정의 평균치를 능가한다. 일반적으로 문제에 대한 전문적 지식을 갖춘 구성원들이 내린 결정보다도 더 훌륭하다. 그 이유는 그룹 구성원 각자가 다른 구성원의 정보를 보완하는 고유한 정보를 가지고 있어서 서로의 단점을 보충할 수 있기 때문이다. 그룹 구성원은 서로 오류를 발견하고 진위를 인지하며 개인보다 더 많은 정보를 처리할 수 있다. 그룹이 가진 정보와 업무 처리 과정의 수준이 높을수록 그룹 결정이 한층 더 우수해진다.

그룹은 빈번하게 회합 효과(assembly effect)를 경험한다. 이 용어는 회합 안에서 나온 결정이 어떤 구성원이 내놓은 최고의 개인적 판단이나 모든 구성원의 판단을 평균한 것을 양과 질 모든 면에서 앞지른다는 뜻이다. 이 현상은 일종의 시너지 효과이다. 그러나, 시너지는 그룹 구성원들이 과업에 대해 상호의존적으로 상호작용하고 일할 때에만 달성된다.

토의 수준에 영향을 미치는 요소

몇 가지 정보 및 업무 처리 요소가 그룹 결정의 수준, 특히 과제의 유형, 구성원들의 능력, 구성원 사이의 의사소통 유형에 영향을 미친다. 예를 들어, 그룹은 접합 과제에서 우월하다는 사실이 밝혀졌다. 접합 과제(junctive tasks)란 각 구성원이 저마다 문제해결에 필요한 정보를 소유하지만 그 누구도 필요한 모든 정보를 갖고 있지 않은 경우를 말한다. 그러나 협력이 그다지 필요하지 않고 종종 최고의 전문성을 지닌 구성원이 단독으로 업무를 수행하여 정답을 얻어낼 수 있는 비접합 과제(disjunctive tasks)에서는 그룹이 우월하다고 볼 수 없다. 대개 그룹은 두 가지를 모두 수행한다. 접합 과제와 비접합 과제 사이를 순환하며 개별적 의사결정에서 그룹 의사결정으로 전환해야 할 시기를 알아야 한다. 예를 들어, 파카노스키Pacanosky는 구성원이 개별적으로 일한 다음 각자의 식견을 한데 모아 팀 차원의 해결책을 만들어낼 때보다 팀으로 일할 때가 더 효율적이라고 지적했다. 구성원이 자신들이 맡고 있는 과제의 유형이 무엇이며 어떤 의사결정 유형이 가장 적합한지 인식하는 경우가 가장 이상적이다.

구성원의 능력은 결정 수준에 영향을 미치는 또 다른 투입 요소이다. 살라자*Salazar* 등은 개별 구성원의 능력으로 평가하는 그룹 잠재력이 그룹 의사결정 성과의 '강력한 결정 요소'라는 점도 밝혀냈다. 전문가들은 구성원의 능력과 그룹의 의사결정 잠재력 사이의 상관관계에 대해 좀더 심층적으로 조사해야 한다고 권고한다.

구성원 사이의 의사소통, 즉 그룹의 핵심적인 작업 처리 과정은 의사결정 수준에 영향을 미치는 중요한 요소이다. 언어적 상호작용 자체는 개별 구성원의 인식과 의견의 총합에 그치지 않고 그룹이 통상적으로 발휘하는 의사결정 수준 향상에 기여한다. 그룹의 의사결정 참여도는 의사결정 수준에 영향을 미치는 것 외에도 결정 수용도를 높여준다. 코크*Coch*와 프렌치*French*는 작업자들이 업무 절차 변경에 발언권을 가졌을 때 일방적으로 통보를 받을 때보다 생산성이 높고 충성스럽다는 점을 입증했다.

그룹 의사결정이 아무리 바람직한 효과를 발휘할 수 있다고 해도 그것이 개인적 의사결정보다 본질적으로 우월한 것은 아니다. 일반적으로 그룹이 토의형 문제의 해결 방법을 목표로 하는 의사결정에 있어서 더 좋은 성과를 달성하며 그룹 의사결정의 성패를 좌우하는 요소는 구성원의 능력, 과제의 종류, 그룹이 결과물(성과)에 대해 얼마나 높은 기준을 가졌는가, 그러한 규범을 시행할 수 있을 만큼 충분한 결속력을 지녔는가, 그룹의 문제해결 절차가 얼마나 체계적이고 조직적인가, 그룹 구성원이 견실한 증거를 기반으로 유효한 결론에 도달하는 과정에서 기술과 결단력을 제대로 확보하였는가 등을 들 수 있다.

그룹 분극화

그룹 의사결정의 요점은 구성원이 서로 영향을 미친다는 것이다. 그러한 영향력을 주고받은 결과 그룹 분극화(group polarization) 경향이 생길 수 있다. 이 말은 그룹 구성원이 개별적으로 가지고 있는 초기 선호보다 더 극단적인(보다 위험하거나 조심스러운) 결정을 내리는 경우가 있다는 조사 결과를 가리킨다. 다시 말해서, 그룹 구성원들이 처음 시작했을 때보다 특정한 방향으로 더 치우친다는 것이다. 이러한 경향에 대해 두 가지 설명이 제시되었다.

사회적 비교 이론(social comparison theory, SCT)은 구성원들이 서로에 대해 알아감에 따라 '올바른 사람으로' 보이고 싶어 하고 그룹이 긍정적인 평가를 내리는 방향으로 의견을 과장할 수 있다고 시사한다. 예를 들어, 정치적으로 온건한 자유주의를 믿는 사람이 자유주의적 사고를 높게 평가하는 그룹에 속할 경우 스스로를 자유주의자로 과장하는 경향을 보일 수 있다. 따라서 그룹이나 문화 규범이 위험을 선호하면(예를 들어, 미국 문화에서 이루어지는 수많은 비즈니스 결정) 그룹은 위험 쪽으로 방향을 전환한다. 신중함이 문화 규범이면(예를 들어, 자식의 생명에 영향을 미치는 결정) 그룹은 신중함 쪽으로 전환한다.

그룹 분극화의 또 다른 설명은 설득적 주장 이론(persuasive arguments theory, PAT)이다. 이 이론은 특정 방향으로 향하는 주장이 수효가 많고 두드러지며 참신하면 구성원은 그 방향으로 움직이도록 설득된다고 설명한다. 따라서 구성원이 위험(또는 신중함)을 선호하는 경향을 보이면 위험(또는 신중함)을 찬성하여 제시하는 주장이 더 많아지고 강해진다.

이러한 주장이 설득력을 가짐으로써 그룹은 그 방향으로 전환한다.

SCT와 PAT 모두를 어느 정도씩 지지하는 연구들이 나왔다. 특정 그룹의 선택 변이를 좀더 잘 설명해주는 이론이 둘 중 어느 것인지는 해당 그룹의 내재적 상태에 따라 다를 수 있다. 예를 들어, 헤일*Hale*과 보스터*Boster*는 과제의 모호성이 높아지면 SCT가 변이를 더 잘 설명해주는 것 같고 과제 모호성이 낮아지면 PAT가 더 잘 설명해주었다고 밝혔다. 카플란*Kaplan*과 밀러*Miller*는 과업의 유형이 중요하다는 점을 깨달았다. SCT 설명은 판단을 요하는 과제에서 우세하고 PAT는 정답이 있는 지적인 과제에서 선택 변이를 더 잘 설명했다.

앞서 언급한, 크롬웰*Cromwell* 등이 수행한 강도 연구에서는 그룹 분극화 개념을 뒷받침해주는 증거를 발견하고 그룹 의사결정 과정에서 인지적, 감정적 요소가 모두 작용함을 확인한다. 예를 들어, 세 명의 강도가 한 그룹을 이루었을 때 두 명은 특정한 집에 6점(10점이 최저 위험)을 주었지만 한 명은 시간이 오후 3시가 거의 다 되었고 금세 하교 시간이 되므로 많은 아이들이 근처에서 놀 수 있다고 지적했다. 강도들은 위험을 재평가하여 평점을 2점으로 낮추었다.

동시에, 같이 움직이는 강도들은 분명 서로를 자극하고 부추긴다. 크롬웰 등에 따르면 강도들이 그룹을 이루면 단독으로는 하지 않고 하려 들지도 않는 다양한 뒤풀이 술파티를 벌이거나 여러 집을 습격하는 과감성을 보일 가능성이 높았다. 강도들이 보이는 위험성과 신중성에 대한 이러한 연구 결과가 상반되는 것처럼 보이지만, 이 결과를 다음과 같이 설명할 수 있다. 범죄를 저지르기로 결정한 강도는 대단한 흥분 상태에 빠지고 다른 사람이 옆에 있으면 더욱 영향을 받는다. 이러한 사회적 조장 효과는 더 큰 위험을 감수하는 행위로 이어질 수 있다. 그러나 특정한 현장의 위험도를 평가할 때는 사실상 흥분하지 않은 상태이고 정보 처리 기술을 발동해야 하므로 다른 사람과 함께 있게 되면 도움을 받는 것으로 보인다. 따라서 인지적·심리적 요소 모두가 의사결정에 포함되고 두 가지 모두 다른 사람이 가담하는지 여부에 영향을 입는 것으로 보인다. 그룹 의사결정의 주요한 장점, 즉 한 사람보다는 여럿이 모이는 게 낫다는 점이 의사결정의 정보 처리 단계에서는 더욱 진가를 발휘한다는 사실은 참으로 흥미롭다.

생각 해 봅시다

> 그룹으로 내린 결정이 혼자서 내렸을 결정보다 좋지 않았던 경험이 있는가? 그룹이 더 바람직한 결정을 하도록 기여하지 못한 요인을 갖고 있었다면 어떤 것인가? 반면, 그룹으로 내린 결정이 혼자서 내렸을 결정보다 좋았던 경험이 있는가? 그룹 결정이 더 뛰어났던 이유는 무엇인가? 결정 수준 향상에 가장 크게 기여하는 요소가 무엇인 것 같은가?

그룹 내 의사결정의 방법

그룹은 결정을 하기 위해 매우 다양한 방법을 사용할 수 있다. 가장 일반화된 세 가지 방법이 바로 정해진 리더에 의한 결정, 다수결에 의한 결정, 합의에 의한 결정이다. 각각 나름대로 장점이 있으며 상황에 따라 선택할 수 있다.

리더에 의한 의사결정

때로는 지정된 리더가 결론에 이르기까지 문제를 혼자 생각하고 결정을 발표하거나 그룹 의견을 들은 다음 결정을 발표한다. 그러면 그룹 구성원들은 결정을 실행하기 위한 지시를 받는다. 결과적인 해결책의 수준이 높을 수도 낮을 수도 있다. 그러나 그런 식으로 리더가 지배하는 형태는 적대감, 결속력 저하, 표리부동한 태도 등 뜻하지 않는 결과도 낳는다. 이 책의 저자들은 어떤 대학 교직원 그룹에서 교수들이 지정된 리더가 다른 교수들의 의견을 듣지 않고 결정을 내렸다고 맹렬하게 비난하는 모습을 목격한 적이 있다. 교수들은 리더의 결정을 뒤집기 위해 특별 회의를 소집하였다. 그들은 선택할 수 있는 사항에 대해 토의한 후 결국 리더와 정확하게 같은 결정을 내리는 데 이르렀다. 분명 그들은 결정의 내용 때문에 분개한 것이 아니었다. 절차상의 문제가 이유였고 리더가 자신들의 권리를 박탈했다고 믿은 것이었다.

다수결에 의한 결정

거수, 서면 투표 표결로 결정하는 다수결(majority decision)은 민주적인 집단에서 가장 자주 사용하는 절차이다. 긍정적인 측면으로는 모든 사람이 말로 의사를 표현하여 결정에 영향을 미칠 기회를 동등하게 갖는다는 점과 합의 결정이 그룹 규범일 때보다 더 신속하게 내려질 수 있다는 점이 있다. 과반수 투표는 과반수라는 숫자의 힘으로 갈등을 해결한다. 물론 투표가 만장일치이면 합의를 달성하는 셈이다. 그러나 보통 찬반이 갈리면 소수 구성원(패배한 쪽)이 때때로 자신들의 의견이 제대로 이해되지 않았고 공정하게 처리되지 않았다고 의심하기도 한다. 소수에 속하는 사람들이 대다수 의견에서 벗어나는 의견을 가졌다고 비웃음을 살까 두려워 침묵을 지킬 수도 있다. 때로는 결정의 수준이 떨어질 뿐만 아니라 그룹에서 결정에 대한 결속력과 책임감이 낮아지는 경험을 하기도 한다. 그룹 내규에 따라 반드시 표결에 붙여야 한다면 그룹은 합의에 이를 때까지 쟁점을 토의한 다음 '규칙에 따라' 그것을 확인하는 투표를 할 수도 있다.

합의에 의한 의사결정

합의 결정(consensus decision)은 전 구성원이 모든 이가 지지하는 최선의 것이라고 동의하는 한 가지 결정을 말한다. 동시에 이것이 모든 구성원이 가장 선호하는 대안일 수도 있다(물론, 반드시 그렇지는 않다). 진정한 합의에 도달했다면 일반적으로 가장 뛰어난 결정이라는 성과를 얻는다. 그러나 합의 도달은 다른 절차보다 훨씬 많은 시간을 요한다. 더욱이, 만장일치(모든 그룹 구성원이 최종 결정이 최선의 결정이라고 믿는 완벽한 합의 상태)는 결코 흔하지 않다. 때로는 아무리 많은 시간을 들여 토의를 벌여도 진정한 합의를 달성하지 못하고 만다. 구성원의 특정한 성격적 특징, 가치, 기타 특성이 그룹의 합의 달성 능력에 영향을 미친다. 세 가지 일반적인 결정 규칙 지향에는 손실을 최소화하려는 시도(보수적이고 비관적인 접근법), 이득을 극대화하려는 시도(위험을 감수하고 낙관적인 접근법), 최고 기대 유용성 접근법(미래를 비관적으로 전망하는지 낙관적으로 전망하는지에 관계없이 가장 높은 평균 이익을 도출하려는 시도)이 있다. 비티*Beatty*는 구성원이 결정에서 느끼는 편안함의 정도가 결정의 좋고 나쁨보다 합의 결정에 더 중요하다고 지적했다. 구성원들의 결정 규칙 지향이 유사한 그룹은 합의 달성에 이르는 과정이 더 수월했다. 따라서 그룹이 합의에 도달하기 위해 힘을 쏟을 경우 단순히 결정의 우수성만 관련되는 것은 아니다.

일부 구성원들이 유별나게 목소리를 높여가며 의견을 표명하는 전문가나 지위가 높은 구성원, 지정된 리더 또는 대다수 의사에 순응할 경우에는 합의가 피상적 수준에 머물 수 있다. 합의 결정에 도달하는 도중에 갈등이 불거질 가능성도 있다. 그러한 가능성을 예상하고 기꺼이 받아들여야 한다. 특히, 비판적 사고를 강화하는 건설적 논쟁에서는 더욱 그렇게 해야 한다. 최선을 다해 적극적으로 경청과 추론 기술을 활용하라.

다음은 홀 *Hall* 이 제시한, 합의 결정을 위한 몇 가지 토의 지침이다.

1. 자기 입장을 고집스럽게 주장하지 말라. 그것을 분명하고 논리적으로 제시하며 그에 대한 모든 반응을 경청하고 검토하라.
2. 이기느냐 지느냐의 막다른 상황에 빠지지 않도록 하라. 그보다 모두가 받아들일 수 있는 차선책을 발견할 수 있는지 생각하라.
3. 지나치게 쉽고 빠르게 합의에 도달했다면 집단 사고를 경계하라. 단지 갈등을 피할 목적으로 자신의 주장을 변경하지 말라. 토의를 통해 그것이 최선책이라는 점에 실질적으로 동의하도록 하라.
4. 다수결이나 평균 내기, 동전 던지기 등으로 갈등을 억제하는 방법을 사용하지 말라. 그런 방법이 해로운 마찰을 방지해주기는 하지만 건설적이고 실질적인 논쟁을 억제하기도 한다.
5. 대안 테스트와 추론 평가에 도움이 되는 의견 차이를 추구하라. 모든 구성원이 의사결정 과정에 참여하도록 유도하라. 그룹이 보다 폭넓은 정

보와 아이디어를 확보한다면 최선의 대안을 선택할 가능성이 더 높다.

생각 해 봅시다

> 두 그룹의 강도가 있다고 하자. 하나는 손실을 최소화하려는 결정 규칙
> 을 가진 그룹이고 다른 하나는 이득을 최대화하려는 규칙을 가진 그룹이다. 이
> 두 가지 다른 지향이 각 그룹의 공동 결정에 어떠한 영향을 미칠 것인지 상상
> 할 수 있는가? 강도들에게 각 접근법이 갖는 장점과 단점은 무엇인가?

의사결정 과정의 단계적 추이

6장에서 개인들이 모인 집단에서 한 그룹으로 발전해가면서 형성 단계와 생산 단계를 경험하는 과정에 대해 설명하였다. 몇몇 연구자들이 그룹 역시 의사결정과 문제해결 과정에서 비교적 예측 가능한 단계를 거치며 순환한다는 점을 관찰하였다.

최근 연구 중에서 피셔는 경험이 많은 의사결정 그룹은 여러 대안 가운데 하나를 선택하는 과정에서 네 가지 단계를 거친다는 점을 관찰했다. 이러한 네 단계는 각 단계마다 발생하는 고유한 상호작용 유형으로 구별할 수 있다.

적응

적응 단계 동안 구성원들은 과제, 선택 사항에 대한 정보, 정보 해석 방법에 대한 이해를 공유해 나간다. 불화의 조짐은 거의 나타나지 않고 모호하고 호의적인 의견이 일반적이다. 그룹 구성원이 정보에 어둡고

다른 사람이 자신을 어떻게 생각할지 염려할 때는 다른 구성원의 감정을 상하게 할 수 있는 강한 발언이나 이견을 표현하는 데 신중을 기한다. 이 초기 단계에서 구성원은 "그 방법은 소용이 없을 것 같아요. 해결책을 도출하려면 훨씬 더 노력해야 해요."라는 말보다 "괜찮은 아이디어 같네요. 하지만 좀더 시간을 두고 생각해 보죠."라는 말을 할 가능성이 높다. 첫번째 말은 명료하며 단정적이고 두번째 말은 모호하고 불확실하다.

갈등

갈등 단계에서 구성원은 발제를 하고 자기 입장을 정하고 이견과 절충안을 제시하고, 제안된 사항을 놓고 찬반 토론을 벌이며, 일반적으로 적응 단계보다 스스럼없는 태도로 아이디어를 토의한다. 모호한 발언 횟수는 감소하지만 반대하거나 동의하는 발언은 일반화된다. 예를 들어, 셀레나가 이렇게 말한다. "계속 이대로 진행하지 말고, 있을 수 있는 효과에 대해 정보를 좀더 수집해야 할 것 같아요." 앤드류가 대답한다. "아니오, 지금 바로 결정을 해도 될 만큼 필요한 정보를 다 갖고 있어요." 그러자 티나가 셀레나 편을 든다. "셀레나 말이 옳아요. 더 많은 것을 파악해야 해요. 안 그러면 정말 일을 그르칠 거예요." 구성원들은 대부분 제안에 대해 찬반 토론을 벌인다. 분명하고 강하게 의견 표명을 함에 따라 우유부단한 모습은 사라진다.

결정 부상

그룹이 목표를 달성하려면 각 구성원이 특정한 견해를 주장하는 태도에서 기꺼이 서로의 의견에 귀를 기울이는 태도로 어떻게든 변해야 한다. 이러한 변화는 그룹 내에 모호성이 재등장하는 현상과 동시에 일어난다. 초기 모호성이 1차적인 긴장을 완화하는 방법이었다면 이 단계의 모호성은 구성원들에게 완강하게 자기 의견을 고수하던 태도에서 물러나면서도 체면을 세우도록 함으로써 2차적 긴장을 해소한다. "첫번째 제안을 승인해야 합니다."에서 "첫번째 제안은 거부해야 할 것 같습니다."로 갑자기 급선회하는 태도는 구성원의 자기 이미지를 깎아 내리는 면이 있다. 점진적 변화가 필요하며 모호한 태도가 이러한 변화의 기회를 제공한다. 즉, 구성원으로 하여금 "어쩌면 당신 말이 옳을 것 같습니다. 첫 번째 제안에 내가 미처 생각하지 못한 문제가 있을지 모릅니다. 결정하기 전에 좀더 빈틈없이 검토해봅시다."로 태도를 바꿀 수 있게 해준다. 구성원들은 점진적으로 공통되는 그룹 의견으로 접근해간다. 이 단계의 막바지에 다다르면 합의 결정이 표면화되고 때로는 갑자기 부상한다. 구성원은 보통 이 시점에 다다랐을 때 그것을 인식하고 모두들 한 가지 결정에 지지 의사를 표명한다(이렇게 되지 않으면 그룹이 다수결로 의견 불일치를 해결하는 것이 적절하다).

강화

그룹이 1차 목표를 달성했다고 하여 즉각적으로 다른 문제로 전진하거나 해산하지는 않는다. 구성원은 타결된 한 가지 문제에 대해 서로를 그리고 스스로를 강화시킨다. 이를테면, 이런 말들을 할 것이다. "와, 긴 시간이 걸렸지만 정말 중요한 문제를 해결했습니다." 또는 "최종 제안이 정말 마음에 들어요. 멋지게 마무리될 거예요." 구성원은 서로를 격려하고 그룹 결정과 서로에게 갖고 있는 긍정적인 느낌을 강화시킨다.

그룹 의사결정은 복잡한 순서로 이루어진다. 다양한 요소가 그룹이 경험하는 단계뿐만 아니라 단계가 나타나는 순서에도 영향을 미친다. 예를 들어, 어떤 그룹은 길고 오랫동안 지체되는 갈등을 경험하고 갈등 후에도 사회감성적 일치감을 거의 느끼지 못한다. 또 어떤 그룹은 갈등이 불거지지 않고 아이디어 개발에 오랜 시간을 들인다. 풀 *Poole* 이 제시한 그룹 의사결정의 상황적합모델은 단계 진행에 영향을 미치는 세 가지 유형의 요소를 설명한다. 즉, 목표 과제 특성, 그룹 과제 특성, 그룹 구조적 특성이 그것이다. 목표 과제 특성은 목표 투명도, 결정이 갖는 잠재적 효과와 같은 요소를 포함한다. 예를 들어, 그룹의 목표가 과정 초기부터 명확하다면 구성원들은 적응 단계를 단축할 수 있다. 그룹 과제 특성은 시간과 구성원 숙련도와 같은 요소를 포함한다. 구성원은 과제에 적응하는 데 더 많은 시간을 들이고 익숙한 일을 대할 때보다 자신에게 낯선 새로운 과업을 대할 때 여러 가지 선택 사항의 장점을 놓고 논쟁하기 위해 더 많은 시간을 할애할 가능성이 있다. 마지막으로, 그룹 구조적 특성은 그룹 구성원이 공동 작업하는 방식을 가리키며 결속력, 갈등, 이력과 같은 요소를 포함한다. 갈등을 경험한 구성원은 그룹 내 강력한 주장에서 비켜나거나 방어적인 자세로 그룹 모임에 임한다. 짐작하듯이 그룹 의사결정은 복잡하고 다양한 요소들이 단계적 진행 상황에 잠재적으로 영향을 미치는 과정이다.

의사결정 순환 과정에서 나타나는 단계와 그룹 발달 과정에서 나타나는 단계는 서로 구분된다. 이 두 가지 과정은 서로 결합하여 작용하며 쉽사리 통합될 수 있다. 그룹은 전체 존속 기간 동안 절차적 관심사와 생산적 관심사를 동시에 처리해야 한다.

[그림 9.1] 소그룹 발달 과정 동안 이루어지는 의사결정 모형

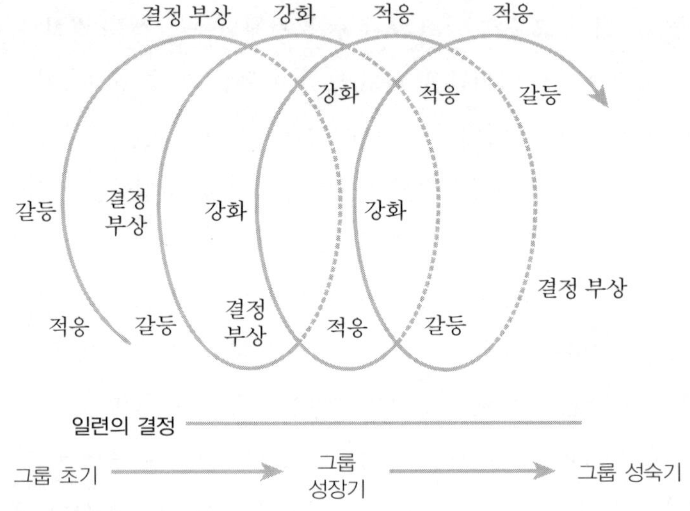

피셔의 연구는 그룹의 발달 단계와 의사결정 단계를 연결하는 데 필요한 정보를 제공한다. 새로운 중요한 결정에 마주칠 때마다 구성원은 서로에게 그리고 그룹의 새로운 과제에 적응하고 다양한 선택 사항에 대해 찬반 논쟁을 벌이고 무언가를 결정하고 결정 강화를 통해 모종의 결론에 도달해야 한다. 따라서 단계적 경과에 대한 중요한 이전 연구를 검토하고 저자 자신의 경험을 바탕으로 할 때 우리는 그룹이 피셔가 설명한 단계를 반복적으로 순환하며 초기 형성 단계에서 완전하고 효율적인 생산 단계로 점진적으로 진행하면서 동시에 하나 이상의 문제를 해결한다고 본다. 이 움직임이 그림 9.1에서 나선형으로 표현되었다. 이 전후방향 나선형 움직임은 존속하고 있는 수많은 그룹에서 일반적인 현상이다. 쉘

*Scheidel*과 크롬웰*Cromwell*은 그룹의 문제해결 과정에서 나선형 추이를 관찰하였고 그룹이 결정을 향해 분명하고 연속적인 선형 움직임을 보이지는 않는다고 지적했다. 이 나선형 효과를 이해하게 된다면, 그룹이 문제 분석에서 해결책 실행에 이르기까지 질서정연한 직선적 순서로 나아가지 않을 때 느껴지는 낭패감을 충분히 감내할 수 있을 것이다. 결국, 군대는 교전 중이 아닐 때만 안정되고 질서정연하게 행군하는 법이다!

효과적인 그룹 의사결정

그룹이 가능한 최선의 결정을 내렸음을 분명히 하기 위해 취할 수 있는 몇 가지 단계가 있다. 다음 지침에서 의사결정 유효성과 직접적으로 연관되는 문제해결 과정의 핵심 요소를 정리하였다.

1. 구성원들이 문제를 명확하게 이해하도록 한다.
2. 구성원이 결정을 평가하는 기준을 이해하지 못하면 터놓고 토의해야 한다.
3. 설정한 기준을 근거로, 긍정적 · 부정적 결과 모두를 고려하여 모든 선택 사항을 평가한다.
4. 시험적으로 한 가지 대안을 선택하고 선택한 사항을 '2차 추정' 한다.

그룹 의사결정 수준을 향상시키기 위한 마지막 조언은 중요성이 매우 높기 때문에 따로 한 단락을 할애하여 논의하기로 한다. 최선의 토의가 되도록 하려면 그룹 구성원은 의사결정 과정의 각 단계마다 비판적 사고 기술을 채택해야 한다.

> **생각** 해 봅시다
>
> 의사결정 절차는 쉽게 단축할 수 있고 그렇게 하는 것이 특정 상황에서 완벽하게 들어맞기도 한다. 어떤 상황에서 또는 어떤 결정에서 의사결정 절차를 단축하는 것이 무방하다고 생각하는가? 어떤 결정에서는 절차를 절대로 생략해서는 안 되는가? 구체적인 예를 들 수 있는가?

비판적 사고와 그룹 의사결정의 수준

비판적 사고(critical thinking)는 직관이나 육감이 아니라 증거와 논리적이고 개연성 있는 추론을 기반으로 정보와 개념을 체계적으로 검토하는 것을 말한다. 불행하게도, 많은 그룹이 비판적 사고 기술을 장려하지 않는다. 마이어스*Myers* 등은 대학생 그룹이 그룹 토론을 하면서 진행 시간 중 거의 절반을 단순한 자기주장으로 채우며 구성원들이 논리 규칙이나 표준으로 사용되는 기준을 거의 언급하지 않는다는 점을 발견했다. 이 단락에서는 정보와 아이디어를 연결하는 증거와 추론의 평가 방법을 집중적으로 다룬다.

비판적 사고는 모든 그룹 구성원의 의무이지만 때로는 그룹에서 구성원 중 한 사람을 비판적 조언자(critical advisor)로 지명한다. 이 사람을 심문관(devil's advocate)이나 상기자(reminder)라고 부르기도 한다. 지명된 구성원은 다양한 아이디어와 이 책에서 제시한 지침을 검토한 후 그룹 앞에 나서서 검토한 아이디어를 비판적으로 평가하는 책임을 맡는다. 비판은 건설적인 것이며 다른 구성원이 비판적 사고 과정에 동참하도록 격려해야 한다. 그룹 구성원들이 돌아가면서 이 역할을 맡아서 비판이나 특정 구성원에 얽매일 가능성을 낮추는 것이 좋다. 그룹에서 이 방법을 활용하면 한 구성원이 토의를 주도하거나 잘못된 가정을 하도록 용인하는 오류를 범하지 않아서 결정의 수준이 향상될 가능성이 높다.

정보 평가

정보, 즉 사실, 아이디어, 의견, 데이터 등은 그룹이 토의를 진행하는 원재료와 같다. 그룹 최종 결정의 우수성은 그룹이 투입한 정보의 우수성에 상응한다. 그룹을 반드시 정확성, 신뢰성, 그룹 결정과의 관련성의 측면에서 정보를 평가해야 한다.

사실과 추론의 구별

사실과 추론, 의견, 선호도를 구분하는 것이 특히 중요하다. 그룹 구성원은 종종 의견을 사실인 것처럼 진술하여 다른 구성원이 잘못된 결론이 될 수 있는 것을 받아들이도록 유도한다.

사실(fact)은 '참' 또는 '거짓' 으로 확인할 수 있다. 거짓이면 사실이 아니다. 사실은 존재하거나 존재하지 않는다. 사실은 논쟁거리가 아니다. 사실 진술은 어떤 사건의 관찰을 기술하는 선언적 진술이다. '밖에 비가 오고 있다' 는 사실의 진술이다. 사건(비)이 기술되었고 이 진술은 진술의 정확성을 확인할 방법이 있음을 암시한다(예를 들어, 창 밖을 바라봄). 진술이 관찰된 사실을 정확하게 기술하면(예를 들어, 실제로 비가 내리고 있음) 그것은 '참' 인 진술이다. 현재 사건은 비교적 확인하기 쉽다. 사실의 진술이 과거 사건을 가리키면 그 사건은 누군가 실제로 관찰한 것이어야 한다. 그러나 과거 사건은 그룹이 현재 확인할 수 없으므로 그 사건의 진술만을 확인할 수 있다. 예를 들어, 조지 3세가 1773년 영국 왕관을 차지한 것이 사실인지 확인할 수는 없지만 역사는 그가 왕이었다고 기록한다. 몇 가지 독립적 자료에서 동일한 정보를 사실로 보고하면 한 가지 자료에서만 확인하는 것보다 확신을 가질 수 있다.

추론(inference)은 실제 관찰된 것을 넘어서는 의견이다. 즉, 사실에서 그 사실을 근거로 하는 결론으로 도약하게 만든다. 추론의 진술은 의견, 선호 사항, 결론을 담은 선언적 진술이다. 예를 들어, '스프링필드 대도시 지역이 빠르게 성장하고 있다' 는 그 지역 인구가 1980년 인구조사에서 207,204명이었고 1990년 인구조사에서 243,300명이었다는 사실을 뛰어넘는 추론의 진술이다. '빠르게' 라는 말은 상대적인 단어여서 이 추론을 유효하다고 받아들일지 여부는 성장률을 무엇에 비교하느냐에 달려 있다. 미국 대도시 지역의 평균 성장률일 수도 있고 미주리 주 대도시 지역의 평균 성장률일 수도 있으며 비슷한 면적을 가진 지역의 최근 성장률일 수도 있다. 추론은 논쟁의 여지가 있다. 그림 9.2를 참고하면 사실의 진술과 추론이나 의견 진술을 구분하는 데 도움이 될 것이다.

조사 및 통계 데이터 평가

사실 진술은 통계나 조사 결과 등을 포함하며 신뢰성이 있는지 주의 깊게 평가해야 한다. 조사는 정교한 작업으로서 정확하게 수행해야 하며 그렇지 않으면 결과가 오해를 불러일으킬 수 있다. 특히, 무작위 또는

[그림 9.2] 사실과 추론 및 의견의 진술

사실의 진술	예
단순한 사실의 나열이다.	1990년 인구조사에서 기록된 스프링필드 인구는 243,300명이다.
관찰 후에만 할 수 있다.	1993년 6월 3일 존 (잭) 브릴하트는 말 두 필을 소유했다.
정확성을 확인할 수 있다.	대학 도서관 도서 목록은 1996년 7월 8일 2,437,532건의 자료를 보유했다.
제한된 수의 사실만 존재한다.	복권 설립 후 세 개 주가 세율을 인하했다.

추론 및 의견의 진술	예
직접 관찰한 바를 뛰어넘는다.	스프링필드가 빠르게 성장하고 있다.
관찰과 관계없이 언제나 할 수 있다.	잭 브릴하트는 말을 좋아한다.
관찰자나 그 밖의 사람이나 누구나 할 수 있다.	좋은 대학의 핵심 요소는 도서관이다.
어느 정도의 확률, 추론 위험 또는 불확실성을 수반한다.	주정부 세금을 인하하기 위해 도박을 합법화해야 한다.
무엇에 관해서든 무제한으로 할 수 있다.	

과학적 표본 추출이 아닌 방법을 기반으로 하는 조사는 더욱 그렇다. 질문과 질문 대상에 따라 결과에 엄청난 차이가 나타날 수 있다.

통계를 평가할 때 다음과 같은 질문을 해 보라. 조사를 위임받은 사람이 누구인가? 데이터를 어떻게 수집하고 분석했는가? 질문이 어떻게 표현되었는가? 통계 데이터를 올바르게 평가하고 해석하기 위해서는 전문가의 도움이 필요할 수도 있다. 해당 데이터를 기준으로 중요한 결론을 내릴 경우에는 특히 더 그렇다.

의견의 출처와 함의 평가

사실은 그 자체로 논쟁할 대상이 아니지만 토의와 논쟁의 기준을 제공해준다. 그룹은 확인된 사항을 처리해야 할 뿐만 아니라 모든 구성원이 받아들일 수 있는 가치, 윤리, 목표, 절차의 우선순위도 결정해야 한다. 구성원은 각 대안을 채택할 경우 일어날 수 있는 일에 대해 추론을 한다.

모든 사람이 자기 의견을 표현할 동등한 권리를 가지고 있다 해도 의견이 모두 동등한 것은 아니다. 의견은 그 유효성과 사실의 적절한 활용도로 평가될 수 있다.

먼저, 의견 제공자를 고려한다. 이 사람(또는 다른 제공자)이 해당 분야에서 인정받은 전문가인가? 제공자의 의견에 영향을 미쳤을 수 있는 이해관계를 갖고 있는가? 문서화된 증거로 자기 의견을 얼마나 충분히 뒷받침하는가? 증거가 통계 자료, 표, 분명한 추론을 갖추고 제대로 조직화되었는가? 이 의견이 같은 제공자가 표명한 다른 의견과 얼마나 일관성이 있는가?

두번째로, 의견의 함의 내용을 고려한다. 그 의견이 나아가 어떤 결론으로 이어지는가, 그러한 결론을 그룹에서 받아들일 수 있는가? 예를 들어, 한 작가가 민간 권총 소지의 불법화가 불의의 사고와 살인으로부터 자기를 보호하는 수단이 될 수 있다고 주장한다고 하자. 이 진술은 어떤 내용을 함축하는가? 그 위험한 장치를 대다수 시민의 손에 쥐어줘서는 안 된다는 것인가? 잠재적으로 살인 무기로 사용될 수 있는, 필수품이 아닌 그 위험한 도구를 제한해야 한다는 말인가? 궁극적으로 모든 잠재적 살인 무기를 제한해야 하는 것인가? 다른 작가가 전과 기록이 없는 사람은 누구나 권총을 안전하고 올바르게 다룰 능력을 증명한 후에 사용 허가를 받아야 한다고 주장할 수 있다. 이 의견의 함의는 무엇인가? 유죄 판결을 받은 악한만이 권총을 사용하여 다른 사람을 살해한다는 것인가? 사람들이 권총을 안전하게 사용하는 법을 주지한다면 대부분의 사고를 방지할 수 있다는 것인가? 권총이 많은 이들에게 유용하다는 것인가? 요컨대 그룹의 결정이 어떤 의견에 달려 있을 때는 그러한 의견, 특히 그 의견의 가정과 함의에 대해 테스트하는 것이 가장 중요하다.

생각 해 봅시다

> 콜로라도 주 리틀톤에서 학생 총기 난사 사건이 발생한 후 많은 사람들이 폭력적인 TV 프로그램 시청이 리틀톤에서와 같은 학교 폭력의 원인이거나 또는 총기 통제의 결여가 폭력의 원인이라고 말했다. TV 시청 제한이 필요하다거나 좀더 엄격한 총기 제한법을 제정해야 한다는 주장이 나왔다. 이러한 주장이 얼마나 유효성이 있다고 생각하는가?

추론 평가

비판적 사고를 위해서는 결론(결정 포함)이 완벽한 증거와 분명하면서도 유효한 추론에 근거해야 한다. 정보(원 데이터)를 평가하고 나면 화자와 작자가 그 정보로 어떤 추론을 하는가를 고찰해야 한다. 그들의 결론이 논리적이고 그럴 듯하며 뒷받침 정보가 있는 적절한 추론에 근거하는가? 이 시점에서 바로 그룹 의사결정이 개별적 의사결정을 분명히 능가

한다고 볼 수 있다. 왜냐하면 일반적으로 구성원 중에 다른 구성원이 놓친 결함이나 추론 오류, 즉 허위(fallacy)를 지적할 수 있는 사람이 있기 때문이다. 그룹 토의에서 관찰된 몇 가지 일반적인 허위 중에는 과잉일반화, 인신공격, 부적절한 인과 관계 암시, 잘못된 흑백논리 제기, 불완전한 유추 사용 등이 있다.

과잉일반화

과잉일반화(overgeneralization)를 하면, 하나 또는 몇 가지 사례가 참이기 때문에 동일한 유형의 모든 또는 대부분의 사례가 참이라고 말한다. 예를 들어, 대학생 중 일부가 학자 대출금의 채무를 불이행했기 때문에 대부분 또는 모든 대학생이 무책임하다고 결론짓는다면 과잉일반화를 하는 것이다. 모든 일반화가 그릇된 것은 아니다. 즉, 일반화는 통계학에서 채택하는 방법으로 비교적 적은 샘플에서 대다수로 적절하게 일반화할 수 있게 해준다. 문제는 우리가 성급하고 지나치게 일반화할 때이다. 일반화를 테스트하려면 일반화가 근거로 삼은 사례가 몇 가지이며 그 사례가 대표한다고 가정되는 현상에서 일반적인 일인지 물어보고, 제공된 샘플이 어떤 식으로든 편견에 치우치지 않는지 판단해 본다.

인신공격

인신공격(ad hominem attack)은 한 사람의 주장 속에 들어 있는 결점을 지적하는 것이 아니라 그 사람 자체를 공격하는 것이다. 인신공격은 드러내놓고 표현하거나("여성이나 소수 인종이 차별 시정 법안을 제대로 평가할 거라고 믿을 순 없습니다!") 또는 넌지시 암시할 수 있다("어째서 그런 사람이 우리 그룹에 도움이 될 거라고 생각하십니까?"). 어떤 사람이 제공한 의견의 유효성이나 정보의 정확성과 관계없이 성격을 근거로 그 사람을 비난하는 것이기 때문에 인신공격은 신뢰성을 평가하는 데 아무런 도움이 되지 않는다. 인신공격은 어떤 제안을 찬성하거나 반대하는 사람이 개진한 주장을 평가하는 데 도움이 되지 않는다. 인신공격은 험담의 미묘한 형태일 뿐이다.

부절적한 인과관계 암시

사람들은 때에 따라 두 가지 사건이 관련이 있거나 서로 가까운 시간 차를 두고 발생했기 때문에 하나가 다른 하나의 원인이 되었음이 틀림없다고 가정한다. 정확한 인과관계 설정은 통계적 절차를 사용할 경우에도 복잡하고 어려운 일이다. 특정한 한 사건이 다른 사건을 일으켰다고 시사한다면 그것은 여러 가지 변수와의 관계를 지나치게 단순화하는 것이다. 예를 들어, 이 책의 저자들은 어떤 뉴스 앵커가 이렇게 말하는 것을 우연히 들은 적이 있다. 여자 대학 졸업생들이 남녀 공학 출신보다 〈포춘 Fortune〉지 선정 500대 기업의 이사진에 오른 확률이 높았기 때문에 여자 대학에 다녔다는 사실이 바로 직업적 성취를 높여주는 원인이 되었다는 것이었다. 이 얼마나 터무니없는 말인가? 직업적 성취에는 다양한 요소가 영향을 미친다. 또, 많은 여자 대학은 학생 선발 기준이 까다로워 학생들이 대개 똑똑하고, 학비도 비싸기 때문에 포춘 지 선정 500대 기업을 소유했거나 그와 관련이 있는 가정의 자녀들이며 비싼 학비를 지불할 여유가 있다. 여자 대학은 실제로 재학생들에게 리더십 활동에 참여할 기회를 더 많이 제공한다. 따라서 타고난 능력과 가족 관계가 여자 대학 입학과 직업적 성공 모두의 원인이 되었을 가능성이 더 높다. 인과관계를 단정할 때면 항상 그 사건이 어째서 서로 연관되는지 다른 이유를 찾아야 한다. 대안적 설명을 배제한 다음에 인과관계를 대체로 참이라고 받아들여야 하며 그 경우에도 불확실성을 염두에 두어야 한다.

흑백논리

흑백논리(false dilemma)는 A 아니면 B의 선택을 제기하며 두 가지 선택 또는 행동 방침 중 한 가지만 가능하다고 부당하게 암시하는 태도이다. 예를 들어, 주차난을 해결하려면 대학에서 새 주차장을 짓거나 아니면 학생들이 수업에 가기 위해 몇 km를 걸어야 한다는 진술이나, 성교육은 부모가 하거나 학교에서 한다는 진술이 있다. 이 각각의 진술은 두 가지 목표를 모두 달성할 수 있는 다른 의견이 있다는 사실을 간과하고 있다. 대학은 셔틀버스 서비스를 제공하여 학생들을 먼 거리에 위치한 주차장으로 수송하거나 이른 시간이나 늦은 시간에 수업을 배정하여 특정 시간에 일어나는 주차난을 해소하거나 카풀 제도를 만들어 주차난을 개선할 수 있다. 어린이에게 하는 성교육은 부모, 선생님, 목사, 신부, 랍비 등이 하거나 선생님과 부모로 구성된 위원회를 통해 하거나 성직자와 부모가 팀을 이루어 하거나 전문 기관에 의뢰할 수도 있다. 위의 두 가지 경우에 제시된 양자택일은 수많은 기타 선택이 가능하다는 사실을 감춘다. 즉, '흑백논리'는 거짓이다. 작자나 화자가 대안을 제공하지 않았다는 이유만으로 대안이 있다는 사실을 망각해서는 안 된다. 양자택일의 상황에 처할 때마다 다른 선택이 있는지 모색하거나 좋다 / 나쁘다, 효과적이다 / 비효과적이다 이상의 시각에서 생각해 보기를 권한다.

잘못된 유추

잘못된 유추(faulty analogy)는 유사성을 지나치게 확대 해석하는 비교이다. 비교를 통해 문제를 더 생생하게 이해할 수 있지만 모든 비교에는 한계가 있다. 저자인 글로리아의 오렌지 하우스에 사는 고양이는 생김새나 행동이 호랑이 같지만 하루에 고기를 3kg도 먹지 않고 사람 무릎으로 뛰어오른다 해도 해를 입히지 않는다. 어떤 유추를 주장인 양 내놓는 경우를 접할 때마다 스스로 다음을 질문해 보라. 비교되는 두 가지가 무엇인가? 그것들이 어떻게 유사한가? 그리고 가장 중요한 것은 '그 두 가지가 어떻게 다른가? 즉 비교가 어떤 측면에서 부정확한가? 이다. 항상 이렇게 물어보라. '이 유추가 결론을 보증하는가?

요약 SUMMARY

1. 그룹 결정이 일반적으로 개별적 결정보다 우수하지만 이것은 몇 가지 요소에 좌우된다. 즉, 과제의 유형, 구성원의 능력, 그룹 규범이 지지하는 생산성의 높낮이, 사용된 의사결정 절차 등이 그것이다. 이상적으로 말하면 그룹은 회합 효과, 즉 그룹 결정이 모든 개별 구성원의 결정의 합이 내는 효과보다 우월한 결과를 달성한다. 그룹 결정은 구성원이 결정을 수용해야만 할 때, 질적인(즉 단 한 가지 최선의 해결책이 아닌) 요소가 있을 때, 구성원이 충분히 시간을 갖고 철저하게 심사숙고할 때 보증된다.

2. 그룹 의사결정은 이성적인 것뿐만 아니라 심리적인 절차도 수반하여 그룹 분극화 효과 또는 그룹 내 사람들이 극단적인 해결책을 채택하게 되는 경향으로 이어질 수 있다.

3. 그룹 결정은 리더로 지정된 사람, 다수결 투표, 합의에 의해 이루어질 수 있다. 합의는 그룹 결정을 경쟁적인 과정이 아닌 협동적인 과정으로 보고 창조적 사고를 자극하는 의견 차이를 활용함으로써 촉진된다.

4. 귀중한 합의에 도달할 수 있도록 하려면 완고한 태도를 버리고, '모 아니면 도'라는 사고를 회피하고, 집단사고를 경계하고, 갈등 억제 기술을 사용하지 않고, 그룹 성과를 향상시키는 의견 차이를 존중해야 한다.

5. 그룹은 종종 의사결정 동안 예측 가능한 단계를 거친다. 베일즈와 스트롯벡은 세 가지(적응, 평가, 조절)를, 피셔는 네 가지(적응, 갈등, 결정 부상, 강화)를 식별했다. 풀 등의 최근 연구자들은 단계의 유형, 길이, 순서가 몇 가지 그룹 및 개인적 요소에 따라 달라진다고 제시한다.

6. 몇 가지 요소가 그룹 의사결정을 향상시킬 수 있다. 즉, 문제의 신중한 정의, 기준에 대한 동의, 모든 의견의 긍정적·부정적 특징에 대한 철저한 평가, 시험적인 선택 사항에 대한 2차 추정, 그리고 가장 중요한 비판적 사고 등이 그것이다.

7. 그룹이 사용할 수 있는 정보 및 정보를 결론으로 연결하는 추론과 논리를 주의 깊게 평가해야 한다. 구성원들은 특히, 과잉일반화, 인신공격, 부적절한 인과관계, 흑백논리, 잘못된 유추와 같이 추론을 손상시키는 일반적 오류를 조심해야 한다.

CHAPTER TEN

정체된 그룹을 살리는 갈등관리

소그룹 토의중 불가피하게 나타나는 갈등은 제대로 관리만 한다면
비판적 사고를 증진하는 다양한 시각을 제공함으로써
문제해결과 의사결정을 향상시킨다.

지난 30년간 미국 사회에서 가장 오래 되고 민감한 갈등은 낙태 반대론자와 낙태 찬성자들 사이에서 벌어진 공방이다. 이 갈등은 양측의 견해가 너무나도 동떨어져 있어서, 때로는 악의에 찬 격렬한 논쟁과 심지어 폭력 사태마저 불러일으켰다. 최근 들어 민중 단체인 '생명과 선택을 위한 공통 기반 네트워크 *Common Ground Network for Life and Choice*'는 낙태 반대론자와 찬성론자가 공동 참여하도록 기획된 소그룹 토의, 지역사회 포럼, 세미나를 후원했다. 공통 기반 운동은 세인트루이스의 낙태 찬성론자이자 인공 유산 시술 병원 원무 관리자인 B. J. 아이작슨 존스 *B.*

*J. Isaacson-Jones*가 그녀의 최대의 맞수 중 한 사람인 낙태 반대론자이자 변호사인 앤드류 푸즈더*Andrew Puzder*가 쓴 신문 논설을 읽으면서 시작되었다. 이 논설에서 그는 양측이 각자의 입장을 포기할 가능성은 없지만 분명히 빈곤한 여성과 그 자녀들을 지원하는 데 협력할 수 있을 것이라고 말했다. 아이작슨 존스와 푸즈더는 회의를 열었고 그들이 사실상 공통되는 기반을 공유한다는 사실을 발견했다. 처음 만나 대화를 나눈 결과 전국적으로 낙태 찬성론자와 낙태 반대론자들이 서로 동의하는 부분을 발견하기 위해 공동 노력할 토의의 장이 마련되었다. 그룹은 버팔로, 데이븐포트, 미네아폴리스, 세인트루이스, 워싱턴, 클리블랜드 등지에서 활성화되었다.

공통 기반 조직위원들은 그들이 양측에게 타협할 것을 강요하려는 것이 아니라는 점을 지적한다. 그보다 토의를 통해 서로 겹치는 두 개의 원이 가진 공통분모를 가시화하려 한다. 각각의 원은 여전히 온전한 하나이지만 양측은 겹치는 부분, 즉 공통 기반에 담긴 아이디어를 전적으로 지원한다. 가장 전형적인 형태가 바로 낙태 반대론자 두 명, 낙태 찬성론자 두 명, 기반 규칙을 수립하는 대화 촉진자 한 명이 모여 소그룹을 이루는 것이다. 공통 기반 그룹은 학습 그룹이며 논쟁하는 집단이 아니다. 참가자들은 그룹의 대표라는 의식을 버리고 솔직하고 정중하게 개인적으로 의견을 표현한다. 다른 편이 주장을 포기할 것을 요구해서는 안 된다. 때때로 토의가 시작되기 전에 참가자들이 반대편 사람들의 입장에 서서 설문지를 완성하기도 한다. 양측은 서로에게 오해를 품고 있다. 낙태 찬성론자에 속하는 사람은 낙태 반대론자가 권위주의적 의사결정 방식이 아닌 협동적 방식을 선호한다는 사실을 알게 되고, 낙태 반대론자에 속하는 사람은 낙태 찬성론자들이 인공 유산은 폭력적이며 출산 억제 방법으로 적절하지 않다고 믿는다는 사실을 알게 된다.

놀랍게도 양측은 여러 가지 목표에 동의하고 그 목표를 지지했으며 기꺼이 공동 노력하겠다는 뜻을 표명했다. 예를 들어, 남녀 모두에게 성적으로 책임감을 느끼라고 촉구하는 일, 양성 평등을 증진하는 일, 십대 임신율을 낮추는 일, 입양을 하나의 대안으로 지지하고 재정을 지원하는 일, 여성으로 하여금 중절하게 만드는 요인을 제거하기 위해 노력하는 일 등에 동의를 표했다. 양측은 그들이 각자의 가치나 신념을 포기하지 않고도 협력할 수 있다는 사실을 깨달았다. 조직위원들은 공통 기반을 발견함으로써 다루기 어려운 사회 문제에 대해 비폭력적이고 긍정적인 해결책을 찾는 일이 촉진되기를 희망한다.

소그룹에서의 갈등은 문제해결과 의사결정의 필수 과정이다. 어떤 쟁점이나 문제에 대한 모종의 합의를 만들어가는 과정의 자연스러운 부산물이다. 각 구성원은 약간씩 다른 방식으로 해결책을 인식하고 상이한 가치, 우선순위, 선호관계를 갖는다. 토의 동안 이러한 인식과 신념의 차이는 두드러진다.

우리는 그룹에 참여함으로써 암묵적으로 다양성의 가치를 인정하며 그러한 다양성이 갈등을 낳을 수밖에 없다는 사실을 인정한다. 사실 그룹 문제해결 중에는 갈등이 발생해야 한다. 그렇지 않으면 그룹 구성원은 자신들이 지닌 다양성을 활용하지 않는 것이다. 의견 차이를 표현하지 못하고 갈등을 빚을 문제를 토의하지 않으려 하는 태도는 비효과적인 문제해결 및 조잡한 의사결정과 직결된다. 그룹이 구성원의 총체적 판단으로부터 최대한 혜택을 보려면 구성원은 자진해서 이의를 제기하고 오류를 지적하며 논쟁도 서슴지 말아야 한다.

지나친 갈등은 그룹에 해를 끼치고 또는 심지어 그룹을 해체시키기도 하지만 저자의 경험에 따르면 그룹이 오류를 범하는 방향은 지나친 갈등 조장이 아니라 지나친 갈등 억제였다. 사람들은 대부분 의견 차이를 두려워하고 갈등이 적거나 아예 없는 그룹을 선호한다. 구성원은 갈등을 많이 겪을수록 그룹 경험을 부정적으로 인식한다. 이 때문에 10장에서는 갈등이 주는 혜택을 강조하고, 유익한 갈등과 해로운 갈등을 구별하는 방법과 가능한 최선의 결정이나 해결책을 내기 위해 갈등을 관리하는 방법에 대해 설명한다.

생각 해 봅시다

> 자신이 적수라고 인식한 사람과는 공통점이 아무 것도 없다고 생각했던 때를 떠올려보자. 때로는 대화를 나누면서 격해지기도 했고 때로는 모든 대화를 일체 회피하려고 애썼던 적도 있을 것이다. 공통 기반 참가자들이 동의하고 함께 노력할 수 있다고 깨달은 것이 있다면 어떤 것일까? 차별 철폐 조치(소수 민족과 여성의 교육 기회와 고용에 대한 차별 철폐를 추진하는 계획 – 역주) 찬성론자 및 반대론자 그룹이 공통 기반 프로젝트에 참여한 경우를 상상해 보자. 어떤 공통적인 점을 발견할 수 있을까?

갈등의 정의

갈등(conflict)의 정의는 '개인들이 막다른 골목에 몰렸을 때 발생하는 것'에서부터 '완전히 차이를 보이는 상태'에 이르기까지 다양하다. 이 책에서는 다음과 같은 호커 *Hocker* 와 윌모트 *Wilmot* 의 정의를 선택한다.

> 갈등은 서로 목표를 양립시킬 수 없고, 자원이 불충분하며, 목표를 달성하는 데 다른 당사자가 방해가 된다고 느끼는 최소한 두 명 이상의 당사자가 대결 관계를 표출하는 상태이다.

이 정의는 소그룹 갈등에 대한 의사소통적 관점과 일맥상통하는 몇 가지 함의를 포함한다.

먼저, '대결 관계를 표출한다'는 개념은 갈등이 의사소통을 수반함을 나타낸다. 그룹 성원이 내적인 고통을 느끼더라도 그 고통을 겉으로 표현할 경우에만 개인 상호간의 갈등이 된다. 말로 하거나 또는 눈을 마주치지 않는다든지 신경질적으로 의자를 옮기는 것처럼 미묘한 방식으로 하거나 여러 가지로 표현될 수 있다.

둘째로, 갈등 당사자는 상호의존적인 목표를 가져야 한다. 어떤 그룹은 다양한 관점을 이해하는 것을 목표로 삼는다. 그런 그룹에서는 구성원들이 해결책에 대해 의견 일치를 보기 위해 신념과 노력을 포기할 필요가 없다. 그러나 많은 2차 그룹들이 보고서, 제안서, 일련의 권고 사항 등과 같이 그룹 구성원 모두가 동의해야 하는 어떤 결과물을 내야 한다. 혼자서는 목표를 달성할 수 없다. 따라서 결정에 영향을 미치는 다양한 관점과 신념을 조화시킬 방도를 찾아야 한다. 예를 들어, 에드가 실험실 동물을 취급하는 방법에 대한 드샤의 견해를 몹시 싫어한다고 하자. 그러나 두 사람 모두가 실험실 동물 취급에 관한 정책을 대학에 권고하는 임무를 맡은 그룹에 속하지만 않는다면 그것은 큰 문제가 되지 않는다. 만일 이 그룹에 같이 속하게 된다면 에드와 드샤는 그룹이 성공을 거두기 위해 각자가 지지하는 정책에 협력할 수 있을 정도로 서로 견해를 조정해야 한다.

셋째로, 이 정의는 사람들이 목표나 부족한 자원과 같은 수많은 대상을 놓고 갈등한다는 사실을 암시한다. 이 책에서는 가치, 신념, 목표 달성 방법 등을 갈등 대상에 덧붙인다. 이 책의 저자들은 많은 그룹 구성원들이 그룹 목표에 의견 차이를 보이는 모습을 지켜보았다. 마리아의 목표는 학급에서 하는 그룹 프레젠테이션에서 A를 받는 것이지만 게리의 목표는 C를 받을 정도로만 하는 것이다. 이들이 다른 목표를 가지는 바람에 그룹에서 문제가 생길 수 있다. 혹은, 마리아와 게리가 모두 프레젠테이션에서 A를 받고 싶어 하지만 마리아는 학급을 실전 연습에 참여시킨 다음 토의하기를 바라는 반면 게리는 동영상을 보여주고 토의하는 쪽을 좋아할 수도 있다. 이 경우에 두 사람은 목표는 일치하지만 목표를 달성하기 위한 활동 과정에서 차이를 보인다. 또는, 에드는 사람이 다른 모든 생물보다 우월하므로 실험실 동물을 사람의 필요에 따라 사용하는 것이 적절하다고 믿는 반면 드샤는 모든 생물은 똑같은 가치를 지닌다고 믿는다. 이렇듯 근본적으로 다른 가치관으로 인해 그룹이 실험실 동물에 관한 정책에 대해 합의를 이루는 일이 불가능해질 수 있다. 이 사례를 통해 어쩌면 같은 가치나 목표를 공유하는 갈등이 다른 것보다 해소하기 힘들다고 말할 수도 있다. 그룹 구성원이 기본적인 가치와 믿음에 있어서 유사성을 보일수록 그룹은 합의를 달성하기가 더 쉽지만 그러한 유사성이 창조성을 떨어뜨릴 수도 있다.

넷째로, 갈등의 당사자는 그들이 갈등 속에 있다는 점을 인식해야 한다. 이 인식적 차원이 매우 중요하다. 당연하게 갈등이라는 꼬리표가 붙는 상황은 없다. 갈등은 사람들이 그 상황을 어떻게 인식하느냐에 달려 있다. 예를 들어, 토마스가 당신이 한 제안에 반대한다면 당신은 토마스의 이의 제기를 어떻게 인식할 것인지 선택할 수 있다. 이를테면, 이렇게 말하는 것이다. "저런 멍청한 자식! 무슨 생각으로 자기가 더 잘 할 수 있다고 믿는담!" 이 경우, 당신은 당신과 그의 의견 차이를 갈등이라고 인식한다. 그러나 이렇게 말할 수도 있다. "토마스가 왜 반대할까? 아마 내가 제안에서 뭔가를 빠뜨린 건지도 몰라." 이 경우, 당신은 토마스의 이의 제기를 듣고 그가 당신의 제안을 개선하고 강화시키려 하는 것일 수도 있다고 인식하였고, 갈등은 생기지 않는다.

한 사람의 인식, 감정, 행동이 다른 사람의 인식, 감정, 행동과 융합되어 상호작용 체계가 형성된다. 이 점을 기억하라. 누구나 혼자 갈등 상황에 처하게 되는 법은 없다. 당신의 행동은 다른 사람에게 영향을 미치고 반대 방향으로도 영향을 미친다. 당신이 토마스를 얼간이라고 판단했다고 가정하자. 당신은 자기 제안에 대한 비판을 받아들이지 않고 감정적으로 험담을 해댈 것이다. 그러면 분명히 그러한 거친 언사가 토마스의 귀에도 들어갈 것이고 그는 당신이 건설적인 비판을 받아들이지 못하는 얼간이라고 결론을 내릴 것이다. 반면, 당신이 토마스에게 그의 비판과 비판하는 이유에 대해 좀더 들어보고 싶다고 진심으로 의사표현하면 그는 당신을 믿을 수 있는 양식 있고 협동적인 그룹 구성원이라고 여기고 당신이 하는 판단이라면 신뢰할 수 있겠다고 생각할 것이다. 따라서 당신의 인식, 감정, 행동은 다른 사람의 인식, 감정, 행동과 피드백 연결 고

[그림 10.1] 갈등의 인식, 감정, 행동, 상호작용

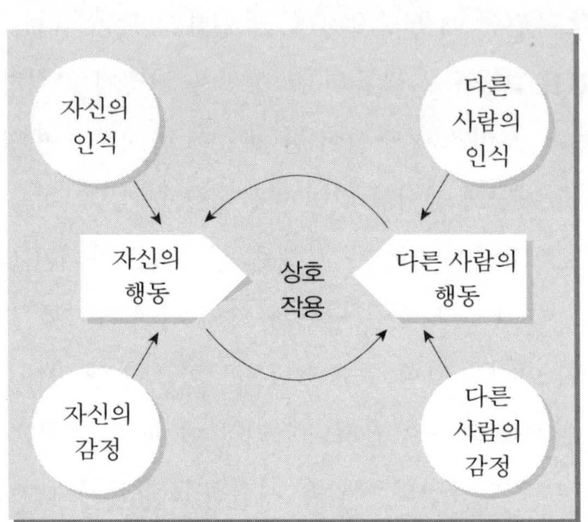

리를 형성하여 각 요소가 다른 요소에 영향을 미치고 어떤 것도 독립적으로 작용하지 않는다. 이러한 연결 고리를 그림 10.1에서 보여주고 있다. 요소 가운데 하나가 변하면 자동적으로 다른 것도 변한다.

갈등에서 비롯되는 긍정적 · 부정적 효과

커뮤니케이션학자들은 갈등이 유익한 결과와 해로운 결과를 모두 낳을 수 있다는 데 의견이 일치한다. 앞서 문제에 대한 비판적인 검토에서 나오는 갈등이 없다면 그룹이 좋은 결정을 내릴 가능성이 낮아지지만 갈등이 해로울 수도 있다는 점을 지적한 바 있다.

갈등은 그룹 의사결정, 팀워크, 만족도에 영향을 미친다. 다음은 갈등이 잠재적으로 수반하는 몇 가지 긍정적 효과이다.

1. 갈등은 문제와 사람 모두에 대한 이해를 증진시킨다.
2. 갈등은 구성원의 동기를 높일 수 있다.
3. 갈등을 통해 더 나은 결정을 내릴 수 있다.
4. 갈등은 그룹 구성원 사이의 결속력을 높여주는 효과를 발휘할 수 있다.

갈등은 분명 유익한 점이 있지만 누구나 그것이 또 얼마나 유해할 수 있는지 경험한 바가 있을 것이다. 그룹 미팅 후 한 번이라도 "이 프로젝트가 끝나서 다행이야. 다시는 이런 사람들과 같이 일하지 않았으면 좋겠어."라고 혼잣말을 한 적이 있다면 당신은 갈등의 해로운 효과를 경험한 것이다. 이러한 효과에는 감정적 상처, 결속력 저하, 심지어 그룹 해체까지 포함된다. 다음은 갈등의 부정적 효과를 정리한 것이다.

1. 갈등은 그룹 구성원 사이에서 감정상 부정적인 경험을 유발할 수 있다.
2. 갈등은 특히, 개인적인 공격을 동반하거나 지나치게 오래 지속될 경우 그룹 결속력을 저하시킨다.
3. 갈등은 구성원들을 분열시키고, 결국 그룹을 분열시킨다.

그룹 내 이견 표현

많은 사람들이 그룹의 대다수 의견에 이견을 제기하는 것을 꺼린다. 이견을 표현한 사람은 나머지 그룹 구성원들에게 도의에서 벗어난 사람으로 인식되기 때문이다(이러한 경향은 아시아와 같은 문화권에서 특히 심하다). 일탈자(deviate)란 다른 구성원들이 볼 때 다른 사람과 어떤 중요한 측면에서 본질적으로 다른 사람을 말한다. 그룹 일탈자의 유형은 일반적으로 두 가지인데 그 중 하나는 참여하지 않는 구성원, 나머지 하나는 그룹의 문제와 시험적 의견에 대해 양립될 수 없는 견해를 피력하는 구성원이다. 두번째 유형은 그룹에서 공공연한 반대나 갈등에 연루될 가능성이 높은 구성원이다.

사실 소수의 의견 일탈자가 그룹에서 영향력을 발휘하기는 매우 어렵다. 그룹 구성원은 순응하는 그룹 구성원에게보다 일탈자에게 더 감정적으로 대응했다. 성 편견도 관찰되었는데, 그룹 구성원들은 여자보다 남자 일탈자에게 더 협조적인 반응을 보였다. 남자 일탈자를 똑똑하고 박식하다고 인식하는 것으로 보였고 그에게 증거, 질문, 추가 정보 등을 요청하면서 기꺼이 함께 일할 의사를 내비쳤다. 그러나 여자 일탈자는 건방지거나 지나치게 자신감이 넘치는 사람으로 인식하는 것 같았다. 이들 연구는 소수 의견을 표현하려 하는 사람은 매우 신중하고 조심스러워야 한다고 시사한다. 먼저 그룹 내에서 성의와 헌신적 자세를 가진 사람으로 확고한 신임을 받는다면 대다수 의견에서 벗어나는 모습을 보일지라도 다른 성원들이 그가 가진 동기의 순수성을 신뢰할 것이다.

의견 일탈자의 이의 제기는 그룹에 귀중한 자원이 될 수 있다. 발렌틴 *Valentine* 과 피셔 *Fisher* 는 혁신적인 일탈자가 비판적 사고 기능을 담당하며 그룹 상호작용의 1/4을 차지한다는 점을 발견했다. 혁신적 일탈은 반박, 다른 성원의 진술에 대한 이의 제기, 다른 사람이 시작한 의견 차이를 지속시키는 것, 다른 사람이 공격당한 주장에 동조하기 등의 형태로 나타나며 그룹의 갈등과 결정 부상 단계에서 특히 도움을 주었다. 더욱이, 가장 혁신적인 일탈은 합의 직전에 나타나서 갈등이 합의에 기여할 수 있다는 개념을 뒷받침해주었다. 일탈적 의견을 기술적으로 신중하게 표현하면 그룹이 더 나은 결정을 내리는 데 도움이 될 것이다.

갈등의 유형

앞에서 이미 살펴보았듯이 갈등은 반드시 그룹에 유익하지도 해롭지도 않다. 중요한 것은 갈등의 원인과 상황을 관리하는 방법이다. 그룹 내에서 일어날 수 있는 몇 가지 유형의 갈등을 검토하고 각각이 잠재적으로 가진 효과에 대해 토의하기 전에 대학초청강연회의 강사를 선정하는 임무를 맡은 학생 그룹을 통해 갈등에 대해 설명하도록 하겠다.

강연회 추진위원회는 케빈, 로리, 크리스, 다이더, 토니로 구성되었고 이미 몇 차례 모인 적이 있었지만 별다른 진전을 보지 못했다. 케빈이 모임에 참석하지 않거나 늦게 오곤 하는 바람에 다른 구성원들은 그에게 화가 났다. 위원회는 아무 것도 결정할 수 없었다. 그들은 재미있는 강사를 초빙할지 교육적인 내용을 전할 강사를 초빙할지, 저명한 한 명의 강사에게 약속을 받아놓을지 덜 알려진 강사 몇 명에게 약속을 받을지, 합의로 결정할지 다수결 투표로 정할지, 그리고 무엇보다 케빈을 어떻게 다루어야 할지를 놓고 논쟁을 벌였다. 이따금씩 구성원 중 한 명이 다른 구성원에게 결정과 결정의 기준에 대해 검토해보자고 촉구하는 질문을 던지기도 했고 또 이따금씩 어떤 구성원이 제안을 해서 다수의 지지를 얻어내기도 했다. 그러나 일반적으로 그들은 갈등을 관리하는 데 있어서 여러 가지 문제점을 드러냈다. 이 학생 그룹의 갈등은 다음과 같은 네 가지 유형의 갈등의 실례를 보여준다.

본질적 갈등

본질적 갈등(substantive conflict)은 내재적 갈등이라고도 하며 그룹 과제와 관련된 아이디어, 의미, 쟁점, 기타 문제에 대한 의견 차이와 같이 과제와 관련된 갈등을 말한다. 여기에는 그룹이 해야 할 일도 포함된다. 그룹은 본질적 갈등을 매개로 아이디어, 제안, 증거, 추론 등을 반박하거나 비판적으로 검토하고 의문을 공개적으로 표현하며, 최고의 해결책을 찾기 위해 협력한다. 앞서 설명한 의견 일탈자와 혁신적 일탈자는 일반적으로 본질적 갈등에 속한다. 위에서 예로 든 강연회 추진위원회는 재미있는 강사가 나은지 교육적인 강사가 나은지를 놓고 토론을 벌였다. 잇따른 논쟁을 통해 구성원들은 초청강연회의 목적을 분명하게 밝히고 각 유형의 강사를 고려하는 타당한 이유를 제시할 수 있었다.

정서적 갈등

정서적 갈등(affective conflict)은 외재적 갈등이라고도 하며 그룹의 과제와 무관한 개인 상호간 권력 다툼이나 친소 관계에서 비롯되는 갈등을 말한다. 이것은 소그룹 갈등에 연루된 '누군가'로 대표되며 일반적으로 그룹의 효율적인 기능 발휘에 해를 끼친다. 예를 들어, 초청강연회 추진위원회 구성원인 로리와 케빈은 서로 좋아하지 않았고 기회만 나면 서로 의견을 반대하거나 깎아내리기 바빴다. 케빈이 교육적인 강사보다는 재미있는 강사를 초빙하는 것이 좋겠다고 말하자 로리는 이렇게 말했다. "네 입에서 그 말이 나올 줄 알았다. 여기가 배움의 장이지, 파티장이니?" 로리는 케빈과의 갈등을 개인적으로 몰고 갔다. 그녀의 반감은 일의 절차와 아이디어에 대해 의견이 갈리는 데 한 몫을 했다. 그녀는 회의 내내 시종일관 틈만 나면 케빈에게 야유 섞인 언사를 퍼부었다. 그러한 갈등은 해소하기도 어려울 뿐더러 그룹에 몹시 해로운 영향을 끼친다.

이 유형의 갈등은 근본적으로 명확하게 정의하기 어렵지만, 대부분 누군가 자신이 우월한 듯이 행동하는 반면 다른 구성원은 이러한 지위나 권력 차이를 받아들이지 않으려 하는 데 원인이 있다. '나는 남보다 잘났으며 더 중요하고 박식하다' 는 식의 신호는 대부분 비언어적이고 말투, 자세, 머리와 몸의 각도 등 미묘한 방식으로 표현된다. 소위 인간관계 갈등의 대부분은 지위나 권력을 놓고 힘겨루기를 하는 데서 출발한다.

절차적 갈등

절차적 갈등(procedural conflict)은 그룹이 목표를 향해 나아가는 과정에서 따라야 하는 절차에 대한 본질적 갈등을 말한다. 그룹 상호작용의 방법에 대해 의견 차이가 나는 것이다. 위의 강연회 추진위원회의 예에서 로리는 위원회 가용 자금을 나누어서 각 구성원이 자신의 몫으로 자신이 원하는 강사를 선택하도록 하는 것이 가장 효율적인 결정 방법이라고 제안했다. 그러나 다이더는 모든 사람이 비슷한 유형의 강사를 선택하면 강연회가 지루해질 것이라고 지적했다. 그제서야 그룹은 합의에 의한 의사결정의 소중함을 깨달았다. 그룹이 주요한 결정을 하는 방법에 대한 의견 차이는 절차적 갈등의 전형적인 예이다. 다이더와 로리가 의견 차이를 표명함으로써 문제를 명확하게 하는 데 도움이 되었다.

절차적 갈등은 때로는 감정적 또는 본질적 갈등을 대신해 표면화되기도 한다. 푸트남은 구성원들이 순수하게 절차에 대한 다른 의견을 가질 때 절차적 갈등이 발생하기도 하지만, 다른 본질적 갈등에서 벗어나기 위해 투표를 강요하거나 그룹 활동을 통제하는 식으로 절차적 갈등이 이용되기도 한다고 지적한다. 절차적 갈등을 단순히 그룹이 무언가를 달성하는 방법에 대한 의견 차이로 볼 수도 있지만, 구성원이 체계와 자유라는 다른 욕구를 가진 데 근본 원인이 있을 수 있다. 절차적 순서를 중시하는 구성원은 덜 체계적인 순서를 선호하는 구성원보다 선형적 절차를 더욱 편안하게 느낀다.

생각 해 봅시다

> 3장의 청취 선호 관계에 대한 논의와 5장의 학습 스타일에 대한 논의를 다시 생각해 보자. 이러한 선호 관계와 스타일에 대해 이해한 바를 바탕으로 그러한 요소가 그룹에서 어떻게 다양한 유형의 본질적, 감정적, 절차적 갈등을 야기하는지 설명하라.

불공정성에 대한 갈등

저자들이 관찰한 그룹에서 갈등을 일으키는 가장 주요한 원인은 바로 그룹 내 불공정성(inequity)인 것으로 파악된다. 그룹 구성원들이 균등하게 일을 분담하지 않았거나 그룹에 대해 동일한 만큼의 기여를 하지 않는 경우를 말한다. 위의 초청강연회 추진위원회에서 케빈의 활동과 그룹 기여도는 불충분한 것으로 인식되었다. 로리가 케빈이 그룹 활동에 열성을 보이지 않는 점에 대해 가장 혹독하게 비난을 보냈지만 크리스와 다이더, 그리고 토니 역시 케빈이 책임을 완수하지 않고 그룹에서 자기 몫을 다하지 않는다고 불만을 표했다. 케빈이 다시 제 시간에 나타나지 않자 크리스는 "그 녀석 기다리는 데 지쳤다. 시작하자."고 말했고 나중에 다이더는 케빈이 그룹 활동에 불성실하게 구는 행동을 하나하나 나열하며 그에게 따졌다("넌 지금까지 네 번 회의 중에 두 번이나 빠졌고 참석한 날에도 지각했어."). 케빈이 그룹 내에서 노력이 불충분하다고 인식된 까닭에 그와 다른 구성원들 간의 심각한 갈등이 빚어졌다. 케빈이 계속해서 불성실하게 행동하는 바람에 로리의 강한 반감을 샀고 자극적인 언사의 원인이 되기도 했다. 그녀는 다른 구성원들의 기여도보다 그의 기여도를 면밀하게 따졌고 다른 사람들에게서 들은 말을 가지고 케빈을 비난했다. 이를테면, 재미있는 강사를 원한 사람은 토니와 케빈이었지만 로리는 케빈만 지목하며 그가 배우려 하기보다 즐기고 싶어 한다고 비웃었다. 그가 공평하게 제 몫을 다하지 않았기 때문에 그는 다른 구성원보다 그룹 규범에 더욱 완벽하게 부합해야 했다.

여기서 네 가지 갈등의 유형을 마치 서로 뚜렷하게 구별되는 것처럼 설명하기는 했지만 이들은 상호배타적이지 않다. 한 가지 유형이 다른 유형으로 이어지기 쉽다. 두 가지 이상의 유형이 혼합되는 경우도 많다. 위의 예에서 이 같은 사실은 로리가 케빈에게 반감을 가진다는 점, 케빈이 그룹에 기여하는 바가 적다는 사실, 그가 그녀의 주장에 반대한다는 점(케빈은 재미있는 강사를 원한 반면 로리는 교육적인 강사를 원했다)이 맞물리는 모습에서 더욱 확연히 드러난다. 이 모든 갈등이 결합되어 로리의 반감은 더욱 강해졌다. 로리는 케빈에게 화낼 만한 상황을 의도적으로 찾았다. 그녀는 아마도 케빈이 결국 그룹에서 빠졌을 때 구성원 중에 가장 안도했을 것이다.

생산적인 갈등관리

갈등을 회피한다면 그것은 그룹 토의 참여의 의의를 저버리는 일이다. 즉, 여러 사람의 의견이 독자적으로 행동하는 한 사람의 의견보다 유효하고 철저할 가능성이 높기 때문에 그룹 토의를 하는 것이다. 갈등에 연루된 그룹 구성원의 태도와 그들이 갈등을 관리하는 절차 모두가 최종 결과물에 영향을 미친다. 초청강연회 추진위원회의 예를 좀더 살펴보면서 생산적인 갈등을 조성하는 태도와 절차에 대해 살펴보겠다.

갈등관리를 위한 기본적 접근법

사람들은 대부분 갈등관리를 위한 기본 태도 또는 접근법으로 배분적 또는 통합적 자세를 취한다. 배분적 접근법(distributive approach)은 상극적 태도라고도 하며 한 사람에게는 이득이, 다른 사람에게는 손실이 된다고 가정한다. 따라서 어느 한 편만 승자가 될 수 있다. 다른 편은 자연히 패자가 된다. 강연회 추진위원회에서 토니와 케빈은 재미있는 강사를 초빙하기를 원했고 다이더와 로리는 교육적인 강사를 초빙하기를 원했다. 배분 지향은 어느 한 쪽 주장만 승리할 수 있다고 간주한다. 토니와 케빈이 재미있는 강사를 초빙하든지 로리와 다이더가 교육적인 강사를 초빙하든지 둘 중 하나이다. 어느 편이 이기든 다른 편은 지게 된다.

통합적 접근법(integrative approach)은 모든 당사자가 승자가 될 수 있도록 갈등을 관리할 방법이 있다고 간주한다. 다시 말해서, 참여자 각자에게 가장 중요한 점을 수용한 한 가지 해결책을 통합해낼 수 있도록 하는 것이 모든 당사자의 주된 관심사이다. 통합을 지향하는 사람이라면 재미있기도 하고 유익하기도 한 강사를 찾을 수 있다고 가정한다. 따라서 양쪽이 모두 승자가 된다. 이 접근법을 상생적 자세(win-win attitude)라고도 한다.

그룹은 모든 구성원의 관심사를 최종 해결책 또는 결정으로 통합하지 못할 수도 있다. 즉, 구성원의 가치가 통합이 불가능할 만큼 차이가 나거나 자원이 너무나 부족하여 모든 요구를 충족시킬 수 없는 경우도 있다. 이러한 경우 부분적 통합, 즉 타협이 달성 가능한 최선의 방책이다. 미국 전역의 공통 기반 프로젝트는 한 가지 쟁점에 대해 극심하게 분열된 의견을 가진 구성원으로 그룹을 이루어도 성과를 통합할 방법을 찾을 수 있다는 사실을 보여준다. 통합 지향성이 없으면 구성원은 창조적인 해결책 고안에 힘을 쏟지 않을 것이고 가능한 최선의 해결책을 찾기보다 스스로 승자가 되고자 한 제안이 다른 것을 능가하는 장점이 있다고 주장하며 반목을 일삼을 것이다.

갈등관리 양식

갈등 상황의 인식은 갈등을 어떻게 관리할 것인가를 결정하는 주된 요인이다. 상황 요소로는 갈등의 반복 정도, 당사자들이 목표를 공유하는 정도, 문제해결 방법에 대해 확신하는 정도, 다른 당사자를 갈등의 원인이라고 믿는지 여부, 당사자끼리 갖는 부정적 감정의 정도 등이 있다. 이러한 요소가 결합되어 협력을 원하는 마음에 영향을 미친다. 갈등 당사자가 선택한 구체적인 관리 양식은 그 사람이 가진 협력성과 자기주장성의 정도를 모두 포괄하는 결과물일 가능성이 높다. 이것을 그림 10.2에서 예시한다.

[그림 10.2] 자기주장성과 협력의 정도에 따라 갈등 양식이 판가름된다

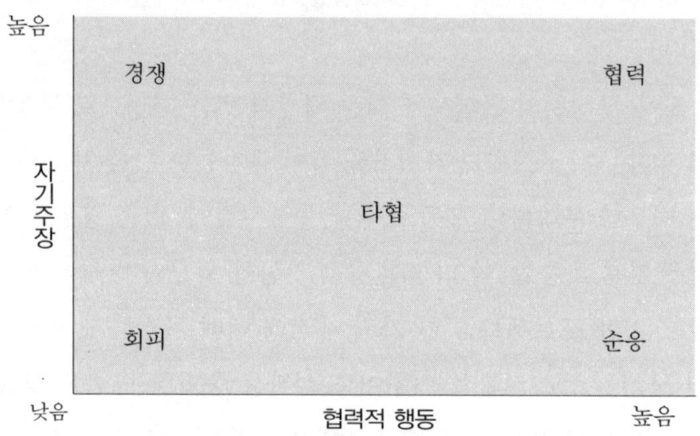

어떤 갈등관리 양식도 늘 최선일 수는 없지만 특정 상황에서 더 적절하다고 인식되는 양식이 있다. 이 책에서는 갈등을 해소하는 가장 생산적인 방법이 시간 압박, 정보와 기술 배분, 그룹 구성원의 가치와 욕구, 기타 투입 변수에 좌우된다고 하는 상황적합이론을 추천한다. 각 갈등 양식이 특정한 상황에 따라 적절성에 차이를 보이기는 하지만 문제해결 토의에서는 통합 지향적 자세를 갖는 것이 바람직하다고 할 수 있다.

회피

회피(avoidance)는 참가자가 선택 사항을 토의하거나 탐색하는 데 아무런 노력을 기울이지 않는 수동적인 접근방식이다. 다른 의견을 갖고 있지만 아무 말도 하지 않는다면 그 구성원은 갈등을 회피하는 것이다. '대결하지 않는 태도' 라고도 하는 갈등 회피는 그룹 내 만족감을 감소시

킨다. 이러한 수동적 행동은 문제가 중요하지 않고 바람직하지 못한 결정을 내릴 위험이 거의 없을 경우에만 적절하다. 예를 들어, 저자 중 한 명이 속했던 어떤 위원회에서 학생 휴게실 / 면학 공간을 장식하는 계획을 작성해야 했다. 위원회에 속한 미대 강사가 채색안을 제안했는데 그것이 위원회의 화학과 교수의 마음에 들지 않았다. 그러나 학생들이 그 채색안을 좋아했기 때문에 그 화학과 교수는 반대 의견을 말하지 않고 입을 다물었다. 그는 자신이 휴게실에서 보내는 시간이 적기 때문에 채색이 어떻든 큰 문제가 아니라고 생각한 것이다.

순응

순응(accommodation)은 '유화(appeasement)'라고도 하며 한 사람이 다른 사람에게 굴복할 때 생기는 극히 협동적이지만 수동적인 접근방식이다. 문제가 그 사람에게 그다지 중요하지 않거나 결과보다 관계가 더욱 중요할 때 나타난다. 초청강연회 추진위원회의 예에서, 교육적인 강사와 재미있는 강사에 대해 간략하게 토의를 한 후 토니가 "교육적인 강사 편에 설래. 이런 논쟁은 그만 피하고 싶어."라고 말했다. 토니는 논쟁을 끝내기 위해 순응하려 한 것이다. 순응은 문제가 상대적으로 덜 중요하거나 다른 당사자의 욕구가 진정으로 더욱 중요할 때만 적절하다. 그러나 단지 논쟁을 끝내기 위해서 순응해서는 안 된다. 불쾌감을 해소하지 않은 채 가지고 있으면 결국 어떤 식으로든 관계가 악화되기 마련이기 때문이다.

경쟁

경쟁(competition)은 한 사람이 다른 사람을 제압하려 하는 매우 공격적이고 비협조적인 방식이다. '지배' 또는 '강요'라고도 하는 경쟁은 특정한 대상에 대해 강한 믿음이 있고 다른 접근법으로는 자신의 요구가 인지되거나 반영되지 않는다고 인식할 때 적절하다. 그러나 경쟁적 접근법은 관계를 손상시키고 결국 유익함보다 해로움을 양산할 수 있다. 초청강연회 추진위원회에서 로리와 케빈은 서로 대립했다. 로리는 재미있는 강사가 선택되면 그룹을 탈퇴하겠노라고 위협했고 케빈은 토니에게 재미있는 강사가 낫다는 점을 뒷받침할 만한 주장이 아직 많기 때문에 순순히 양보할 수 없다고 말했다. 양쪽 주장 모두가 강사가 자기 뜻을 관철시키는 데 필수적이라는 점을 암시한다.

협동

협동(collaboration)은 '협상' 또는 '문제해결'이라고도 하며 통합적 태도에서 나오는 협동적이면서도 단정적인 방식이다. 이 방식에서는 갈등에 빠진 모든 당사자가 공동 노력하여 모든 사람의 욕구를 충족시키는 해결책을 찾아볼 것을 장려한다. 초청강연회 추진위원회의 다이더는 재미있으면서도 교육적인 강사를 찾아보자고 제안했다. 그녀는 그렇게 함으로써 어느 쪽도 다른 쪽에 굴복하지 않고 양측의 중요한 요구를 모두 충족시킬 수 있고 그것이 양측이 가진 '필수적 주장'을 수용하는 방법이라고 생각한 것이다. 협동적 해결책은 그러한 해결책에 도달한 그룹 구성원이 저마다 다른 편을 패배시키지 않고 승리했다고 믿기 때문에 이상적이라고 볼 수 있다. 그러나 협동은 종종 다른 접근법보다 더 많은 시간과 노력을 요한다.

타협

타협(compromise)은 '결과 공유'라고도 하며 갈등의 각 당사자가 보다 중요한 것을 얻기 위해 어떤 것을 포기해야 한다고 간주하는 것이다. 초청강연회 추진위원회에서 크리스가 "두 명을 초청하면 어때. 비용이 적게 드는 사람으로 교육적인 강사 한 명, 재미있는 강사 한 명을 말이야."라고 말했을 때 그는 타협을 제안한 것이다. 양측은 아주 유명한 강사를 초빙한다는 생각을 포기하는 데 동의해야 한다. 따라서 타협은 양 당사자에게 어느 정도 손실을 동반한다. 이 때문에 결정이 모든 구성원에게 중요하고 각 구성원이 결과를 실현하는 데 책임감을 느끼고 그룹이 시간에 쫓기지 않을 때는 협동적이고 완전 통합적인 해결책을 찾을 것을 권한다.

그러나 결코 타협을 부정적인 단어라고 간주하지 말자! 협동적 해결이 불가능하거나 시간이 너무 많이 걸릴 때, 특히 그룹의 각 구성원이 각자가 포기해야 하는 것이 다른 사람이 포기해야 하는 것에 비해 비교적 적정하다고 느낄 때에는 타협이 바람직하고 윤리적인 결론이다.

원칙에 의한 협상

갈등을 겪고 있는 과제 지향적 그룹은 그룹 목표를 달성하기 위해 해결책을 도모해야 한다. 그룹 갈등 해소를 위해 고안된 기법은 여러 가지가 있다. 이 책에서는 특히 원칙에 의한 협상 절차를 제시하고자 한다. 이것은 그룹이 처음에는 견해 차이를 보였다 해도 합의에 이르기 위해 협상을 할 수 있도록 하는 매우 효과적인 절차이기 때문이다. 피셔 *Fisher* 와 유라이 *Ury* 의 설명에 따르면 원칙에 의한 협상은 갈등 상황에 처한 모든 구성원이 각자의 욕구를 표현하고 그러한 욕구를 충족시키는 대안을 찾음으로써 협동할 수 있도록 유도하는 효용이 높은 전략이다.

다음에서는 원칙에 의한 협상을 설명함으로써 그룹이 이 책 전반에서 제시한 의사소통 원칙, 즉 수사법적 감성, 적극적 청취, 통합적인 갈등관리를 실제적이고 효과적인 갈등관리 기술로 통합할 수 있는 방법을 제시한다. 그룹 리더, 외부 고문, 또는 구성원 스스로 이 절차를 사용할 수 있다. 다음은 이 절차의 네 단계이다.

1. 사람과 문제를 분리한다.

대부분의 갈등에서 의견 차이의 내용은 참가자들 간의 관계와 뒤섞인다. 문제의 본질과 대인관계는 각각 분리하여 직접적으로 다루어야 한다. 모든 당사자는 각자가 갈등을 어떻게 인식하는지 그리고 갈등에 대해 어떤 느낌이 드는지 방해를 받지 않고 설명할 기회를 가져야 한다. 당사자들은 상대편 입장에서 생각해 보려 노력하고 서로 인식을 공유해야 한다. 격화된 감정은 반드시 해소되어야 한다. 감정 폭발에 과잉 반응을 하지 말고 남의 말을 적극적으로 경청하고 이해관계가 상충되는 상대편 구성원의 요구를 유념하고 있다는 사실을 말과 행동으로 표현한다. 목적은 갈등이 빚어진 상대편과 흉허물 없는 친구가 되는 것이 아니라(그렇게 될 수도 있지만) 상호 존중으로 맺어진 좋은 업무 관계로 발전하는 것이다.

2. 주장이 아닌 이해관계에 초점을 맞춘다.

그룹 구성원들이 특정 입장을 주장할 경우 그들은 애초에 충족시키려고 한 본래 욕구가 아닌 입장 자체에 얽매이게 된다. 그들은 자신의 주장을 관철시키기 위해 혈안이 되곤 한다. 그러나 구성원들이 그러한 입장 이면에 있는 이해관계에 관심을 돌리기 시작하면 양 당사자가 두 가지를 동시에 만족시키는 방법을 찾아서 서로의 필요성을 충족시킬 수 있는 길이 열리게 된다. 처음 주장을 완고하게 고집하면 이러한 해결책을 발견할 가능성이 차단된다. 이나미*Innami*가 이를 지지하는 주장을 제시했다. 그는 구성원이 각자 입장을 고수하면 결정 수준이 하락하지만 그들이 사실과 이유를 교환하면 결정 수준이 향상된다는 점을 발견했다. 더욱이 수준 높은 주장은 강한 설득력을 지니고 사회적 지위 차이와 같은 요소로부터 영향을 받지 않는다.

3. 상호 이득이 되는 선택 사항을 고안한다.

협상가는 모든 당사자의 이해관계가 그룹의 최종 해결책에 통합될 수 있다고 간주한다. 야간 수강생들을 위한 식사 서비스 문제로 토론한 위원회에서 저녁 시간 학생들이 서점을 이용하는 방법에 대해서도 논의했다. 위원회의 야간 수강생 지도 교수는 교내 서점이 분기마다 첫 주 동안만 저녁 시간에 문을 연다는 점을 지적했다. 많은 야간 수강생들이 퇴근 후 곧장 학교로 차를 몰고 오기 때문에 서점 정규 시간에 맞춰 도착할 수 없었다. 지도 교수는 서점이 매일 저녁 오후 8시까지 연장 영업할 것을 제안했다. 대학 예산 담당자는 강하게 반발하며 그 제안을 받아들이면 인건비가 증가하고 그 비용은 연장된 시간 동안 야간 수강생들이 책을 구입하여 발생하는 수익으로 충당될 가능성이 없다고 지적했다.

양측을 대표하는 두 사람이 각자 채택한 주장은 야간 수강생과 예산 담당자라는 중요한 두 그룹의 정당한 요구를 충족시키려는 시도이다. 그러나 양측의 이해관계(입장이 아닌)에 집중하여 터놓고 토의를 함으로써 두 가지 요구를 모두 통합시키는 해결책이 도출되었다. 서점은 분기 동안 일주일에 두 번씩 저녁 시간까지 열고 주중 나머지 기간에는 영업 시작 시간을 늦추기로 했다. 서점의 총 운영 시간은 같으므로 비용은 상승하지 않았지만 시간을 변경 배분하여 더 많은 학생들의 요구를 충족시킬 수 있었다.

4. 객관적 기준을 사용하라.

협상은 대안을 판별하는 표준으로 모든 당사자가 동의하는 객관적 기준을 수립할 경우 더욱 정당한 것으로 인식된다. 문제해결 단계 초기에 그러한 기준을 수립하면 이득을 본다. 기준이 있으면 협상이 우위를 차지하려는 의지의 경연장이 될 가능성은 낮아지고 강제가 아닌 도덕적 기준에 입각할 가능성이 높아진다. 예를 들어, 많은 사람이 공정한 중고차 가격을 결정하는 데 블루북(신형차와 중고차의 시세를 정리해놓은 책자 – 역주)을 사용한다. 누군가 자신이 10년간 운행한 닛산 센트라를 5,000달러에 팔고 싶어 하지만 바이어는 100달러만 지불하려 든다고 하자. 그러나 양측이 블루북을 적절한 기준이라고 보고 그 기준이 차량 모델과 상태에 따라 1,500~2,000달러 내외가 공정 가격이라고 제시한다면 그에 따라 당사자간의 협상 범위가 좁혀지고 합의에 이를 가능성이 높아진다.

때로는 그룹이 좋은 의도를 가지고 있다 해도 원칙에 의한 협상으로 합의를 도출하는 데 실패하거나 구성원들이 시간에 쫓긴 나머지 다른 방법을 쓸 수밖에 없는 상황에 처하기도 한다.

협상 결렬의 경우 : 대안적 절차

그룹 내의 자체적인 협상을 통해 타결안을 도출하는 것은 모든 구성원의 수용도가 높아지기 때문에 바람직하다. 다음 단락에서 제시하는 네 가지 대안 중 처음 두 가지는 그룹이 교착상태에서 벗어날 수 있게 해 준다. 교착상태에 빠져서 반드시 결정을 내려야 하는 상황이라면 리더로 지정된 사람에게 두 가지 선택이 남는 셈이다.

지정된 리더의 중재

목표나 대안을 놓고 겉으로 보기에 화해가 불가능한 갈등이 빚어지면 리더는 다음과 같은 절차를 제안할 수 있다. 이것은 노조와 경영진 사이의 협상이 확연히 교착상태에 빠졌을 때 전문적 중재자가 사용하는 방법을 축약한 형태이다. 이 절차는 제3자의 조정에 의지하지 않고 수용 가능한 결정에 도달하고자 하는 그룹이 마지막으로 시도하는 방법 중 대표적인 하나이다. 이 절차가 실패하면 다른 대안적 절차가 그 자리를 이어받아 합의 도출 없이 갈등이 생긴 문제를 해결할 수 있다. 설명을 간소화하기 위해 양측으로 갈려 갈등을 빚고 있다고 가정한다.

1. 대안 제시

a. A측 제안자가 자신이 속한 그룹이 원하는 것 또는 믿는 바와 그 이유를 정확하게 제시한다. 이 입장을 지지하는 다른 구성원이 제안

을 분명하게 밝히는 진술, 주장, 증거, 요구를 덧붙일 수 있다. 이때 B측 제안자는 아무 말도 할 수 없다.

b. 이제 B측에서 해명, 재진술, 설명 또는 뒷받침 증거를 요청할 수 있지만 이의를 제기하거나 주장을 하거나 다른 대안을 제시할 수는 없다.

c. 그 다음 B측 대변인이 A, B측의 모든 여타 그룹 구성원이 완전히 만족할 수 있을 만큼 A측의 입장을 설명해야 한다(3장에서 제시된 적극적 청취와 유사하다는 점을 주의한다). 이 사람이 A측 입장과 뒷받침 주장을 모든 사람들이 만족할 만큼 다시 진술한 후에야 그룹은 다음 단계로 나아갈 수 있다.

d. 이제 대변인이 B측 입장을 제시한다. A측 입장을 제시하고 해명하는 동안 적용된 것과 정확하게 동일한 절차적 규칙이 적용된다.

2. 대안 도표화

a. 지정된 그룹 리더가 이제 칠판이나 대형 포스터에 양측 입장을 기록하고 그 밑에 각 입장의 제안자가 주장하는 찬성론(혜택, 장점)과 그것을 뒷받침하는 증거를 일람표 형식으로 나열한다. 반대론 표제 아래에는 모든 단점, 가능한 해로운 효과, 또는 대안에 반대하여 개진된 증거를 나열해야 한다. 그러한 도표의 예를 그림 10.3에서 제시하였다.

b. 모든 입장을 도표로 표시하면 그룹은 도표상의 어떤 질문에 대해 전원 합의가 가능한지 확인할 수 있다. 구성원들이 합의할 수 있는 사항이 있는가?

[그림 10.3] 찬반 도표의 예

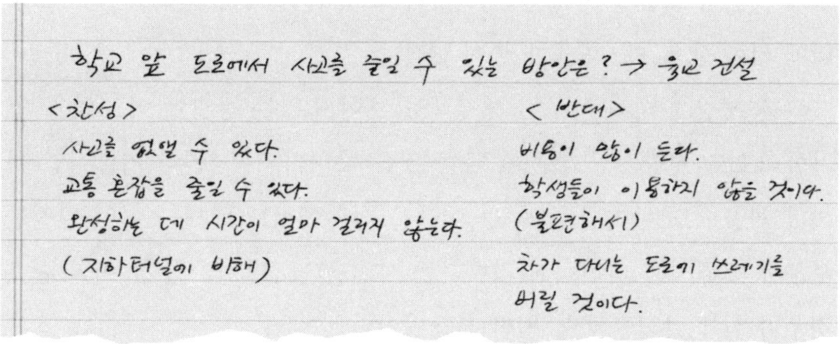

3. 창조적 대안 모색

a. 지정된 리더가 모든 그룹 구성원이 공유하는 공통 기반의 모든 요소(문제해결에 대한 관심, 공유하는 이력 등)를 검토한 다음 그룹 성원들에게 상생적 해결책, 모두가 받아들일 수 있는 대안을 모색하자고 촉구한다. 리더가 그러한 해결책을 제안한다.

b. 지정된 리더가 성원들에게 타협을 하고 양측의 최소 요구사항을 충족시킬 수 있는 대안을 고안하자고 요청한다.

4. 합의 또는 타협적 대안이 채택되면 타결이 이루어진다.

이 절차가 성공을 거두면 그룹 구성원들이 얼마간 시간을 들여 절차 자체, 그룹과 다른 구성원 각각에 대해 느낀 점, 그룹이 장래 갈등을 관리할 방법 등에 대해 토의를 한다. 진정으로 갈등을 해결하고자 하는 바람을 가지고 앞에서 설명한 절차를 이행한다면 그룹은 최소한 타협안을 찾고 결속력과 협동 정신을 고양시킬 수 있다. 합의나 타협이 부족할 경우에는 결정 도출을 위해 다른 절차가 필요하다. 그런 절차에는 투표, 리더에 의한 강제, 제3자 중재 등이 있다.

그룹 쟁점에 대해 아무런 해결책도 보이지 않는 상황에 이르렀을 때, 자동적으로 절망적인 결론이 나는 것은 아니다. 구성원이 기본적인 가치나 목표에도 동의할 수 없는 어려운 상황에서도 대개는 어떤 일정한 부분에 대해서는 의견이 일치한다는 사실을 발견할 수 있다. 이와 같은 경우가 이제 살펴볼 공통 기반 접근법이다.

공통 기반 접근법

10장 첫머리에서 공통 기반 그룹의 사례를 보았다. 이 같은 유형의 프로젝트가 전국 각지에서 일어나고 있다. 이러한 운동의 목적은 격렬한 논쟁을 일으키고 의견이 분분한 공공 문제(예를 들어, 낙태, 차별철폐조치, 동물 실험, 인공수정, 외국어 교육, 이민문제 등)를 둘러싼 긴장을 해소하는 대안적 방법을 모색하는 것이다. 이러한 운동이 가진 고유한 특징은 공동의 목표가 있다는 것이다. 문제를 해결하거나 절충을 중재하려는 것이 아니라 공통 기반을 발견하려는 바람을 가지고 심각하게 분열된 개인들 사이에서 대화가 이루어질 수 있는 안전한 장을 만들어 긴장을 완화하고 나아가 폭력을 근절하고자 시도하는 것이다. 또한, 이러한 개인들 사이에 순수하게 공유되는 영역, 대개 격렬한 논쟁 속에 숨겨진 부분을 발견하고 건설적으로 활용하려고 시도한다. 공통 기반 대화(Common Ground dialogue)는 사회적으로 의견이 갈리는 갈등을 건설적으로 관리하는 과정이다.

다음은 10장 첫머리에 제시된 사례에서와 같이 낙태 문제에 적용된 공통 기반 대화 모델의 일종이다. 이 사례 연구를 읽고 나면 이 과정이 생각했던 것보다 훨씬 더 참여적이라는 사실을 알게 될 것이다. 이 모델은 전체 아홉 단계로 구성된다. 대화 촉진자들은 양측이 동등한 대표성을 지니도록 하고 중립적인 지역에서 대화가 이루어지도록 한다.

참가자의 모집

1. 참가가 예상되는 사람은 공통 기반 진행자들에게 전화로 안내를 받은 후 정보 네트워크와 활동 간행물을 통해 확인을 받는다. 대화가 진행되면서 예상 참가자들은 공통 기반 절차에 충원되고 질문에 답한다.

2. 후속 안내문이 참가 희망자들에게 발송된다. 안내문에는 어떤 유형의 대화를 촉진할 예정인지에 대한 상세한 설명이 담겨 있고 대화 규칙 도표가 포함되어 있다. 이 도표에서 대화와 논쟁 사이의 차이를 설명한다. 참가자들은 회의 전에 생각해올 질문도 받는다.

사전 모임 활동

3. 실제 공통 기반 대화 전에 참가자들은 비공식적으로 저녁 식사를 함께 하면서 얼굴을 익힌다. 낙태에 대한 이야기는 나누지 않을 수도 있고 낙태 문제에서 자신이 어느 편인지 드러내지 않는 한 원하는 내용을 공유할 수도 있다. 이 단계의 목적은 개개인이 서로를 어느 편이 아닌 한 인간으로 바라보도록 하는 것이다. 때로는 설문지를 받아 다른 편 사람이라면 어떻게 대답할지 생각해서 작성하라는 요청을 받는다.

대화의 공통 규칙 수립

4. 참가자들이 문제에 대해 서로 다르게 생각하는 사람 옆에 앉도록 좌석을 배치한다. 그런 다음 대화 규칙을 다시 소개받고 구두로 규칙에 동의한다는 점을 밝히라고 요청 받는다. 참가자는 정보 누설을 금하고 상대편의 말을 가로막지 않고 정중한 표현을 쓰며 각 구성원에게 대답하고 싶지 않은 질문이나 의견에 대해서는 '통과'할 권리를 부여한다.

5. 대화 촉진자는 비공식적인 저녁 식사 만남에 동석한다. 그들은 양측의 구성원들이 다른 쪽이 생각하는 것보다 서로 실제로 얼마나 다른지 지적한다.

대화 진행 규칙

6. 각 구성원은 세 가지 질문을 받는다. 질문을 읽고 규칙에 따라 대답하는 동안 그 외 사람들은 모두 주의를 기울이고 예민하게 경청한다. 질문은 구성원들이 낙태와 관련된 각자의 경험을 공유하고 문제의 핵심이라고 믿는 바를 제시하고 낙태 문제에서 판단하기 어려운 애매한 부분을 식별하도록 유도한다.

7. 세 가지 질문이 모두 처리되면 참가자들이 서로에게 질문하는 분위기를 조성한다. 참가자들은 의제를 감춘 수사법상 질문이 아닌 호기심에서 우러난 질문을 한다. 옆에 있는 구성원을 설득하려 하지 않고 사람 자체에 관심을 기울이도록 한다. 각자 자신이 지지하는 편을 대표하는 듯이 행동하지 않도록 '그 사람들'이나 '그들'이라는 표현은 삼간다. 토의 중 적극적 청취가 요구된다.

8. 대화가 줄어들기 시작하면 대화 촉진자는 대화를 종료하는 방향으로 유도한다. 각 구성원은 대화를 진행하면서 규칙에 맞게 행동한 점과 그렇지 못한 점에 대해 생각해 보라는 요청을 받는다. 그리고 의견이 갈리는 견해를 서로 공유하라는 요청을 받는다.

후속 조치

9. 2~3주 후 참가자들은 전화를 받는다. 그들은 대화 모델을 개선시킬 제안을 하라는 요청을 받고 그들이 경험한 바를 일상생활에서 어떻게 적용했는지에 대한 질문을 받는다.

이와 같은 공통 기반 대화는 타협이 결렬된 상황이나 고질적인 갈등을 관리하는 또 하나의 방법이다. 이 모델은 일반적 절차의 개요만을 제시한 것이며 실제 대화를 인도하는 다양한 규칙은 다루지 않았다. 실제 대화에서 적용되는 단계는 각각 참가자가 서로의 말을 듣고 공통된 기반이 있다는 사실을 안심하고 확인할 수 있도록 대화 촉진자의 광범위한 중재 속에 진행된다. 그 후 참가자들은 발견된 사실을 통해 보다 긍정적인 결과와 공동 프로젝트 가능성(예를 들어, 십대 임신율 감소, 하나의 선택 사항으로 인공 유산을 지원하고 자금을 지원)을 개진하며 '다른 의견을 가진다는 점에 동의' 할 수 있다.

요약 SUMMARY

1. 갈등은 상호의존적인 당사자가 양립할 수 없는 목표, 자원 부족, 목표 달성에 서로 방해가 된다는 점을 인식하고 이러한 경쟁 상황을 외적으로 표출하는 상황에서 나타난다. 이것은 인식적, 감정적, 행동적, 상호작용적 차원을 지닌다.

2. 갈등은 불쾌함, 결속력 저하, 심지어 그룹 분열까지 일으킬 수 있지만 또한 구성원으로 하여금 참여의식을 높이고 상황 이해를 자극하고 결속력을 강화하며 더 나은 결정을 내릴 수 있게 하기도 한다. 의견 일탈자나 혁신적 일탈자는 비판적 사고에 기여한다.

3. 갈등 유형에는 본질적(과제 지향적), 감정적(성격과 권력 차이로 인한), 절차적(그룹 운영 방법에 대한), 불공정성(구성원의 고르지 않은 업무 부담이나 기여도)에 대한 것이 있다. 실제 갈등 상황에서는 한 가지 유형이 다른 유형으로 이어질 수 있다.

4. 갈등을 관리하는 방법 중 배분 지향성은 승자와 패자가 갈린다고 간주하지만 통합 지향성은 양측이 모두 승리할 가능성을 가정한다. 협동적 태도와 자기주장적 태도의 정도를 결정하는 요인에는 다섯 가지 일반적인 갈등관리 전략, 즉 회피, 순응, 경쟁, 협동, 타협 등이 있다.

5. 그룹 구성원은 윤리적이면서 당사자가 서로에게 만족스러운 해결책을 찾을 수 있도록 하는 원칙에 의한 협상 과정과 같은 절차를 사용하려 시도해야 한다.

6. 그룹이 합의에 도달하지 못할 경우 시도할 수 있는 다른 방법으로 리더의 중재 또는 투표가 있다. 누군가가 그룹을 대신해 결정을 내리는 강제 또는 제3자 중재안은 최후의 수단이다.

7. 공통 기반 대화는 참가자가 긴장과 폭력 사태를 완화할 수 있는 진정한 공유 가치를 발견할 수 있도록 하므로 분극화되는 공공의 쟁점을 토의하는 데 사용할 수 있다.

PART FIVE

토의형 리더는 관찰에 강하다

토의형 리더는 그룹 토의를 관찰하고, 그 과정을 분석하고, 문제를 발견하고, 적절한 개선안을 제시할 수 있어야 한다. 마지막 두 장에서는 본인이 속한 그룹이나 단체에 보탬이 되기 위해 소그룹 의사소통의 이해를 돕는 정보 및 기법을 소개할 것이다. 이를 통해 장기적으로 구성원의 잠재능력을 끌어내는 효과적인 토의 절차를 개발할 수 있을 것이다.

CHAPTER ELEVEN

토의를 주도하는 리더의 역할

토의를 순조롭게 조절하고, 효과적으로 문제를 해결하며, 전반적인
팀워크를 향상시키기 위해서 몇 가지 특별한 기법을 사용할 수 있다.
이런 기법이 효과를 나타내려면 그룹 구성원 전원이
토의 절차를 이해해야 하고, 특별 교육을 받을 수도 있다.

어느 음악대학의 한 학과에서 오랜 기간에 걸쳐 여러 가지 문제를 겪
고 있었다. 교직원들은 서로에 대한 신뢰가 부족했고, 각자 추구하는 부
서에 대한 비전도 명확하지 않았다. 학생들이 다른 과목 공부는 생략하
고 음악에만 전념할 수 있도록 하는 음악 전문학교의 모델을 따라야 하
겠는가? 아니면 음악 외에 다른 과목도 전반적으로 공부할 수 있도록 해
야 하겠는가?

문제의 학과가 속한 단과대학의 학장은 학과 교직원들을 특정 방향에
초점을 맞추도록 하는 일일 워크숍에 참여하게 했다. 서먹한 분위기를

없애기 위해 몇 가지 워밍업 프로그램을 하고 나서 기존의 그룹 기법을 약간 변형하여 그룹의 당면 문제, 해결 방법을 생각해 보도록 했다. 교직원들에게 우선 학과 내에서 가장 심각한 문제를 8~10개 적어 보도록 했다. 단, 긍정적인 어조로 문제를 언급해야 했다. 예를 들어, "교직원 회의에서는 어떤 내용이 나올지 몰라서 시간 낭비가 되기 일쑤입니다."라고 말하는 대신 "안건을 미리 공개하고 안건에서 일탈하지 않는다면 교직원 회의가 더 생산적일 것입니다."라고 긍정적으로 설명하도록 했다. 일단 모든 사람이 문제를 볼 수 있도록 게재한 다음 학장은 교직원들이 토의할 수 있는 분위기를 조성했고 그들은 어떻게 할 것인가에 대한 결정을 내렸다.

학장은 또한 기존의 그룹 기법을 변형하여 학과에서 내세울 만한 강점을 보여주는 기회를 마련했다. 모든 문제 및 안건 내용이 크게 여섯 가지의 주요 범주로 구분되고 나자 학장은 자유 토론을 위한 버즈 세션(buzz group session)을 조직하여 학과의 모든 교직원이 빠짐없이 참여하도록 했다. 그룹은 4~5명으로 구성된 다섯 개의 소그룹으로 나뉘었고, 각 그룹에서 해당 주제를 검토하고, 한 시간을 할애해 학과 전체를 대상으로 사람들 앞에서 보고했다. 워크샵 끝 부분에서는 교직원 모두가 찬성한 연간 계획을 마련했고 특별한 주제에 대해 집중 참여할 위원회를 구성했으며 교직원 각자는 참으로 오랜만에 자신에 대하여 뿌듯함을 느끼는 동시에 학과의 미래에 대해서도 낙관적인 시각을 가지게 되었다.

11장에서는 논의의 중점을 토의형 리더를 위한 특정 그룹 형태 및 기법으로 돌릴 것이다. 큰 단체 내에 구성되는 소그룹을 위한 다양한 기법도 포함시켰다. 이러한 기법들은 특정 그룹 및 단체에 맞게 변형되거나 결합될 수 있다. 이 사례에 나온 학장은 기존 그룹 기법과 버즈 세션을 목적에 맞게 변형시켰다.

그룹 토의 통제

적절하게 그룹을 통제하면 각 구성원에게 동등한 발언 기회가 주어지고 민주적인 결정이 보장된다. 그룹의 규모가 클수록 질서를 유지할 수 있도록 상호작용을 조절하는 공식적인 절차를 갖추는 것이 더 중요해진다. 여러 단체와 큰 모임에서는 회의 규정을 정할 때 '로버트의 의사 진행법 개정판*Robert's Rules of Order, Newly Revised*' 을 의사 진행 규칙으로 채택한다. 여기에는 단체의 이사회 및 위원회 회의를 위한 규정도 포함되어 있다. 기업에서 로버트의 의사 진행법을 채택할 경우, 그 단체의 위원회에서는 이 진행법을 반드시 준수해야 한다. 이러한 규칙이 정비되어 있으면 굳이 구성원들이 불필요한(바람직하지 않은) 말을 할 필요가 없어진다.

상위 단체의 정관에는 위원회에 대한 특별 규칙이 있을 수도 있다. 로버트의 의사 진행법에 어긋나는 부분이 발생할 경우 정관이 우선시된다. 위원회 의장들은 단체의 규정을 알아야 하고 단체에서 의사 진행 매뉴얼을 만들었을 경우 매뉴얼에 나온 절차를 숙지해야 한다.

다음에서 위원회를 대상으로 하는 로버트의 의사 진행법을 요약하는 이유는 다음 세 가지이다. 첫째, 로버트가 대부분의 미국 단체에서 인정한 회의 권위자이기 때문이다. 둘째, 로버트의 의사 진행법이 적용되는 위원회에서 처신하는 법을 알 수 있도록 하기 위해서이다. 셋째, 공식적인 의장직에 있을 경우 이 규칙을 제대로 사용할 수 있도록 하기 위해서이다.

행정적 문제

1. 위원회 의장은 세 가지 방법 중 하나로 선출될 수 있다. 상위 단체에서 임명, 위원회 구성원에 의해 선출, 또는 위원회에 처음으로 지명된 사람이 자동적으로 의장이 된다.

2. 위원회는 의장이나 여타 두 명의 구성원들의 호출에 의해 소집된다.

3. 정족수(위원회에서 법적 조치를 취하는 데 필요한 최소 구성원의 수)는 상위 단체에서 지정해주지 않는 한 위원회 구성원의 다수를 가리킨다.

4. 위원회의 공식 보고서에는 정족수가 참석한 정규 공식 회의(각 구성원에게 사전 통보)에서 참석자 다수가 동의한 안건만 포함되어야 한다. 대개 의장은 서면으로 공식 보고서를 작성하지만 상대적으로 공식성이 떨어지는 조치나 활동 진행을 내용으로 하는 보고는 상위 단체에 구두로 전달할 수 있다.

5. 위원회에서 합의점을 찾지 못하고 소수의 구성원들이 다수와는 다른 보고 내용이나 추천내용을 상위 단체에 전달하고자 할 경우 '다수' 위원회 보고서가 작성되자마자 그대로 허용된다. 위원회 소수가 가진 권리는 아니지만, 회의 규정에 따라 토론하는 동안 다수에 동의하지 않은 소수는 반대 의사를 피력할 수 있다. 하지만, 전체 위원회에서 허용될 수 있다고 동의하지 않는 한, 누구에게도 위원회의 사적인 대

화 내용을 언급할 권리는 없다.

의장의 책임

6. 의장은 위원회의 기록 내용에 대해 책임을 지지만, 기록하는 일을 위임할 수도 있다. 하지만 의장이 이 과정을 감독할 책임을 진다.

7. 감독관과는 달리 위원회 의장은 의장직을 떠나지 않고도 문제에 대한 입장을 표명할 수 있다. 또한 위원회의 다른 구성원들처럼 모든 문제에 대해 제안을 하고 투표권을 행사할 수 있다(몇몇 큰 위원회에서는 의장이 의회에서와 같이 행동하도록 결정하기도 한다. 그럴 경우 의장은 토의 내용에 실질적으로 참여하지 않고, 동수 표결을 내거나 찬반 동수에서 어느 한쪽에 투표하는 방향으로만 투표권을 행사하는 등의 방식을 유지해야 한다).

토의, 발제, 투표

8. 구성원들은 발언권에 대해 의장의 공식적인 승인을 받을 필요는 없지만, '다른 사람들의 말을 방해하지 않는 한' 원할 때 언제나 말할 수 있다.

9. 회합에서 요구되는 여러 발제 내용은 부적절한 경우가 많다. 거의 모든 내용에 대해 위원회에서 비공식적으로 토의할 수 있기 때문에 의사 진행의 문제, 토의에 부칠 문제, 또는 개인적 특권에 관한 문제를 언급할 필요가 없다. 간단히 말해서, 의사 진행 규칙이라고 하는 내용의 상당수는 위원회 회의에 장애물이 된다.

10. 발제에는 재청이 필요하지 않다. 발제란 그룹에서 어떤 조치를 취하도록 제안하는 것이다.

11. 어떤 문제에 대해 구성원이 발언할 수 있는 횟수에는 제한이 없지만, 발제를 제한하거나 토의를 종결하기 위한 제안은 허용되지 않는다.

12. 의회 토의에서 구성원들은 발제 없이 문제를 토의할 수 없지만, 위원회 회의에서는 합의점이나 다수결이 이루어진 다음까지는 발제가 필요하지 않다.

13. 모든 결정이 내려지려면 실제 투표권을 행사할 다수가 필요하다. 대개 이미 그룹에서 나온 결정을 마지막으로 확인하기 위해 투표를 실시한다. '비공식 투표(구속력 없음)'는 구속력 있는 투표를 하기 전에 다수 의견 또는 합의가 존재하는지 알아보려는 목적으로 실시될 수 있다. 리더는 "이 문제에 대해 합의가 있는 것 같습니다. 제안에 찬성하는 모든 분들은 오른손을 올려 주시겠습니까?"라고 말할 수 있다.

14. 결의를 기록하기 위한 발제는 필요하지 않다. 모든 구성원들에게 제안 내용이 확실하면 투표를 실시하고 투표 결과를 결정 사항으로 기록할 수 있다.

15. 의장은 모든 구성원이 어떤 생각이나 제안에 동의하는지 물어볼 수 있다. 반대하는 사람이 없으면 결정을 내리고 의사록에 기록해 둔다. 예를 들면 다음과 같다. "진과 밥이 다음 회의 때 초안을 마련해 오기로 동의합니다."

16. 이전 결의를 재고하기 위한 발의는 언제든 할 수 있고 반대 의견도 얼마든지 제기할 수 있다. 의회와는 달리, 진 쪽에 표를 던진 사람이라도 재고할 것을 재청할 수 있다. 따라서 결석하거나 투표하지 않은 사람은 아직 결정이 실행 단계로 옮겨지지 않았을 경우 이전 결정에 대해 재고를 요청할 수 있다.

17. 위원회에서 발의 수정은 가능하지만 비공식적으로 하는 것이 가장
    좋다. 시간 여유가 있으면 투표에 의해서가 아니라 합의에 의해 변경
    할 사항을 결정하는 것이 낫다.

　로버트의 의사 진행법을 사용한 단체의 위원회에서는 회의 진행 규칙
과 우선권이 거의 필요하지 않다. 투표를 하는 이유는 토의를 막기 위해
서가 아니라 다수가 결정을 지지했다는 것을 합법적으로 보여주기 위해
서이다. 위원회의 재량에 따라 모든 문제는 언제든지 제시될 수 있고 토
의는 필요에 따라 비공식적이거나 길어질 수도 있다.

　이와 관련된 유일한 연구에서 바이첼*Weitzel*과 가이스트 *Geist*는 지역
사회 그룹의 회의 절차 용례를 검토했다. 놀랍게도, 그룹의 구성원들이
스스로를 '전문가'라고 생각해도 회의 절차를 정교하게 이해하지는 못
하는 것 같다는 결과가 나왔다. 그룹에서 의회 법규에 정통한 사람을 발
탁하는 일은 거의 없고, 회의록을 아무렇게나 만들고 승인하며, 발의는
재청을 받지 못한 채 지나가고, 어설픈 방법으로 다루어졌다. 그렇다고
의사소통이 엉망이고 그룹 만족도가 제로라고 할 수 있는가? 그건 아니
다. 이런 그룹에서는 필요할 때만 로버트의 의사 진행법을 사용하고 선
별적으로 이용했다고 이들의 문제해결 의사소통 방식이 잘못된 것은 아
니다. 바이첼과 가이스트는 위와 같은 초기 연구를 통해 몇몇 사람들이
생각하듯이 절차를 부적절하게 사용하기 때문에 그룹 의사소통의 수준
이 타격을 받는다는 증거는 없다고 결론지었다.

　그렇다면 이것이 시사하는 바는 무엇인가? 로버트의 의사 진행법을
암기하면서 그것이 효과적인 문제해결에 필수적이라고 생각하지 마라.

로버트의 의사 진행법을 준수한다고 해서 객관적인 태도가 보장되는 것은 아니다. 지역사회 그룹 구성원들은 회의 절차를 엄격하게 준수하는 것보다 관심 사안을 달성하는 것에 대해 더 많은 신경을 썼다. 회의 절차를 사용할 경우 그룹 구성원의 이해관계를 보호하면서 동시에 문제해결 및 의사 결정을 체계적으로 할 수 있는 절차가 제공된다. 따라서 현명한 결정을 하려면 그룹에서는 특정 규칙을 기계적으로, 또는 맹목적으로 사용하기보다는 현명한 판단을 내려야 한다.

효과적인 문제해결을 위한 그룹 기법

이 장에서는 효율성을 높이기 위한 소그룹 기법을 엄선하여 소개한다. 이런 기법을 언제 어떻게 적용할지 알면 그룹이나 단체에 개인적으로 더 많은 기여를 하게 될 것이다. 여기에 소개된 모든 기법은 변형하거나 다른 기법과 더불어 조합하여 특정 맥락이나 목적에 맞게 조정될 수도 있다. 그러한 기법을 사용하기로 결정한 사람은 그룹에서 시도해 보기 전에 본인이 직접 또는 그룹 진행자가 상세하게 회의 절차를 설명하도록 한다. 그룹 구성원들에게 유인물이나 차트를 나눠주는 것도 도움이 될 것이다.

이러한 기법을 단체 내에서 문제 인식, 정보 일반화, 창의성 도모, 문제해결 향상 등의 주요 기능별로 구분해 보았다. 하지만 대부분의 기법은 하나 이상의 기능을 한다.

문제 인식

식당의 요리사와 웨이터, 학교의 교사, 또는 공장의 생산직 근로자와 같이 당면 문제에 가장 근접해 있는 사람들이 경영자에 비해 문제와 고충을 더 잘 알고 있는 경우가 많다. 다음의 두 가지 기법은 단체에 속한 모든 이들이 개별적으로 인지한 것을 끌어내는 데 도움을 줄 것이다. 인지한 내용을 두루 알고 있으면 추후에 크나큰 손실이나 치명적인 사고를 막을 수 있을 것이다.

문제 조사

문제 조사(problem census)란 중요한 안건이나 문제를 알아내기 위해 사용되는 공표 기법이다. 그것은 향후 문제해결을 목적으로 하는 회의의 안건을 마련하거나 단체 구성원들이 직면한 문제를 발견하는 데 특히 유용하다. 다음은 문제 조사를 실시할 때 필요한 단계이다.

1. 차트나 보드를 마주하고 반원으로 배석한다.
2. 기법의 목적을 설명한다. 즉, 논의하고자 하는 모든 문제, 우려 사항, 궁금한 점, 또는 난제를 끄집어내는 것이다.
3. 그러면 리더가 각 구성원에게 한 명씩 돌아가며 문제 제기나 질문을 하라고 말한다. 모든 문제가 나올 때까지 이것을 계속한다.
4. 리더가 차트나 보드에 제시된 각 문제를 명확하게 기록하여 게재한다. 리더는 제시되는 모든 내용을 수용하고, 이에 반격하거나 이의를 제기하지 않아야 하지만, 필요에 따라 명확하고 자세하게 말해 달라고 요청한다. 리더는 종종 간결한 문구로 긴 명제를 요약할 수 있지만

게재하기 전에 요약한 내용이 정확한지 발언자에게 질문한다. 차트를 메우고 나면 모든 사람이 볼 수 있도록 벽에 붙인다(단체 특성상 컴퓨터로 디스플레이해도 무방하다).

5. 이제 그룹에서는 문제 목록을 두고 우선순위를 정한다. 가장 많이 나온 것 중 서너 개를 골라 투표한다. 모든 문제를 안건에 올린다. 투표를 통해 목록에서 우선순위를 정한다.

6. 이제 그룹에서 어떤 질문에 대해서 질문을 제기한 사람이 만족할 때까지 다른 구성원들이 해답을 제시하거나 해결책을 내놓을 수 있는지 발견하는 순서를 갖는다. 해결된 질문은 목록에서 삭제한다.

7. 각각의 남은 문제는 표를 얻은 수에 따라 당일 회의 또는 차기 회의에서 차례대로 다뤄진다. 전문 컨설턴트의 사실적인 프레젠테이션이 필요한 경우도 있지만, 간단한 강의로 끝낼 수 있는 것도 있고, 인쇄물을 배포하여 해결할 수 있는 것도 있다.

리스크 기법

일단 그룹에서 해결책을 결정하면 꼼꼼하게 평가하는 과정이 필수이다. 리스크 기법(RISK technique)은 단체의 변화나 정책 제안이 구성원과 관련 그룹에게 어떠한 부정적인 영향을 미치는가를 평가하도록 특별히 의도된 것이다.

프로젝트팀이나 관련 직원으로 구성된 위원회에서는 구성원 자신들뿐 아니라 단체 전체에 이득을 주기 위해 리스크 절차를 사용할 수 있다. 예를 들어, 한 단체의 CEO가 잠정적으로 특정 부서를 구조조정하기로 결정했다고 생각해 보자. CEO는 그 부서의 직원들에게 그가 제안한 구조

조정으로 야기될 문제(즉, 리스크)를 확인하도록 리스크 회의에 참여하라고 한다. 소소한 문제들은 즉각 해결 가능하지만, 큰 문제들은 우선 어떤 것들이 있는지 확인하여 실제로 발생하기 전에 처리할 수 있을 것이다. 특히 제안한 계획에 치명적인 오류가 있을 경우, CEO는 시행 계획을 포기할 수도 있다. 리스크 기법에는 여섯 가지 기본 단계가 있다.

1. 리더는 상세한 해결책이나 변화를 제시하고 구성원들이 제안 사항에 대한 모든 리스크, 우려 사항, 문제점을 생각하도록 요청한다.
2. 구성원들은 문제를 도출하는 과정에서 전체적으로 브레인스토밍을 하거나 개별적으로 나중에 다룰 브레인스토밍 절차를 사용하여 업무에 착수한다.
3. 한 명씩 돌아가며 문제를 차트나 보드에 게재한다. 일단 이 작업을 마치면 구성원들은 목록을 살펴보고 생각나는 대로 추가 우려 사항을 첨가한다. 리더의 판단을 배제하는 것은 필수 불가결한 것이다. 구성원들이 위협감을 느끼는 경우 진정한 우려 사항은 밝혀지지 않는다. 이 과정에서 서두르지 않도록 한다. 종종 일부 구성원들이 가장 심각하다고 느끼는 리스크는 한동안 정적이 흐르다가 나오는 수가 있다.
4. 이렇게 초기 회의를 마치면 모든 리스크는 최종 목록으로 조합되고 모든 구성원들에게 회람되고 각 구성원은 생각나는 것들을 추가로 덧붙인다.
5. 두번째 회의에서 모든 구성원이 느끼는 추가적 리스크를 최종 목록에 덧붙인다. 그리고 구성원들은 리스크에 대해 하나씩 논의한다. 각 리스크가 심각한지, 즉각 해결할 수 있는 것인지, 목록에서 제거할 수 있

는 것인지 결정한다. 구성원들은 이러한 상호작용을 하는 동안 자신의 감정, 이를테면 두려움, 의심, 걱정 등을 공유하도록 한다.

6. 남은 리스크는 안건으로 처리하고, 문제 조사 항목과 같은 방식으로 처리한다. 리스크를 해결할 수 없을 경우 제안된 계획을 심각하게 재고하고 변형하거나 포기한다.

정보와 생각 도출

단체와 그룹에서는 여러 가지 목적으로 정보가 필요하다. 다음의 두 절차는 다목적 기법으로 그룹 및 단체 구성원들이 추후에 여러 가지 방식으로 사용할 수 있는 여러 문제에 대한 정보를 제공할 수 있도록 한다.

포커스 그룹

광고 및 마케팅 연구에서 오랫동안 사용된 포커스 그룹(focus group)은 단체에서 직원들의 문제점, 관심사, 우려 사항과 더불어 고객, 잠재 시장 및 혁신 방향을 알아볼 수 있도록 하는 것이다. 포커스 그룹에서는 사회자가 제시한 주제에 대해 편안하고 자유롭게 의견을 주고받는다. 사회자는 주제를 발표하고 구성원들은 자유롭게 원하는 방식으로 대답한다. 이처럼 자유로운 토의는 추후 분석 과정을 위해 녹음되는 경우가 많다. 포커스 그룹을 통해 고객들이 제품에서 요구하는 바를 알아내고, 이름이나 디자인을 변경할 경우 어떤 반응이 나올지 알아낼 수 있다. 클린턴 대통령을 비롯한 여타 정치인들은 유권자들이 특정 주제에 대해 어떻게 생각하는가를 알 수 있도록 포커스 그룹을 이용한 것으로 유명하다. 또한 포커스 그룹을 통해 직원의 사기, 병원에서 받은 대우에 대한 느낌, 특정 광고업체의 효율성에 대한 학생들의 반응 등에 대한 정보를 얻을 수 있다.

버즈 세션

버즈 세션(buzz group session)은 큰 회의를 같은 문제를 동시에 접근하는 수많은 소그룹으로 나누는 방식이다. 이를 통해 큰 그룹의 모든 구성원들은 토의에 활발하게 참여할 수 있다. 화자나 패널을 위한 질문 도출, 문제나 안건 확인, 일련의 아이디어나 해결책 조합, 구성원들의 참여 및 의견 개진 유도와 같은 여러 가지 목적이 있다. 예를 들어, 이 책의 저자 중 한 명은 켄터키 주의 500명의 교육 지도자들 모임에 참여하여, 주의 공교육을 위한 최소 기본 프로그램을 홍보하는 기법을 연구했다. 주최 측에서는 납세자들이 특별 선거에서 필요에 따라 지역 학교를 위한 주별 세금 지원에 찬성하기를 희망했다. 즉, 세금 징수를 더 많이 해서 부자들이 가난한 지역에 경제적 지원을 해 달라는 것이었다. 몇 번의 버즈 세션을 통해 구체적인 지역의 문제점, 저가의 광고 및 홍보 기법, 프로그램 지지 발언 등의 문제를 도출했다. 회의 규모는 컸지만, 그들이 보여준 열정과 참여도는 놀라운 것이었다. 이 장의 도입부에서 대학 학장은 버즈 세션과 유사한 방식을 사용하여 모든 구성원들의 참여를 높일 수 있었다. 그 절차는 다음과 같다.

1. 의장은 모든 구성원에게 핵심 질문을 최대한 간결하고 제한적이며 구체적으로 한다. 구성원들은 강당에서 열을 지어 또는 작은 테이블에 앉을 수 있다. 질문은 모든 사람들이 볼 수 있도록 칠판이나 유인물로 소개된다. 다음은 그런 질문의 예이다.

- 각 카운티나 도시의 사람들이 최소 기본 프로그램을 홍보하기 위해 어떤 기법을 사용할 수 있는가?
- 사회 적응 문제를 지닌 구성원들을 돕기 위해 지역 조합에서는 어떤 새로운 프로젝트를 시행할 수 있는가?
- 스프링필드 지역을 위해 폐기물 재생 설비를 설립하는 것에 대한 찬반 주장은 어떤 것이 있는가?

2. 한 그룹에 여섯 명씩으로 구성하여 큰 그룹을 작게 나누거나, 큰 강당일 경우 각 줄에 세 명씩 나누어 앉힌다. 그리고 나서 그림 11.2에서처럼 서로 얼굴을 마주 볼 수 있도록 짝수의 열에 있는 사람들이 고개를 돌리게 한다. 각 그룹은 핵심 질문이 복사된 색인 카드를 받아야 한다.

3. 다음과 같은 말을 하여 앉은 자리에 따라 각 그룹의 기록-대변인을 지정한다. "앞줄 좌측에 앉아 있는 사람이 기록을 할 것입니다. 기록하는 사람은 카드에 제시된 모든 아이디어를 적고 그룹에서 순위를 정하도록 해야 합니다." 스탭들은 빈 카드를 나눠주어야 한다.

4. 각 그룹에서 핵심 질문에 대해 5분 내에 생각할 수 있는 답을 최대한 많이 기록하게 한다. 삭제해야 할 항목이 있는지, 어떤 순서로 나열할 것인지를 결정하기 위해 목록을 1분 동안 평가한다. 총 6명으로 구성

[그림 11.2] 강당에 배석한 버즈 세션

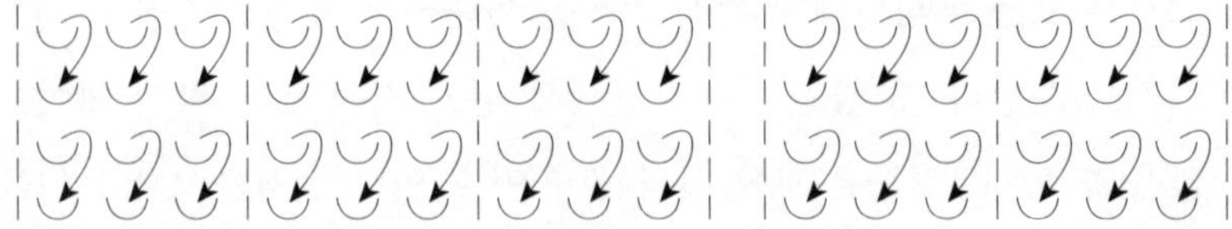

된 그룹에서 6분 동안 토의를 하는 셈이다. 이 절차는 가끔 '필립스 66'이라고 한다. 이 방식을 만들어 대중화한 사람이 J. 도날드 필립스 *J. Donald Phillips* 이기 때문이다. 그는 미시간의 힐스데일 대학의 전임 학장으로서 켄터키 회의 *Kentucky Conference*의 컨설턴트로 재직한 바 있다.

5. 5분이 되면 그룹에게 시간을 말하고 다들 한창 참여 중이면 1분을 더 준다. 그리고 각 그룹에게 목록을 평가하고 순위를 매기라고 한다.

6. 이 시점에서 그룹의 크기와 전반적인 회의 계획에 따라 다음 몇 가지 중에서 선택하여 할 수 있다.

- 카드를 모아 겹치는 부분을 삭제하며 편집한다. 각 항목이 목록에 올라간 수를 기록한다. 차기 회의 때 그룹 전체에 전체 목록을 복사하여 나눠주거나 특별 그룹에게 제공하여 처리하도록 한다.

- 각 기록자에게 자기 자리에서 구두로 한 명씩 돌아가며 카드에 있는 한 가지 새로운 항목을 보고하라고 하고, 그 동안 비서는 방 앞에 있는 차트나 보드에 모든 항목을 기록한다. 위에 나온 목록을 나열하거나, 초기에 언급한 문제 조사 기법에 따라 처리한다.

- 각 보고자가 화자나 패널에게 최종 목록을 제시하게 한다.

다목적 기법은 다양하게 변형 가능하다. 예를 들어, 그룹에 6분 이상 주어질 수 있고, 심지어는 리더가 하는 짧은 개요가 뒤따를 수도 있다.

그룹 창의성 도모

그룹이나 단체의 주요 목적이 혁신일 때가 가끔 있다. 그룹이 창의성을 십분 발휘하려면 판단이 배제되고, 일차원적인 생각 대신 복합적이고 직관적인 사고를 조장하는 환경이 되어야 한다. 다음의 기법을 통해 그룹에서 창의성을 도모할 수 있을 것이다.

브레인스토밍

브레인스토밍(brainstorming) 기법은 상상력과 장난기가 성공적인 광고의 관건이라고 생각한 어느 광고계의 임원이 만든 것이다. 그룹이 창의성을 발휘하려면 구성원들은 판단이 배제된 위협적이지 않은 환경에서 안전함을 느껴야 한다. 비판적인 평가는 창의성을 억압하기 때문에 브레인스토밍 과정 동안 이 절차의 주요 원칙은 '평가 불가'이다. 평가 과정은 그룹에서 가능한 한 많은 아이디어를 목록으로 만든 후에 진행된다. 브레인스토밍은 다양한 해결책이 필요할 때 광범위하게 사용된다. 브레인스토밍을 다른 기법과 연계하여 사용할 수도 있다. 종종 문제해결의 일반적인 절차 모델에서 두번째 단계로 사용된다. 기본적인 절차에는 네 가지 단계가 있고, 네 가지 주요한 법칙이 포함된다.

1. 그룹에 해결할 문제가 주어진다.

   문제의 범위는 매우 구체적인 것에서(새 음료 이름 도입) 고도로 추상적인 것까지(주민회관 생활 상태 개선 방안) 다양할 수 있다.

   브레인스토밍에서 다루는 문제는 해결책이 다양하게 나와야 하고, 사람들은 브레인스토밍을 하기 전에 준비를 해야 한다. 이 책의 저자들이 잘 아는 한 사례 연구에서는 신제품 푸딩의 이름을 브레인스토밍하는 팀에서 푸딩을 먹고 나서 맛을 이야기하고, 포커스 그룹 형식으로 어떤 것을 연상하게 하는지 이야기했다. 그 후에 500여 개 이상의 이름을 브레인스토밍 할 수 있었다!

2. 사람들이 가능한 한 많은 해결책을 제시하도록 한다.

이 단계의 브레인스토밍에서 네 가지 일반적인 가이드라인은 다음과 같다.

a. 평가 불가 : 아이디어에 대한 비판, 조소를 비롯한 다른 부정적인 반응은 허용되어서는 안 된다. 비판적인 태도를 갖는 동시에 상상력을 동원하는 것은 마치 한 발로는 엑셀을 밟고 가속을 하면서 다른 발로는 브레이크를 밟는 것과 같다.

b. 질적 가치 추구 : 아이디어 목록이 길어질수록 좋다. 아이디어가 동이 날 경우 진행자는 이전에 나온 아이디어를 변형, 추가하는 방식과 해당 문제의 다른 특성을 고려하도록 독려한다.

c. 혁신 촉구 : 사람들에게 특이한 생각, 심지어는 처음 들었을 때 과격하거나 비정상적인 것으로 보이는 생각을 말하게 한다. 신사고는 예외 없이 처음에는 유일무이한 것이라는 점을 기억하라.

d. 타인의 아이디어에 편승하도록 독려: 다른 사람들이 제시한 아이디어를 토대로 추가하거나 변형하게 한다. 다른 사람의 생각에 편승한 아이디어를 말하는 사람은 손가락으로 딱 소리를 내며 순간적으로 관심을 집중시키고 단번에 차트에 올라가도록 한다.

3. 모든 아이디어는 그룹 전체가 볼 수 있도록 차트에 올린다.

진행자는 큰 종이에 아이디어를 적고 종이를 벽에 붙여서 누구나 볼 수 있도록 한다(이 경우에 컴퓨터에 디스플레이를 해도 무방하다). 게재된 아이디어를 보면 종종 새로운 아이디어가 떠오른다. 종이는 나중에 회의 내용을 보고할 때 사용되기도 한다.

4. 모든 아이디어는 또 다른 회의에서 평가한다.

브레인스토밍 기법을 사용하여 가능한 해결책을 많이 도출한 후에는 비판적인 사고를 통해 각 아이디어를 분석하거나 그 중 일부를 변형 또는 개선하거나 개연성, 효율성, 수용성과 같은 중요한 기준에 부합하는 아이디어만 해결책이나 정책으로 선택한다. 가끔 다른 그룹에서 제안 내용을 평가하기도 한다. 같은 그룹에서 평가를 할 경우, 잠시나마 휴식 시간을 갖는다.

판단을 배제하기란 쉽지 않다! 구성원들은 제안 내용에 대해 자연스럽게 의견을 달려고 하는 경향이 있다. 구성원들이 평가를 하지 않도록 하기 위해 창의적인 방법을 도입한 회사들도 있다. 예를 들어, 한 기업에서는 그룹 구성원들이 회의장에 물총을 가져와서 브레인스토밍 시간 동안 어떤 아이디어를 비판하는 사람은 누구라도 물총세례를 받는다. 다른 기업에서는 방해하는 사람들에게 고무공을 던진다. 이런 조치가 가벼워 보일 수도 있지만, 확실하게 시사하는 바가 있다. 비판은 창의성을 막으며 창의성은 브레인스토밍의 생명이다.

브레인스토밍 변형

브레인스토밍에서 '평가 불가'의 법칙은 고수하면서 창의성을 저해하는 장애를 극복하기 위해서 고안된 다양한 변형이 있다. 창의성을 해치는 장애물에는 토의 참가자들이 중간에 방해를 하거나, 한두 명이 독점적으로 말하거나, 몇 가지 아이디어에서 벗어나지 못하는 경우 등이 있다. 한 가지 변형 방식이 브레인라이팅(brainwriting)이다. 브레인라이팅은 사람들 앞에서가 아니라 혼자 작업할 때 생산성이 높아진다는 사실을 십분 활용하는 방법이다. 구성원들에게 10~15분의 제한 시간을 주고, 그 시간 동안 최대한 많은 아이디어를 도출하게 한다. 멈추지 않고 최대한 빨리 쓰게 하고, 브레인스토밍에서처럼 자신의 생각에 계속 살을 붙여 나가게 한다. 시간이 지나면 구성원들은 한 번에 한 명씩 서로의 아이디어를 공유하고, 일반적인 브레인스토밍에서처럼 진행해 나가면 된다.

또 다른 유형은 전자 브레인스토밍(eletronic brainstorming, EBS)이라고 하는 것으로, 익명성을 통해 방해 요소를 제거할 수 있다는 사실을 최대한 활용한다. 구성원들은 컴퓨터 앞에 앉아 자신의 생각을 타이핑한다. 아이디어를 써서 올리는 데는 익명성이 보장되고, 올려진 아이디어는 모든 이들이 큰 스크린을 통해 볼 수 있게 한다. 여러 조사 기관에 따르면 특히 큰 그룹에서, 구두로 하는 브레인스토밍 그룹에 비해 전자 브레인스토밍 그룹에서 사람들이 더 많은 양질의 아이디어를 도출해 냈다고 한다. 구성원들은 평가받는 것에 대한 우려가 덜 했고, 구두 형식보다 전자 형식에 더 만족해했다.

마지막으로 사람들이 문제를 정의하고 창의성을 향상시키는 데 도움을 주도록 개발된 몇몇 브레인스토밍 소프트웨어 프로그램이 있다. 각 프로그램에는 장단점이 있고, 대부분 사용 방법이 간단하다. 컴퓨터 잡지에서 정기적으로 목적에 맞는 최상의 선택을 하도록 장단점을 비교, 평가한다.

은유적 · 유추적 사고

은유 및 유추 기법은 그룹 구성원들이 다른 것들 사이에 존재하는 유사점에 초점을 맞추도록 하여 문제를 해결할 때 새로운 관점에서 바라보도록 독려하는 방법이다. 벨크로(단추 대신에 쓰는 접착테이프 – 역주)를 개발한 사람의 이야기를 들어본 적이 있을 것이다. 그는 숲 속에서 하이킹을 한 후에 돌아와서 자신의 양말과 바지에 산우엉 가시들이 달라붙어 있는 것을 발견하고 특수 접착테이프를 개발했다. 이 이야기를 통해 한 가지 영역에서의 아이디어가 다른 영역에서 문제를 해결하거나 혁신적인 사고로 작용할 수 있다는 점을 알 수 있다.

은유적 사고를 돕는 기법의 한 예로 윌리엄 고든 *William Gordon* 이 개발한 창조공학(synectics)이 있다. 어떤 문제에 대한 통찰력을 갖기 위해, 누가 봐도 무관한 요소를 연결짓는 것이 바로 창조공학이다. 우선 개인적으로 또는 그룹에서 문제의 핵심을 식별하도록 한 다음 그 핵심을 포착하는 은유나 유추를 도출해낸다. 예를 들어, 문제가 시각적인 것이라면, 구성원들에게 청각이나 촉각적 은유를 말하도록 한다. 중요한 것은 평범한 것을 낯설게 보이도록 하여 새로운 통찰력이 들어오도록 마음의 문을 여는 것이다. 그 과정의 마지막 단계는 유추 과정을 해당 문제에 맞춰서 해결책으로 가는 길이 열리도록 하는 것이다.

은유 및 유추 기법이 기이하게 들릴 수도 있지만, 고정관념에 근거한 습관적 사고에서 벗어나 문제를 다른 각도에서 인지할 수 있도록 한다. 그룹 구성원들에게는 확실한 문제를 모호하고 불확실하며 이상하게 보도록 하기 때문에 구성원들이 불편해 할 수도 있다. 하지만 바로 그것이 목적인 것이다! 습관적인 사고방식을 통해 문제를 해결할 수 있다면 혁신은 필요 없을 것이다. 유추에 근거한 창의성 기법은 풍부한 잠재적 해결책을 마련해 준다.

생각 해 봅시다

어떤 문제에 대한 창의적인 해결책을 도출해야 할 때 어떻게 하는가? 그룹의 창의성을 높이기 위해 개인의 기법을 어떻게 변형할 수 있는가?

PERT로 아이디어 실행

프로그램 평가 및 검토 기법(Program Evaluation and Review Technique, PERT)은 문제해결, 즉 실행의 마지막 단계에서 도움이 된다. 가끔 해결책이 고도로 복잡한 경우가 있다. 자료가 다양하고, 사람들은 일을 조율해야 하며, 특정 순서로 단계를 완수해야 하는 경우도 이에 해당된다. PERT는 세부적인 작업을 추진하도록 만들어진 것으로, 효율적으로 일을 수행하고 사람들이 복잡한 프로젝트의 각 단계를 추적할 수 있도록 개발되었다. 시볼드 *Siebold*는 PERT를 다음과 같이 요약했다.

1. 마지막 단계를 설명한다(해결책이 완전히 가시화되었을 때 어떻게 나타나야 하는가).
2. 마지막 목적이 달성되기 전에 해야 할 일들을 열거한다.

3. 시간 순서로 단계를 나열한다.

4. 필요에 따라 흐름도를 그리고 그 안에 단계를 넣는다.

5. 모든 활동 및 각 단계에 필요한 자료의 목록을 만든다.

6. 마감 시한이나 기대하는 바를 고려하여 총 시간을 비교하고 필요에 따라 수정한다(해당 단계에서 사람을 더 투여하거나 시간을 덜 할애하는 등).

7. 어떤 사람들이 각 단계별로 책임을 총괄할지 결정한다.

위의 기법은 문제해결 과정에서 구체적인 단계를 밟는 동안 그룹의 업무를 향상시키기 위한 것이다. 다음은 그룹에서 조직의 전반적인 성과를 개선하기 위해 사용할 수 있는 것들이다.

조직의 문제해결력 향상

문제해결 및 의사 결정과 관련하여 이 장에서 제시한 모든 내용은 모든 그룹에서 효율성을 높이기 위해 적용할 수 있다. 하지만, 단체의 목표를 위해 구성원 개인의 능력을 최대한 활용할 수 있는 구체적인 소그룹 절차가 많이 있다. 여기에서는 사용할 가능성이 가장 높은 명목상의 그룹 기법, 품질써클, 자체관리 업무그룹이라는 절차를 선택하여 소개한다.

명목상의 그룹 기법

브레인라이팅 기법에서 시사하듯이 사람들이 다른 사람들과 서로 의견을 주고받을 때보다 혼자 일할 때 더 많은 아이디어를 내놓는 경우가 종종 있다. 델베크*Delbecq*와 밴 드 밴*Van de Ven*은 이러한 점을 최대한 활용하는 동시에, 그룹에서 가끔 보이는 약점을 최소화하는 대안으로 명목상의 그룹 기법(Nominal Group Technique)을 개발하였다. '명목상' 이라는 말은 '이름뿐' 이라는 것이고, 명목상의 그룹은 다른 사람들과 같이 있으면서 언어적 상호작용과 개별 작업을 번갈아 수행하는 것을 말한다. 이 방법은 일상적인 회의보다 앞에서 언급한 음악 학과 그룹의 경우처럼 큰 문제 및 장기 계획을 논의할 때 효과적이다. 명목상의 그룹 기법은 2차적인 긴장을 완화하고, 공격적인 갈등을 예방하며, 일부 구성원들이 발언할 기회를 제거한다. 단체에서는 구성원들이 비난받을까 신경 쓰지 않고 자신이 느끼는 우려 사항을 표현하도록 해 준다. 도입부에서 언급한 음악 학과에서 이 방식이 특히 중요했고, 학장은 이 방식을 이용하여 토의의 진행이 순조롭게 이루어지도록 했다. 한편 이 기법은 그 자체로 완전한 문제해결 과정이 아니다. 또, 결속력이 감소되고, 상호작용이 활발한 형태에 비해 구성원 만족도가 떨어질 수 있다.

원래 명목상의 그룹 구성원들은(6~9명) 개별적으로 자신들의 생각을 작성하고, 그룹별로 차트에 생각을 기록하며 명확하게 설명한 후 결정을 내릴 때까지 순위를 매겨서 평가한다. 절차는 다양하겠지만 항상 토의 후에 개별 작업을 포함시킨다. 다음은 지정된 리더가 지켜야 할 단계로서 델베크가 정리한 것이다.

1. 구성원들은 차트나 보드를 마주하고 테이블에 앉는다. 큰 그룹은 몇 개의 소그룹으로 나누고 그룹별로 리더를 정한다.
2. 그룹에게 문제의 명확한 정의를 내려준다. 이 시점에서 해결책이나

상호작용에 대한 언급은 삼간다.

3. 브레인라이팅 시간을 5~15분 할애한다. 각 구성원이 자신이 생각할 수 있는 문제해결을 위한 모든 아이디어를 작성하도록 한다(리더는 아이디어 목록을 만든다).

4. 리더를 포함하여 한 명씩 돌아가면서 모든 구성원이 볼 수 있도록 각각의 새로운 아이디어를 차트에 게재한다.

5. 항목별로 목록을 점검하게 하는 과정에서 명확성과 보충 설명을 요구하지만 평가나 논쟁은 하지 않는다. 누구나 다른 사람에게 목록에 나온 아이디어를 명확하게 설명해 달라고 요청할 수 있다.

6. 각자에게 같은 수의 메모 카드(5~6장)를 주고, 그 위에 가장 좋아하는 항목을 적으라고 한다. 각자 선호도에 따라 제일 위에 5를 쓰고, 아래 부분에 1을 써서 카드와 순위를 정리한다.

7. 카드를 전부 모은다. 각 항목에 대한 순위를 모두 합하고, 사람 수대로 나눈다. 대부분의 항목에는 순위가 분수로 매겨질 것이다. 아무도 순위를 매기지 않은 항목은 목록에서 제거한다.

8. 가장 높은 순위의 항목에 대해 평가 토의를 한다. 이 때는 비판적 사고, 이견 제시, 분석이 모두 자유롭고 활발하게 사용된다.

9. 결정에 도달하지 못해도 상관없다. 그럴 경우 남은 항목에 대해 재투표를 하고 추가 토의를 한다. 이 과정을 필요에 따라 반복하여, 몇 가지 아이디어의 통합이나 한 가지 아이디어의 지지 의견이 확실히 도출될 때 멈춘다. 그 후에 그룹에서 결과에 대한 적절한 조치를 취한다.

품질써클

품질써클(quality circle)이라는 말은 일과 관련된 문제를 토의하기 위해 정기적으로 회사에서 모임을 갖는 직원 소그룹을 가리킨다. 정기적으로 무언가를 향상시키기 위해 만나는 모든 종류의 회의를 가리키는 일반적인 용어이기도 하다. 어떤 기업에서는 그런 그룹을 업무 효율팀, 지속적 개선팀, 시간 절약팀과 같은 용어로 부르기도 한다. 어떻게 부르든 간에, 품질써클의 궁극적인 목적은 생산성을 높이거나, 결과물의 질을 향상시키거나, 직원 참여도를 높이는 것이다. 미국 및 일본 경영 전문가들이 과거에 전후 일본을 세계시장 경쟁체제에 대비시키기 위해 취했던 방법이 바로 이러한 품질써클 기법이다. 이 기법의 참여적 성격은 일본 문화와 잘 접목되었다. 한편, 미국 경영진은 품질써클을 경영진의 권위에 도전하는 방식이라고 보고 초기에는 거부하기도 했다.

품질써클 직원들은 팀 리더(대개는 감독관)와 근무 시간에 만나 생산 문제를 토의하거나 경영진에서 제시한 문제에 대해 피드백을 한다. 보통 일주일에 한 시간씩 만나지만, 회사별로 시간이 다르게 정해진다. 품질써클은 어떤 문제든 토의할 수 있다. 예를 들어, 식당에서 고객들에게 어떻게 더 빨리 서빙을 할 것인가에서부터, 국가가 수출을 증진할 수 있는가에 이르기까지 다양하다. 합의에 도달한 모든 아이디어는 경영진에 제출하고, 경영진은 모든 제안 사항을 변경, 채택, 추가 조사를 하거나, 타당한 이유를 대고 백지화하는 등 대응을 해야 한다. 여러 기업들은 직원 보너스 체제와 품질써클을 접목한다. 이윤을 내거나 절약을 도모한 개인이나 그룹에게 보너스를 지급하여 보상을 하는 것이다.

품질써클이 효과를 발휘할 수는 있지만 단지 회사 내에 제도화하는 것만으로 성공이 보장되지는 않는다. 가끔 노조에서는 이것을 권익 향상이 아니라 생산을 늘리려는 책략이라고 간주한다(어떤 경우에서는 타당한 비판일 수도 있다). 또한 종종 경영진에서는 기업 문화 내에서 프로그램이 어떻게 효과를 발휘할지 충분히 검토하지 않은 채 품질써클 프로그램을 실시하기도 한다. 그럴 경우 다음과 같은 문제가 발생할 수도 있다. 중간급 경영자가 위협을 느낄 수도 있고, 제시된 아이디어를 거부하거나 아이디어를 실행하지 못할 수도 있고, 그룹에서 경영진이 제대로 대응하지 못하는 것에 낙담할 수도 있으며, 경영진에서 직원의 참여에 대해 금전적 보상을 하지 않을 수도 있다. 품질써클이 효과를 보려면, 경영진은 이 프로그램에 강한 애착을 보이고 프로그램이 기업 발전을 위한 장기 계획이 되어야 하며 참여자들은 소그룹 원리 및 참여적 문제해결 방식에 대해 적합한 교육을 받아야 한다. 직원들은 효율성을 높이는 아이디어를 내놓음으로써 자신의 직위나 임금에 피해가 가지 않는다는 확신을 가질 수 있어야 한다. 자신들이 내놓은 아이디어가 존중을 받고 참작이 되며 아이디어가 가져오는 비용 절감과 같은 구체적인 혜택을 공유하게 되리라는 점을 알아야 한다. 보상 없이 직원들에게 일을 더 많이 시키기 위한 속임수로 사용될 경우 품질써클은 효과가 없다.

자체관리 업무그룹

자체관리 업무그룹(self-managed work group)은 자율업무그룹이라고도 하며 직원들이 제한 범위 안에서 자신의 업무 스케줄과 절차를 결정하는 경우를 말한다. 때로는 그룹에 상당한 재량이 주어지고, 심지어는 팀원을 고용, 해고하는 권리도 부여된다. 자체관리 업무그룹에서는 기존의 여러 가지 감독 직위를 제거하고 중간급 관리자의 수도 줄인다. 어떤 직원에게 어떤 일이 돌아갈지, 어떤 공급품을 주문할지, 업무 스케줄이 어떻게 될지에 대해 결정하는 일을 수행하게 된다. 팀원들은 교차 훈련이 되어 각 팀원이 팀에서 요구하는 몇 가지 일이나 모든 일을 수행하게 된다. 예를 들어, 어느 사무용 가구 제조업체의 고객 주문 팀에는 원래 가격 책정에 능한 영업 담당자, 가구 디자이너, 특별 부품 제조 담당 기술자를 비롯한 세 명의 숙련 조립공이 있었다. 팀원들은 교차 훈련이 되어서 이제 팀 전체가 잠재 의뢰인의 사무실에 함께 가서 의뢰 내용을 듣고 제안 사항을 전한다. 자체관리 업무 팀원들이 교차 훈련을 받았기 때문에 결원 시에도 고도의 융통성을 발휘하여 업무 처리를 할 수 있다. 팀원들이 지루해하거나 짜증내는 일이 줄고 기존의 조립 라인 방식을 취하는 기업과는 달리 서로 더욱 협력하려고 한다. 예상했겠지만, 자체관리 업무그룹을 구성하기 전에, 근로자와 경영진은 그룹의 태도, 기법, 절차에 대하여 방대한 훈련을 받아야 한다.

자체관리 업무그룹은 대개 자체적으로 리더를 선출하는데, 이 때 리더는 감독이 아니라 그룹에서 타당한 권위를 인정받은 조정관이다. 회사 경영진은 업무그룹의 재량권을 인정하고, 결과물을 할당하지만, 업무그룹은 상당한 재량권을 지녀 그 밖의 모든 것을 결정할 수 있는 권리가 있다. 자체관리 업무그룹 중에서는 자체적으로 연간 예산을 정하고, 보고서를 준비하고, 일의 구체적인 사항을 추진하고, 업무를 완성하는 과정에서 발생하는 전문적인 문제를 해결한다. 새로운 회사 사업에 뛰어들 수도 있다.

품질써클에 대해 한결같이 우려하는 내용이 자체관리 업무그룹에도 적용된다. 중간급 관리자와 노조에서는 이러한 팀에게서 위협감을 느낀다. 하지만 이런 기법을 사용하는 회사들은 기존의 업무 단체에 비해 20~40%의 생산성 증가를 보고한다. 자체관리 업무그룹에서는 감독 시간도 절약되고, 양질의 생산물을 만들어 낼 수 있으며, 결근율도 낮고, 전반적으로 직원들의 사기와 만족도가 기존의 감독 체제에서보다 더 높은 편이다.

그룹 지원 기법 사용

최근까지 상상에만 머물던 기술적 하드웨어와 소프트웨어가 이제 그룹 지원용으로 구입할 만한 가격으로 시중에 나와 있다. 간단한 시스템에서 고도로 복잡한 것까지 다양하다. 예를 들어, 회의 전화는 기존의 전화와 전화선을 사용한다. 이메일을 통해 그룹 구성원들은 PC를 사용하여 개별적으로 편한 시간에 비동시적으로 대화를 나눈다. 달력을 컴퓨터에 입력, 스케줄을 조율하여 회의를 하기에 편한 시간을 더 쉽게 정할 수 있게 하는 시스템도 있다. 그룹 글쓰기 시스템을 구축한 경우 다수에 의한 문서 작업이 가능하게 되어 구성원들이 동시에 동일한 문서를 작성, 분석, 편집, 검토할 수 있다. 다음에는 기술적으로 그룹을 지원할 수 있는, 원격회의와 그룹 결정 지원 등 두 가지 주요 방식에 대해 논의할 것이다.

원격회의

원격회의(teleconferences)는 그룹 구성원들이 지리적으로 서로 멀리 떨어져 있어도 인터넷상으로 만나도록 전자로 중재되는 회의를 말한다. 이를 통해 회사는 회의를 위한 여행 시간과 경비를 절약할 수 있다. 원격회의는 사람들이 서로 보고 들을 수 있는 화상회의, 보지는 못하고 듣기만 하는 오디오회의, 모니터를 통해 서로 메시지를 주고받도록 하는 컴퓨터회의 등 몇 가지 형태가 있다.

원격회의에 관한 100여 개의 연구를 통해 전자회의의 생산성을 높이는 실용적인 가이드라인을 만들어 낼 수 있다. 오디오회의의 경우, 스피커폰 장비를 손쉽게 사용할 수 있고 비교적 저렴하며 특수 스튜디오가 없어도 된다. 어느 사무실에서도 설치가 가능하다. 하지만 오디오회의에는 '직접 대면 관계' 가 없어서 인간 대 인간으로서 서로 공유하고 소속하며 인정하는 분위기가 별로 없다. 여러 비언어적 신호가 결여되어 있고 가장 중요한 순간에 전자 장비에 이상이 생길 수도 있다. 한편 참여도를 더욱 균등하게 할 수 있다는 장점이 있고 회의 리더들이 통제 장비를 사용함으로써 이를 실현할 수 있다.

원격회의의 효과를 최대화하려면 참가자들이 사전에 대면회의를 통해 '소속감' 을 형성하라고 요한센*Johansen*, 발리*Vallee*, 스팽글러*Spangler* 는 제안한다. 원격회의 후 대면회의를 갖는 것도 유용하다. 복잡한 업무의 경우 대면회의가 여전히 선호되는 반면, 원격회의는 일상회의에 더 적합한 것 같다.

몇 가지 요소를 개선하면 일상적인 원격회의도 향상될 수 있다. 훈련을 받은 중재자도 꼭 있어야 하고, 모든 참가자가 말을 할 때 지켜야 할 규칙과 가이드라인을 갖고 있어야 하며, 모든 화자는 제한 시간을 엄수해야 한다. 전자회의가 대면회의와 질적으로 다르지는 않지만, 비언어적 신호와 같은 정보를 주고받는 게 어려우므로 추가적으로 조율하려는 노력이 있어야 한다.

현재 원격회의는 대개 일상회의와 정보 교환용으로 추천하는 편이다. 이견이 나올 확률이 높은 복잡한 업무의 경우에는 대면회의가 더 낫다. 여행 경비와 기술적 제한 요소가 줄어들기 때문에, 일상회의와 중요회의를 원격회의로 대체하는 경우가 늘 것이다. 속속 등장하는 컴퓨터 관련 혁신 사례를 보면 복잡한 과제를 수반하는 경우에도 원격회의의 유용성과 효과성은 증가할 것으로 예상된다.

그룹 결정 지원 시스템

그룹 결정 지원 시스템(Group Decision Support Systems, GDSS)은 컴퓨터 하드웨어 / 소프트웨어 시스템으로서 그룹 문제해결의 질과 속도를 향상시키기 위해 개발된 것이다. 개인용 컴퓨터가 보급되고 상호 연결된 컴퓨터 시스템이 등장한 데 힘입어 이러한 시스템이 개발되었다. 특히 그룹 아이디어 도출, 정보 조합, 선택 사항 평가, 의사 결정과 같은 업무를 위한 것이다. 가끔 그룹웨어, 컴퓨터 지원 공조 업무(CSCW), 전자회의 시스템(EMS), 그룹 지원 시스템(GSS)이라고도 한다. 여러 GDSS 시스템은 다양한 의사결정 과정을 처리한다. 대개 GDSS는 대면회의와 접목시켜 사용되고 회의 리더와 구성원의 특별 교육을 요할 수도 있다.

그룹시스템(GroupSystem)과 소프트웨어 보조 회의 관리(Software Assisted Meeting Management, SAMM)는 가장 많이 알려진 두 가지 지원 시스템이다.

이 시스템은 그룹 관리, 브레인스토밍, 분석, 정책 형성, 평가 및 투표, 주제에 대한 의견 교환 등 문제해결 과정 전반에 걸쳐 그룹을 지원하는 모듈을 포함한다. 시스템 절차상 구성원들이 서로의 제안과 아이디어에 정직하게 반응하도록 고안되었기 때문에 해결책 평가 과정에서 가장 도움이 많이 된다고 하는 사람들이 많다. 1992년 기준으로 400개 이상의 소프트웨어 프로그램이 있었고, 프로그램 개발업자들이 효율성에 대해 경험을 쌓을수록 계속 업그레이드되고 있다.

GDSS가 의사 결정 향상에 도움이 되는지 여부는 다양한 요소에 달려 있다. 가장 중요한 것 중 하나가 GDSS 지원 수준이다. 다시 말해 시스템이 얼마나 정교한지, 그룹의 자연스런 의사 결정 과정을 방해하는 요소가 얼마나 많은지도 관련이 있다. 파머*Farmer* 와 하이야트 *Hyatt* 에 따르면 사용하는 특정 중재 시스템은 업무와 연관성이 높아야 한다. 예를 들어, 몇 가지 복잡한 업무에는 오디오, 화상, 화면 공유 방식과 같은 여러 가지 수단을 통해 정보가 전달되도록 한다. 하지만 그 외의 업무의 경우 오디오 방식만 구축하는 것이 충분할 수도 있다. 시스템에 익숙한 정도도 GDSS의 효과에 영향을 미치는 또 다른 요소이다. 홀링헤드*Hollinghead* 등은 컴퓨터 그룹 구성원들이 초기에 실적이 저조한 이유가 방식에 익숙하지 못한 탓으로 보이지만 시간이 지나면서 자연히 해결되는 경우가 많다는 사실을 관찰했다. 조정자의 참관도 GDSS의 실적에 영향을 미친다. 풀 *Poole* 등은 다음과 같은 연구 결과에 놀라움을 금치 못했다. GDSS를 사용하는 그룹에서는 더 조직화된 의사 처리를 한 반면 비판적 사고를 증진하거나 선택 사항에 대해 철저하게 평가하는 모습은 보여주지 못했다고 한다. 그들이 연구한 그룹에서는 조정자의 도움이 부재했고, 추측하건대

바로 이 점이 GDSS의 효과를 격감시키는 주요 원인이 되었다는 것이 연구자들의 생각이다. 조정자는 해당 기술 및 기능에 대해 확실하게 개념을 이해하고, 구성원들이 기술을 편하게 생각하고 이해하도록 하고, 그룹에 맞는 정확한 기술 시스템을 엄선하며, 제대로 준비하는 일을 담당한다. 이것이 앞에서 언급한 학교 위원회 회의가 성공하는 데 일조했다.

스코트*Scott* 등은 조정자들이 GDSS 절차를 의도한 대로 충실하게 사용하는 것과 본래의 목적이나 정신에서 어긋나게 사용하는 것 사이의 차이를 숙지해야 한다고 경고한다. GDSS를 실행한다는 것은 사용자가 동적으로 GDSS 기술을 사용할 줄 아는 것을 기본으로 하기 때문에 모든 GDSS의 기능이 실질적으로 어떻게 사용될지는 예측하기 어렵다고 한다. 일반적으로 말해서 GDSS의 취지는 익명성을 촉진하고 참여도를 평등하게 하며 구성원의 영향력을 균형 있게 하는 것이다.

GDSS는 2년 전에 비해 이제 더욱 일반화되었다. 더 많은 단체들이 앞으로 이 기술에 투자하리라 예상된다. 단체에서 이 시스템 사용에 대한 광범위한 연구를 진행하고 있지만, 이러한 프로그램들이 매일 바뀌고 있기 때문에 GDSS의 영향력에 대해 섣불리 일반화할 수는 없다. GDSS는 일반화와 의사 결정과 같은 특정 업무에는 도움이 되는 것 같다. 대면 그룹은 협상이나 복잡하고 인지적인 업무에서 여전히 바람직하다. 앞에서 언급했듯이 GDSS의 효과에서 중요한 요소는 사용자의 친숙도, 조정자가 가진 GDSS 사용에 대한 지식 및 기술이다. GDSS를 사용하는 그룹은 나은 결정을 하고, 더 많은 대안을 마련하며, 더 공평한 참여도를 유발하는 것 같다. 하지만, 이런 그룹에서는 대면 방식에 비해 결정에 도달하는 데 시간이 더 오래 걸리고, 합일점에 도달하기가 힘들며, 만족도가 덜 할 수도 있다.

앞으로 얼마나 성장하든, 이러한 시스템은 기존의 그룹 의사결정 및 토의 과정을 대체하는 것이 아니라 지원하기 위한 취지라는 점으로 요약하고자 한다. 지금 시점에서는 대체적으로는 그룹에 긍정적이지만 모든 상황에서 도움이 되는 것은 아니라고 할 수 있겠다. GDSS 절차가 의도에 맞게 사용되는 한 효과를 발휘할 수 있지만, GDSS를 사용한다고 해서 사람들이 그룹의 절차를 이해할 필요가 없다거나, 화술을 이용하여 게으름을 피우는 것이 용서되는 것은 아니다. 사실 GDSS는 그런 과정에서 사람들의 관심을 모으는 데 도움을 주기 위한 것이다. 의도에 맞게 컴퓨터 지원 시스템 작동법을 숙지하고 그룹에 대한 이해가 확고한 지식인들은 언제나 필요할 것이다.

생각 해 봅시다

그룹에서 문제해결을 위해 새로운 GDSS 프로그램을 사용하는 데 도움을 달라는 요청을 받았다고 가정해 보자. GDSS의 장단점을 이해했다고 감안하고 이 그룹의 조정자로 참여할 경우 사용할 가이드라인을 작성해 보자.

요약 SUMMARY

1. 로버트의 의사 진행법을 준수하는 단체의 위원회 리더들은 의사 진행 법칙보다 더 간단하고 덜 형식적인 이 법칙을 숙지하고 준수해야 한다.

2. 구성원들이 문제를 직시하는 데는 두 가지 기법이 유용하다. 문제조사는 여론 게재 방식으로서 그룹에서 향후 문제해결을 위한 안건을 마련하도록 한다. 리스크 기법은 정책이나 절차를 변경하자는 제안에 대한 사전에 확인되지 않은 부정적인 반응을 발견하게 해준다.

3. 정보를 생성하기 위한 포커스 그룹이나 버즈 세션은 토의를 녹음하여 내용을 분석할 수 있으며 다양하게 적용할 수 있는 풍부한 정보를 제공한다. 소수 인원으로 구성된 버즈 세션은 큰 그룹에 속한 구성원들이 모두 참여하도록 하는 것이다.

4. 창의성은 브레인스토밍으로 증폭될 수 있다. 여기에는 판단을 지체시키는 문서상, 온라인상의 변수와 어떤 문제에 대한 특이한 유추를 하여 갑작스런 통찰력을 도출하는 창조 공학이 포함된다.

5. PERT는 복잡한 해결책을 순차적이고 조직적인 단계로 구분하여 실현하는 방법을 도출하는 데 사용할 수 있다.

6. 명목상의 그룹 기법을 통해 단체의 능률을 높일 수 있다. 이 방법은 그룹에서 2차적 긴장을 최소화한 상태에서 해결점에 도달하도록 하는 것이다. 품질써클은 결과물과 작업 환경의 양과 질을 향상시키기 위해 사용되고 자체관리 업무그룹은 교차 훈련을 받은 구성원들이 자체 업무의 세세한 부분을 관리하도록 하는 방법이다.

7. 다양한 기술을 활용하여 그룹을 지원할 수 있다. 대면할 수 없는 구성원들은 원격회의를 사용할 수 있다. 그룹 의사 지원 시스템은 컴퓨터 기반 하드웨어 / 소프트웨어 시스템으로서 여러 가지 방식으로 기존의 그룹 의사 결정법에 도움을 준다.

CHAPTER TWELVE

그룹 토의 관찰을 위한 지침

그룹의 의사소통 과정을 이해하는 관찰자와 컨설턴트는
다양한 기법과 수단을 사용하여 그룹에서 성과를 평가하고
향상시킬 수 있도록 지원할 수 있다.

특수 회로판을 제조하는 작은 공장의 CEO인 샘은 컨설턴트를 고용하여 회사의 경영위원회에서 몇 가지 문제를 극복할 수 있도록 도움을 받기로 했다. 위원회는 각 부서의 관리자로 구성되어 있었고 매주 한 번씩 모임을 가졌다. 제조부의 로저, 품질보증부의 엘진, 판매 및 마케팅부의 안젤라, 감사부의 프랭크가 구성원들이었다. 이 팀은 과거 몇 달 동안 내부적인 실수로 인한 큰 손실을 입은 적이 몇 번 있었는데, 샘은 그것이 사업 확장으로 인한 부담감 외에 위원회 위원들 간의 오해에서 비롯되었다고 간주했다. 예를 들어, 안젤라는 로저가 말했다고 생각한 것을 근거

로 고객에게 배달을 일찍 하겠다고 약속했지만, 회로판은 그때까지 준비가 안 되었고, 결국 회사는 고객 하나를 잃고 말았다. 사태는 개선의 기미가 보이지 않았고 샘은 문제의 원인이 자신의 리더십 자질 또는 팀원의 능력인지, 아니면 비효율적 의사소통 방식 때문인지 알지 못했다. 그에게는 객관적인 정보에 입각한 의견이 필요했다.

팀 운용 및 팀워크에 능통한 기업 트레이너이자 컨설턴트인 수잔나가 내사했다. 우선 그녀는 샘을 인터뷰하고 그룹의 메모 및 회의록을 훑어보며 팀에 관한 모든 정보를 모았다. 위원회 회의록을 대중없이 기록해 놓았기 때문에 이 작업은 그리 오래 걸리지 않았다. 그녀는 세 번의 회의를 관찰했고, 이를 통해 어떤 문제가 있는지 확연히 알 수 있었다. 또한 노트 필기를 많이 하여 구성원들에게 구체적인 예를 들 수 있도록 했다. 마지막 단계에서 그녀는 구성원을 각각 인터뷰하여 회의와 그들의 팀 운용에 관한 관점을 정리했다.

수잔나는 그룹에 제공할 피드백을 준비했다. 여러 가지 언급할 사항들을 준비했지만 팀을 기죽이거나 사기를 저하시키고 싶지는 않았다. 그녀는 자신이 생각하기에 가장 심각한 문제를 선택했고 기본적인 '팀 운용'에 대해 언급하기 시작했다. 팀은 안건에 따라 운용되지 않았고, 지속적으로 필기를 하도록 지정된 사람도 없었다. 보고서에서 수잔나는 샘이 최소한 회의가 있기 하루 이틀 전에 안건을 구성원들에게 공개할 것을 권고했다. 또한, 구성원들이 회의록 작성 업무를 교대로 하기 싫어한다면, 샘의 비서가 그 목적으로만 회의에 참여할 수 있게 하라고 했다. 그리고, 산만한 휴게실 대신 다른 회의 장소를 물색하라고 제안했다. 예를 들어, 공장에서 떨어진 곳이라고 해도, 이를테면 식당 같은 곳에서 조찬을 하며 위원들끼리 따로 만날 수도 있다고 제안했다. 또한 위급한 상황을 제외하고는 비서나 부하 직원이 회의를 방해하지 못하도록 하라고 권고했다.

다음 권고 내용은 토의 과정 자체에 관한 것이었다. 수잔나는 그룹이 회사에 대해 투철한 사명감을 갖고 문제해결을 위해 창의력을 발휘한 것을 높이 샀다. 하지만 오해에서 비롯된 몇 가지 큰 비용 손실 경험 때문에 구성원들이 불만과 불신의 조짐을 보였다고 지적하면서 그런 것들은 극복할 수 있다고 덧붙였다. 수잔나는 몇 가지 예를 들어 토의의 맥이 끊기는 경우를 이야기해주었다. 예를 들어, 구성원들이 주제에 대한 결론을 내리지 않고 한 주제에서 다른 주제로 넘어간다는 것이었다. 어떤 순간에서건 서로 다른 세 가지 주제를 논의할 수 있는 분위기였고, 내용을 잘못 듣거나 오해하기 십상이었다. 그녀는 그런 문제는 해결 가능한 것이라고 확언하면서 그룹에서 자체적으로 토의 과정을 모니터링할 수 있도록 하는 몇 가지 제안을 했다. 샘과는 개별적으로 그의 느슨한 리더십 스타일에 대해 얘기했고 회의를 좀더 확고하게 통제할 것을 권고했다.

마지막으로 수잔나는 그룹을 위해 주말에 별도로 연수를 받는 교육 프로그램을 고안했다. 결과적으로 구성원들의 기본적인 의사소통 기술을 개선하는 데 큰 성과를 거두었다. 프로그램은 기존 실수로 인해 손상되었던 신뢰를 회복할 수 있는 몇 가지 팀워크 개선 활동을 특징으로 했다.

그룹의 구성원으로 토의에 참여하는 동안 그룹의 의사소통 과정을 관찰하는 것은 중요하다. 하지만 동시에 관찰과 참여를 할 수는 없다. 때로는 어떤 부분을 놓치고 있는지, 무엇이 잘못 되었는지, 또는 무엇이 필요한지 심지어는 과연 문제가 있는 것인지조차 구분할 수 없다. 토의 중에 실력이 가장 출중한 사람도 현안에 대해 토의하는 데 정신을 쏟느라 관찰자의 관점을 놓치게 된다. 바로 샘이 그런 상황에 처해 있었다.

바로 그럴 때 그룹의 토의에 참여하지 않는 관찰자, 즉 컨설턴트가 실질적인 도움이 된다. 특히 문제점을 알 수 있게 하고, 그룹에서 문제점을 시정하도록 도와준다. 그룹 과정 평가는 소그룹뿐 아니라 소그룹이 소속된 단체에도 이득이 된다. 컨설턴트가 전하는 피드백은 토의 리더를 포함한 그룹 전체에 도움을 줄 수 있다.

이 장은 두 가지 주요 목적을 지닌다. 우선, 컨설턴트의 역할과 역할 수행 방법을 설명할 것이고 둘째, 참여적 관찰자인 사람(그룹 구성원)과 컨설턴트가 정보를 모으고 향후 토의 개선을 위해 활용할 수 있도록 하는 몇 가지 예를 제시할 것이다.

관찰자와 컨설턴트의 역할

토의 및 그룹 의사소통을 학습하는 사람이라면 토의 그룹의 상호작용을 관찰하는 데 상당한 시간을 투자해야 한다. 사람들은 "원 밖에 앉아 있을 때는 사태가 달리 보인다."라고 말한다. 이런 관찰을 통해 종종 자발적으로 변화를 추구하게 되므로 이 책을 읽는 독자들도 소그룹 상호작용을 가능한 한 많이 관찰할 것을 권장한다.

컨설팅 준비

타인에게 조언을 하는 컨설턴트의 역할을 가정하기 전에 여러 그룹을 관찰하는 데 시간을 투자하여 그룹 상호작용의 절차에 대해 가능한 한 많이 배워야 한다. 자연스럽게 관찰할 수 있는 그룹은 산재해 있다. 많은 소그룹에게 학습하는 데 목적이 있다는 점을 설명하고, 그룹 토의 내용은 기밀로 하겠다는 약속을 하고 참석하여 관찰할 기회를 허락받을 수도 있다.

이 책에서는 팀을 이루어 관찰을 실시할 것을 권장한다. 이렇게 하면 학습에 도움이 많이 되기 때문이다. 관찰자 팀은 대개 개별 관찰자에 비해 그룹 토의 과정을 더욱 통찰력 있게 바라보게 된다. 팀원들은 통찰력을 공유하고 토의하는 과정에서 많은 것을 배운다. 모든 관찰자들은 리더십 공유와 같은 그룹 토의의 동일한 면에 초점을 맞추거나 각자 다른 현상(리더십, 역할, 정보 사용, 비언어적 신호 등)을 관찰, 보고할 수도 있다. 관찰자들은 하나씩 특정 참여자의 행동을 보고 나서 나중에 나머지 팀원들과 관찰을 공유할 수도 있다.

관찰자 및 소그룹 참가자로서 경험을 하고 나면 컨설팅할 준비가 된 것이다. 컨설턴트들은 일반적으로 컨설팅을 요청하는 그룹에 대해 세 가지 역할을 제공한다. 그룹에게 토의 중에 간과한 기법이나 원칙을 상기시키고, 그룹에 새로운 절차와 기법을 소개하여 그룹의 작업을 개선할 수 있도록 가르치며, 그룹 작업을 비평한다. 가끔 컨설턴트들은 한 번에 세 가지 업무를 모두 수행하기도 한다.

상기시키기

때로는 그룹 구성원들이 이미 알고 있지만 열띤 논쟁 속에 흥분하다 일시적으로 간과하게 되는 원칙과 기법을 상기시켜야 할 필요가 있다. 상기자 역할은 경기 휴식 시간 동안 코치의 역할과 유사하다. 알고 있는 것을 상기시켜줌으로써 그룹이 결정의 질을 향상시킬 수 있도록 도움을 준다. 슐츠 등은 특정 그룹 구성원들에게 상기시키는 역할을 하도록 교육을 시켜서 그룹 의사 결정에서 결함의 조짐이 관찰될 때마다 간섭하게 했다. 담당자들은 공격적이지 않되 그룹에 시기적절하게, 이를 테면 "모든 대안을 살펴보기 전까지는 최종 결정을 하면 안 될 것 같습니다."와 같은 질문과 제안을 하여 빠뜨린 부분을 상기시키라고 교육을 받았다. 특히 그룹에서 부상하는 리더가 아니라 일반 그룹 구성원이 상기시키는 역할을 담당할 경우 의사 결정의 질에 큰 영향을 미쳤다.

이런 연구자들은 누군가에게 의사 결정 개선을 위해 상기시키는 역할을 맡길 것을 제안한다. 그 역할을 맡은 사람이 그룹 외부의 컨설턴트가 아니라 그룹의 구성원일 경우, 구성원들 간에 이 역할을 교대로 해 보는 것이 유용할 것이다. 그룹 구성원들은 어떤 문제점을 발견하면 스스로 상기시키는 역할을 자임할 수 있고 또 그렇게 해야 한다. 예민하게 도움이 되는 방식으로 상기시킬 수 있도록 몇 가지 가이드라인을 소개하겠다.

1. 토의의 쟁점이나 내용이 아니라 의사소통 과정과 절차에 중점을 둔다.
2. 그룹이 변화하도록 명령을 내리거나 강요하지 않는다. 변화를 추구할 책임은 그룹 자체에 있고 본인의 역할은 상기시키고 제안하는 것임을 기억한다. 관찰 내용, 질문, 제안에 대한 설명 형식으로 발언을 하도록

한다. 수잔나는 임원진에게 이런 방식을 사용했다. "4분밖에 안 남았고 지금까지 팀에서 ______, ______, ______ 을 논의한 사실을 알고 계신지 궁금합니다." 또한 "안젤라와 로저가 서로의 제안을 이해한 것인지 궁금합니다." 또는 "발언 기회가 별로 없었던 분도 계신데요, 그런 분들도 참여할 수 있도록 그룹에서 게스트키핑 활동을 더 하실 건가요?" 이런 식으로 발언을 하면 특정인을 비판하고 방어 본능을 자극하지 않고도 효과적인 토의 원칙을 그룹에 상기시킬 수 있다.

3. 원칙적으로 구성원 개인에게 의견을 제시할 기회를 주는 대신 전체 동향과 추이에 초점을 맞춘다.

4. 간섭하기 전에 그룹이 자체적으로 시정할 수 있도록 기회를 준다. 시간이 많이 흘러도 시정할 기미가 안 보이거나 생산적인 논쟁이 될 수 있는 내용에서 인신공격성 논쟁이 오고가는 경우가 생길 때까지는, 그룹이 문제를 인식하지 못한다고 생각될 때만 간섭한다. 다소 불만스러운 상황이 있어도 그대로 허용하여 스스로 변화를 꾀하도록 한다. 단, 사기를 저하시키거나 심한 2차적 긴장을 야기하는 수준까지는 가지 않게 한다.

가르치기

컨설턴트는 소그룹 토의 과정에 대한 기본적인 내용을 설명하는 교사 역할을 할 수도 있다. 그룹의 종류와 무관하게 구성원 대다수는 소그룹 의사소통에 대해 공부한 적이 없고, 정상적인 것과 비정상적인 것을 구분하지 못한다. 그들이 관계상, 절차상의 어려움을 해결하는 방법을 알려면 정보가 필요하다.

또한 가르칠 때는 소그룹 의사소통에 대한 철저한 이해와 더불어 다양한 기법과 절차에 대한 실무 지식이 필요하다. 동시에 여러 가지 관찰 수단, 피드백 및 평가 수단도 필요하다. 이 장에서는 여러 예시와 더불어 컨설턴트로 활동할 계획을 가진 사람이 알고 있어야 할 자료를 많이 수록하였다. 다음은 사람들에게 조언을 할 때 수용도와 효율을 높이기 위한 가이드라인이다.

1. 긍정적인 면을 강조한다. 리더와 그룹이 잘하고 있는 부분을 지적한다.
2. 가장 중요한 것에 초점을 맞춘다. 너무 많은 조언과 제안을 함으로써 그룹에 부담을 주지 않는다.
3. 논쟁하지 않는다. 관찰 내용, 의견, 조언을 제시하되 의도대로 이해시켰는지 확인한다. 그리고 나서 그룹 구성원들이 평가와 조언을 사용할 것인지, 사용한다면 어떻게 사용할 것인지를 자유롭게 결정하도록 한다. 컨설턴트는 경기를 중단시키거나 선수를 퇴장시킬 수 있는 권한을 가진 심판이 아니다.
4. 지정된 리더에게 조언을 해야 할 경우 회의를 중단하면 안 된다. 가능한 한 리더에게 소곤소곤 얘기하거나 제안사항을 써 준다.
5. 질문을 받은 경우 최대한 명확하고 간단하게 조언을 한다. 그룹에서 어떤 기법 또는 능률성에 대해 설명을 하거나 시범을 보여 달라고 할 경우 신중하게 준비한다.
6. 리더(또는 다른 구성원)에게 비판적인 의견 제시를 할 경우 사적인 자리에서 한다. 그래야 그 사람이 다른 사람들 앞에서 공격을 당하는 것처럼 보이지 않고 체면을 잃지 않을 것이다.

7. 아는 척 하지 않는다. 익숙하지 않는 정보나 절차를 요청하면 잘 모른다고 시인하고 나중에 알아봐 주겠다고 설명한다. 그리고 나서 부담 없이 도움을 받을 수 있는 자료나 전문가로부터 도움을 얻는다.

비평하기

여러 컨설턴트, 교사, 트레이너의 주요 업무는 비평을 하는 것이다. 비평이란 그룹의 장단점에 대한 분석적인 설명 및 평가이다. 기업 연수에서 커뮤니케이션 전문가 및 개발 업무 직원들이 경영진에게 그룹 및 개별 구성원에 대한 평가를 해 달라는 부탁을 받는 일이 종종 있다. 비평을 할 때는 비평 기준을 그룹에 맞게 적절히 사용하도록 한다. 일반적으로 컨설턴트가 비평을 할 때에는 그룹 토의 절차 및 문화에서 최소한 다음 네 가지 측면을 살펴봐야 한다.

1. 문제해결 토의에 투입되는 요소와 토의의 내용
2. 언어적 상호작용 양식, 구성원 역할(이기적 행동 및 양심 결여 포함), 의사소통 절차, 의사결정, 전반적인 문제해결
3. 그룹의 결과물 : 그룹에서 얼마나 평가를 잘 했는가, 결과물이 그룹에서 설명한 목적이나 문제에 얼마나 적절한 것인가, 구성원들은 그룹의 효율성을 높이기 위해 얼마나 사명감이 높은가
4. 리더십, 특히 지정된 리더의 역할과 리더십 역할을 공유하는 문제

컨설턴트를 위한 윤리 원칙

토의를 관찰한 후, 컨설턴트는 대개 그룹에게 자세하게 피드백을 해주

고 토의에서 특정 부분을 설명하고 강·약점에 대한 의견을 나타낸다. 그런 과정에서는 개별 구성원과 그룹을 하나의 실체로 존중하는 것이 매우 중요하다. 컨설턴트는 행동을 조심하여, 그룹에서 향후에 다른 관찰자와 컨설턴트들을 환영하는 분위기가 되도록 해야 한다. 컨설턴트가 개별 행동에 대하여 다음의 기준을 고수할 것을 제안한다.

1. 관찰과 피드백으로 인해 육체적으로나 정신적으로 그룹 구성원들에게 해가 되지 않도록 한다. 고의적으로 당황하게 하거나, 기분 나쁘게 하거나, 물리적 위협을 가하는 등의 행동은 하지 않는다.

2. 사람들을 관찰할 때 절대로 거짓말을 하지 않는다. 상사에게 비판 내용이 전해지지 않을 것이라고 그룹에게 거짓말을 하는 것은 비윤리적이다. 의사 결정 과정이 조잡하고 흠잡을 것이 많은 경우에 반대로 빈틈없다고 말한다면 이것 또한 비윤리적이다.

3. 비판을 할 때는 건설적이어야 한다. 문제를 지적할 때는 동시에 그것을 시정하기 위해 무엇을 해야 할지도 제안해야 한다. 컨설턴트는 판단하기 위해서가 아니라 도움을 주기 위해 있는 것이다. 어떤 변화가 필요한지 말하기 전에 긍정적인 평가를 하는 것이 더 도움이 될 것이다.

4. 그룹 구성원의 프라이버시와 기밀 유지는 항상 철저하게 지킨다. 다음의 경우를 제외하고, 특정 그룹에서 관찰한 내용을 외부인에게 알리는 것은 비윤리적 행동이다.

   • 외부인에게 알리기 전에 그렇게 하겠다는 점을 그룹에 전하고 그룹의 허가를 받을 경우
   • 그룹 및 그룹 구성원들의 신원을 철저하게 익명화하여(통계 개요 작

성 시), 보고서에서 그룹 및 구성원들에 대해 아무도 알아볼 수 없도록 하는 경우

컨설팅 계획

그룹의 컨설팅을 맡게 되면, 진행되는 모든 것에 대해 부담감을 느끼게 마련이다. 사전에 관찰할 내용과 컨설팅할 내용을 계획하면, 원래 목적과 역할에 가장 중요한 변수를 눈여겨볼 수 있을 것이다. 우선 그룹에 관한 배경 자료를 그룹의 결과물에 대해 책임을 지고 있는 담당자나 리더에게 요청하도록 한다. 이 때 목적, 그룹의 역사, 효율성 등에 관한 내용을 묻는다. 정보의 용량이 과도할 때는 그룹 토의 내용을 추후에 자세하게 분석하기 위해 오디오나 비디오로 녹음 / 녹화를 하는 것이 유일한 방법이다(단, 허가를 받은 후에 한다). 그렇게 하면 중요한 것을 놓쳐도 그리 걱정하지 않아도 될 것이고, 나중에 검토하기 위해 토의 일부에 대한 노트를 정리할 수 있을 것이다. 체계적으로 관찰하기 전에, 연습 차원에서 수많은 토의를 관찰하도록 한다. 보고서를 만들 필요가 없는 녹화된 토의를 분석해도 좋다. 컨설턴트로서 사용하고자 하는 관찰 수단과 기법을 사용하는 법을 연습한다.

구체적인 관찰을 위해 제한된 질문 목록을 만들 때 다음의 질문을 가이드라인으로 사용할 수 있을 것이다. 컨설턴트로서(아니면 참가자-관찰자로) 상호작용을 관찰해 달라는 요청을 받을 때, 다음의 목록은 어떤 절차가 효과적인지 결정하고 그룹 구성원들이 바꾸고 싶어 하는 특성에 초점을 맞추는 데 도움이 될 것이다.

그룹의 목적 / 목표

- 그룹의 목적이 무엇인가?
- 구성원들이 그룹의 목적을 이해하고 수긍하는가?
- 위원회가 임무에 대해 명확하게 이해하고 있는가?
- 구성원들이 재량의 한계를 알고 수긍하는 것 같은가?
- 구성원들이 어떤 종류의 결과물이 필요한지 설명할 수 있는가?

환경

- 좌석 배치, 프라이버시, 안락함과 같이 편의성이 얼마나 충족되고 있는가?
- 그룹 토의 진행 상황(정보, 아이디어, 평가, 결정 등)을 녹음하고 디스플레이하기 위한 장비가 얼마나 잘 충족되고 있는가?

의사소통 기술과 네트워크

- 구성원들이 얼마나 능률적으로 의사소통하는가?
- 구성원들이 서로의 말을 얼마나 주의 깊게 경청하는가?
- 구성원들 사이에 참여도는 얼마나 잘 분배되었는가?
- 언어적 상호작용 네트워크가 전방위인가, 아니면 부당하게 제한을 받는가?

그룹 문화, 기준, 의사소통 분위기

- 그룹 분위기가 개방성, 신뢰, 팀워크에 의해 어느 정도로 영향을 받는가?

- 구성원들이 서로에게 어떤 태도를 취하고 어떤 정보 내용과 아이디어를 보여주는가?
- 문화적 / 업무 스타일 / 성격적 차이가 그룹의 효율성에 방해가 되는가?
- 기준으로 삼고 있는 것이 결속력과 의사 진행에 방해가 되는가?
- 주장이 민감하게 표출되고 있고 주장을 처리하는 목적이 아이디어를 테스트하고 합의에 도달하는 것인가 아니면 남을 승복시키는 것인가?

역할 구도

- 지정된 리더가 있는가?
- 있다면 리더가 얼마나 자신의 역할을 잘 이행하는가? 어떤 스타일로 하는가? 다른 사람들이 리더 역할을 나눠서 하려는 의향을 보이는가?
- 그렇지 않다면 리더십이 어떻게 분배되는가? 필요한 일 중에 간과되는 것은 없는가?
- 필요한 역할이 전부 수행되고 있는가?
- 자기중심적인 행동은 없는가?

문제해결 및 의사 결정 절차

- 그룹의 문제해결 절차가 얼마나 객관적이고 신중한가?
- 구성원들이 충분히 내용을 전달받고 있는가, 아니면 결정에 도달하기 전에 필요한 정보를 얻을 방법을 계획하고 있는가?
- 효율성을 위해서, 또한 발생 가능한 결과에 대비하여 정보 및 아이디어가 철저하게 평가되거나 의심 가는 부분 없이 모든 이에게 수용되고 있는가?

- 모든 그룹 구성원이 기준에 대해 알고 있고, 공공연하게 토의하고 동의하는가?
- 집단사고를 하려는 경향이 있는가?
- 토의 절차 및 안건에 대해 그룹의 동의를 받았는가? 받았다면 얼마나 적절한 것이고, 얼마나 제대로 사용되고 있는가?
- 정보, 해석, 제안, 결정이 그룹 전체가 볼 수 있도록 기록되고 있는가?
- 대안을 마련하는 데 있어 그룹이 얼마나 창의성을 발휘하는가?
- 요약은 얼마나 자주 하며, 토의가 목표를 향하도록 초점을 맞추고 있는가?
- 결정은 어떻게 내리는가?
- 필요할 경우, 그룹이 계획을 실행할 적절한 계획을 세우는가?
- 해결책이 타당한 것인지 평가하고, 추후에 변화를 가하기 위해 적절한 계획을 세우고 있는가?
- 절차상의 변화나 브레인스토밍, 회의 절차 규정, 명목상의 그룹 기법, 또는 컴퓨터 차트 방식과 같은 특수 기법이 그룹에 도움이 되는가?

분명 이 모든 것들을 동시에 고려할 수는 없다. 해당 그룹을 이해하기 위해 가장 중요하게 보이는 것이나 그룹에 가장 문제가 될 만한 한두 가지 요소에 주력한다. 경험이 늘수록 더 많은 요소에 치중하거나, 사태를 즉각 파악하고, 초점을 어디에 맞출지 결정할 수 있다는 것을 알게 될 것이다.

토의 관찰 및 평가 수단

운동팀, 음악 그룹, 배우들이 최상의 경기나 공연을 하기 위해 정기적인 평가와 조언이 필요하듯이 프로젝트팀, 상임위원회, 이사회, 품질써클, 자체관리 업무그룹도 마찬가지다. 어떤 그룹이건 정기적인 평가를 통해 도움을 받을 수 있다. 컨설턴트의 조력을 받는지 여부에 상관없이 정기적인 검토를 일정에 포함시켜야 한다. '어떻게 진행되고 있는지'를 알아보는 시간이 계획되지 않으면 그룹에 대한 평가가 나오기 어렵고 또는 그룹 체제를 통해 별 도움을 받지 못한 채 평가라고 해야 고작 몇몇 구성원들 사이에 불평을 늘어놓는 형태가 되고 말 것이다.

마지막 12장에서는 그룹 및 구성원을 관찰하고 평가하는 수단 및 기법에 초점을 맞추었다. 제시한 대로 사용하거나 특정 상황과 필요에 맞게 변형시켜 사용할 수도 있다.

언어적 상호작용 분석

관찰자가 작성하는 언어적 상호작용 분석표를 통해 그룹 구성원간의 관계에 대해 많은 것을 밝힐 수 있다. 그림 12.1은 'G.E.타이거즈'라는 팀 내의 관계를 보여준다. 누가 누구에게 말하는지, 각 구성원의 발언 빈도, 터놓고 얘기하지 않거나 토의를 독점하는 구성원이 있는지 등이다. 도표 하단의 정보는 그룹, 시간, 관련 당사자를 가리킨다. 참가자 이름이 토의 시 좌석 배치에 따라 원형으로 표시되어 있음을 알 수 있다. 구성원이 말을 할 때마다, 화살표는 화자에서 대상자로 표시되고 구성원이 그룹 전체를 대상으로 말할 때는 더 긴 화살표가 원 중앙을 향해 표시된다.

[그림 12.1] 언어적 상호작용 도표

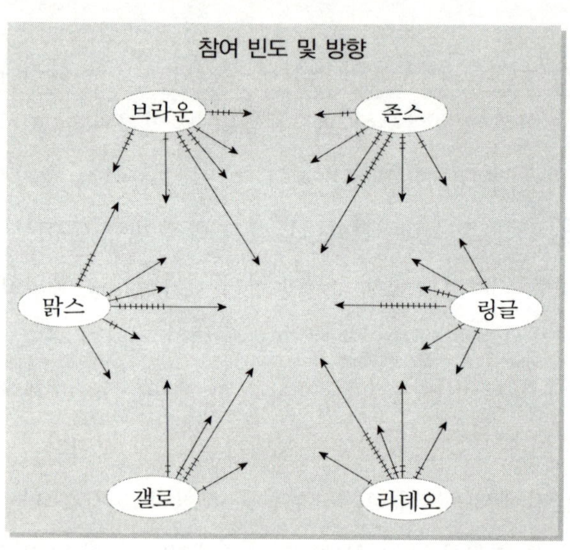

그 룹 : G.E. 타이거즈   시 작 : 1시 3분   장 소 : 회의실 14
날 짜 : 98년 10월 9일   종 료 : 1시 54분   관찰자 : 스노우

같은 방향으로 발언을 연이어 할 때는 화살표에 짧게 금을 그어 표시해 놓았다.

언어적 상호작용 표를 쉽게 해석하기 위해 그림 12.2와 12.3의 도표처럼 숫자와 퍼센트로 나타낼 수 있다. 이 예에서 나타나는 숫자를 보고 판단하면 누가 G.E. 타이거즈의 회의 리더라고 생각하는가? 제공된 정보를 통해 이 그룹에서 다른 추론을 할 수 있겠는가? 이 절차와 수단을 변형하여 시선 접촉과 몸의 각도와 같은 몇 가지 비언어적 행동의 빈도를 포착할 수 있다.

[그림 12.2] 언어적 상호작용 도표에서 나온 정보 표시

그　룹 : G.E. 타이거즈　　　시　작 : 1시 3분　　　장　소 : 회의실 14
날　짜 : 98년 10월 9일　　　종　료 : 1시 54분　　　관찰자 : 스노우

화자 ＼ 대상	브라운	존스	링글	라데오	갈로	막스	그룹	합계 (수/%)
브라운	–	5	2	4	2	5	5	23/16.1
존스	3	–	3	4	4	3	13	30/21
링글	2	2	–	3	2	4	12	25/17.5
라데오	3	3	4	–	0	2	12	24/16.8
갈로	3	3	2	0	–	0	6	14/9.8
막스	8	2	2	3	2	–	10	27/18.9
합계(수/%)	19/13.3	15/10.5	13/9.1	14/9.8	10/7	14/9.8	58/40.6	143/100

[그림 12.3] 언어적 상호작용 도표에서 나온 정보를 다른 식으로 나타내기

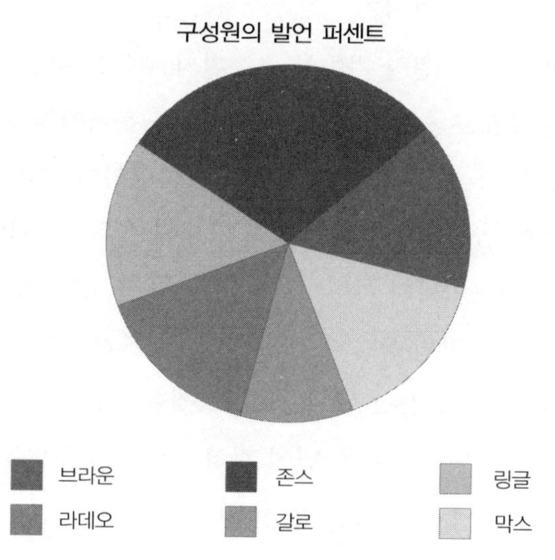

내용 분석

내용 분석 과정에서는 토의중 언급되는 실질적인 내용(주제, 발언 종류, 공상 주제 구도 등)을 검토할 수 있다. 내용 분석의 한 과정은 누가 어떤 행동을 얼마나 자주 하는가에 초점을 맞춘다. 그러한 설명 방식의 분석을 통해 구성원의 역할을 설명할 수 있다. 그림 12.4의 예는 관찰된 토의 시간 중 구성원이 수행한 역할에 따라 행동을 분류해 놓은 것이다. 구체적인 행동 역할은 도표 왼편에 목록으로 나와 있고, 각 열의 표제 부분에 참가자 이름이 나열된다. 구성원이 발언을 할 때마다 관찰자는 그 말의 기능적 의미를 판단하고 도표에서 적당한 칸에 표시를 한다. 표시된 것은 토의 후에 숫자와 퍼센트로 변환된다. 또한 그림 12.5에서 조디를 위해 만든 것처럼 파이 도표로 전환할 수도 있다. 이러한 분석을 통해 이 그룹에서 누가 과제 리더인지 알 수 있겠는가? 누가 그룹의 사회 기능적, 유지 기능적 리더인가? 그룹이 목표를 향해 나아가는 과정에서 방해를 하는 사람이 있는 것 같은가?

내용 분석표 형식은 관찰 가능한 구성원의 행동을 분류할 수 있는 것이라면 어떤 범주로도 만들 수 있다. 발언 내용, 문제해결에서 기능적 단계, 질문의 종류, 추론을 표현하는 방식 등 다양하다. 언어적 상호작용 분석을 사용하여 공상 잇기, 초기 도입 단계에서부터 마지막 형태를 거쳐 그룹에서 폐기하기까지 아이디어의 진행 과정, 갈등의 종류, 그룹에서 정보를 사용하는 방법 등을 추적할 수 있다. 관건은 관찰자가 발언 내용과 행동 패턴을 지속적으로 분류하고, 그것을 다른 제3의 관찰자와 비슷한 방식으로, 또는 스스로 두 번에 걸쳐(토의 녹음 내용을 사용하여) 대략 같은 방식으로 분류할 수 있다는 점이다.

[그림 12.4] 구성원 행동 기능의 내용 분석에서 나온 데이터 표시

그　룹 : 행정 위원회　　　시　작 : 오후 4시 30분　　　장　소 : CU 로비
날　짜 : 96년 8월 28일　　　종　료 : 오후 6시 30분　　　관찰자 : 앤디

행동 기능	참가자 명					
	메리	존	에드나	데이브	조디	합계(수/%)
1. 개시와 방향 설정	5	3				8/5.7
2. 정보 전달	6	5		2	3	16/11.4
3. 정보 탐색			3			3/2.1
4. 의견 제시	8	8	4	2	1	23/16.4
5. 의견 탐색			2			2/1.4
6. 명시화 및 정교화			3			3/2.1
7. 평가	2	4			1	7/5
8. 요약	2					2/1.4
9. 조율	8					8/5.7
10. 합의 테스트				3		3/2.1
11. 기록			5			5/3.6
12. 절차 제안	3		6			9/6.4
13. 정보 제공 통제			1	5		6/4.3
14. 지원	2		2	6		10/7.1
15. 조화				3	2	5/3.6
16. 긴장 완화					6	6/4.3
17. 극화		5			3	8/5.7
18. 규범화				4		4/2.9
19. 기권		1				1/0.7
20. 차단	2	5				7/5
21. 지위 및 인정 추구		4				4/2.9
합계(수/%)	38/27.1	35/25	26/18.6	25/17.9	16/11.4	140/100

[그림 12.5] 조디의 행동 기능을 나타내는 파이 도표

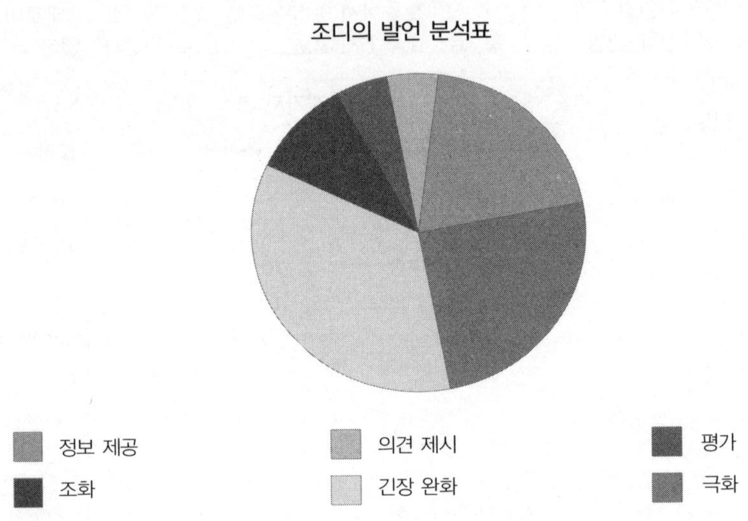

설문지와 평점 항목

여러 종류의 설문지와 관찰자 양식이 소그룹 상호작용을 연구하고 개선하기 위해 작성되어 왔다. 이 중 일부는 주관식이거나 여러 답이 나올 수 있는 질문이다. 등급을 설정해 놓은 질문도 있다. 어떤 특성에 대해 수치로 평가하도록 요구하는 평점 항목도 있다. 올림픽 경기에서 사용하는 10-0 평점과 잡지의 소비재 제품을 평가하는 평점 조사에 익숙할 것이다. 6장에서 그룹 구성원의 행동이 크게 세 가지 차원에서 평점이 매겨지는 SYMLOG 평점 기법을 소개했다. 여기서 매겨진 평점은 삼차원 도표에 입력되어 그룹의 특성과 문제를 설명할 수 있도록 되어 있다. 다음에 나오는 평점 및 다른 양식은 특정 목적을 위해 참작하여 사용할 수 있도록 해 놓은 것이다.

[그림 12.6] 회의 후 반응(PMR) 양식

강사 : 자신의 정직한 판단을 가장 잘 나타내는 평점을 표시하십시오. 설문지에서 다루지 않는 내용은 의견으로 추가해주십시오. 서명하지 마십시오.

1. 토의의 목표가 얼마나 명확했는가?

| 매우 명확 | 다소 모호 | 매우 모호 |

2. 분위기는 어떠했는가?

| 협조적이고 결속력 강함 | 무관심 | 경쟁적 |

3. 토의의 조직력과 치밀함은 어떠했는가?

| 무질서 | 적당 | 너무 엄격 |

4. 의장의 리더십은 얼마나 효과적이었는가?

| 독재적 | 민주적 | 미약함 |

5. 이 회의의 준비 상태는 어떠했는가?

| 철저함 | 적당함 | 엉성함 |

6. 말하고자 했는데 기회가 없을 때가 있었는가?

| 거의 없음 | 대체적으로 만족 | 자주 있었음 |

7. 토의의 결과에 얼마나 만족했는가?

| 매우 만족 | 대체로 만족 | 별로 만족하지 않음 |

8. 같은 그룹과 다시 일하는 것에 대해 어떻게 생각하는가?

| 적극적으로 원함 | 원함 | 꺼림 |

의견 :

[그림 12.7] 회의 후 반응(PMR) 양식

1. 오늘 토의에 대해 어떻게 생각하는가?

   아주 좋다 ___   좋다 ___   괜찮다 ___   그저 그렇다 ___   나쁘다 ___

2. 토의의 강점은 무엇이었는가?

3. 약점은 무엇이었는가?

4. 향후 회의를 위해 제안할 점은?

(서명할 필요 없음)

회의 후 반응(postmeeting reaction, PMR) 양식은 회의가 끝나고 참가자들이 받는 설문지로서, 그룹에서 향후 토의를 개선하기 위한 객관적인 피드백을 얻기 위한 것이다. 익명으로 진행되기 때문에 참가자들이 의견 및 평점을 작성할 때 솔직하게 표현할 가능성이 높다. PMR 양식은 그룹 전체, 리더, 강사, 컨설턴트, 대규모 회의 주최자가 계획한다. 설문지는 토의 후에 배포, 작성, 수집된다. 응답을 기록하면 바로 그룹에 보고하여 요약본이나 벽보에 게재되도록 한다. GDSS를 사용할 경우, 평점을 입력하면 곧바로 기록된다. 차트는 토의 내용을 평가하고 그룹 절차의 변경 사항을 계획할 때 기준이 된다.

질문과 평점은 설문지 작성자의 목적과 필요에 맞게 변형 가능하다. 설문은 토의 내용, 대인 관계, 절차, 기법 등 그룹 토의의 모든 면을 아우를 수 있다. 설문지 작성자가 알고자 하는 바에 따라 몇 가지 질문 형식이 혼합될 수도 있다. PMR 양식의 두 가지 예시가 그림 12.6과 12.7에 나와 있다.

[그림 12.8] 문제해결 토의 평점 항목

날 짜 ___________________________ 그 룹 ___________________________
시 간 ___________________________ 관찰자 ___________________________

그룹 특성	5 우수	4 양호	3 평균	2 개선의 여지 있음	1 서투름
목적 명확도 및 관심사					
토의 조직력					
경계성					
평가					
의사소통(발언)발언					
의사소통(경청)경청					
협동, 팀워크					

평점 항목은 피드백 설문지로 삽입될 수 있고 또는 컨설턴트가 그룹 분위기, 기준, 구조, 대인 관계, 발언, 경청, 언급 내용 등 그룹 및 토의의 모든 측면에 관한 판단을 보고하는 데 사용할 수 있다. 그림 12.8에 나오는 등급은 소그룹 토의를 평가하는 데 사용될 수 있다. 그림 12.9의 합성 평점 항목은 패톤*Patton*과 기핀*Giffin*이 개발한 유사한 항목을 토대로 만든 것으로 문제해결 절차의 결함을 확인하기 위해 사용된다.

개인 행동의 거의 모든 특징을 평점 항목으로 적절하게 매길 수 있다. 그림 12.10은 관찰자가 작성하여 각 참가자에게 줄 수 있는 간단한 평점 양식을 나타낸다. 참가자들은 서로에 관해 익명으로 평가를 완성하고, 평점을 매긴 사람에게 전달한다. 이 양식은 이해하기 쉽고, 빨리 작성할

[그림 12.9] 문제해결 절차 평점

강사 : 관찰한 행동 및 상호작용을 근거로 그룹이 각 기준에 어떻게 부합했는지 평점을 매긴다.

서투름 1	개선의 여지 있음 2	평균 3	양호 4	우수 5

1 2 3 4 5 　1. 문제에 관한 모든 구성원의 의견 수렴

1 2 3 4 5 　2. 바람직하지 않은 상황 요소 및 변화의 장애 요소를 명확하게 설명

1 2 3 4 5 　3. 모든 구성원이 목표를 명확하게 정의내리고 그에 동의

1 2 3 4 5 　4. 광범위하게 평가하기 전 가능한 해결책을 나열하고 명확하게 설명

1 2 3 4 5 　5. 평가 기준을 모든 구성원들이 사전에 이해, 수용 / 토의, 동의

1 2 3 4 5 　6. 사실과 예측 추론을 토대로 가능한 효과 및 제안된 각 해결책에 대한 부정적인 결과 예측

1 2 3 4 5 　7. 가장 바람직한 / 수용 가능한 해결책에 대한 합의 달성

1 2 3 4 5 　8. 해결책 실행을 위해, 적절할 경우 해결책의 효율성을 평가하기 위해 현실적인 계획을 마련

1 2 3 4 5 　9. 전체적으로 문제해결 과정은 철저하고 경계성이 있으며 체계적

수 있으며, 참가자 행동의 가장 중요한 변수의 일부에 초점을 맞추고 있다. 그림 12.11은 목적은 비슷하지만, 더 종합적이다. 그리고 그림 12.12는 참가자의 자기주장성을 평가하는 데 유용하다.

위 양식은 지정된 리더를 평가하기 위해 제시된 대로 또는 변형된 형태로 사용할 수 있지만, 그림 12.13과 12.14는 특별히 리더의 평점을 매

[그림 12.10] 참가자 평점 항목

_______________________   날 짜 _________________

(참가자 이름)   관찰자 _________________

1. 토의 내용에 대한 기여도(적절한 정보, 문제 중심적 주장, 타당한 근거 등)

5	4	3	2	1
양과 질적인 면에서 우수		적당히 공유	거의 없거나 전혀 없음	

2. 효율적인 그룹 절차에 대한 기여도(안건 계획, 사전 의견에 대한 응답, 요약)

5	4	3	2	1
항상 적절하고 조직에 도움	적절하지만 절차에 도움 안 됨		논점일탈로 혼선을 빚음	

3. 그룹 조직력과 협동심 정도(이해하기 위해 경청하고, 책임감을 가지며, 제안에
   기꺼이 응하고, 그룹 위주로 생각하며, 개방적인 태도 지님)

5	4	3	2	1
책임감과 건설적 사고 우수				이기적

4. 말하기 능력(명확하고, 그룹을 향해 말하며, 한 번에 한 가지 주장을 하고, 간결함)

5	4	3	2	1
그룹을 향해 간결, 명확하게 발언		모호하고, 간접적으로 말하며, 장황		

5. 그룹에 대한 전반적인 기여도

5	4	3	2	1
가장 기여를 많이 함				무용지물

제안사항 :

[그림 12.11] 토의 참여자 평가 항목

참가자 이름 ____

강사 : 각 항목에서 토의자의 참여도 평가를 가장 잘 설명하는 숫자에 동그라미를 치
시오.

서투름	개선의 여지 있음	평균	양호	우수
1	2	3	4	5

1 2 3 4 5   1. 준비가 되어 있고 사전에 정보를 숙지

1 2 3 4 5   2. 짧고 간결하게 발언을 보탬

1 2 3 4 5   3. 적절하고 시기적절한 의견 제시

1 2 3 4 5   4. 분명하고 모든 이들에게 잘 들리도록 전달

1 2 3 4 5   5. 기꺼이 의사소통하려 함

1 2 3 4 5   6. 참여 빈도[바람직하지 않다면 너무 낮다(　) 또는 너무 많
다(　)]

1 2 3 4 5   7. 비언어적 신호가 확실하고 일정함

1 2 3 4 5   8. 이해하고 토의를 따라가기 위해 경청

1 2 3 4 5   9. 개방적 태도

1 2 3 4 5   10. 협동심, 팀 지향

1 2 3 4 5   11. 토의가 밑그림에 따라 조직되도록 함

1 2 3 4 5   12. 정보 및 아이디어 평가에 기여

1 2 3 4 5   13. 타인 존중 및 적절한 상황 대처

1 2 3 4 5   14. 타인의 참여를 장려

1 2 3 4 5   15. 참가자로서 전반적 평점

의견 :

평가 :

[그림 12.12] 자기주장 평점 항목

토의자 ________________________   날 짜 ________________________
관찰자 ________________________   시 간 ________________________

각 평점 항목은 토의 참가자로서 귀하가 어느 정도의 자기주장을 표하는지 관찰자가
판단한 내용을 나타냅니다.

행동	자기주장이 없음	자기주장	공격적
발언권 얻기	수월	대체로 타인이 말을 받아 발언하거나 독점하는 것을 거부	타인의 말을 중간에 끊거나 방해
의견 제시	개인적 의견을 제시하지 않음	의견을 제시했으나 타인의 의견에 개방적	타인에게 동의 강요
개인적 희망사항 표명	(회의 시간 및 절차 등) 전혀 하지 않거나 애원하듯이 청함	분명하게 얘기하지만 타협 의향 있음	자기 방식 고수
정보 공유	전무, 부탁 시에만 공유	적절할 때마다 간략하게	적절함과 무관 장황한 설명
매너			
목소리	약하거나, 너무 작음	강하고 명확	시끄럽고 귀에 거슬림
자세와 동작	의기 소침하고 제한됨	몸을 앞으로 당기고 활발	테이블을 치며 지나치게 강제적
시선 접촉	말할 때도 거의 접촉이 없음	똑바로 보긴 하되 쏘아보지 않음	아래로 내려다 봄
전반적 매너	자기주장이 없음	자기주장 있음	공격적

[그림 12.13] 전반적인 리더 평점 항목

날 짜 _________________________   리 더 _________________________
시 간 _________________________   관찰자 _________________________

지침 : 방금 관찰한 토의 내용에 적용할 수 없는 항목에 줄을 그으시오. 다음 평점 항목을 이용하여 토의 리더로서 지정된 리더의 수행 능력을 평가하시오.

5 – 우수   4 – 평균 이상   3 – 평균   2 – 평균 이하   1 – 서투름

• 개인적 스타일 및 의사소통 능력
　____ 안정된 자세와 말할 때 자신감
　____ 문제에 대한 열의와 관심
　____ 모든 참가자들의 말을 이해하기 위해 경청
　____ 개인적인 온화함과 유머 감각
　____ 모든 새로운 정보와 아이디어에 대한 개방성
　____ 팀워크 분위기 조성
　____ 다른 구성원들과 리더십 기능 공유
　____ 민주적인 행동
　____ 문제 및 그룹 절차에 대한 통찰력 유지

• 준비 과정
　____ 필요한 모든 물리적인 준비는 다 했는가?
　____ 구성원들이 만나기 전에 지침 내용을 통보 받았는가?
　____ 리더가 문제나 주제에 대해 준비가 되어 있는가?
　____ 토의를 이끌어 갈 수 있도록 절차상 질문 순서가 준비되었나?

• 리더십 기법
　____ 구성원들이 서로를 편안하게 느끼도록 했는가?
　____ 모두에게 동등한 발언권을 주었는가?
　____ 모두에게 확실하도록 임무나 문제를 소개 및 설명했는가?
　____ 공격적이거나 일방적인 구성원들을 요령 있게 통제했는가?

____ 그룹의 문제해결을 위한 안건 및 절차, 개요를 제시했는가?

____ 구성원들이 절차상의 개요를 변형하도록 장려했는가?

____ 그룹에게 질문을 명료하게 진술했는가?

____ 해결책을 토의하기 전에 문제를 철저하게 분석하도록 그룹을 이끌었는가?

____ 해결책에 대한 상상적이고 창의적인 사고를 자극했는가?

____ 모든 아이디어와 제안을 수용하거나 기각하기 전에 그룹에서 철저하게 평가하도록 장려했는가?

____ 모든 결정을 실행하고 보완하는 계획을 수립하도록 했는가?

____ 한 번에 한 가지 요점으로 토의가 이루어지도록 했는가?

____ 개인적 의견이나 해결책을 요청하는 질문을 받으면 그것을 그룹에 되돌렸는가?

____ 그룹에게 토의 내용을 명확하게 상기시키는 요약을 제공하여 그룹이 다음 문제나 안건으로 넘어갈 수 있도록 했는가?

____ 문제해결의 새로운 단계로 넘어가기 전에 합의 가능성을 테스트했는가?

____ 제안, 평가, 결정 사항을 표시한 시각적인 차트를 포함하여 완전하고 정확한 기록을 해 두었는가?

____ 필요할 경우 갈등을 해결하기 위해 타협이나 통합적인 해결책을 제시했는가?

____ (기타 – 구체적으로 명시하시오 _________________________________)

기기 위해 만들어진 것이다. 매우 광범위한 내용을 다루는 그림 12.13은 원래 미 공군에서 토의 리더로서 요원의 평점을 매길 때 사용한 것을 수년에 걸쳐 변형한 것이다. 그림 12.14는 리더가 자기 성찰을 할 수 있도록 고안된 것으로 토의를 한 후에 구체적으로 잘한 점과 못한 점을 식별한 다음 전반적인 등급을 매기는 방식이다.

[그림 12.14] 토의 리더 자기 평가 항목

지침 : 각 항목 '예', '아니오' 란에 표시하여 자기 평가를 하시오. '예' 라고 답한 항목
　　수에 5를 곱해서 점수를 계산하시오.

평점 : 90점 이상 – 우수, 80~85 – 양호, 70~75 – 보통, 65 이하 – 부적격

예　아니오

1. 모든 준비물을 챙겼다.
2. 신속하게 시작하여 제시간에 끝냈다.
3. 서로 지원하는 격의 없는 분위기를 조성했다.
4. 그룹의 역할과 재량에 대해 분명하게 오리엔테이션을 했다.
5. 모든 구성원들이 참여하고 동등한 발언권을 가질 수 있도록
　　장려했다.
6. 적극적으로 경청했고, (필요에 따라) 모든 구성원들이
　　그렇게 하도록 했다.
7. 질문은 분명하고 짤막했다.
8. 불확실한 말은 바꾸어 말하거나 다른 방법으로 명확하게
　　하려고 했다.
9. 그룹이 문제해결의 모든 주요 단계와 경계성 상호작용의 모든
　　요소를 체계적으로 고려하도록 이끌고 가기 위한 계획을 활용했다.
10. 해결책을 고려하기 전에 문제를 철저히 검토하려고 했다.
11. 창의적 사고를 적극 권장했다.
12. 제안된 모든 해결책에 대해 그것이 가진 효과 및 부정적인
　　결과를 기준으로 철저하게 평가할 것을 장려했다.
13. 관련된 아이디어나 제안 사항을 통합하여 그룹에서 해결책에
　　대한 합의에 도달하도록 했다.
14. 본질적 갈등에 대해 공개 토의를 촉구했다.
15. 논점 일탈이 있을 때 신속하게 지적하고, 다음 단계로
　　이행하도록 하며, 시간을 의식하여 질서와 체계를 유지했다.

16. 회의에서 명확한 과제나 행동 계획을 정하고 차기 회의 일정을
    잡도록 했다.

17. 모든 중요한 정보, 아이디어, 결정은 신속 정확하게 기록되었다.

18. 건설적인 논쟁을 하는 동안 중립을 지키고 다른 방식으로
    팀워크를 도모할 수 있었다.

19. 필요한 윤리 기준과 절차상의 규율을 정립할 것을 제안하거나
    촉구했다.

20. 구성원들이 그룹 과정과 절차에 대해 어떻게 느끼는지
    토의하도록 했다.

요약 SUMMARY

1. 그룹 토의를 관찰은 하되 참여하지 않는 컨설턴트들은 다른 구성원들이 잊고 있는 원칙을 준수하도록 상기시키고, 구성원들에게 절차와 기법을 가르치며, 그룹의 진행상황을 비평하는 방식으로 도움을 줄 수 있다. 컨설팅을 하기 전에는 우선 최대한 많은 그룹을 관찰해 보아야 한다.

2. 컨설턴트들은 한 번에 모든 변수를 주시할 수 없기 때문에 관찰 계획을 신중하게 수립해야 한다. 그룹의 상호작용에서 가장 중요하거나 가장 문제가 많은 부분에 주력한다.

3. 컨설턴트들은 결과를 그룹에 정직하고 건설적이며 솔직하게 보고하며, 구성원의 기밀을 보장한다.

4. 여러 종류의 관찰 양식과 설문지는 컨설턴트(및 그룹 구성원들)가 그룹에 대한 정보를 모아서 그룹의 수행 능력을 평가하는 데 도움을 준다. 이 장에서 소개된 양식들은 그룹의 언어적 상호작용을 기술하고, 구성원의 행동 및 토의 내용을 분석하며, 구성원들에게 회의 후 평가서를 제공하며, 그룹의 기타 다양한 면모를 평가하기 위한 모델로 사용할 수 있다.

공식 토의 진행

그룹의 리더나 선발된 대표들은 그룹에서 나온 보고서를 상위 단체, 정치 기구, 이해관계가 있는 지역사회 대표단의 공개 회의, 또는 다른 형태의 공식 모임에 제출할 수 있다. 그러한 공식 모임의 청중들이 그룹 보고서 내용을 토의하는 참가자가 될 수도 있다. 다음 정보는 그룹 구성원들이 참여하는 다양한 공식 토의 형태이다.

패널 토의

패널 토의(panel discussion)는 다양한 시각을 가진 사람들이 모인 소그룹이 청중 앞에서 중요한 질문과 관련 있는 쟁점을 형식에 구애받지 않고 진행하는 토의이다. 예를 들어, 패널들은 낙태법, 캠퍼스 내의 주차난에 대한 해결책, 지역사회의 심각한 쓰레기 문제해결 방안, 또는 범죄 희생자들에 대한 사회의 책임을 주제로 토의할 수 있다. 패널의 형태는 때때로 정계 진출을 희망하는 사람들로 구성된 그룹에서 사용되기도 한다.

그룹은 다양한 방식으로 패널 토의에 참여할 수 있다. 그룹에서 패널 토의 전체를 계획, 담당하도록 요청을 받은 경우에는 그룹 전체가 해당 주제에 관한 거의 모든 시각을 조사, 발표해야 한다. 특정 관점을 지지한다고 알려진 그룹에 다른 관점을 가진 사람들과 함께 패널 참가자로 토론에 임할 대표를 차출해 달라는 부탁을 하는 경우가 전형적이다. 패널 중재자는 토의가 장황하게 흐르지 않고 모든 관점이 제시될 수 있도록 조율한다. 참가자들은 토의 주제에 대해 정통할 뿐 아니라 자신의 의견 및 그룹의 의견을 명료하게 표현해야 한다. 토론 참가자들은 대개 진행 각본을 따르지만 대체로 즉흥적으로 발언한다. 패널 참가자들은 어떤 문제를 토의할 것인지를 제외하고는 어떤 것에도 동의할 필요가 없다. 열띤 논쟁이 이어질 때 지적 사고를 자극하는 시간이 될 수 있다. 대중의 관심사에 대해 전반적으로 다양한 관점이 필요할 때 패널 형태가 훌륭한 수단이 된다. CNN과 C-SPAN과 같은 방송국에서는 종종 이러한 토의 프로그램을 편성하기도 한다.

패널 토의 준비

패널 및 기타 공개 토의에는 특별한 물리적 배열 및 다른 준비 과정이 필요하다. 우선 모든 토의자들은 항상 서로와 청중을 볼 수 있도록 배석하여 직접적인 상호작용을 쉽게 할 수 있어야 한다. 둘째, 패널 참가자들은 테이블 뒤에 앉아야 한다. V자 모양의 작은 테이블 두 개를 사용하면 훌륭한 배열을 할 수 있다. 셋째, 각 패널 참가자 앞에 큰 이름표를 놓아야 한다. 넷째, 필요할 경우 마이크를 많이 구비하고 진행에 방해 요소가 없도록 해야 한다. 마지막으로, 논의 주제 및 질문에 대한 시각적인 자료를 사용하면 토의 구성력을 높일 수 있다. 칠판이나 이젤을 사용하면 좋다.

패널 토의 개요는 몇 가지 형식에 따를 수 있다. 다음에 설명한 것이 일반적인 것이다. 중재자는 사전에 패널 참가자들에게 토의를 위한 질문과 하위질문을 제안해줄 것을 부탁해야 한다. 이런 질문들을 중재자의 의도에 맞게 대략적 개요로 정리해 놓고 나서 패널 참가자들은 사전에 관련 유인물을 받아 각 질문에 대해 조사하고 답변을 생각할 수 있어야 한다.

중재자는 특별한 개요를 준비하고 이것을 패널 토의시간 동안 사용한다. 개요에는 서론, 제기된 일련의 질문, 염두에 두고 있는 결론 형식이 들어간다. 중재자는 오고가는 대화를 대상으로 교통경찰 역할을 담당하여 토의의 흐름을 정리한다. 중재자는 패널 참가자들에게 질문을 하고 각자에게 동일한 발언권이 돌아갔는지 살펴본 후 모호한 발언을 명확하게 한다. 단, 논쟁에 직접 참여하지는 않는다. 주요한 각 주제를 요약하고 개요의 주제를 따라 토의가 흘러가도록 한다. 중재자의 개요는 다음과 같은 형태이다.

"미국의 낙태법은 어떻게 되어야 하는가?"

1. 신사 숙녀 여러분, 미국의 낙태법이 어떻게 되어야 하는가라는 질문은 열띤 논쟁의 주제로서 거센 로비 활동의 대상이기도 하고 판례, 설교, 팜플렛에 등장하기도 했습니다. 반면, 차분하고 신중한 토의 분위기는 거의 없었습니다.

2. 오늘 이 주제에 관한 모든 주요 관점을 대변하는 사려 깊은 전문가들을 패널로 모시게 된 것을 영광으로 생각합니다.

   a. 존 맥카레티 신부님은 카톨릭 신학에 조예가 깊으신 분으로 합법적인 낙태에 반대하는 교회의 주장을 대변해주셨습니다. 신부님은 홀리 네임 아카데미*Holy Name Academy*의 철학 및 신학 학과에 재직하고 계시기도 합니다.

   b. 로버트 바이론씨은 법률 구조 협회*Legal Aid Society* 변호사로서, 낙태에 대한 법적 현주소를 이끌어낸 대법원 항소심 과정에서 협회 대표로 참여하셨습니다.

   c. 마틴 가일즈 여사는 입양홍보복지회*Adoption Alternatives Agency*의 창립자이자 소장으로 전국적으로 300여건의 입양이 이루어지도록 기여하신 바 있습니다.

   d. 도로시 맨켄빅스 여사는 인구 성장 억제를 위한 모임*Zero Population Growth*의 자원 봉사 강사이자 사회사업가로서 낙태를 원하는 여성들에게 도움을 제공해 왔습니다.

e. 마하 카사크림 교수는 웨스턴 주립 대학에서 윤리적, 사회적 가치를 연구하는 역사학자로서 낙태법 논쟁을 다루는 두 권의 저서를 집필하셨습니다.

3. 패널 분들은 여러분 앞에 보시는 질문의 일부인 네 가지 구체적인 문제들을 토의하는 데 동의하셨습니다.

a. 인간의 생명은 언제 시작되는가?

b. 여성의 낙태 허용 여부에 대한 권리를 누가 가지고 있는가?

c. 낙태를 선택할 권리에 대한 제한을 강화할 경우 어떤 결과를 초래할 것인가?

d. 조건을 둔다면, 어떤 조건 하에서 낙태가 합법적이어야 하는가?

4. 각 패널참가자들은 각 문제에 대한 자신의 입장과 그에 대한 이유를 간단하게 설명한 다음 형식에 구애받지 않고 질문을 하고 질문에 대해 토론하는 시간을 갖겠습니다. 50분 후에는 청중 여러분으로부터 질문을 받겠습니다. 포럼(나중에 설명) 시간에 기억할 수 있도록 토의가 진행되는 동안 생각나는 대로 질문을 적으셔도 좋겠습니다.

토론본론

1. "인간의 생명은 언제 시작되는가?"

a. 존 맥카레티 신부님: ___________

b. 맨켄빅스 여사: __________

c. 카사크림 교수: __________ 등

(중재자가 요약하는 가운데 모두 네 가지 문제를 토의한다. 각 패널 참
가자들이 각 문제와 질문에 대한 입장을 피력할 기회를 갖고 서로의 의
견에 대해 지지 또는 반론을 제기한다. 미리 정해진 시간에 맞춰 다음
주요 질문으로 넘어간다.)

결 론

1. 서로의 입장에 대해 알게 된 것을 요약해 보도록 하겠습니다. 여러분
   의 입장과 주장을 1분 내로 요약해 주시기 바랍니다(패널 참가자들이
   자유롭게 정정하거나 보충을 할 때 중재자는 간간이 요약을 한다).

2. 이 곳에 계신 모든 분들이 이 중요한 문제에 대해 더 나은 이해를 하
   셨으리라 믿습니다. 이제 우리는 서로의 입장에 대해 최대한 이해할
   수 있게 되었고 각 입장에서 지지하는 가치관과 믿음에 대해서도 알
   게 되었습니다.

3. 청중 여러분께서 패널 참가자들에게 어떤 질문을 해 주실지 궁금한데
   요. 질문을 하고 싶은 분들은 손을 들어 주시고, 제가 지적할 때까지
   기다려 주십시오. 한 분에게 한 번씩 질문할 기회를 드리고 나서 두번
   째 질문을 하실 분이 있는지 묻겠습니다. 여러분의 질문은 특정 패널
   의원이나 또는 그룹 전체가 답할 수 있는 것이어도 좋습니다. 특정 패
   널의원이 답해주길 바란다면 그분의 이름을 밝혀 주십시오. 자, 첫 질
   문은 누가 하시겠습니까? 밤색 상의를 입으신 제 오른쪽에 계신 여자
   분ㅡ다 들을 수 있도록 큰 목소리로 말씀해주시기 바랍니다.

공개 인터뷰

그룹 리더나 선발된 구성원들은 그룹 업무에 관한 공개 인터뷰 요청을 받을 수도 있다. 공개 인터뷰는 한 번에 여러 명의 인터뷰 진행자가 여러 명을 대상으로 하여 동시 다발적으로 진행할 수 있다. 기자 회견 및 정치 후보 토론이 이 방식을 따른다. 인터뷰는 논의할 주요 질문이나 주제 목록을 사전에 작성하여 진행하고 여러 가지 토의 주제를 정할 수도 있지만 프로그램을 완전히 즉흥적으로 진행할 수도 있다. 인터뷰 진행자는 청중이 궁금해 하거나 대답을 요하는 질문을 함으로써 청중을 대변하고 인터뷰하는 사람이 명확하게 대답할 수 있도록 도와준다. 인터뷰에 응할 때는 자신이 대표하는 그룹의 관점을 공정하고 명확하게 제시해야 한다.

포럼 토의

그룹에서 대규모 모임에 보고서를 제출할 때 청중들은 그룹의 업무에 대한 질문을 하거나 의견을 피력하도록 되어 있는 경우가 있다. 포럼 토의(forum discussion)는 청중이 문제를 제시한 사람들과 체계적으로 의사소통을 하는 언어적 상호작용이 이루어지는 시기이다. '포럼'이라는 말은 대학 교수진 회의나 시 회의와 같은 큰 모임에서 주최하는 토의를 가리킨다. 종종 포럼은 패널 또는 인터뷰 프레젠테이션 절차를 따른다. 청중들에게 사전에 포럼이 공개 프레젠테이션 형태를 따르므로 질문이나 의견을 생각해 놓으라고 말해야 한다. 대개 청중이 사용하기에 적합한 장소에 마이크를 설치해 둔다. 가끔 청중들은 중재자에게 서면으로 질문이나 의견을 제시하라는 요청을 받는다. 그러면 중재자가 사람들 앞에서 큰 소리로 그것을 읽고 패널 참가자나 인터뷰한 사람들이 대답을 한다.

포럼을 성공적으로 진행하려면 엄격한 절차상의 통제가 있어야 한다. 중재자는 토의가 모든 참가자들에게 흥미 있고 공정하도록 통제할 수 있어야 한다. 다음은 토의가 한 가지 주제에 치우치지 않고 공정성을 갖도록 하는 가이드라인이다.

1. 패널이나 다른 프로그램의 서두 부분에서 포럼 또는 질의 시간이 있을 것이라고 발표한다. 이렇게 하면 청자들이 질문과 발언에 대해 생각해 놓을 수 있을 것이다.

2. 질문만 허용되는지, 아니면 질문과 의견이 모두 허용되는지 명시한다.

3. 청중 참여시간 바로 전에, 모든 이들에게 동등한 기회가 주어지도록 다음과 같은 분명한 규칙을 발표한다.

   a. 말하기 전에 손을 들고 지적할 때까지 기다린다.

   b. 발언하려는 사람 각자에게 한 번의 발언권이 돌아갈 때까지는 두 번 말할 수 없다.

   c. 의견이나 질문을 할 때는 특정 패널 참가자를 지명하거나 패널 전체에게 해야 한다.

   d. 발언 시간은 ____초 이상이어서는 안 된다.

   e. 모든 사람들이 들을 수 있을 정도로 크게 말하거나 회의장 마이크를 사용한다.

4. 청중에게 포럼에 제한 시간이 있는지 여부를 말하고, 시간을 엄수한다.

5. 청중 규모가 클 경우, 회의장 여러 군데에 있는 사람들을 체계적인 방법으로 인지한다.

6. 청중에게 다음과 같은 질문을 하여 다양한 관점이 나오도록 장려한다. "방금 들은 내용과 다른 관점을 제시하실 분이 계십니까?"

7. 모든 사람들이 질문 내용을 들을 수 없었다면 다시 말한다.

8. 질문이 불명확하거나 길어지면 처음 질문을 한 사람이 만족할 수 있도록 다른 방식으로 표현한다.

9. 할당된 시간이 거의 다 되었으면 한두 가지 질문이나 의견을 내놓을 시간만 남았다고 말한다.

10. 아무도 말을 하지 않으면 몇 초 기다린 다음 패널과 청중에게 참여해 준 것에 대해 감사하고 회의를 끝내거나 안건의 다음 항목으로 넘어간다.

그룹을 위한 정보 자원

　　그룹 결과물의 우수성은 투입되는 내용과 처리 과정에 들어가는 내용에 따라 결정된다. 회의 구성원이 아무리 헌신적이고 토의 절차에 능숙하다 하더라도, 구성원들에게 정확하고 적절하며 유효하고 완전한 정보가 없다면 비판적 사고에 걸림돌이 될 것이다. 문제해결과정이나 의사결정 과정에 들어가기 전에 관련된 정보를 가능한 한 많이 수집하려는 그룹은 투입이 충분하지 못한 그룹에 비해 더 나은 결과물, 즉 결정, 해결책, 보고서, 권고사항 등을 만들어 낼 것이다.

　　부록 B는 그룹 구성원이 가지고 있는 정보를 평가하고, 그룹에서 필요한 추가 정보가 무엇인지 결정하고 나서, 그 정보를 얻고, 평가하고, 쉽게 참조하기 위해 조합함으로써 투입 자원을 개선하는 데 도움을 주는 내용이다. 이러한 포괄적인 정보 수집 절차는 특히 실수를 할 경우 많은 비용이 초래되거나 상황이 악화될 수 있는 중요한 문제 및 결정을 할 때 특히 유용하다. 그런 경우에 정보 수집 과정에 많은 노력이 들어가고 평가도 철저하게 해야 한다. 비용 손실을 야기할 가능성이 적은 문제의 경우 그룹에서는 그러한 절차나 가장 관련성 있는 단계를 엄선할 수 있다.

현재 보유한 정보와 아이디어 검토 및 정리

그룹 구성원들은 주제에 대한 정보의 일부라도 가지고 있을 것이고, 그것조차 없다면 아예 토의를 하지 않을 것이다. 현재 보유한 정보를 체계적으로 정리해 놓으면 시간이 절약되고 필요할 때 가지고 있는 것을 활용하는 일이 수월해진다.

1. 문제나 주제를 관점에 의거하여 본다.
2. 주제에 대해 가지고 있는 정보를 수집한다.
3. 문제해결에 관한 대략적 개요로 정보를 정리한다.
4. 부족한 부분을 찾는다.

필요한 정보 수집

지식과 사고 면에서 부족한 부분을 어떻게 수정할 것인가에 대한 계획을 세우는 단계이다. 계획 수립은 매우 중요하다. 계획성 없이 정보를 모으면 '불필요한 정보 투입'이 '불필요한 정보 출력'으로 이어지는 경우와 다를 게 없다.

그룹은 이 모든 정보를 한 번의 회의에서 다룰 수 없다. 구성원들이 주제에 대해 익숙하다 해도 정보에 대해 사고하고 헛점을 인식할 시간이 필요하다. 일반적으로 두 번 이상의 회의가 필요하다. 다음의 두 가지 절차가 그룹이 어떤 중요한 부분도 간과하지 않도록 해줄 것이다.

1. 그룹에서 모든 중요한 쟁점이나 주제를 확인하고 목록을 작성한다. 추가로 조사가 필요한 하위 주제도 같은 절차를 거친다.
2. 그룹에서는 개인 구성원들에게 조사 업무를 할당해야 한다.

다음은 정보를 수집하는 여러 가지 방법이다. 이 정보는 커뮤니케이션 및 작문 분야에서 자세히 다루므로 짤막하게 검토만 할 것이다.

노트 필기

정보와 아이디어는 정확하고 완벽한 기록을 하지 않으면 기억에서 멀어지거나 왜곡되기도 한다. 중요한 정보가 '어떤 DNA 연구자가 쓴 책'에서 나왔다고 말하는 것은 쓸모가 없다. 동료들이 그 정보의 신뢰도를 평가할 수 없기 때문이다. 노트 필기를 가장 잘 하는 방법은 각각 다른 색인 카드에 정보를 하나씩 기록하거나, 노트북을 통해 데이터베이스에 직접 입력하는 것이다. 이 때, 제목과 더불어 전체 참조 문헌 정보도 입력한다.

문제해결 토의 과정에서 유용한 정보를 모으기 위한 중요한 절차는 직접 관찰, 독서, 인터뷰이다.

직접 관찰

그룹 구성원들의 직접 관찰을 통해서만 필요한 정보가 얻어지고, 직접적인 관찰을 해야만 통계 자료나 조사 결과에 생명을 불어넣을 수 있는 경우도 종종 있다. 예를 들어, 학생 조합의 셀프 서비스 커피숍의 환경을 개선하려는 학생들은 얼마나 많은 고객들이 쓰레기를 치웠고 치우지 않았는가, 바닥과 테이블에 떨어진 쓰레기 종류는 어떤 것들인가, 쓰레기통의 위치 및 상태는 어떠한가를 관찰하고 기록하는 데 시간을 할애했다.

독서

수많은 주제 및 문제와 관련하여 주요한 정보원은 인쇄물 형태이거나 인터넷을 통한 온라인 형태이거나 책, 잡지, 신문, 정부 문건 및 기타 인쇄 자료가 될 것이다. 우선, 인쇄물의 범위를 좁혀서 적절한 정보를 산출하는 것이 중요하다. 그러기 위해서는 특정 주제나 쟁점에 대한 출판된 자료 목록인 참고 문헌을 수집해야 한다. 마지막 결정을 하기 전에 주제에 대해 최근에 인쇄된 정보를 확인, 평가하는 것이 이상적이지만, 이렇게 하는 것이 항상 가능하지는 않다. 인터넷 자료가 이 과정에서 특히 도움이 된다. 하지만, 한두 가지 출처나 한 가지 견해만 피력하는 자료를 제한적으로 사용해서는 안 된다. 제한적으로 사용하면 교차 참조하여 타당성을 견주어 볼 수 없는 상태에서 정보에 대한 편견이 생기게 될 것이다.

참고 문헌을 최대한 효율적으로 수집하려면 우선 주제에 대한 주요 용어 목록을 준비한다. 예를 들어, '우리 주에서 어떤 종류의 복권을 시행해야 하는가?'를 조사하는 그룹에서는 복권, 스테이크 경마(stakesweep: 한 사람 또는 몇 사람이 판돈을 전부 독차지하도록 만든 내기 경마 – 역주), 도박, 범죄, 수익, 내기와 같은 기술어를 사용할 것이고 피해자 없음 또는 내기 대상 등의 추가 용어도 마주칠 것이다. 도서관 사서의 도움은 사회 생태학 개요, 심리학 개요, 교육 자료 정보 센터, 파일에 관한 데이터 등과 같은 모든 종류의 인쇄된 자료를 사용하는 데 반드시 필요하다. 초록 자료는 전체 발간물을 자세하게 읽어야 하는지 정할 수 있도록 기사나 책의 간략한 요약을 제공하기 때문에 시간을 많이 절약하게 해 준다.

웬만한 자료는 이제 컴퓨터로 찾을 수 있다. 인포트랙*InfoTrac*과 소시오파일*Sociofile* 같은 컴퓨터 데이터베이스는 특정 주제에 대한 정보를 파악할 때 매우 유용하다. 이 중 일부는 유료이기도 하지만 필요한 정보를 빨리 찾는 데 도움이 되므로 그만한 가치가 있다. 그룹에서 만든 전문 용어 목록을 보면 컴퓨터 파일 검색을 시작할 수 있을 것이다.

모든 대학 도서관에 있는 도서 목록도 참고 문헌을 만들고 인쇄 자료를 찾는 데 도움이 될 것이다. 또한, 참고 문헌의 참고 문헌도 도움이 될 것이다. 참고 문헌은 또한 대부분의 책, 박사 논문, 연구 논문의 마지막 부분에도 나온다. 잡지의 색인도 간과하지 말기 바란다. 연방 정부 및 주 정부 간행물은 여러 도서관의 특별 칸에 비치되고 방대한 양의 정보를 담고 있다.

　참고 문헌을 작성하는 동안에도 독서를 시작할 수 있다. 그룹 구성원 전체가 부분적으로 공통적인 배경지식을 제공하는 동일한 자료를 읽고 나머지 참고 문헌을 나눠 읽는 것이 좋은 전략이 될 것이다. 어떤 도서가 유용한지 평가할 때는 색인을 읽고 목차를 통해 정보를 얻는다. 빠른 속도로 훑어 내려가다가 그룹과 관련된 정보를 발견하면 주의 깊게 읽는다. 가장 중요한 아이디어와 사실을 적어 두고 그룹의 다른 구성원들에게 특히 도움이 될 정보를 복사해 둔다.

　논쟁의 여지가 있는 문제나 주제에 대해서는 가능한 한 다양한 해석과 관점을 바탕으로 하는 내용을 다독한다. 자신의 의견과 동일한 글을 읽는 것이 수월하겠지만 타인의 관점을 이해하는 것이 효과적인 그룹 토의와 문제해결을 위해 중요하다. 그렇게 함으로써 복잡한 것을 통합시키는 능력이 향상될 것이다.

인터뷰

　가끔은 정보에 대해 알고 있는 사람들의 체험이나 설명을 들을 필요가 있다. 인터뷰를 통해 다른 식으로는 얻을 수 없는 정보를 얻을 수 있을 것이다. 앞에서 언급한 그룹 구성원들은 대학 커피숍이 운영되는 방식을 관찰할 때 여러 고객들에게 인터뷰를 하여 해당 장소의 상태에 대해 느낀 점, 쓰레기와 남은 음식을 버리는 이유를 물어 봤다. 또한 커피숍 관리자에게는 쓰레기로 버려지는 것들을 왜 사용하는지 인터뷰 했다. 인터뷰에 응한 이들에게는 감사의 말을 전하고, 그들이 바쁘다는 점과 인터뷰하는 사람이 설문지를 먼저 읽고 무엇을 인터뷰할지 분명히 한 후에 인터뷰하는 것을 선호한다는 점을 기억하도록 한다.

인터뷰 질문은 자유롭게 생각하고 대답할 수도 있고("왜 매점에서 음식을 사 먹나요?"), 예 / 아니오 형식의 질문일 수도 있다("쓰레기통이 더 편리한 위치에 있다면 사용하겠습니까? 예 __ 아니오 __"). 전자의 경우 심층 인터뷰를 할 때 사용하는데, 의외의 정보를 도출하고 더 풍부한 정보를 얻을 수 있다. 하지만, 실시하기에 더 어렵고 시간이 많이 소요된다. 대조적으로 후자의 경우 많은 사람들에게 빨리 물어볼 수 있고 형식을 제대로 갖추면 쉽게 일람표 형식으로 만들 수 있다. 두 가지 다 활용할 수도 있다.

인터뷰 결과를 다수에게 적용하려면 과학적으로 작성된 샘플(대표 샘플)을 사용해야 한다. 그룹 구성원 중에 설문 조사 담당으로 교육을 받은 사람이 그룹에 없거나 그런 사람에게 도움을 요청할 수 없다면 샘플 설문 조사를 실시하지 말아야 한다.

다른 정보원

유용한 정보는 언제 어디서나 나타날 수 있다. 라디오를 듣거나 TV를 보는 동안 자신이 맡은 주제나 문제와 관련된 것을 접할 수도 있다. 방송 프로 목록과 같은 자료는 구입과 대여가 가능하다. 강의나 연설은 또 다른 정보원이다. 그룹의 문제에 대해 의식적으로 생각하고 있지 않을 때 아이디어가 떠오를 수도 있다. 잊어버리거나 추후에 왜곡하지 않도록 생각날 때 적어두기 위해 작은 노트나 쪽지에 적어두는 것도 도움이 된다. 중요한 것은 예상치 못한 정보에 대비하고 신속히 기록하는 것이다.

수집한 정보 및 아이디어 평가

수집한 정보와 아이디어의 정확성과 신뢰도를 평가해야 한다. 많은 아이디어가 반대되는 정보와 부딪혔을 때 무용지물이 될 수도 있고 일부는 다른 증거와 직접 상반되는 의심스러운 출처에서 나온 거짓 정보일 수도 있으며 부적절할 수도 있다. 이제 그룹에서 결정이나 해결책에 결점이 없도록 잘못 유도되었거나 불충분하거나 그릇된 정보를 배제할 수 있어야 한다.

9장에서는 정보와 추론을 평가할 수 있는 여러 방식을 논하였다. 특히 다음 질문을 고찰한다.

1. 자료를 신뢰할 수 있는가?
2. 사실과 추론 사이에 뚜렷한 구분이 있는가?
3. 통계 자료를 효과적으로 수집, 분석, 설명할 수 있는가?
4. 결론(추론)에는 합당한 근거가 있는가?

정보 및 아이디어 정리

그룹의 정보를 정리하는 가장 효율적인 방법은 문제해결을 위해 P-MOPS 또는 단일 질문 방식에 근거한 임시 개요를 작성하는 것이다(8장 참조). "그룹이 해당 문제나 주제를 완벽하게 이해하기 위해 어떤 질문에 답해야 하는가?" 자신의 답이 잠정적인 요점이 될 수 있다.

잠정적으로 주요한 쟁점이나 주제를 결정하고 나면 쟁점이나 개요 당 하나씩 노트를 작성하여 파일별로 정리할 수 있다. 일부 파일은 소주제로 나눌 수 있다. 예를 들어, 문제의 특성과 관련된 정보는 '누구에게 영향을 미치는가,' '문제의 심각성,' '원인,' '문제를 해결하려는 사전 시도' 등과 같은 소주제로 나눌 수 있다. 이런 방식으로 정보를 정리하면 그룹 토의 중 주제가 등장할 때 적절한 정보를 나열하기 쉽다. 또한, 그룹에서 고려해야 하는 질문을 준비하는 데 도움이 되며, 복잡한 주제에 대한 체계적이고 복합적인 토의를 수행할 수 있도록 도움을 준다.

문제해결 토의를 준비할 때, 개요에는 이미 발견하거나 생각한 해결책이 포함될 가능성이 높다. 비슷한 해결책이 유사한 문제에 어떻게 적용되었는지를 보여주는 증거나 추론을 포함할 수도 있고, 계획을 어떻게 수립할 것인가에 대한 부분적인 제안 사항을 포함하기도 한다. 하지만, 그러한 사고와 계획은 잠정적인 것이어야 한다. 몇 시간을 들여 토의를 준비하고 나면 주제에 대한 독단적인 태도를 갖기 쉽지만 개방적인 태도로 임하는 것이 매우 중요하다.

여기에서 제안한 정보 수집 전략은 그룹의 특정 요구에 맞게 변형될 수 있다는 점을 강조하는 바이다. 여러 사람들에게 영향을 미칠 결정적인 결론을 내릴 때는 이와 같은 총체적인 절차를 사용해야 한다. 그러나, 실수할 위험이 거의 없는 상대적으로 비중이 적은 문제의 경우, 절차 중에 그룹의 문제에 가장 적합한 부분만 집중 적용해도 무방하다.

용어 해설

1차 그룹(primary group) : 구성원들의 소속 및 애정 욕구를 충족시키는 것이 주된 목적인 그룹.

1차적 긴장(primary tension) : 대인관계(다시 말해 1차적인)로 인해 구성원 사이에 발생하는 긴장과 불안. 예를 들어, 그룹 구성원들이 서로 처음 만날 때나 구성원 사이에 권력을 놓고 경쟁을 벌일 때 발생한다.

2차 그룹(secondary group) : 의사를 결정하고, 문제를 해결하고, 보고서를 작성하거나, 상위 조직에 권고안을 제출하는 일 등 과제를 완수하는 데 주된 목적이 있는 그룹.

2차적 긴장(secondary tension) : 업무와 관련된(즉, 2차적인) 원인에서 비롯되는, 그룹 구성원들이 느끼는 긴장과 불안. 가치, 관점, 대안을 둘러싼 갈등을 포함한다.

갈등(conflict) : 그룹 구성원을 포함하여 상호의존적인 모임이 양립할 수 없는 목표나 부족한 자원을 인식하여 그것이 목표를 달성하는 데 있어 걸림돌이 될 때 발생하는 분쟁의 표현.

감각-직관 차원(sensing-intuiting dimension) : MBTI에서 개인이 이용하는 정보 유형과 관련된 차원. 감각우세형은 사실과 수치를 더 좋아하고 직관우세형은 가능성을 꿈꾸는 것을 더 좋아한다.

감정적인 언어(emotive words) : 특별한 감정을 불러일으키는 말. 외연적으로 나타내기보다는 은근히 암시하고 유쾌하거나 불쾌한 경험들을 떠오르게 하는 방아쇠 역할을 한다.

개방형 시스템(open system) : 비교적 경계가 개방된 시스템. 시스템과 시스템을 둘러싼 환경 사이에 상호작용이 활발하다.

개인 성장 그룹(personal growth group) : 자기 자신에 대한 통찰력을 기르고 자신의 성격 문제를 극복하고 다른 사람의 피드백과 지원을 받아 개인적으로 성장하는 것을 목적으로 모인 사람들의 그룹.

개인 수준의 변수(individual-level variables) : 특질, 태도, 가치, 신념, 기술 등 그룹의 상호작용에 영향을 미치는 개인의 특성.

개인적 신용(idiosyncracy credit) : 그룹의 규범 준수에서 생기는 여지. 구성원들이 그룹에 가치 있는 공헌을 하도록 만든다.

개인주의 문화(individualistic culture) : 개인의 필요와 바람이 그룹의 필요보다 우선하는 문화.

게이트키퍼(gatekeeper) : 토론할 때 말하는 사람을 통제하는 구성원이라면 누구든 게이트키퍼라 할 수 있다. 구성원들 사이에 의사소통 흐름을 통제하는 사람을 말한다.

결과물(output) : 시스템의 처리 과정을 통해 산출되는 것. 실체가 있는 생산물이나 시스템 구성 요소의 변화 등을 들 수 있다. 소그룹에서 결과물은 보고서, 결의안, 결속력의 변화, 구성원의 태도 변화 등을 들 수 있다.

결속력(cohesiveness) : 그룹 구성원들이 그룹에 대해 느끼는 애착 정도. 단결.

경계성 상호작용 이론(Vigilant Interaction Theory) : 그룹 구성원이 문제에 대한 기술뿐 아니라 문제해결 과정에 대한 지식도 갖춰야 한다는 이론. 이 이론에 따르면 문제의 모든 측면을 검토하고 선택 방법의 찬반 주장을 철저하게 조사해야 한다.

경계자(boundary spanner) : 그룹의 성공과 관련 있는 정보를 유입하고 유출하기 위하여 그룹 환경을 모니터하는 그룹 구성원.

경영 관리 의무(administrative duties) : 지정된 리더의 주요 책임 중 하나. 계획 수립, 모임 공고 발송, 서면 기록 작성, 기타 행정적 기능이 여기에 포함된다.

경쟁(competition) : 한 사람이 그룹의 성과를 좌지우지하거나 자신에게 유리하도록 억지로 끌고 가려는 비협력적이면서 공격적인 갈등관리 방식.

경청(listening) : 다른 사람의 말과 그 외의 다른 신호를 받고 해석하는 일.

고맥락 의사소통(high-context communication) : 명확히 말로 의미를 전달하는 대신 상황이나 문맥을 통해 주된 의미를 전달하는 의사소통.

고차원적 추상성(high-level abstraction) : 사물, 관계, 개념 등을 폭넓게 분류할 때 흔히 쓰는 단어나 관용구. '사랑' 이나 '민주주의' 같이 만질 수 없는 것을 언급할 때 주로 사용한다.

공간학(proxemics) : 사람 사이의 공간과 영역을 사용하는 법을 연구하는 학문.

공개 인터뷰(public interview) : 청중을 대신하여 한 명 이상의 질문자가 한 명 이상의 답변자에게 질의하는 인터뷰.

공격성(aggressiveness) : 상대의 권리나 신념을 존중하기보다 상대를 지배하고 제압하려는 행동방식.

공상(fantasy) : 현재 시점과 장소에 관련되지 않은 진술이자, 그룹의 심리적 요구나 수사적 요구를 충족시키는 일을 창조적이며 의미 있게 해석하여 말하는 것.

공상 잇기(fantasy chain) : 그룹 구성원 몇 명 혹은 전원이 돌아가며 연속적으로 말하면서 그룹의 실체에 대한 전망을 만들어내는 데 도움이 되는 이야기를 극화하는 것.

공상 주제(fantasy theme) : 한 가지 공상이나 공상 잇기의 극화 내용이 주제로 삼는 것. 뚜렷한 주제는 공공연하면서 표면적인 내용이고 잠재적 주제는 숨어있는 함축적 의미다.

공통 기반 대화(common ground dialogue) : 참가자들이 영원히 동의할 것 같지 않고 분열을 조장하는 갈등을 그들이 공유할 수 있고 동의할 수 있는 목표와 가치에 초점을 맞춰 건설적으로 다루는 과정.

과잉일반화(overgeneralizing) : 한 두 상황에 적용됐다고 해서 다른 비슷한 유형에도 적용될 것이라는 추측.

구성원 숙련도(population familiarity) : 그룹의 구성원들이 문제의 본질에 익숙하고 유사한 문제를 해결했거나 유사한 임무를 수행해 본 경험의 정도.

구조(structure) : 조직, 시스템을 이루는 부분들의 배열. 절차상 단계.

구조화(structuration) : 구성원의 의사소통 행위를 통해 그룹을 끊임없이 재창조하는 개념. 그룹이 어떻게 발전할지를 확립하고 제한하는 그룹 의사소통.

구체어(concrete words) : 특수 대상이나 경험, 관계를 언급하는 낮은 차원의 추상어.

권력의 차이(power distance) : 어떤 문화에서 구성원들 사이의 지위와 권력의 차이를 강조하는 정도. 권력의 차이가 작은 문화에서는 지위 차이도 작다. 반면 권력의 차이가 큰 문화에서는 지위 차이가 크고 또 매우 중시된다.

권위주의(authoritarianism) : 지위가 높은 그룹 구성원이나 리더와 같은 권위적 인물들이 제시하는 정보나 아이디어, 계획 등을 아무런 비판 없이 받아들이는 경향. 강력한 리더를 선호하며 자신은 추종자로서 맹목적으로 따른다.

권력(power) : 타인에게 영향력을 행사할 수 있는 잠재력. 보상을 하거나 벌을 주는 능력, 전문적인 기술, 정당한 직위나 지위, 개인적인 매력이나 카리스마 등에서 비롯된다.

규범(norm) : 말로 하지 않은 비공식 규정. 무언의 압력으로 강화되어 소그룹 성원들의 행위를 지배한다.

규칙(rule) : 소그룹 구성원들이 어떻게 행동할 수 있고 하는 것이 바람직하며 또는 어떻게 행동해야 하는지 규정하는 진술로서 규범처럼 공식적으로 문서로 나타내거나 비공식적으로 통용되기도 한다.

그룹(group) : 상호의존적인 목표를 가지고 상호작용을 하며 서로에게 영향을 미치는 셋 이상의 사람들.

그룹 문화(group culture) : 그룹 구성원들이 공유하는 가치, 신념, 기준. 구성원들이 상호작용을 통해 그리고 그룹에서 공유한 경험과 상호작용의 유형 및 지위 관계를 통합함으로써 발전된다.

그룹 분극화(group polarization) : 개인일 때와는 달리 그룹 성원일 때 더 극단적(위험을 무릅쓰거나 지나치게 신중한)인 결정을 내리는 경향.

그룹 혐오증(grouphate) : 많은 사람들이 그룹 내에서 일하는 것에 대해 느끼는 반감이나 적대감. 주로 비효율적이고 시간 낭비가 많은 그룹에 존재.

기능적 접근법(functions approach) : 리더들이 수행하는 기능을 연구하는 것. 리더십은 그룹이 요구하는 기능에 한정되며 모든 구성원이 제시할 수 있다고 보는 이론이다.

기술적 요구사항(technical requirements) : 어떤 문제에 대한 해결책의 실현 가능성 정도 또는 우수한 기술 표준에 다다른 정도.

기준(criteria) : 대안들 가운데서 판단하는 기준. 절대적(필수)일 수도 있고 상대적일 수도 있다.

기호(sign) : 얼굴을 붉힌다거나 고통스런 표정을 짓는 것 등 표상하는 바와 고유한 관계를 지닌 기호.

내용 분석(content analysis) : 그룹 토의의 내용(주제, 행동 방식, 구체적인 용어나 아이디어, 공상 주제 등) 분석.

내용 지향적 청취자(content-oriented listener) : 정보를 분석하고 다른 사람들의 주장을 상세히 분석하는 일을 즐기는 청취자. 지나치게 비판적으로 보일 수 있다.

내재적 관심(intrinsic interest) : 참가자에게 과제 자체가 매력적이고 흥미 있는 정도.

다수결(majority decision) : 투표로 결정하며 구성원의 과반수 이상의 표를 얻은 편이 채택한다.

다중적 인과관계(multiple causation) : 시스템의 모든 변화는 여러 가지 원인에서 비롯된다는 이론.

단계(phase) : 소그룹이 발전하거나 어떤 결정을 내리는 과정의 한 단계.

　형성 단계(formation phase) : 그룹의 발전 단계 중 성원들이 서로 관계 설정에 중점을 둠으로써 구성원 사이의 관계가 중시되는 단계.

　생산 단계(production phase) : 그룹의 발전 단계 중 구성원 사이에 안정적인 관계가 형성되어 업무가 중심이 되는 단계.

단계적 추이(phasic progression) : 그룹이 상당히 예측 가능한 국면이나 단계를 거치는 이행 과정으로 각 국면이나 단계는 특정한 종류의 진술로 특징 지워진다.

단일 질문 형식(Single Question format) : 문제해결 토의를 조직하는 특별한 절차. 비판적인 사고와 체계적인 문제해결 능력을 촉진한다. 이 형태는 구조적 절차를 잘 따르는 사람보다는 절차를 별로 좋아하지 않는 사람에게 적합하다.

독단주의(dogmatism) : 개인적 믿음을 완강하게 믿는 경향. 자신의 믿음에 반대되는 증거나 논리에는 마음을 열지 않는다.

독재적 리더(autocratic leader) : 그룹을 지배하고 통제하려는 지도자.

동작학(kinesics) : 몸짓으로 하는 의사소통을 연구하는 학문.

리더(leader) : 의사소통을 통해 다른 구성원들이 그룹의 목적과 필요에 부응하도록 영향력을 발휘하는 사람. 그룹 구성원들이 리더로 인정한 사람. 선거나 지명으로 리더로 지정된 사람.

리더-구성원 교환 모델(Leader-Member Exchange Model, LMX Model) : 지휘자는 리더와 구성원의 성격에 따라 부하들과 다른 관계를 발전시킨다는 조사 결과에 근거한 리더십 모델.

리더십(leadership) : 그룹이 목적을 달성하도록 의사소통 과정에서 영향력을 발휘하는 일. 임의의 그룹 구성원이 리더십 기능을 수행하는 것.

리더십 부상(leadership emergence) : 초기에 리더가 없이 모든 그룹 구성원이 동등한 위치에 있던 그룹에서 누군가 리더로 등장하는 과정.

리스크 기법(RISK technique) : 새 정책이나 계획을 시행하기에 앞서 그룹 구성원들이 느끼는 위험, 두려움, 의심, 염려를 서로 의사소통하고 그것에 대처하기 위한 소그룹 절차.

메시지(message) : 한 사람에게서 다른 사람에게 전달되는 신호 체계나 그 신호 체계를 듣는 사람이 그 신호 체계를 해석하거나 반응하는 일.

명목상 그룹 기법(Nominal Group Technique) : 그룹 구성원이 브레인라이팅을 통해 아이디어를 내놓은 다음 상호작용을 하면서 아이디어를 합하고 그에 대한 의견을 듣고 평가한 후 다수결로 해결책을 채택하는 특수한 절차.

모호성(ambiguous) : 어떤 말이나 진술이 두 가지 이상의 뜻으로 이해될 수 있는 특징.

문제(problem) : 실제 일어난 일과 당위적으로 일어났어야 할 일 사이의 괴리. 바람직하지 않은 기존 상황, 목표, 목표를 달성하는 데 방해가 되는 장애물 등이 있다.

문제 조사(problem census) : 소그룹 구성원들이 주제와 문제를 놓고 투표를 해서 그

결과를 순위로 공표한 후 다음 회의의 의제를 설정하는 기술.

문제해결(problem solving) : 불만족스런 상태에서 좀더 만족스런 상태로 이행하기 위한 다단계 절차 또는 이를 위한 계획을 발전시키는 일.

문제해결 그룹(problem-solving group) : 문제를 해결하는 행동 방침을 고안하기 위해 토의하는 그룹.

문제해결 절차 모델(Procedural Model of Problem Solving, P-MOPS) : 문제해결 토의를 체계화하는 5단계 절차로서 과학적인 방법에 기초한다. P-MOPS는 어떤 유형의 문제에도 적용할 수 있다.

문제해결 질문(problem question) : 그룹이 어떤 문제점에 관심을 갖도록 던지는 질문. 질문에는 어떤 해결책도 제시하지 않는다.

문화(culture) : 역사적으로 전해 내려오고 그룹 구성원들이 공유해온 가치, 믿음, 상징, 규범, 절차, 행동 양식을 말한다.

문화 상호간 의사소통(intracultural communication) : 서로 다른 문화나 하위문화에 속한 개인들 사이의 상호작용.

문화 내적 의사소통(intercultural communication) : 같은 문화와 하위문화에 속한 개인들 사이의 상호작용

문화 정체성(cultural identity) : 특정 그룹의 구성원들이 공유하는 상징, 의미, 규범, 품행 규칙 등과 동일시하고 그것을 받아들이는 것.

민주적 리더(democratic leader) : 구성원들의 참여를 독려하면서 소그룹 토의를 조정하고 촉진하는 평등주의적 리더.

바꾸어 말하기(paraphrase) : 화자가 한 말을 듣고 이해한 바를 자신의 말로 다시 진술하는 것.

방어적 청취(defensive listening) : 다른 사람이 말하고 있는 동안 듣는 척 하면서 자기 이미지의 어떤 측면을 방어할 방법을 생각하는 자세를 말한다.

방언(dialect) : 하나의 언어가 발음이나 어휘, 문법 등에서 지역적 다양성을 보이는 것.

분산적 리더십(distributed leadership) : 그룹 리더십이 지정된 리더뿐만 아니라 전체적으로 그룹의 책임이라는 개념. 모든 구성원은 그룹에 필요한 리더십 서비스를 제공해야 한다고 가정한다.

배분적 접근방법(distributed approach) : 갈등에 대한 입장들 사이에 서로 배분할 수 있는 고정된 자원이 있다고 가정하는 갈등관리 방식. 어느 편이 이기면 다른 편은 지게 되어 있다.

변수(variable) : 때때로 양과 질에서 변할 수 있는 관찰 가능한 특성.

본질적 갈등(substantive conflict) : 아이디어, 정보, 추론이나 증거를 놓고 의견 불일치가 생겨 빚어지는 갈등.

부상하는 리더(emergent leader) : 처음에는 리더가 없는 그룹의 구성원이었다가 정보와 의사소통 능력을 통해 그룹 내에서 리더십 기능을 수행하고 그룹 전원 혹은 대부분이 리더로 여기게 되는 구성원.

비접합 과제(disjunctive task) : 필요한 토의 과정을 거쳐 활동을 조정하려는 노력이 거의 없거나 전혀 없이 구성원들이 그룹 문제의 부분들을 독립적으로 처리하는 그룹 과제의 형태.

불공정 갈등(inequity conflict) : 그룹에 공헌한 정도나 작업량이 고르지 않은 데서 빚어지는 갈등.

불확실성 기피(uncertainty avoidance) : 한 문화 구성원들이 불확실성과 모호함을 피하거나 포용하려는 정도. 불확실성을 회피하는 경향이 높은 문화에서는 구성원들이 상호작용에서 명확한 규정을 선호하는 반면 불확실성을 회피하는 경향이 낮은 문화에서는 구성원들이 규정이 없어도 불편 없이 지낸다.

브레인라이팅(brainwriting) : 개인이 서면 목록을 작성하는 브레인스토밍.

브레인스토밍(brainstorming) : 평가를 잠시 중단함으로써 창조적 사고를 자극하는 소그룹 기법.

비언어적 신호(nonverbal signals) : 청취자가 반응하는 말 이외의 신호.

비판적 사고(critical thinking) : 정보와 아이디어를 직관이나 육감, 편견 보다 증거와 논리를 바탕으로 체계적으로 조사하는 것.

비평(critique) : 소그룹의 진행 과정과 상호작용에 있어 강점과 약점을 분명히 파악하는 분석과 비판.

비합(非合, nonsummativity) : 전체는 부분의 합이 아니라 부분의 합보다 크거나 작다는 시스템의 특성.

사고-감정 차원(thinking-feeling dimension) : MBTI(Myers-Briggs Type Indicator)에서 개인이 선호하는 의사결정 방법과 관련된 차원. 사고우세형은 객관적이고 사실에 근거하는 데 반해 감정우세형은 주관적이고 감정에 기반을 둔다.

사람 지향적 청취자(people-oriented listener) : 타인에게 민감한 청취자. 우유부단하고 자신이 행동이 남에게 끼칠 영향에 신경을 많이 쓴다. 다른 사람의 문제 때문에 과제에서 일탈하기도 한다.

사실(fact) : 확인 가능한 관찰된 사건. 참인 기술적 진술.

사회적 성(gender) : 학습되고 문화적으로 전파된 한 개인의 성 역할 행동방식.

상징(symbol) : 고유한 관계가 없는 것을 표현하기 위해 인간이 자의적으로 창조해 사용하는 신호. 모든 단어는 상징이다.

상징적 수렴(symbolic convergence) : 인간이 상호작용하는 동안 말하고 이야기를 지어내고 개개인의 사적인 상징 세계를 중복시켜 서로 공유하는 의미를 만들어 낸다는 이론.

상호의존성(interdependence) : 전체 시스템 뿐 아니라 시스템의 모든 부분은 연관되어 서로 영향을 끼치는 시스템의 특성.

상호의존적 목표(interdependent goal) : 다른 구성원의 도움 없이는 달성할 수 없는 목표로 소그룹 구성원들이 공유하는 것

상호작용(interaction) : 둘 이상의 사람들이 의사소통 과정에서 서로 영향을 미치는 일.

상황적합적성 접근법(contingency approaches) : 주어진 상황에서 적절한 리더십 스타일은 구성원들의 기술과 지식, 가용 시간, 과제의 유형 등의 요소에 달려있다고 가정하는 리더십 연구.

생물학적 성(sex) : 생물학적으로 결정된 여성 또는 남성.

세계관(worldview) : 인생의 본질, 삶의 목적, 사람과 우주의 관계에 대한 신념.

소그룹(small group) : 최소 3명에서 그룹 구성원 각자가 서로 잘 인지할 정도의 규모를 가진 그룹. 그룹 성원들은 서로 얼굴을 맞대고 구성원으로서 그룹 정체성, 공동 목표, 구성원으로서 행동을 지배하는 표준을 공유한다.

버즈 세션(buzz group session) : 대규모 그룹 회합의 참가자도 적극적으로 참여 할 수 있는 방식. 규모가 큰 모임을 약 6명이 한 팀을 이루는 소그룹으로 나누고 각 소그룹이 한정된 시간에 중심 문제를 논의한 후 전체 회합에서 답변을 제시하는 방법이다.

소그룹 의사소통(small group communication) : 소그룹 구성원 사이, 두 개 이상의 그룹 사이, 그룹과 그보다 대규모 조직 사이의 의사소통을 연구하는 학문. 이 연구에서 나온 의사소통 이론.

수동성(passiveness) : 확신이 없는 행동. 수동적인 사람은 갈등을 회피하기 위해 자신의 권리와 신념을 포기하여 때로는 좋은 결정 기회를 놓친다.

수용도 요구 사항(acceptance requirements) : 주어진 문제에 대한 해결책이 그것에 영향을 받을 사람들에게 받아들여져야 하는 정도.

순응(accommodation) : 갈등관리 방식으로 매우 협력적이고 자기주장이 약하여 상대를 진정시키거나 상대에게 양보하는 것을 말한다.

시간 지향적 청취자(time-oriented listener) : 시간에 민감한 청취자. 참을성이 없고 회의를 성급하게 끝내려 한다.

시스템(system) : 상호 의존적인 관계를 맺는 구성요소로 이루어진 실체. 유기적 전체성과 균형을 유지하기 위해 부분들이 서로 서로 끊임없이 적응해야 한다.

시스템 수준 변수(system-level variables) : 결속력, 상호작용 유형, 규범, 역할 등 그룹의 상호작용에 영향을 끼치는, 전체로서의 그룹이 지닌 성격이나 특징.

신호(signal) : 기호와 상징을 포함해 어떤 사람이 수신하여 해석하는 모든 자극.

심문관(devil's advocate) : 제안의 타당성을 시험하기 위해 그 제안에 반대하는 논쟁을 제시하는 그룹 구성원.

안건(agenda) : 그룹 모임에서 토의될 사항.

언어적 상호작용 분석(verbal interaction analysis) : 토론 중에 누가 누구에게 얼마나 자주 말하는지를 분석하는 것.

업무 기능(task functions) : 과제 지향적인 구성원들의 행위. 주로 그룹 목표를 달성하는 데 힘을 쏟는다.

업무 난이도(task difficulty) : 문제의 복잡도와 해결을 위해 필요한 노력의 정도.

역할(role) : 소그룹 구성원들이 보여주거나 그들에게 기대되는 행동 유형. 그룹 구성원들이 자주 행하는 행동 기능의 종합.

연락(liaison) : 그룹 사이에서 이루어지는 의사소통. 조정. 연락 기능을 맡은 사람.

오류(fallacy) : 추론 실수.

오해(bypassing) : 두 사람이 같은 말로 다른 것을 언급하고 있거나 다른 말로 같은 것을 언급하고 있다는 사실을 깨닫지 못해 문제가 일어나는 상황.

완결자로서의 지도자(leader as completer) : 그룹이 최적의 수행 능력을 발휘하도록 가장 필요한 기능이나 행동을 결정하여 결정한 바를 실천하거나 그룹 성원들에게 하도록 격려하는 리더.

외향성-내향성 차원(extraversion-introversion dimension) : 외부 세계(외향성)에 중점을 두느냐 내면의 주관적인 조망(내향성)에 중점을 두느냐와 관계가 있는 MBTI(Myers-Briggs Type Indicator)의 한 차원.

원격회의(teleconference) : 회의 참가자가 얼굴을 맞대지 않고 텔레비전, 전화, 컴퓨터와 같은 중개 채널을 통해 의사소통하는 회의.

위원회(committee) : 규모가 더 큰 그룹(상위 기관)이나 권한 있는 사람이 할당한 업무나 책임을 부여받은 사람들의 소그룹.

임시 또는 특별위원회(ad hoc or special committee) : 특수 업무를 완수하고 나면 해체되는 그룹.

상임위원회(standing committee) : 많은 업무가 있고 계속 책임을 부여받는 그룹.

협의회(conference committee) : 둘 이상의 그룹 대표자로 구성된 그룹. 이 위원회의 위원들이 맡은 임무는 각자 자신이 속한 그룹의 이익을 대표하는 것이다.

유지 기능(maintenance functions) : 관계 지향적인 구성원들의 행위. 긴장을 완화하고 연대감을 높이고 팀워크를 조성한다.

유형 접근법(styles approach) : 리더 유형과 구성원 행동 사이의 관계를 연구하는 리더십 접근방법.

윤리(ethics) : 개인이나 그룹이 어떤 행위나 행동방식이 옳고 적절한지를 결정하기 위해 사용하는 규칙이나 기준.

원칙에 의한 협상(principled negotiation) : 갈등을 겪는 당사자들이 각자 요구를 공개적으로 밝혀 갈등 당사자들 사이의 관계를 손상시키지 않고 모든 당사자들의 이해를 충족시킬 수 있는 해법을 찾는 일반적인 전략.

의사결정(decision making) : 여러 대안 가운데 선택하는 것.

의사 결정 지원 시스템(Group Decision Support Systems, GDSS) : 컴퓨터 소프트웨어와 하드웨어 시스템으로 그룹이 창의력, 문제해결, 의사 결정 등 다양한 결과물을 도출하도록 지원하는 것을 목적으로 한 시스템.

의사경청(pseudolistening) : 마치 주의 깊게 듣는 척하며 과장해서 반응하는 것. 실제로 화자의 말은 듣지 않고 딴 생각을 한다.

의사록(minutes) : 모든 결정의 기록을 포함하여 그룹 회의 동안 다룬 모든 관련 항목을 문서로 기록한 것.

의사소통(communication) : 사람들이 만들어낸 기호가 다른 사람들에게 받아들여져 해석되고 그에 따른 반응이 나타나는 전 과정.

의사소통 네트워크(communication network) : 상호작용을 위해 항상 열려있는 개인 간 정보의 흐름 통로. 집합적으로 보아 누가 누구에게 말을 거는 것.

의사소통 능력(communicative competencies) : 의사소통과 관련된 기술이자 그룹이 목표를 성취하는 데 도움이 되는 구성원들의 능력.

의사소통 불안증(communication apprehension, CA) : 다양한 사회적 상황에서 말하는 것에 대한 두려움이나 걱정. 과묵함. 수줍음.

인식-판단 차원(perceiving-judging dimension) : MBTI에서 사람들이 세계를 조직하는 방법과 관련된 차원. 인식우세형은 자발적이고 유연한 데 반해 판단우세형은 단정적이고 확신이 있다.

인신공격(ad hominem attack) : 상대의 논점을 공격하기보다 사람 자체를 공격하는 것. 이름을 함부로 부르는 행위가 이에 속한다. 이로 인해 구성원들은 현안이나 논쟁거리를 면밀히 살필 수 없게 된다.

인지적 복잡성(cognitive complexity) : 기호를 해석하기 위해 그룹 구성원이 만든 체계가 어느 정도 발달했는지 그 수준을 언급하는 개인적 특성. 인지적으로 복잡한 사람은 단순한 사람보다 더 많은 정보를 통합할 수 있고 더욱 추상적이고 체계적인 용어를 사용하여 생각할 수 있다.

일탈(sidetracking) : 서투른 청취 습관으로 이에 따르면 어떤 그룹의 구성원이 다른 구성원이 말한 것과는 관계없는 공상을 하거나 한 그룹의 구성원이 토의 내용과는 전혀 다른 방향의 말을 하는 것.

일탈자(deviate) : 나머지 그룹 성원들과는 참석 정도나 가치, 의견 등 몇몇 중요한 면에서 차이를 보이는 성원을 지칭한다. 벗어난 의견이나 혁신은 다수의 의견과 다른 의견을 반영함으로써 그룹은 좀더 상황을 면밀히 살필 수 있게 되어 양자택일의 선택을 더욱 철저하게 조사할 수 있다.

임무(charge) : 주로 상위 기관이나 상위 기관의 행정가가 제시하는 과제나 목표.

자기 모니터(self-monitor) : 사회생활에서 자기 표현에 주의를 기울이고 통제하는 정도. 자가 모니터 수준이 높은 사람은 다른 사람이 자신을 어떻게 생각하는지 잘 파악하고, 원하는 반응을 얻기 위해 자신의 행동을 조정할 수 있다.

자기주장성(assertiveness) : 자신은 물론 타인의 권리 존중을 표명하는 행동방식. 공격성이나 자기주장이 없는 태도와 상반된다.

자기중심적 기능(self-centered functions) : 소그룹 구성원들이 그룹은 희생시키면서 자신을 위해 일하며 사적인 동기에 따라 행동하는 것.

자민족중심주의(ethnocentrism) : 자신의 문화가 다른 모든 문화보다 본질적으로 우수하다는 믿음. 자신이 속한 문화의 관점에서 다른 문화를 보는 경향.

자유방임적 리더(laissez-faire leader) : 그룹 일에 관여하지 않고 최소한의 역할 수행만을 제공하는 지도자.

자체관리 업무그룹(self-managed work group) : 규정한 제한 속에서 업무 일정과 절차를 자체적으로 결정하는 동료들로 구성된 소규모 그룹.

잘못된 유추(faulty analogy) : 유사성을 너무 지나치게 확대하는 불완전한 비교. 어떤 면에서 두 사물이 비슷하기 때문에 다른 면에서도 같다고 가정한다.

잡음(noise) : 의사소통 중에 끼어들어 방해하는 일. 의사를 전달하는 사람이 처음 메시지를 기호화하는 데서부터 수신자가 메시지의 기호를 해독할 때까지 어느 단계에서나 발생한다.

장애물(obstacle) : 문제해결을 방해하거나 가로막는 것. 정보나 자원의 부족, 해결책을 지지해야 할 사람들의 태도 등을 들 수 있다.

재량 범위(area of freedom) : 한 그룹의 권한과 책임의 범위. 여기에는 권한의 한계도 포함된다.

저맥락 의사소통(low-context communication) : 메시지의 주된 의미가 말이나 메시지의 명시적인 부분으로 전달되는 의사소통.

적극적 청취(active listening) : 상대가 말하고자 하는 바를 최대한 이해하려는 자세로 듣는 것을 말한다. 듣고 난 후에 이해한 바를 상대에게 다시 전달하면 상대는 자신의 의도가 제대로 전달되었는지 확인하고 잘못 이해된 부분이 있으면 정정해 준다.

절차적 갈등(procedural conflict) : 어떤 일을 하는 방법을 놓고 의견이 갈려 빚어지는 갈등.

절차적 순서 선호(preference for procedural order) : 문제해결이나 의사결정 과정에서 명확하고 직선적인 체계를 밟으려는 욕구나 필요성에 따라 생기는 특성.

절충(compromise) : 일정 부분을 얻으려면 일정 부분을 포기해야한다고 여기는 갈등관리 방식. 갈등 상황에 대한 공유된 해결책.

접합 과제(conjunctive task) : 각 구성원이 결정에 적합한 정보를 가지고 있으나 어느 누구도 혼자 모든 필요한 정보를 다 가지고 있지는 않으므로 구성원들 사이에 수준 높은 조정이 요구되는 그룹 과제의 형태를 말한다.

정서적 갈등(affective conflict) : 성원들 사이의 성격 차이, 선호 차이, 권력다툼 등으로 일어나는 갈등.

조절수단(regulator) : 토의 중에 말하는 사람을 통제하기 위해 사용하는 언어 이외의 신호.

준언어(paralanguage) : 음성과 어조에 나타나는 언어 외적 성격. 예를 들어 음조, 빠르기, 높이, 유창한 정도, 휴지, 다양한 방언 등을 들 수 있다.

중재자(moderator) : 패널이나 포럼 같은 공개 토론회에서 의사소통의 흐름을 관리하는 사람.

지위(status) : 권력 위계에서 한 구성원이 차지하는 위치. 소그룹 내부의 권력, 영향력, 신망.

  귀속 지위(ascribed status) : 부, 교육 수준, 지위, 신체적 매력 등 그룹 외적인 특성에 따른 지위. 그룹 구성원의 투입 특성을 근거로 주어지는 지위.

  성취 지위(earned status) : 그룹 성원이 그룹에 공헌한 가치에 따른 지위. 업무 성실도, 필요한 기술력이 기준이며 특히 의사소통능력이 중요하다. 그룹의 업무 진행 과정에서 수행력에 따르는 지위

체계화 : 그룹 구성원들의 의사소통을 통해 그룹에서 만들어서 끊임없이 재창조하는 개념. 그룹의 의사소통은 그룹 발달 방법을 확립하기도 하고 제한하기도 한다.

지정된 리더(designated leader) : 소그룹의 리더 위치에 임명되거나 선출된 사람.

직관적 문제해결자(intuitive problem solvers) : 상황을 파악한 후 의식적인 인식과정을 거치지 않고 해결책을 생각해내는 사람.

집단 사고(groupthink) : 일부 결속력 있는 그룹이 정보나 논리나 제안을 비판적으로 분석하지 못해 잘못된 결정을 내리는 경향.

집단주의 문화(collectivist culture) : 그룹의 욕구와 희망이 개인의 욕구보다 우세한 문화. 그룹과 동떨어진 길을 가는 개인의 생각이란 상상할 수조차 없다.

집중적 청취(focused listening) : 다른 사람이 내놓은 메시지의 자세한 내용이 아니라 주요 현안과 아이디어에 집중적인 관심을 기울여 신속하게 검토하고 해결책을 떠올릴 수 있도록 하는 것.

참여적 관찰자(participant-observer) : 소그룹에서 활동적인 참여자인 동시에 진행 과정을 관찰하고 평가하는 사람.

참고문헌(bibliography) : 한 가지 주제에 관한 정보의 출처를 기록해 놓은 것으로 여기에는 주로 책, 정기간행물, 잡지 수록 논문, 신문기사, 인터뷰 등이 포함된다.

창조 공학(synetics) : 독특한 유추와 은유를 사용하여 어떤 문제에 대한 창조적 해결책을 도출하는 특별한 그룹 기법.

처리(throughput) : 시스템의 실제 기능 또는 시스템이 투입을 결과로 변환하는 방법.

체계적인 문제해결자(systematic problem solvers) : P-MOPS에서 제시한 방법처럼 어떤 한정된 단계나 순서를 따라가며 조직적으로 문제를 해결하는 사람.

최소 규모 그룹(least-sized group) : 그룹에 필요한 모든 시각과 기술을 갖추기만 한다면 그룹 구성원은 적으면 적을수록 좋다는 원칙.

추론(inference) : 어떤 사건의 기술을 초월하여 단순한 사실 진술을 뛰어넘는 것. 추론은 어느 정도 불확실성이나 가능성을 포함하며 직접 관찰을 통해서도 정확하게 측정할 수 없다.

추상적(abstract) : 일반적이고 특정하지 않으며 애매모호한 것.

컨설턴트(consultant) : 그룹에 무엇이 필요한지 결정하고 특별한 기법이나 절차, 정보 등을 제시함으로써 지원을 제공하는 사람으로 그룹과 함께 일하되 참가자가 아닌 관찰자로서 일한다.

컨트롤 터치(control touches) : 상대의 관심을 끌고 승낙을 끌어내려는 노력의 일환으로 상대방을 부드럽고 긍정적으로 접촉하는 것을 말한다.

태도(attitude) : 한 사람이 사물과 사람, 개념 등에 대해 지니고 있는 믿음과 가치를 말한다. 이러한 믿음과 가치로 인해 그 사물과 사람, 개념에 대해 여러 가지 구체적으로 반응하는 경향이 생긴다.

토의(discussion, 소그룹 토의–small group discussion) : 성원들 사이의 이해 증진, 활동 조정, 공통문제해결 등 몇 가지 상호의존적인 목표를 달성하기 위해 서로 의사소통 하는 사람들의 소그룹.

통합적 접근방법(integrative approach) : 모든 갈등 대상자를 만족시키는 해결책이 있다 고 보고 갈등을 관리하는 방법.

투입 변수(input variables) : 공개 시스템에서 사용하는 에너지, 정보, 원 데이터로 처리 과정을 거치면서 결과물로 변환된다.

특성(trait) : 상대적인 지속성, 일관된 행동 유형 또는 기타 관찰 가능한 특징.

특성 접근법(traits approach) : 리더에게는 그룹의 구성원이나 지지자와는 다른 특질이 있다고 가정하고 리더십을 분석하는 방법.

팀빌딩(teambuilding) : 팀워크, 결속력, 그룹 수행 능력 등을 강화하기 위해 계획한 일 련의 활동.

패널 토의(panel discussion) : 청중을 대신해 소그룹 구성원들이 비공식적으로 즉흥적 으로 토론하는 것.

편견(prejudice) : 어떤 것에 대해 일부 정보나 제한된 경험을 바탕으로 미리 갖게 된 의견. 자신이 알고 있는 정보와 반대되는 정보를 배척하는 경향이 있다.

평등주의(egalitarianism) : 모든 사람은 동일하다는 믿음. 결과적으로 문제해결에 몇 몇 높은 지위의 구성원들만 참가하는 것보다는 구성원 전부가 참가하는 것을 선호 한다.

평점 항목(rating scale) : 토의에 연관된 요소들을 양적으로 측정하기 위해 연필과 종 이를 사용하는 측정 수단.

폐쇄형 시스템(closed system) : 비교적 침투할 수 없는 경계를 지닌 소그룹과 같은 시 스템. 결과적으로 시스템과 그 환경 사이에는 서로 교환할 수 있는 것이 거의 없다.

포럼 토론(forum discussion) : 많은 청중들이 서로 말을 주고받으며 대개는 대중연설 이 뒤따른다.

포커스 그룹(focus group) : 특별 주제나 현안에 중점을 두어 자유롭게 토의할 수 있도록 독려하는 특별그룹. 종종 시장조사를 위해 사람들의 관심사와 가치를 분석하곤 한다.

품질써클(quality circle, **품질관리써클** – quality control circle) : 업무와 관련된 문제점을 조사하고 그러한 문제에 대한 해결책을 찾기 위해 업무 시간 중에 회의를 갖는 직원들의 그룹.

프로그램 평가와 검토 기술(Program Evaluation and Review Technique, PERT) : 많은 사람과 자원이 관련되어 있는 복잡한 해결책을 실현하기 위해 상세한 계획을 세우는 절차.

피드백(feedback) : 한 시스템의 산출 결과에 대한 반응. 정보의 형태가 될 수도 있고 만져서 확인할 수 있는 유형의 자료일 수도 있다. 목표를 향해 전진하는 데 있어 조정이 필요한지 여부를 결정하는 데 도움이 된다.

하위 문화(subculture) : 독특한 성질이 있으나 보다 규모가 큰 문화의 일부인 문화.

학습 그룹(learning group, **연구 그룹** – study group) : 학습 목적의 토론을 실시하는 그룹.

합의 결정(consensus decision) : 그룹 구성원이 모두 동의하는 사항이 그들 모두가 받아들일 수 있는 최선의 선택이다.

해결 질문(solution question) : 문제의 해결책을 제안하거나 암시하는 질문.

해결책 다양성(solution multiplicity) : 문제해결책이 얼마나 다양한지를 나타내는 정도.

행동(behavior) : 그룹 성원들의 관찰 가능한 행동.

행동 기능(behaviour function) : 한 구성원의 행동이 그룹 전체에 미치는 효과나 기능.

행동 지향적 청취자(action-oriented listener) : 과제에 중점을 두며 세부사항까지 기억하여 모든 것을 체계적으로 제시하는 일을 좋아하는 청취자.

협력(collaboration) : 어떤 갈등에 대해서 모든 부분의 욕구를 완전히 충족시킬 수 있는 해결책을 찾을 수 있다고 여기는 확고하고 협동적인 갈등관리 방식. 문제를 해결하는 갈등관리 방식.

협동 요구사항(cooperative requirements) : 그룹이 성공적으로 업무를 완수하기 위해 구성원들의 활동을 조정해야 하는 정도.

호응(backchannel) : 다른 사람이 말하고 있는 동안 내뱉는 "음~", "어허~" 등의 비언어적 발성. 문화에 의해 일부 결정되는 이러한 호응은 관심과 적극적인 청취를 나타낼 수 있다.

환경(environment) : 소그룹 시스템이 존재하는 상황이나 배경. 소그룹은 규모가 더 큰 시스템을 구성하는 구성요소이다.

활동 그룹(activity group) : 주로 브리지 게임이나 볼링, 사냥과 같은 활동에 참가하는 멤버들을 위한 그룹.

활동 지향(activity orientation) : 문화가 행위를 강조하느냐 존재를 강조하느냐, 또한 문화가 맡은 바 책임을 강조하느냐 그저 흐름에 따르길 강조하느냐, 그 각각의 정도를 말한다.

회의 공고(meeting notice) : 앞으로 있을 모임의 시간, 장소, 목적, 기타 정보를 알리는 서면 메시지.

회의 후 반응 양식(postmeeting reaction form, PMR) : 토의 후에 작성하는 보고서. 이 보고서를 토대로 구성원들은 토의 내용과 그룹이나 리더를 평가한다. PMR은 보통 표 형식으로 작성하여 그룹에 보고한다.

회피(avoidance) : 갈등을 외면하는 수동적 갈등관리 방식.

회합 효과(assembly effect) : 그룹 시너지나 부분의 합이 전체보다 큰 형태. 이렇게 되면 공동작업을 통해 그룹 구성원들이 집단적으로 내린 결정이 개개인이 내놓은 지혜나 지식, 경험, 기술 등을 합한 것보다 훨씬 낫다.

흑백논리(false dilemma) : 행동하는 데 있어 오로지 두 가지 선택이나 행동 방향만이 가능하다고 올바르지 않게 가정하는 양자택일 사고방식.

MBTI(Myers-Briggs Type Indicator) : 칼 융의 이론을 근거로 개발한 성격측정모델. 자신을 둘러싼 주변 세계와 관계를 맺는 방식에 따라 사람의 성격을 분류한다.

SYMLOG : System for the Multiple-Level Observation of Groups의 약자. 그룹 상호작용에 미치는 구성원의 성격 및 영향 그리고 주어진 순간에 입체적인 도식을 작성하는 방법론에 관한 이론.

감사의 글

이 책을 완성하기 위해 수많은 분들께서 기고해주셨다. 그 분들에게 감사 말씀을 드리며, 여기서는 지면상 일부만 언급한다.

먼저, 교사들과 작가들로 프리드 베일즈*Freed Bales*, 어니스트 보만 *Ernest Bormann*, 엘튼 S. 카터*Elton S. Carter*, B. 오브리 피셔*B. Aubrey Fisher*, 레이 프레이*Larry Frey*, 케니스 한스*Kenneth Hance*, 랜디 히로카와 *Randy Hirokawa*, 시드니 J. 파네스*Sidney J. Parnes*, J. 도날드 필립스*J. Donald Philips*, M. 스코트 풀*M. Scott Poole*, 마빈 쇼*Marvin Shaw*, 빅터 월 *Victor Wall*의 노고에 감사한다.

사려 깊은 제안을 주신 검토자들의 도움도 컸다. 메트로 스테이트 칼리 지*Metro State College*의 다이앤 블롬버그*Dianne Blomberg*, 이시카 칼리지 *Ithaca College*의 로리 알리스*Laurie Arlis*, 산호세 시티 칼리지*San Jose City College*의 레이 콜린스*Ray Collins*, 퍼듀 대학*Prudue University*의 마리프란 맷손*Marifran Mattson*, 페리스 주립 대학*Ferris State University*의 조지 나겔 *Geroge Nagel*, 메데일 칼리지*Medaille College*의 존 R. 쉐델*John R. Schedel* 께 감사드린다. 이 분들의 제안으로 더 좋은 책이 되었다.

또한 많은 소그룹 구성원들도 수많은 예를 제공한 장본인들이며 그 중 상당수가 책에서 소개되었다. 수업에 참가한 학생들도 우리에게 끊임없는 가르침을 주기 때문에 학생들의 참여와 통찰도 빠뜨릴 수 없다. 마지막으로 든든한 힘이 된 친구와 가족들에게 감사한다. 이 모든 분들과 미처 언급하지 못한 많은 분들에게 진심어린 감사의 말씀을 전한다.

존 K. 브릴하트, 글로리아 J. 갈렌스, 캐더린 애덤스

팀의 공동 목표 달성을 위한 지혜

불과 몇 년 전부터 우리는 국제화니 세계화니 다국적화니 하는 말을 많이 듣게 되었다. 또 사회의 민주화와 다원화가 빠르게 진행되면서 우리는 지금 급격한 변화를 몸소 체험하고 있으며 그 안에서 자주 혼란에 빠지곤 한다. 우리의 삶이 변했고 사람들의 태도나 가치관도 마찬가지이다. 혼자 동떨어져 살 수 없는 우리가 시대의 변화에 뒤떨어지지 않으면서도 각자 소망하는 바를 이루기 위해서는 반드시 일정 수의 사람들이 모여 어떤 한정된 활동을 벌여야 하게 마련이다.

이 책은 세계가 하나의 지구촌이 되는 보편적인 흐름 속에서 직장이나 학교, 지역 사회의 기본 단위로 등장하고 있는 소그룹 활동에서 리더의 역할을 주제로 삼는다. 소그룹을 이루는 구성원들이 맺는 관계와 의사소통 문제를 시스템 이론이라는 틀에 따라 체계적으로 설명한다. 이처럼 분명히 이론서를 지향하지만, '이론과 실제' 라는 두 마리 토끼를 모두 잡기 위해 다양한 사례를 제시하고 실제 응용 부분에 많은 비중을 두어 그리 딱딱하지 않고 실용적 측면이 강하다.

내용 면에서 먼저 소그룹이 무엇인지 살피고 구성원들 사이의 의사소통 문제, 리더십 문제로 논의를 전개해 나간다. 그 다음 소그룹 내 의사소통에서 문화 차이와 남녀 차이가 어떤 영향을 미치는지 검토한다. 나아가 구성원들이 서로 차이가 있다는 사실을 인정하고 효과적으로 의사소통을 함으로써 문제를 해결하고 그룹 활동에서 저마다 원하는 바를 얻을 수 있는 바탕을 제공한다. 더불어 소그룹 의사소통을 관찰하고 분석하고 평가하는 도구와 기법을 소개한다.

이 책은 구성 면에서도 독자들 편에 서서 많은 배려를 하고 있다. 장머리에 핵심메시지를 담아 각 장의 내용을 한 눈에 알아볼 수 있게 한 점, 장마다 시작에는 적절한 사례를 실어 흥미를 유발한다는 점, 본문 중간 중간에 '생각해 봅시다' 란을 실어 독자들이 책의 흐름을 놓치지 않고 이해할 수 있도록 한 점, 장 끝에는 내용을 간단하게 정리한 요약으로 다시 한 번 내용을 음미할 수 있게 하고 심화 학습을 유도하는 점 등을 볼 때 이 책은 이론서로서나 실용서로서 손색이 없다.

현대인은 누구나 실생활에서 직장 내 업무그룹 말고도 종교 단체나 취미를 함께 하는 동아리 등 적어도 서너 개 이상, 사람에 따라서는 열 개가 넘는 소그룹 활동에 참여하고 있다. 자신의 소중한 시간과 노력을 투자하여 이런 활동에 참여할 때는 반드시 얻고자 하는 바가 있을 것이다. 이 책을 소그룹 활동과 의사소통을 위한 지침으로 삼는다면 시간 낭비 없이 효과적으로 소그룹에 참여하여 문제를 해결하고 목표를 달성하고 보람을 찾을 수 있을 것이다.

　지금 한국 사회는 수많은 요구와 가치, 관점들이 우후죽순처럼 솟구치면서 저마다 우위를 점하려 아우성치고 있다. 나와 다르다고 하여 배척하지 않고 그것들과 공존하고 조화를 이루게 만드는 지혜가 절실하게 필요한 때이다. 굳이 신문에 등장하는 거시적인 정치·경제생활을 들먹이지 않더라도 각자의 생활 속에서 자연스럽게 형성되는 소그룹 활동을 통해 이런 지혜를 배울 수 있다. 이를 통해 각 개인의 삶의 질도 향상될 뿐만 아니라 그들이 모여 만드는 우리 사회도 갈등을 해소할 방안을 찾을 수 있고 더불어 한 차원 더 올라서는 계기가 될 것이다.

2004년 10월 강정민

지은이 소개

존 K. 브릴하트*John K. Brilhart* | 글로리아 J. 갈렌스*Gloria J. Galanes* | 캐더린 애덤스*Katherine Adams*

존 K. 브릴하트는 미국 오마하에 위치한 네브라스카 대학의 커뮤니케이션학 명예교수로, 《Practical Public Speaking》, 《Communication in Nursing Practice》의 저자이며, 글로리아 J. 갈렌스는 미국 사우스웨스트 미주리 주립 대학에서 커뮤니케이션학 전임교수로 재직중이다. 캐더린 애덤스는 미국 프레즈노의 캘리포니아 주립 대학에서 커뮤니케이션학 전임교수로 재직중이며, 《Selected Materials Interpersonal Conflict And Interpersonal Communication : Pragmatics Of Human Relationships》, 《Interpersonal Communication : Pragmatics of Human Relationships》의 공동 저자이다.
세 교수는 《Communicating in Groups : Applications and Skills》, 《Effective Group Discussion : Theory and Practice》의 수차에 이르는 개정판을 공동 집필하고 있으며, 팀빌딩, 갈등 관리, 협상, 소그룹 의사소통을 주제로 한 수많은 워크숍과 세미나에 참여하고 있다.

옮긴이 소개

강정민

1970년 서울에서 태어나, 이화여자대학교 불어불문학과를 졸업하고 서울대학교 대학원 언어학과를 수료하였다. 번역서로는 《대예언》(한언), 《애완견 길들이기》(보누스), 《식스 시그마》(한경 BP), 《Reflecting Your Taste and Lifestyle》(자전거) 등이 있다.

한언의 사명선언문

Our Mission

一. 우리는 새로운 지식을 창출, 전파하여 전 인류가 이를 공유케 함으로써 인류문화의 발전과 행복에 이바지한다.

一. 우리는 끊임없이 학습하는 조직으로서 자신과 조직의 발전을 위해 쉼없이 노력하며, 궁극적으로는 세계적 컨텐츠 그룹을 지향한다.

一. 우리는 정신적, 물질적으로 최고 수준의 복지를 실현하기 위해 노력하며, 명실공히 초일류 사원들의 집합체로서 부끄럼없이 행동한다.

Our Vision   한언은 컨텐츠 기업의 선도적 성공모델이 된다.

저희 한언인들은 위와 같은 사명을 항상 가슴 속에 간직하고
좋은 책을 만들기 위해 최선을 다하고 있습니다.
독자 여러분의 아낌없는 충고와 격려를 부탁드립니다.

\- 한언가족 -

HanEon's Mission statement

Our Mission

一. We create and broadcast new knowledge for the advancement and happiness of the whole human race.

一. We do our best to improve ourselves and the organization, with the ultimate goal of striving to be the best content group in the world.

一. We try to realize the highest quality of welfare system in both mental and physical ways and we behave in a manner that reflects our mission as proud members of HanEon Community.

Our Vision   HanEon will be the leading Success Model of the content group.